目录

党的十八大以来，在习近平新时代中国特色社会主义思想特别是习近平关于税收工作的重要论述指导下，税收的职能作用得到前所未有的拓展，超越经济层面，逐步拓展至政治、文化、社会、生态文明等领域，税收成为党治国理政的重要手段和制度保障，有力支持了供给侧结构性改革、经济高质量发展、高水平对外开放、打赢脱贫攻坚战、抗击新冠肺炎疫情等，税收的基础性、支柱性、保障性作用日益增强。同时，中国税务也在更加广阔的国际舞台发出声音、提供方案、贡献智慧。一百年的税收发展史反映了中国共产党领导下的税收事业从无到有、由弱到强、不断发展壮大的光辉历程；一百年的税收发展史回荡着中国税务部门与时代同步伐、与改革同频率、与世界同发展的铿锵旋律；一百年的税收发展史折射出一代代税务人忠诚担当、崇法守纪、兴税强国的奋斗精神。

本书以一百年来中国共产党领导税收事业发展的历史进程作为叙述脉络，以最重大、最具决定意义的税收历史事件作为叙述重点，让读者对中国共产党领导下的税收工作有一个比较全面、完整、清晰的了解，通过史论结合、夹叙夹议的方式，吸纳学界研究的新成果、挖掘的新史料，力求客观真实地还原和重现税收改革发展历史，相信读者能够从中感悟到在不同的历史时期，党领导下的税收工作对于推动革命胜利、国家建设、改革发展和民族复兴的深远意义，从而激发出爱党爱国、兴税强国的不竭动力，增强全面建成社会主义现代化强国，实现中华民族伟大复兴的道路自信、理论自信、制度自信、文化自信。

编 者

2021 年 7 月 1 日

前言

1847年，马克思指出："国家存在的经济体现就是捐税"。[①] 中国共产党历来高度重视税收工作，无论是在革命战争年代，还是在社会主义建设时期，党把马克思主义基本原理与中国实际相结合，坚持"一切为了人民、一切依靠人民"，开创了一条具有中国特色的社会主义税收改革发展道路。2021年是中国共产党建党一百周年，为了庆祝中国共产党百年华诞，国家税务总局税收科学研究所编著了《中国共产党领导下的税收理论与实践》一书。

中国共产党领导下的税收发展史，是党领导中国人民进行革命斗争、建立新中国、开展社会主义建设、探索中国特色社会主义道路这部恢宏壮丽史诗中的重要篇章。革命战争时期，在党的正确领导下，税收工作深入开展，有力地支持了革命根据地和解放区的建设，为新民主主义革命全面胜利奠定了物质基础。新中国成立后，在党的领导下统一了全国税政和税制，促进了国民经济的快速恢复和社会主义建设。改革开放以来，党把马克思主义税收理论与中国改革开放实践紧密结合，通过"利改税"、分税制财政管理体制改革、工商税制改革等，逐步走出了一条富有中国特色的税收现代化之路。

① 马克思，恩格斯. 马克思恩格斯全集（第四卷）[M]. 中共中央马克思恩格斯列宁斯大林著作编译局，译. 北京：人民出版社，1958：342.

中国共产党领导下的税收理论与实践

1921—2021

《中国共产党领导下的税收理论与实践》编写组 ◎ 编著

中国税务出版社

图书在版编目（CIP）数据

中国共产党领导下的税收理论与实践 /《中国共产党领导下的税收理论与实践》编写组编著 . -- 北京：中国税务出版社，2021.9（2021.12 重印）
ISBN 978-7-5678-1112-6

Ⅰ. ①中… Ⅱ. ①中… Ⅲ. ①税收管理—研究—中国
Ⅳ. ① F812.42

中国版本图书馆 CIP 数据核字（2021）第 112454 号

书　　名： 中国共产党领导下的税收理论与实践
作　　者：《中国共产党领导下的税收理论与实践》编写组　编著
责任编辑： 刘　菲　孙晓萍　唐　卿　范竹青
责任校对： 姚浩晴
技术设计： 刘冬珂
出版发行： 中国税务出版社
北京市丰台区广安路 9 号国投财富广场 1 号楼 11 层
邮编：100055
http: // www.taxation.cn
E-mail: swcb@taxation.cn
发行中心电话：（010）83362083/85/86
传真：（010）83362047/48/49
经　　销： 各地新华书店
印　　刷： 涿州市星河印刷有限公司
规　　格： 787 毫米 ×1092 毫米　1/16
印　　张： 25.5
字　　数： 374000 字
版　　次： 2021 年 9 月第 1 版　2021 年 12 月第 6 次印刷
书　　号： ISBN 978-7-5678-1112-6
定　　价： 68.00 元

第一篇

新民主主义革命时期的税收

（1921—1949 年）

第一章

新民主主义税收事业的萌芽：建党和大革命时期（1921—1927年）

中国共产党领导下的税收理论探索和实践发展，始终与中国共产党领导中国人民进行革命、建设、改革的辉煌历史紧密相连。在建党初期党的文献中，税收主张就是重要内容之一，例如主张废除旧政权苛捐杂税、税收合理负担和实行累进税制等，并且在农民运动中开展了一些税收工作的初步探索。

第一节　建党前后中国税收状况

20世纪20年代前后，国际上帝国主义国家对资源的争夺日益加剧，对殖民地和劳苦大众的压迫与掠夺日甚，俄国十月革命爆发，世界范围内民族独立运动风起云涌。在中国国内，随着辛亥革命爆发，清王朝统治被推翻，中华民国建立，结束了统治中国两千多年的君主专制制度。但革命果实被袁世凯等北洋军阀窃取，中国仍然处在半殖民地半封建社会的悲惨境地，军阀割据严重，混战连绵不断，人民苛捐杂税负担日益沉重。

北洋政府时期，国家的主要税收为帝国主义列强所控制，地方军阀各自为政，没有统一的税收制度，苛捐杂税层出不穷。田赋仍为正供，包括地丁、漕粮、租课、差徭和杂税等。初期田赋将清末征收的各种附加并入正赋征收，以后又出现新的田赋附加税，而且名目日繁。据统计，浙江有74种，江苏有105种之多。附加税额虽明文规定不超过正赋的30%，但实际上大大超过正赋。军阀政府还采取田赋预征的办法苛税于民，最初是一年预征一次或两次，后来一年预征数次。如广东嘉应县 1925 年预征到 1928 年，福建兴化县 1926 年预征到 1932 年，四川梓桐县 1926 年底已预征到 1957 年，达 31 年。北洋政府虽对田赋进行过某些调整，如归并税目、限制附加税额等，但旧的附加并入正税后又出现新的附加，农民负担更加沉重。这时的关税包括进口税、出口税、子口税和吨税。鸦片厘金和沿岸贸易税仍沿用清末税制。此外还征收常关税，多由各地方自行规定，税率高低不一。盐税也沿用清代盐法，包括正税和附加，附加名目亦多，有中央附加、外债附加、地方各种附加（如军费、教育费、筑路费、慈善费等），附加额超过了正税。各地方征收的厘金包括坐厘、行厘、货厘、统捐、税捐、铁路捐、货物税、产销税、落地税、统税等，税率各地不同，低的 2.5%，高的达 25%。当时全国有厘卡 784 个，分局卡有 2500 处之多。对烟酒实行专卖与征税并用，矿税、房税、茶税、当税、牙税、契税等照旧征收。开征了两种新税：一是印花税，课征对象包括发货票等 36 种凭证；二是通行税（运输税），按运费客票价格征收。至于其他各种苛捐杂税更是不胜枚举。

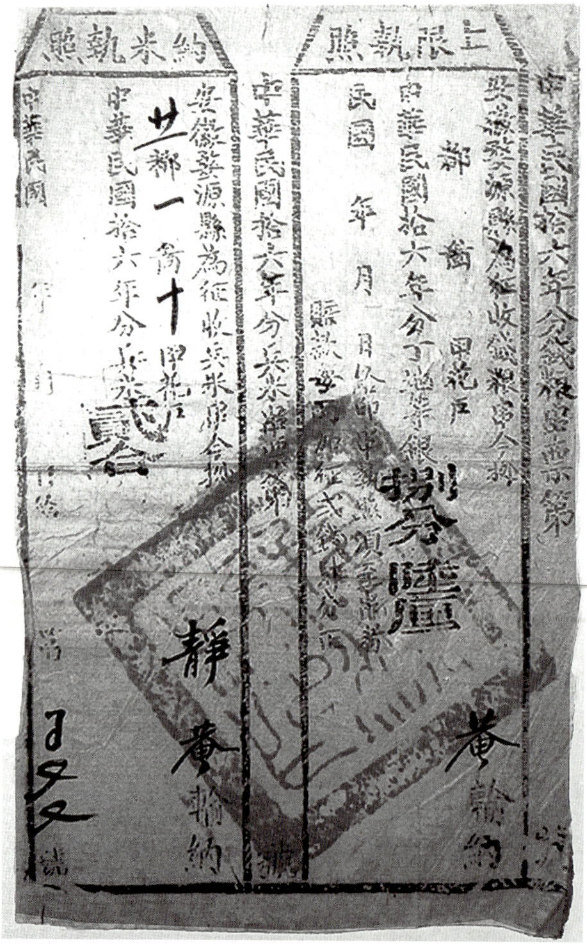

民国 16 年（1927 年）征收钱粮上限执照、纳米执照，上印“赔款每两加征贰钱肆分正”字样

新旧军阀和地方政府为扩张军事实力，提高政治地位，在财政税收上横征暴敛，滥施加征课派，包征制一度泛滥。例如，1912 年，经广东省政府

批准，广东烟丝捐正税和附加税实行招商承办。1917 年 9 月，广东省筹饷局将省河、佛山、潮汕三处麻雀捐交由包商承办，年包征额 4 万元。1921 年 9 月，江苏省财政厅公布各县税收招商投标章程，对投标底额、保证金额以及投标、开标程序作了明确规定。1924 年 4 月，阎锡山在山西太原招商承包屠宰税、毛皮税、煤厘、牲畜税、火柴税、包裹税、销场税、落地税等税捐，横征暴敛加速了农民破产，导致土地集中，进而逼迫贫困农民租种地主的土地，缴纳更重的租税，负担愈加沉重。国民党中央农民部土地委员会 1927 年 6 月的一份报告指出，地主、富农约占人口总数的 14%，却占有全国农田土地的 81%，而占人口 86% 的贫苦农民，则只有 19% 的耕地。在这种土地状况下，地租率可以达到产量的 70% ~ 80%，至少也达到 50%，越来越多的贫民陷入饥寒交迫的境地。

民国初年中国城乡经济凋敝，人民的负担不断加重，劳动人民挣扎在死亡线上。摆脱帝国主义的控制，争取中华民族的独立，消灭封建剥削制度，这些历史任务光荣地落到了无产阶级及其政党肩上。

第二节　建党初期的税收主张

中国共产党诞生伊始，就在税收方面进行了理论探索，提出了自己的税收主张。建党初期，中国共产党的税收主张主要体现在三个方面：第一，坚决反对帝国主义通过干涉中国税制特别是关税对中国进行经济侵略和军阀、土豪劣绅通过苛捐杂税剥削人民。第二，合理解决农村的土地和农民的租税负担问题。第三，明确地提出了改革税制的初步主张，主要是废除厘金和其他额外征税；主张征收累进的所得税。

一、中国共产党成立之初的税收主张

1921 年 7 月 23 日，中国共产党第一次全国代表大会在上海法租界望志路 106 号（今兴业路 76 号）开幕。大会通过了中国共产党的第一个纲领和决议，并选举产生党的领导机构。党的一大召开标志着中国共产党的正式成立，这是

中國共產黨對於時局的主張

中國共產黨中央執行委員會印行

一九二二年六月十七日

中国共产党对于时局的主张

中华民族发展史上开天辟地的大事变。党的一大通过的《中国共产党纲领》提出“废除资本私有制，没收一切生产资料，如机器、土地、厂房、半成品等，归社会所有”“地方执行委员会的财政、活动和政策，必须受中央执行委员会的监督和指导”。①

1922 年 6 月 15 日，在中国共产党第二次全国代表大会召开前夕，中国共产党发表《中国共产党对于时局的主张》，提出了党在目前的奋斗目标，其中涉及税收问题的内容如下：“改正协定关税制，取消列强在华各种治外特权，清偿铁路借款，完全收回管理权。定限制租课率的法律。废止厘金及其他额外的征税。征收累进率的所得税。”②

1922 年 7 月 16 日至 23 日，中国共产党第二次全国代表大会在上海南成都路辅德里 625 号召开。《中国共产党第二次全国代表大会宣言》中提出了中国共产党为工人和贫农的利益在工人、贫农与小资产阶级建立的民主主义联合战线里奋斗的目标，主张“废除丁漕等重税，规定全国——城市及乡村——土地税则”“废除厘金及一切额外税则，规定累进率所得税”“规定限制田租率

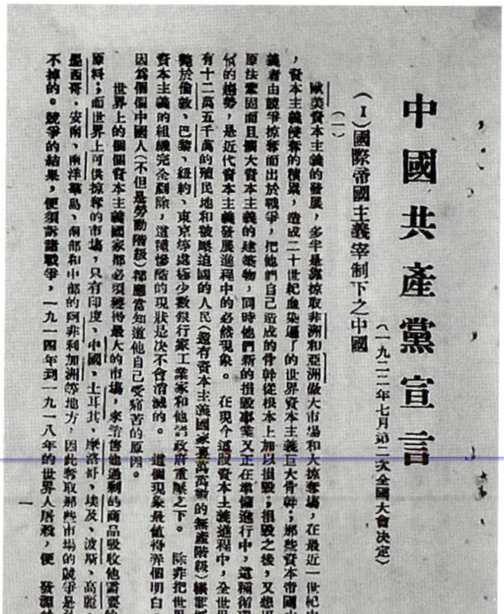
中國共產黨宣言

（一九二二年七月第二次全國大會決定）

（一）國際帝國主義宰制下之中國

（一）

歐美資本主義的發展，多半是靠掠取非洲和亞洲做大市場和大掠奪場，在最近一世紀內，資本主義侵奪的積聚，造成二十世紀血染遍了的世界資本主義巨大骨幹；那些資本帝國主義者由競爭掠奪而出於戰爭，把他們自己造成的骨幹從根本上加以損毀；損毀之後，又想用原法鞏固而且擴大資本主義的建築物，同時他們新的損毀事業又正在準備進行中，這種循環似的趨勢，是近代資本主義發展進程中的必然現象。 在現今這段資本主義進程中，全世界有十二萬五千萬的殖民地和被壓迫國的人民（還有資本主義國家裏面窮苦的無產階級）犧牲於倫敦、巴黎、紐約、東京等處極少數銀行家工業家和他們政府重壓之下。 除非把世界資本主義的組織完全剷除，這種慘酷的現狀是決不會消滅的。 這個現象最值得弄個明白，因為個個中國人（不但是勞動階級）都應當知道他自己受痛苦的原因。

世界上的個個資本主義國家都必須經得最大的市場，來消售他過剩的商品吸收他需要的原料；而世界上可供掠奪的市場，只有印度，中國，土耳其，摩洛哥，埃及，波斯，高麗，墨西哥，安南，南洋羣島，南部和中部的阿非利加洲等地方，因此奪取那些市場的競爭是免不掉的。 競爭的結果，便須訴諸戰爭，一九一四年到一九一八年的世界大屠殺，便 發源於

一

1922 年 7 月党的二大通过的《中国共产党第二次全国代表大会宣言》（该文件的国家档案馆藏本题为《中国共产党宣言》）

① 中央档案馆．中共中央文件选集（第一册）［M］．北京：中共中央党校出版社，1989：3–4.

② 中央档案馆．中共中央文件选集（第一册）［M］．北京：中共中央党校出版社，1989：43–44.

的法律”。中国共产党的这些税收主张，对以后的革命根据地税收工作产生了巨大影响。

1923 年 6 月 12 日至 20 日，中国共产党第三次全国代表大会在广州东山恤孤院 31 号（现恤孤院路 3 号）召开。大会通过的《中国共产党党纲草案》中提出：取消帝国主义的列强与中国所订一切不平等的条约，实行保护税则；废止厘金，征收所得税和遗产税，每年审定租税一次；划一并减轻田赋，革除陋规；制定限制田租的法律，承认佃农协会有议租权。

二、大革命时期党的税收主张

1924 年 1 月，中国国民党第一次全国代表大会的召开，标志着第一次国共合作正式形成。中国共产党顺应新的革命形势，提出了更多、更有针对性的税收主张。

1924 年 1 月，中国共产党中央局和中国社会主义青年团中央局对于中国国民党党纲草案表示大致赞同。该草案中提出：废止厘金和协定关税，由中国自定海关税则；严定田赋地税的法定额，禁止一切额外的征收。

1924 年 11 月 19 日，中国共产党第四次发表对时局的主张（《中国共产党对于时局之主张》刊登在中国共产党创办的第一个公开发行的中央机关报《向导》第九十二期），提出：为全民族的解放，为被压迫的兵士农民工人小商人及知识阶级的特殊利益，本党将向临时国民政府及国民会议提出目前最低限度的要求。要求涉及税收的主张有：“一是废除一切不平等条约，第一重要是收回海关，改协定关税制为国定关税制；因为这是全民族对外的经济解放之唯一关键。二是规定最高限度的租额，取消田赋正额以外的附加捐及陋规，谋农产品和他种生活必需的工业品价格之均衡，促成职业的组织（农民协会）及武装自卫的组织，这都是农民目前急迫的要求。三是各城市乡镇之厘金牙税及其他正杂捐税，在国库收入无多，而小本营商者则因之重感困苦，宜一切废止。四是废止盐税米税以裕平民生计。五是增加海关进口税，整理国有企业之收入，征收遗产税，征收城市土地税。此等大宗税收，不但足以补偿废止旧税——厘金、牙税、盐税、米税、田赋附加税及其他各种正杂捐税之损失，并可用为补助退伍兵士失业贫民及推广教育之经费。”

1925 年 1 月 11 日至 22 日，中国共产党第四次全国代表大会在上海召开。大会围绕当前的中心工作，通过了《对于民族革命运动之议决案》《对于农民运动之议决案》等 11 个议决案。在《对于农民运动之议决案》中，有不少税收方面的内容：“辛亥革命后，外国帝国主义所扶植的军阀战争连年不息，加以贪官污吏之横征暴敛，地主劣绅之鱼肉把持，致以农民生活愈益困难。所以中国农民群众实早已由（资本）帝国主义、军阀政治、重租、苛税、高利贷……等等驱之于反抗动乱之途。”“我们党对农民的宣传应当注意地方政府征收田税的问题。应当要求订定税额须经乡民会议（农民会）的同意，同时要反对预征钱粮，拒绝交纳陋规及一切不法征收。”“佃农及自耕兼佃农之间应当宣传反对苛税。”“应特别宣传取消普遍的苛税杂捐，加征殷富捐所得税的口号。”

1925 年 7 月 10 日发表的《中国共产党、中国共产主义青年团宣言》中提出：废止厘金和一切苛捐杂税；规定享有田地的最高限额，将大地主超过限额的田地分给贫农和无地的农民；规定田租的最高限额，佃户交纳的田租必须尽量减低，并禁止预征钱粮。

1925 年 10 月，中国共产党中央执行委员会扩大会议在北京召开。会议总结了自“五卅运动”以来的斗争经验，确定了党在革命高潮中领导工农群众运动的方针，讨论了当前形势和党的任务、国共两党关系、党的组织和宣传工作、党的军事工作、农民土地等问题。会议重申工农联盟的重要性，并提出制定农民问题的“政纲”，“其最终的目标应当没收大地主、军阀官僚、庙宇的田地交给农民”。会议明确指出：“如果农民不得着他们最主要的要求——耕地农有，他们还不能成为革命的拥护者。”这是中共中央决议中第一次提出农民土地问题。

1926 年 7 月 12 日，中国共产党第五次发表对时局的主张（《中国共产党对于时局之主张》刊登在中央机关报《向导》第一六三期），提出了各阶级民众共同政纲的最低限度，其中包括收回海关，改协定税制为国定税制；禁止军警拉夫、封船、扣车和强住民房、学校；禁止军用票、滥发纸币和勒派公债、军饷；停止预征钱粮、征收附规和一切苛税杂捐；制定工人最低工资和农民最高税租额的法律。

1927 年 4 月 27 日至 5 月 9 日，中国共产党第五次全国代表大会在武汉召开。大会通过的《政治形势与党的任务议决案》中提出：对于国民政府财政困难唯一的妥当的解决方法，就是农民革命。因为没收大地主的土地，则向来交付地主的地租就可以有一部分以地税的形式交给国家。暂时解决财政困难的办法还有两个：一是征收很重的财产税；二是发行革命战争公债，并由不劳而获的资产阶级和地主负担。大会通过的《对于土地问题议决案》指出：要取消封建式的剥削，只有将耕地无条件地转给耕田的农民，才能实现。耕种已没收的土地之农民，除缴纳累进的地税于政府外，不纳任何杂税。未没收的土地之租率，应减至与累进的田税相当的程度。耕种未没收的土地之农民，只缴纳确定的佃租，不纳其他杂税，并永久享有租佃权。

1927 年 7 月 13 日，中国共产党中央委员会在《中国共产党中央委员会对政局宣言》中提出：本党将继续绝不妥协地反对帝国主义的斗争，力争废除一切不平等的条约，实行关税自主；继续解放农民的斗争，地主的田地无代价地交与耕种的农民，保护小田主的田地享有权，不没收的田地应当实行极大限度的减租，废除苛捐杂税陋规苛约；为城市小资产阶级的利益而斗争，废除一切直接、间接的苛捐杂税。

第三节　党领导农民运动中的税收探索

1924 年 1 月，国民革命统一战线建立，不仅促进了工人运动的高涨，也推动了农民运动的开展。为培养农民运动干部，在中国共产党倡议下，从 1924 年 7 月至 1926 年 9 月，广东革命政权在广州先后举办了六届农民运动讲习所。在共产党人彭湃、罗绮园、阮啸仙、谭植棠、毛泽东的相继主持下，农民运动讲习所为广东和全国 20 个省区培训了 700 多名农民运动骨干，有力地促进了全国农民运动的发展。

大革命时期的中央农民运动讲习所（武汉），毛泽东是该讲习所实际的主办者

1926 年 7 月，北伐的胜利进军，进一步推动了全国农民运动的蓬勃发展。9 月，毛泽东发表《国民革命与农民运动》一文，指出：“农民问题乃国民革命的中心问题。”为加强对农民运动的领导，1926 年 11 月，中共中央决定成立由毛泽东任书记的中央农民运动委员会。在毛泽东的主持下，中央农民运动委员会决定以湖南、湖北、江西、河南四省农民运动为重点，同时在陕、川、桂、闽、皖、苏、浙等七省全面推动农民运动。

1926 年 12 月 1 日至 28 日，湖南省第一次农民代表大会在长沙举行，毛泽东作《工农商学联合的问题》的演说时指出：“国民革命的中心问题，就是农民问题，一切都要靠农民问题的解决”。1927 年 1 月 4 日至 2 月 5 日，中央农民运动委员会书记毛泽东到湖南的湘潭、湘乡、衡山、醴陵和长沙等县考察农民运动。他召集农民和农民运动工作者，召开各种类型的调查会，获得大量第一手材料，写成著名的《湖南农民运动考察报告》，成为党指导农民运动的重要纲领性文献。至 1927 年 4 月，湖南全省已有 63 个县成立了县农民协会，农会会员猛增到 200 万人，参加革命斗争的农民达 1000 万以上，湖南农民运动成为北伐战争时期全国农民运动的中心。在中国共产党的领导下，湖南农民掀起了轰轰烈烈的农村大革命。在政治上打击土豪劣绅，在许多地方形成了“一切权力归农会”的新的政治局面。建立农民武装，建立农民自卫军，农民协会还组建了庞大的梭镖队。在经济上，开展谷米限价、禁运、减租、减息、减税、减押斗争。在社会制度改造上，冲击一切封建宗法制度，如族权、夫权和神权，开展禁烟禁赌、剪发放足、解放妇女、改良婚丧仪式、兴办学校、破除迷信、清除匪患等活动，农村展现出一派新气象。

在湖南、湖北、江西农民运动大发展的推动下，其他各省的农民运动也逐渐兴起。到1927年3月底，农会组织已遍及粤、湘、鄂、赣、豫、陕、皖、川、闽、浙、苏、鲁、桂、冀、察、绥等省，有组织的农民达800万人。3月30日，湖南、湖北、江西、河南四省农民代表在武汉举行联席会议，成立全国农民协会临时执行委员会。毛泽东、谭平山、彭湃、方志敏和邓演达等13人被推举为执行委员。这个委员会对发展各地农会组织、扩大农民武装、建立农村革命政权和解决土地问题等，作了具体部署。

轰轰烈烈的农民运动，动摇了帝国主义、封建主义在中国的统治基础，在中国革命史上写下了浓重的一笔。在此期间，中国共产党多次提出废除苛捐杂税，符合广大劳动人民的愿望，深得广大劳动人民的拥护，为即将到来的土地革命打下了基础。

参考文献

[1] 吴兆莘. 中国税制史[M]. 上海：商务印书馆，1937.

[2] 黄天华. 中国税收制度史[M]. 上海：华东师范大学出版社，2007.

[3]《中国革命根据地的税收》编写组. 中国革命根据地的税收[M]. 北京：中国税务出版社，2011.

第二章

新民主主义税收事业的建立：土地革命时期（1927—1937 年）

1927 年 8 月 1 日，中国共产党在南昌发动武装起义，开始了党直接领导武装斗争的新时期。1927 年 8 月 7 日，中共中央召开紧急会议（八七会议），确定了进行土地革命和武装反抗国民党反动派的总方针。随后，党发动了一系列武装起义，相继建立了井冈山、鄂豫皖等革命根据地。在党的领导下，各革命根据地废除旧的苛捐杂税，创立了苏维埃税收制度，建立了苏维埃税收体系，税收的性质发生了根本变化，由过去的剥削阶级税收变为革命政权税收，税收成为促进苏区发展的重要手段和筹集革命战争经费的有力工具。

第一节　土地革命时期党的税收指导思想

土地革命时期，中国共产党的税收思想已初步形成，为根据地税收制度的建立和深入开展税收工作实践提供了指导。总体来看，在这个时期，党的税收指导思想是：废除苛捐杂税，建立苏维埃税收制度，逐渐实行统一的累进税，体现税收的阶级性，促进苏区巩固和发展，保证革命战争的资金和物资需要。随着中国共产党领导的革命根据地和红色政权的逐步建立与发展，经济、财政和税收工作逐渐受到重视，税收的职能作用在革命根据地的红色政权建设中得以体现。

一、根据地初创时期党的税收指导思想

1927 年 8 月 3 日，中共中央制定的《关于湘鄂粤赣四省农民秋收暴动大纲》中提出的暴动战略中包括：宣布农会为当地的政府；由农会通告，对于祠堂庙宇、公地和拥有 50 亩以上土地的大地主一律抗租不缴，对于小地主实行减租；夺取一切政权于农民协会，歼灭土豪劣绅和一切反革命派，并没收其财产；实行对反动政府拒绝交纳任何税捐；自耕农土地不没收，自耕农和已经取得大地主田地的佃农应当向农会缴纳田税，税额由农会决定；农会组织土地委员会决定土地的分配。同年 8 月 23 日，《中央复湖南函》又提出："土地没收后由革命政府宣布简单的田税税率法（累进的田税，至多不超过收入的 30%）"。

在八七会议上，中共中央政治局通过的《最近农民斗争的议决案》指出，近期农民暴动的口号应当是：肃清土豪乡绅与一切反革命分子，没收他们的财产。没收重利盘剥者财产，用以改良农村中贫民的生活。没收大地主及中地主的土地，分这些土地给佃农及无地的农民。没收一切所谓公产的祠族庙宇等土地，分给无地的农民。对于小田主则减租，租金率由农民协会规定之。由农民协会取消重利剥盘（盘剥）者的债务苛刻的租约与苛约。对于一切新旧军阀政府的税捐实行抗纳，并实行抗租。

1927 年 10 月，中国第一个农村革命根据地在湘赣边界的井冈山建立以后，临时中央政治局候补委员、中共湖南省委前敌委员会书记毛泽东提出了主力红军筹款自给（即取之于敌、取之于白区和边缘地区）的方针。对于国民党政府、军阀和土豪劣绅征收的苛捐杂税，力主坚决废除，并代之以统一的累进税。同时提出，在农民分得土地以后，要适当开征土地税。

1928 年 3 月 10 日中共中央发布的《中央通告第三十七期——关于没收土地和建立苏维埃》中规定：一切土地归苏维埃公有，重新分给农民耕种。土地使用人必须向县苏维埃缴纳 10% 至 15% 的国税，其中 20% 缴国家苏维埃，30% 缴省苏维埃，20% 补贴乡苏维埃，30% 由县苏维埃支配。

1928 年 6 月 18 日至 7 月 11 日，中国共产党第六次全国代表大会在莫斯科

近郊兹维尼果罗德镇“银色别墅”召开。党的六大认真总结了大革命失败以来的经验教训，对有关中国革命的一系列存在严重争论的根本问题作出了回答。大会通过的《政治决议案》中提出了中国革命现阶段的十大要求，其中包括推翻帝国主义的统治和军阀国民党的政府，建立工农兵代表会议（苏维埃）政府；没收地主阶级的一切土地，耕地归农；取消一切政府军阀地方的税捐，实行统一的累进税。

1928 年中共中央制定的《苏维埃组织法》附《关于没收土地》中规定，土地税一般将县苏维埃所收之税额 20% 缴国家苏维埃，30% 缴省苏维埃，20% 津贴乡苏维埃，30% 归县苏维埃支配，区苏维埃用费由县苏维埃津贴。

1928 年 12 月，中共中央委员、红军第四军前敌委员会书记毛泽东经过对江西省宁冈、永新两个县的调查，在井冈山主持制定了《土地法》。该法规定：土地税的基本税率为 15%；有特殊情况的，经过批准，可以减按 10% 或者 5% 的税率征收；如果遇到天灾或者其他特殊情况，经过批准，可以免税。

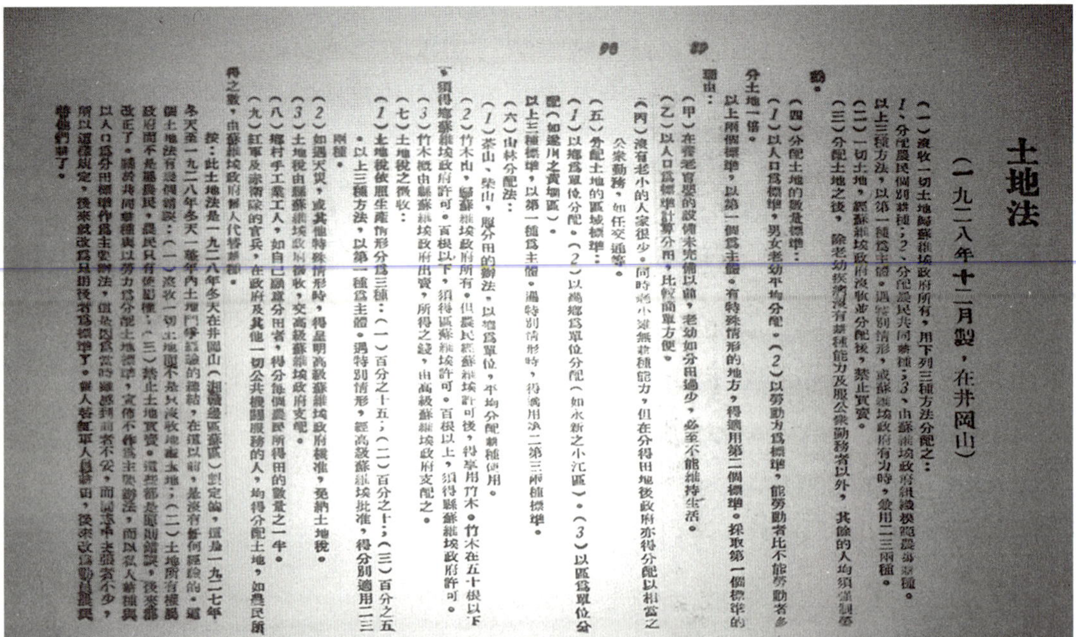

土地法

（一九二八年十二月製，在井岡山）

（一）沒收一切土地歸蘇維埃政府所有，用下列三種方法分配之：*1*、分配農民個別耕種；*2*、分配農民共同耕種；*3*、由蘇維埃政府組織模範農場耕種。以上三種方法，以第一種為主體。遇特別情形，或蘇維埃政府有力時，兼用二三兩種。

（二）一切土地，經蘇維埃政府沒收並分配後，禁止買賣。

（三）分配土地之後，除老幼疾病沒有耕種能力及服公衆勤務者以外，其餘的人均須強制勞動。

（四）分配土地的數量標準：

（*1*）以人口為標準，男女老幼平均分配。（*2*）以勞動力為標準，能勞動者比不能勞動者多分土地一倍。

以上兩個標準，以第一個為主體。有特殊情形的地方，得適用第二個標準。採取第一個標準的理由：

（甲）在養老育嬰的設備未完備以前，老幼如分田過少，必至不能維持生活。

（乙）以人口為標準計算分田，比較簡單方便。

（丙）沒有老小的人家很少。同時老小雖無耕種能力，但在分得田地後政府亦得分配以相當之公衆勤務，如任交通等。

（五）分配土地的區域標準：

（*1*）以鄉為單位分配。（*2*）以幾鄉為單位分配（如永新之小江區）。（*3*）以區為單位分配（如遂川之黃坳區）。

以上三種標準，以第一種為主體。遇特別情形時，得適用第二第三兩種標準。

（六）山林分配法：

（*1*）茶山、柴山，照分田的辦法，以鄉為單位，平均分配耕種使用。

（*2*）竹木山，歸蘇維埃政府所有。但農民經蘇維埃許可後，得享用竹木。竹木在五十根以下，須得鄉蘇維埃政府許可。百根以下，須得區蘇維埃許可。百根以上，須得縣蘇維埃政府許可。

（*3*）竹木概由縣蘇維埃政府出賣，所得之錢，由高級蘇維埃政府支配之。

（七）土地稅之徵收：

（*1*）土地稅依照生產情形分為三種：（一）百分之十五；（二）百分之十；（三）百分之五。以上三種方法，以第一種為主體。遇特別情形，經高級蘇維埃批准，得分別適用二三兩種。

（*2*）如遇天災，或其他特殊情形時，得呈明高級蘇維埃政府核准，免納土地稅。

（*3*）土地稅由縣蘇維埃政府徵收，交高級蘇維埃政府支配。

（八）鄉村手工業工人，如自己願意分田者，得分每個農民所得田的數量之一半。

（九）紅軍及赤衛隊的官兵，在政府及其他一切公共機關服務的人，均得分配土地，如農民所得之數，由蘇維埃政府雇人代替耕種。

按：此土地法是一九二八年冬天在井岡山（湘贛邊區蘇區）制定的，這是一九二七年冬天至一九二八年冬天一整年內土地鬥爭經驗的總結，在這以前，是沒有任何經驗的。這個土地法有幾個錯誤：（一）沒收一切土地而不是只沒收地主土地；（二）土地所有權屬政府而不是屬農民，農民只有使用權；（三）禁止土地買賣。這些都是原則錯誤，後來都改正了。關於共同耕種與以勞力為分配土地標準，宣佈不作為主要辦法，而以私人耕種與以人口為分田標準作為主要辦法，但是因為當時[illegible]感到前者不妥，而[illegible]者不少，所以這樣規定，後來就改為只用後者為標準了。[illegible]

▶▶ 1928 年 12 月颁布的井冈山《土地法》

1929年1月，在红军进军赣南、闽西的途中，发布了以红军第四军党代表毛泽东与军长朱德联合署名的《红军第四军司令部布告》，以通俗易懂的口号对党和红军的税收政策进行广泛宣传，提出“累进税法，最为适用；苛税苛捐，扫除干净”。同时，颁布了以中国共产党红军第四军党部署名的《共产党宣言》，提出“取消一切政府军阀地方的捐税，实行统一的累进税”。

1929年8月，中共中央作出《关于接受共产国际对于农民问题之指示的决议》，指出：党要实现动员广大群众的任务，必须坚决地领导群众的日常斗争，提出群众一切迫切要求的口号，反对捐税，反对民团，反对高利贷，减租，抗租，借粮，分粮，改良待遇，增加工资，反对拉夫拉车，反对摊派军饷等，来发动一切被剥削压迫的群众的斗争。

1930年10月24日，中共中央政治局作出《关于苏维埃区域目前工作计划》，其中第三点为：实行累进的统一所得税。对于城市商人实行累进的所得税，而对于一定收入以下的工人贫民，完全免税。取消一切军阀统治之下的各种捐税（厘金等），对于乡村亦是如此。经常的税则之外，遇见特殊需要的时候，由各级苏维埃代表大会或者代表会议正式决议征收公益费，这种决议的通过和讨论，最好要有广大的工人贫农群众参加；这种公益费的负担，也要加重在富裕的分子身上。

1930年8月，《中国军事委员会土地法》《赣西南苏维埃土地法》颁布，内容基本相同，关于土地税，规定为打倒反革命的需要（如为了扩大红军及赤卫队，供给政权机关等），及增加群众利益的需要（如设立学校、看病所，救济残废老幼，修理道路等），苏维埃得向农民征收土地税。土地税，以保护贫农、联络中农、打击富农为原则，须在苏维埃建立之后，而且群众已经得到实际利益，经高级苏维埃批准时，才可征收。土地税，按照农民分田每年收谷数量，分等征税。土地税之收入支出，须统一于高级苏维埃政府，低级政府不得自由收支。支付标准，按照税收多寡及各级政府需要的缓急轻重，由高级政府决定。

1931年6月16日，中共中央发布的《中央给苏区各级党部及红军的训令》中规定：税收必须使富农和商人负担起来，工人和贫雇农绝对不应当纳税，临时征税更应当由商人和富农负担。

1931 年 7 月 30 日，中共中央作出《关于全国灾荒，秋收斗争与我们的策略的决议》，明确提出在白区不还租，不纳税，没收地主土地，平均分配土地，组织抗租抗粮团等。

二、中华苏维埃共和国时期党的税收指导思想

1931 年 11 月 7 日至 20 日，中华苏维埃第一次全国代表大会在江西瑞金召开，宣布成立中华苏维埃共和国临时中央政府。中华苏维埃共和国建立后，陆续颁布了包括《中华苏维埃共和国宪法大纲》《中华苏维埃共和国暂行税则》在内的 120 多部法律法令。在《中华苏维埃共和国宪法大纲》中明确：中国苏维埃政权以消灭封建制度及彻底的改善农民生活为目的，颁布土地法，主张没收一切地主阶级的土地，分配给贫农，中农，并以实现土地国有为目的。中国苏维埃政权以保障工农利益，限制资本主义的发展，更使劳苦群众脱离资本主义的剥削，走向社会主义制度去为目的，宣布取消一切反革命统治时代的苛捐杂税，征收统一的累进税，严厉地镇压一切中外资本家的怠工和破坏的阴谋，采取一切有利于工农群众并为工农群众了解的走向社会主义去的经济政策。

中华苏维埃第一次全国代表大会通过的《中华苏维埃共和国关于经济政策的决定》中规定：消灭国民党军阀政府一切的捐税制度和其一切横征暴敛，苏维埃另定统一的累进税则，使之转由资产阶级负担；苏维埃政府应当豁免红军、工人和城乡贫苦群众家庭的纳税，如遇意外灾害也应当豁免或者酌量减轻。

中华苏维埃共和国中央执行委员会第一次会议通过的《关于颁布暂行税则的决议》中规定：税收是国家财政收入的主要来源。废除国民党军阀的一切田赋丁粮、苛捐杂税厘金等，实行统一的累进税。统一累进税对于任何方面都是征收一种税，征收的原则除了将纳税的重担放在剥削阶级身上以外，按照阶级的原则解决，免除被剥削的阶级与最苦的阶层的群众的纳税义务。

1932 年 1 月 1 日发布的《中国共产党对于时局的主张》指出："对于全中国一万万以上饥饿死亡着的灾民，国民党是丝毫也不顾的，宣传一时的八千万

赈灾公债一钱未发。各种各样的赈灾附加税，没有一个钱落到灾民的手里。二百万吨美麦借款，是充作别用了。民众的苏维埃政府将立刻没收地主富豪的房屋，粮食，耕牛耕具，没收与征发大商店工厂的布匹，利用公债基金等来组织大规模的赈灾运动。同时在民众的苏维埃政府坚决执行上述政策之下，就会很快的解决造成目前中国总崩溃原因的大半。民众的苏维埃政府将利用帝国主义的以及中国的银行企业，来恢复与发展中国的经济，利用海关来保护本国的工商业，经过一切苛捐杂税的取消与地主土地的没收来大大的发展农村中的生产力，更利用一切内债外债的基金来开浚河道，修理坝闸，种植森林，以防水旱之灾，并大大的用来改良广大劳动群众的物质生活与提高他们的文化水平，一切劳动民众的子弟，在苏维埃政府下而（面）都将受到免费的教育。”

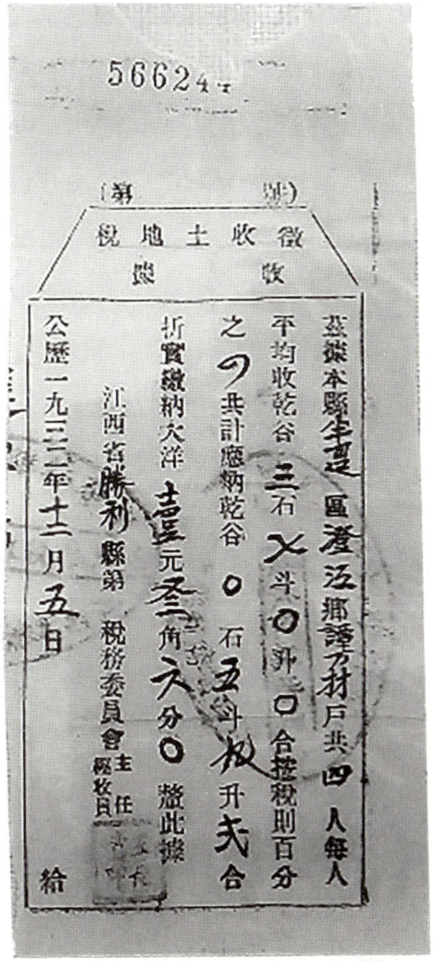

1932 年江西省胜利县填开的征收土地税收据

1932 年 7 月 7 日，中华苏维埃共和国临时中央政府发布《关于战争动员与后方工作》的训令，要求中央政府“提高营业所得税的累进税率，重新确定土地税率……使一切税的重担放在最有财产的阶级身上”。

1932 年 8 月，中央苏区财政人民委员会发布《关于统一税收问题》的训令，指出：“税收为国家财政主要收入，自应由国家统一征收。”

1932 年 10 月，毛泽东以中央执行委员会主席的名义发布《关于战争紧急动员》的命令，要求中央苏区各级政府“必须立即征收土地税、商业税、房租等开发财源，充分筹划战争的经济和粮食，及一切军用必需品，要准备能与敌人长期作战，使红军及一切工农群众在战争中不受敌人的封锁和给养困难”。

1933 年 4 月，中央苏区财政人民委员会发布《关于整顿商业税问题》的训令，指出：“商业税是国家财政主要收入之一，当此革命战争向前开展，战费日益浩大的时候，整顿商业税收，向商人收足税款，供给红军作战，是我们当前的紧急任务。”

1934 年 1 月 22 日至 2 月 1 日，中华苏维埃共和国第二次全国苏维埃代表大会在江西瑞金召开。大会通过的《关于苏维埃经济建设的决议》指出：苏维埃政府必须采取一切办法把革命战争的负担放到剥削阶级的身上，尽量在苏维埃经济的发展中增加各种税收的收入。从发展国民经济来增加我们财政的收入，是我们财政政策的基本方针，明显的效验已在闽浙赣边区表现出来，在中央区也已开始表现出来了。这一方针的着重的执行，是我们财政机关和经济机关的责任。这里必须充分注意：国家银行发行纸币，基本上应该根据国民经济发展的需要，单纯财政的需要只能放在次要的地位。大会通过的《中华苏维埃共和国宪法大纲》明确指出：中华苏维埃政权，以保障工农利益，限制资本主义的发展，更使劳动群众脱离资本主义的剥削，走向社会主义制度去为目的，宣布取消一切反革命统治时代的苛捐杂税，征收统一的累进税，严厉镇压一切中外资本主义（家）的怠工和破坏阴谋，采取有利于工农群众并为工农群众了解的走向社会主义去的经济政策。

1935 年 12 月 17 日，中共中央在陕北子长县瓦窑堡召开政治局扩大会议。会议分析了华北事变后国内阶级关系的新变化，讨论了抗日民族统一战线、国防政府和抗日联军等问题，批判了党内长期存在着的“左”倾关门主义，制定了抗日民族统一战线的策略方针。会议通过了《中共中央关于目前政治形势与党的任务的决议》，其中指出：“废除一切苛捐杂税，发展工商业。”“苏维埃老早就废除了国民党军阀的一切苛捐杂税，宣布了有利于一切小生产者的统一累进税。”

第二节　中央革命根据地的税收制度

中央革命根据地，即中央苏区，地跨赣闽粤三省，为土地革命战争时期全国最大的革命根据地，是全国苏维埃运动的中心区域，是中华苏维埃共和国党、政、军首脑机关所在地。1930年11月至1931年9月，中央苏区军民先后取得粉碎国民党军队第一、第二、第三次“围剿”的胜利，赣西南、闽西两苏区连成一片。中央苏区发展到包括28个县境、拥有15座县城，总面积5万多平方千米，人口达250多万的全国最大的苏区。1931年11月，第一次全国苏维埃代表大会在瑞金举行，宣布成立中华苏维埃共和国临时中央政府。1933年1月，中共临时中央由上海迁入中央苏区。1934年10月，中共中央、中央红军主力被迫退出中央苏区，开始长征。中央机关和红军主力长征后，在中央苏区组建了中共中央分局、中华苏维埃临时中央政府办事处和中央军区，继续坚持斗争。

一、中华苏维埃共和国的成立及财税工作方针

1931年11月7日至20日，中华苏维埃第一次全国代表大会在江西瑞金郊外的叶坪村谢氏宗祠举行。到会的有来自全国6个根据地（中央、湘赣、湘鄂赣、赣东北、湘鄂西、琼崖）及上海、武汉和红军部队的代表，另外还有部分来自朝鲜、越南的海外代表，以及在国民党统治区的全国总工会、全国海员总工会的代表，总共610人出席了大会。11月19日，大会选举产生以毛泽东等63人为中央执行委员的中华苏维埃共和国中央执行委员会。此次会议正式宣布建立以“推动革命斗争、代表人民利益”为宗旨的中华苏维埃共和国临时中央政府，并下设“九部一局”。大会通过了《中华苏维埃共和国宪法大纲》和《中华苏维埃共和国关于经济政策的决定》等法律文件。

《中华苏维埃共和国宪法大纲》作为制定财政、税收法律法规政策的依据和原则，其中提出：“中国苏维埃政权以保障工农利益，限制资本主义的发展，更使劳苦群众脱离资本主义的剥削，走向社会主义制度去为目的，宣布取消一

切反革命统治时代的苛捐杂税，征收统一的累进税，严厉的镇压一切中外资本家的怠工和破坏的阴谋，采取一切有利于工农群众并为工农群众了解的走向社会主义去的经济政策。”

《中华苏维埃共和国关于经济政策的决定》作为苏维埃经济政策的根据，提出了中央苏区开展税收工作的方针和原则。其中提出：“消灭国民党军阀政府一切的捐税制度和一切横征暴敛，苏维埃另定统一的累进所得税则，使之转由资产阶级负担。苏维埃政府应该豁免红军战士、工人、乡村与城市贫苦群众家庭的纳税，如遇意外灾害，更应豁免或酌量减轻一切税额。”“取消过去一切口头的书面的奴役及高利贷的契约，取消农民与城市贫民对高利贷的各种债务，严禁预征或债（务）的奴役，应以革命的法律严防并制止一切恢复奴役与高利贷关系的企图，城市与乡村贫民被典当的一切物品，完全无代价的退还原主，当铺应交给苏维埃。”

1931 年 11 月 28 日，中华苏维埃共和国中央执行委员会第一次会议通过《关于颁布暂行税则的决议》（以下简称《决议》）。《决议》指出：国家的财政收入和支出，税收是主要的来源，中央政府根据宪法的规定，废除国民党军阀的一切田赋丁粮、苛捐杂税、厘金等，实行统一的累进税。统一累进税对于任何方面都是征收一种税，征收的原则除去将纳税的重担放在剥削阶级身上外，依阶级的原则来解决。对于被剥削的阶级与最苦的阶层的群众，免除纳税义务。在目前因革命战争关系，全国苏区不能连成一片，以及许多特殊情形下，对于农业税只能以主要出产为收税的标准，对于一切副产品暂不征收，农业税的规定，也只能以能维持必需生活费外，为开始征收标准，按数逐渐起累，不足标准者概免税，富农则征税较重，起征的标准要低于贫农、中农的一半。规定这一原则，由各省政府根据当地实际情形，定出农业税的税率。在目前为发展苏维埃区域的经济起见，对于商业出入口税和工业的出厂税暂行免收。从《决议》中可看出，中华苏维埃共和国的税制简便易行，具有鲜明的阶级性，注重维持群众的生活必需和苏维埃区域的生产发展。《决议》所说的征收一种税，并不是说一个税种，而是说针对不同的行业和纳税对象都只征收一种税，税种有所不同。

二、中华苏维埃共和国的税收制度建设

中华苏维埃共和国建立以后，陆续颁布了包括《中华苏维埃共和国暂行税则》在内的 120 多部法律法令，即着手开展政权建设，其中财政和税收工作是政权建设的重要方面，亦是土地革命时期党的方略的重要体现。

（一）颁布《中华苏维埃共和国暂行税则》

《中华苏维埃共和国暂行税则》于 1931 年 12 月颁布，其中规定税的种类分为农业税、商业税、工业税三种。

1. 农业税

中华苏维埃共和国临时中央政府在税则中规定了农业税的征收原则，要求各省根据这个原则并参照当地的实际情况，制定出适当的农业税。农业税征收的原则规定：苏区农民分得土地后，按照其全家每年的生产收获，以全家人口平均计算，规定出每人的年收入和生活支出数额，再规定出每人应缴纳的最低数额的累进税。主要征收生产粮食的税，一般副产品暂不征税。但是茶山、棉麻、果园当作稻田麦地分配，成为主要生产的，亦应征税。后来，将茶叶、果（果子）、竹麻、油桃（茶子）列为山林税，而山

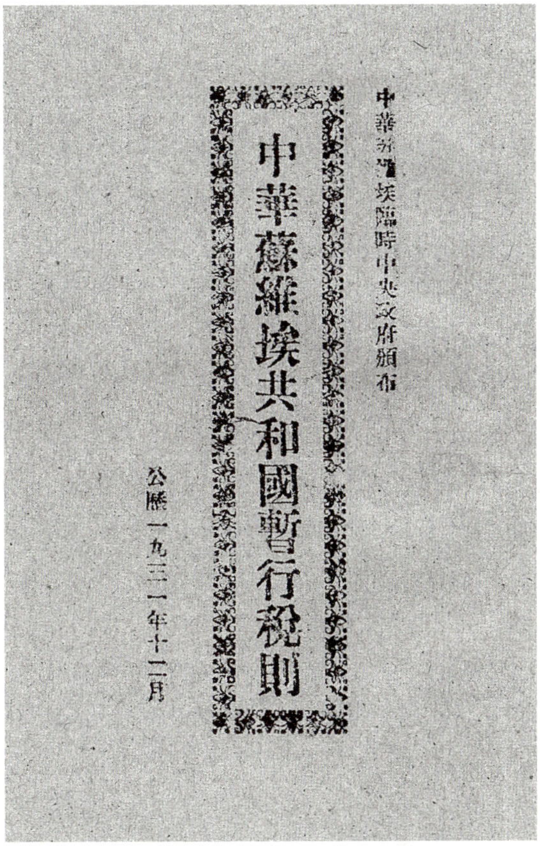
中華蘇維埃臨時中央政府頒布
中華蘇維埃共和國暫行稅則
公曆一九三一年十二月

《中华苏维埃共和国暂行税则》颁布

林税是农业税的一部分。山林税暂分竹麻税、茶子税、茶叶税、果子税四种，其余暂不收税。

农业税的税率，规定农产品平均每家每人收获量以干谷四石以上计算开始征收，共分为12个等级，即4担至15担，其中4担农产品收税1%，10担收税8%，15担收税16.5%。对于富农则从两担起征，税率为1%，3担以上即收税率2%，以此类推，比一般农民的税负高很多。①

红军家属按照红军优待条例的有关规定进行免税；雇农以及分得田地的工人也免税；对富农的征收要比其他农民高。如遇水旱等天灾，或遭受国民党军队摧残的地区，可以按照灾情的轻重分别给予免税或减税；鼓励开垦荒地，凡开垦荒地的，所得收入免税三年。农业税的征收时间一般在农产品收获后一月至二月内开始征收，收税时按照税率规定，向各家征收每人应缴纳的税额。

2. 商业税

商业税即商业累进税，又叫商业资本税、商业所得税、营业所得税或营业税，是对商人征收其资本营利的所得税，即征收对象为全部营利收入而非征收资本，依据商店向政府财政机关所领取的营业证，按其资本多少来规定税率，然后按税率与所得营利来计算征收。

商业税从200元至10万元分为13个等第，按照等第规定税率。第1等资本200元至300元者，税率为2%；第13等资本80001元至10万元者，税率为18.5%，资本在10万元以上税率另定。②

商业税按商店资本大小和盈余多少适用不同的税率，资本大营利多的多征，资本小营利少的少征。商业税也实行免税办法，凡遵照苏维埃政府所规定的合作社组织条例建立的消费合作社，经过县苏维埃政府登记的，如需要免税，应由该县政府报告省级政府批准方可免税；肩挑小贩及出卖剩余农副土特产品的一律免收商业税；商业资本在200元以下的一律免税；商人遇险或遭到意外损害的，报告苏维埃政府并经过查验核实之后可以免税。

① 中国社会科学院经济研究所中国现代经济史组. 革命根据地经济史料选编［M］. 南昌：江西人民出版社，1986：427.

② 江西省税务局. 中央革命根据地工商税收史料选编［M］. 福州：福建人民出版社，1985：54-55.

3. 工业税

工业税亦称工业所得税，按资本大小，规定税率征收其利润，其税率另行规定。对群众的生产合作社给予免税。为促进苏区的工业发展，暂时免收工业品的出厂税。

（二）修改《中华苏维埃共和国暂行税则》

中华苏维埃共和国临时中央政府执行委员会于 1932 年 7 月 13 日发布了《关于修改暂行税则问题的命令》，提出“税收为国家财政收入的主要收入，国家的行政费，革命战争的一切经费，主要的来源应当出自税收。”修改后的税则，商业税税率从 101 元至 500000 元分 14 个等级，第一等资本 101 元至 200 元者，税率 6%，第 14 等资本 100001 元至 500000 元者，税率 25%，资本在 500000 元以上税率另定。同时，征收商业税的期限由 1932 年 7 月起，由每年征收两次，改为每月征收一次，季节生意也改变为按次征收。农业税的税率，江西、福建两省从前所规定的税率，亦须宣布作废，另行规定新的税率标准，送中央政府批准。修改的《中华苏维埃共和国暂行税则》起征点降低，征税面扩大；税率提高，税负增加。对富农改为按劳动力平均而不以人口平均来计算收获量。

1933 年 9 月 18 日，《中华苏维埃共和国暂行税则》进行了第二次修改，主要是改变了确定税率的方法，原来是按人均收获量多少来确定适用的累进税率，新的税率则按照农民分的土地后，全家每年主要的生产的收获量，以每人分田实收多少及全家分田人口多少来规定，即每户分田同样多的地方，每户人口少的税率低，人口多的税率高。按照当时中央财政人民委员部解释，这样确定税率是因为人口多的人家，耕种上比人口少的人家成本更少，收获更大的缘故。第二次修改的结果，多数税率又提高了，一般贫农少则提高 0.1%，多则提高 2.2%；富农少则提高 0.2%，多则提高 6.3%。除此之外，起征点也修改了，即贫农、中农 2 个人以下的家庭，每人分田 2 担者不征；富农不论分田多少，人口多少，一律征税。并且规定，茶山、木梓山、菜园，当作稻田麦地分得成为主要产品的亦应征税。新税制对减免优待也作一些补充：如对工人的免税，对孤儿、寡妇、残废者及患病丧失劳动力的家庭的减免照顾，对政府工作人员的减免照顾及对垦荒的优待等。这次修改农业税制，正值第五次反“围剿”战争的前夕，提高税率的目的是保证革命战争的供给。

（三）建立关税制度

中华苏维埃共和国的关税制度是在 1933 年建立起来的。1933 年 3 月，中央财政人民委员部发布了《关于建立关税制度》的训令，指出：当此敌人进攻苏区，经济封锁特别严重的时候，建立关税制度，以调剂苏区生产品与消费品之需要与供给，增加政府财政上的收入，是争取战争全面胜利的重要条件。建立 24 个关税处，视其大小配备主任、检查员、计算员、会计员、出纳员、管理员、调查员、统计员等 9 至 14 人，同时配有武装检查队一二个班或一二个排。关税分为三种，由苏区运出白区的货物征出口税，由白区运进苏区的货物征进口税，白区与白区通商货物经过苏区边境的征通行税。同时，中共中央人民委员会颁布了《关税条例》《关税税率表》《关税征收细则》等。

毛泽东在 1934 年 1 月 21 日第二次全国苏维埃代表大会上指出：征收关税的目的是按照苏区所需要程度统制货物。在中国境内，只有苏维埃不受任何外国政府干涉实施彻底的自主关税，且只在过境时实行一道关税，一扫国民党厘金关卡层层抽剥的虐政。临时中央政府还规定了关税的减税、免税办法：对根据地紧缺物资，如盐、洋油、火柴、棉布、石灰、铁器等，免征进口税；对根据地军需、公需物资，如药材、办公用品、油墨、蜡纸、电池、擦枪油等进口免税；《关税征收细则》规定，货物如因水湿致价格减低者，可按价酌量减税。

三、中华苏维埃共和国税收制度实施情况

（一）农业税

中华苏维埃共和国临时中央政府为了明确农业税征税职责，于 1932 年 7 月专门制发了《土地税征收委员会办事细则》,后又于1933年10月13日进行了修订，详细规定了税收征收管理和组织指导，征收前、征收时和征收后做的工作。

中央根据地的农业税主要是根据《中华苏维埃共和国暂行税则》和《土地税征收细则》实施的。其征税范围包括主要农产品（谷、麦），副产品暂不征税。凡属苏维埃分配或私人调整之稻田，上季无论栽种何种产物都照种稻者一律征收双季税，但下季不能种稻者，则征收单季税。凡园土、菜圃及沙坝等，在分配时折成稻田分配者，都照折实稻田征收单季税。其园多田少地方，必须将园土折成稻田，按照谷物征收单季税。其标准以该园收获价值与稻谷收获价值之比例为原则。茶山、棉田、麻田、果园，当作稻田、麦地分配，其产品成为主要收入的，也要征税，但稻田多而园地、菜地、鱼塘、山地少的地方，过去没有折成田亩来分配的不征税。按照农民全家每年主要生产的收获量计税，也就是以各户当年的实际产量为计税标准。起征点为按照农户全家当年农产品的收获量，按人口平均，定出一个维持生活必需的数额，作为起征点，不达起征点的不征税，超过起征点部分按全额累进税率征税。1933 年 10 月 26 日，中华苏维埃共和国中央执行委员会又颁布了《关于农业税补充条例》，对减免税规定作了进一步的明确和补充。1934 年 8 月 1 日，中华苏维埃共和国中央执行委员会专门颁布了《中华苏维埃共和国土地税免税减税暂行条例》，在新形势下对土地税免税减税作了较大调整。

（二）商业税

中央根据地的商业税征收统一的累进税，纳税的重担放在剥削阶级和富裕者身上，对资本在 200 元以下（修改《中华苏维埃共和国暂行税则》以后为 100

元以下）、群众的合作社以及农民直接卖出其剩余生产品都实行免税。根据商店资本大小和盈余多少纳税，资本小盈余少的税轻，资本大盈余多的税重。工农民主政府通过营业税的课税对象、起征标准、税率和减免税等，以利于增加财政收入和促进根据地经济的发展，保护中小商人的合法经营和有效抑制大商人资本扩张。

（三）工业税

党在促进经济发展中，特别重视建立和壮大苏区的工业体系，苏区的工业税政策就是完全为实现这个目标服务的。革命根据地的工业税，主要是征收苏维埃区域内新办的有关工业企业的生产和销售方面的税收。中央财政人民委员部于 1932 年 12 月 5 日发布《关于商业税与店租之征收事宜》的第十一号训令，其中有相关工业税内容："乡村中以盈利为目的纸槽、木排，樟脑厂、铁厂及各项工厂等资本在 100 元以上者，亦应照商业税税率征收营业税。"对纸槽、木排、樟脑厂、铁厂及各项工厂征税，其实是在当时中华苏维埃共和国内外严峻形势的逼迫和战费日趋紧迫的状况下开始的。因此，事实上根据地亦开征过工业税，只是表面上以商业税的形式征收，而且征收额很少。

（四）山林税

山林税是对林业和副业征收的一种税，是大范围概念的农业税或农林特产税的一部分，但同土地税有明显区别，分竹麻税、木梓（茶子）税、茶叶税、果子税四种，其余出产暂不收税。1933 年 10 月中央革命根据地处于第五次反"围剿"战争前夕，战费需用剧增，财政情况空前困难，为了充裕财政经费，临时中央政府除采取一系列开源节流措施外，颁布《山林税暂行细则》征收山林税，决定对竹麻、茶籽、茶叶、果子四种产品征收山林税。税率按照取得收入的大小累进，在 5% ~ 24% 之间。

（五）关税

各根据地相继建立税关，征收关税。苏区的关税，实行只征收进出口税和白区与白区之间贸易通过关税卡的通过税，而苏区内部货物的往来不收税，而且关税只征一次不征第二次。对于进口的货物，苏区根据其是否为日用必需品及稀缺程度等进行征税或免税。如食盐、洋油、洋货、棉布、米谷、石灰、铁等苏区紧缺物资都实行免征进口税。对于出口的货物，同样采取根据苏区货源多少的程度来确定税收，苏区出产多的货物少征税，出产少的多征税，苏区必需的物资则禁止出口。关税的税率，也根据苏区实际情况和季节性的价格浮动情况进行税率浮动。

关税在征收的方式上，一般要先报关检验，由关税处的检查队进行认真检查，检查员检查后填写一份报货单，由核算员核算后交会计员开税票，再由出纳员收款，将税票交给纳税人。计税方式有从价计征和从量计征等。

第三节　中央革命根据地的税收管理

随着中央革命根据地税收制度的建立和发展，税收管理制度相继建立并在革命斗争和税收征管实践中不断完善和加强。

一、税务机构

（一）中央税务机构

中华苏维埃共和国建立以后，即建立了各级财政机构和税务机构，各级税务机构一般由各级财政部管辖，但中央财政人民委员部税务局也负责各级税务机关的建立和监督。

1931 年 11 月，中华苏维埃共和国财政人民委员部税务局（简称中央税务局）在瑞金成立，与财政部一起在十余平方米的办公室内办公，条件非常艰苦。这是中央革命根据地建立的第一个税务领导机关，任命的第一任局长是具有经济管理工作经验的革命家李六如。临时中央财政人民委员部税务局是中华苏维埃共和国税收工作的领导机关，起初设立了农业税科和商业税科，后来设立关税科，中央根据地各关税处由关税科管辖。税务局掌管关于各项税务之计划，整理和征收，各级税务机关之建立和监督。在国家登记局未设立以前，兼管理工商业之登记事项。

1932年8月17日，中华苏维埃共和国人民委员会第二十二次常会通过《财政部暂行组织纲要》，其中规定：财政人民委员部，执行国家经济政策，计划岁收岁出，并管理国库、税收、公债、钱币、会计、银行、国有财产、合作社等事项。财政人民委员部之下，设立会计处、审计处、总务处、税务局、公债管理局、国产管理局、合作社指导委员会。省财政部设会计科、出纳科、税务科、审计科及合作社委员会。县财政与省同，但不设审计科。与省同级之市财政部均设出纳、会计、税务三科，但省县所在地之市财政部不设税务科，区以下财政部不分科。税务局掌管各项税务之计划整理和征收，各级税务机关之建

中华苏维埃共和国财政人民委员部税务局旧址

立和监督。在国家登记局未设立以前，还监管工商登记以及相关工作。另外，根据地的税务机构和税收人员除了干好税收本职工作以外，还承担了许多其他的革命工作。每个星期天都要参加义务劳动，领导和干部都不能例外，如给红军家属耕田，参加群众工作、革命宣传等，而且经常还有中心任务，如打土豪、分田地和扩红等工作。

1933 年春，中央税务局随财政部迁至瑞金沙洲坝杨氏私祠办公。1933 年 4 月，中央税务局的主要内设机构有：农业税征收科、商业税征收科、关税征收科、商业登记管理处、财会总务处。中央苏区的税务干部主要由以下几部分组成：一是从军队和地方干部中调入的人员；二是从工人、店员和知识分子中吸收的人员。中央苏区的税收工作人员包括中央税务局、各级财政部税务科、各关税处的税务干部和各级苏维埃政府组织的商业税征收委员会、土地税征收委员会、土地税检查委员会等协护税人员。1934 年 7 月，中央税务局迁往瑞金县云石山乡丰垅村下塘上新屋梁氏私祠内单独驻设办公，税务干部队伍也得到了进一步发展壮大。1934 年 10 月，中央税务局随主力红军一同踏上长征之路，为后来党的税务机构建设保存了骨干力量。

（二）地方税务机构

中华苏维埃共和国建立以后，地方各级税务机构也相应设立，由各级财政部管辖，但中央财政人民委员部税务局也负责各级税务机关的建立和监督。

中华苏维埃共和国设置了各级税务机构，省、县、区、市各级财政部之下，设会计科、税务科，国有财产科。税务科管理商业税、农业税、山林税之征收、检查及监督。税务科之下，设农业税股、商业税股及记账员，必要时设山林税股。1933 年 3 月 28 日，中华苏维埃共和国人民委员会第三十八次常会通过了《省县市财政部暂行组织纲要》，对地方税务机构的设置作出具体规定，省财政部之下设税务科，为 9 ~ 13 人；县财政部设税务科，为 5 人；区财政部、市财政科配商业税征收员 1 ~ 2 人，农业税征收时另组织农业税征收委员会，为 3 ~ 5 人。但省县政府所在地之城市，商业税归省县财政部直接征收管理，不必另任专人。

税务科或税务员，负责掌握商业税、土地税、山林税的征收，整理、调查、登记并检查和指导下级税收账目与工作。税务科之下分农业税股、商业税股、记账员等。而 1933 年 12 月 12 日中华苏维埃共和国中央执行委员会颁布的《中华苏维埃共和国地方苏维埃暂行组织法（草案）》规定，在地方苏维埃之下，组织商业税和农业税征收委员会：委员 7 ~ 9 人。在城内市区组织商业税征收委员会，帮助市财政部调查商业营业情况，并帮助征收商业税，这是常设的组织。在城外市区则组织农业税征收委员会，帮助市财政部征收农业税，于征收农业税时临时组织之，任务完毕即撤销。省、县、区、市各级财政部之下设税务科。在农业税征收时，区及市的财政部之下组织农业税征收委员会。税务科管理商业税、农业税、山林税征收、检查及监督。税务科之下分农业税股、商业税股、记账员等，必要时可设山林税股。

1933 年 3 月，中央财政人民委员部发出《建立关税制度》的第十五号训令，在中央根据地的 15 个县、市的水陆交通要道设立 24 个关税处，以后又陆续在其他一些地方设立了关税处，这些关税处都直属中央财政人民委员部税务局总管辖。

二、税收征收管理

中央革命根据地的税收管理工作，是伴随着税收制度的建立而建立和不断加强的，包括营业登记和营业调查、纳税申报、护税协税、税收检查、违章处理等各方面，对组织税收收入、保障政权和革命战争供给起到了关键的作用，为人民政权税收征管工作积累了可贵的经验，是苏维埃税收工作一个十分重要的组成部分。

农业税的征收方法，主要按照累进税制采取实物征收，各乡土地税征收委员会委员 5 ~ 7 人，其责任是向群众宣传解释税收意义与办法，催促本乡纳税人按期缴税，调查免税减税人，填写减税免税证及纳税证明书等工作。商业税的征收办法，依据商店向政府财政机关所领取的营业证，按其资本多少来规定税率，然后按税率征收所得营利。征收时期每年分为两期，但季节性生意在其生意结束后征收。1932 年 7 月颁布修改后的《中华苏维埃共和国暂行税则》，则改为商业税每月征收一次，季节性生意也须按次征收。对关税的征收，《关税征收细则》规定，除免税品外，货物在过关时均须按照税率表过税，税款由运货人交清，关税只征收一次。未交税或交税未清者，不准其进口、出口或通过，并可将货物扣留。

中央财政人民委员部于 1932 年 9 月在财字第六号训令《目前各级财政部的中心工作》中，把建立和整顿税收制度列为各级财政部第二项中心工作。指出：过去各地政府一般只征收土地税，至于商业税、工业税一般都没有提起，特别是江西各县连土地税都没有开征，这样政府财政没有经常收入，必然只有靠打土豪过活，结果那些老区域土豪打光了的便打到商人中农人身上来，甚至破坏国家的经济政策，这简直是自杀的财政政策。这种错误观念的来源，是由于不了解税收在财政上的经常作用，不了解苏区的税收作用，因此一直到了现在，各级政府还普遍地忽视税收工作。固然不了解税收方法是原因之一，但主要还是自己忽视，所以不注意去了解，结果税收工作直到现在还是极大部分没有建立，这便使政府财政收入感到极大困难。这种现象现在无论如何不能一刻再继续下去了，各级财政部必须从今天起把各种租税如土地税、商业税、店租、矿产租金，及以后中央所颁布的各种租税等限期整理，按月征收，将款报解中央，以裕国库收入。经过 3 个月的整顿，各地土地税已逐渐征收，商业税在比较大的城市也已开征。

1932 年 12 月 5 日，中央财政人民委员部又发出了《关于商业税及店租之征收事宜》的第十一号训令，指出：当此战争日急，政府集中力量准备战费的时候，各级财政部与税收人员，必须注意税收工作，大家积极想法子，使商业税与店租能够很快收齐，以增加政府财政收入，争取战争的全部胜利。并对征收商业税和店租的方法及手续作出指示：一是各商店资本，须根据其盘结簿及往来簿切实检查，但主要还是要参照其生意大小及周转快慢为决定资本之标准。二是开始征收商税之地方，第一步要召集商人会议，说明商（业）税意义与收税办法。第二步即将商业登记表及每月营业调查表印好分发各商店，叫他（们）自己照实填写。限期送交县财政部。第三步即着手检查商店资本及生意总数。这个检查可于每条街中选择五七家比较调皮、比较大及比较可疑的商店，集中人手力量去检查。第四步如查出有以多报少者，即须将该店东逮捕禁闭，并照该店应出税款加五倍或十倍处罚，以警其余。第五步即发给营业证，以后即按月收税。其资本未上百元免税的店铺亦应发给营业证，不收费，无营业证者不准其营业。各市店租，必须依照各码头地位及店屋大小好坏，分别增加其租金，不能一律照旧减折，其停业住家，及生意弄开销不到者，可以免租，或减租，但须登记以为凭据，现届年终，自明年1月起，各市店租一律重新改订，以增加财政收入。

中央财政人民委员部于1933年4月21日接着发出了《关于整顿商业税收问题》的第十八号训令，要求加强商业税征管：一是严格登记资本。凡该店之公本，一年以上之存款或缴贷，以及未作存款之店房估价等，概须包括在资本之内。二是除资本登记确实以外，尚须查实生意数量，主要是查他的银钱簿，卖货买货簿互相对照，但须考查其笔迹、墨迹及账簿边痕的新旧，以防假造。三是为避免麻烦起见，对于每月生意只做一二百元的小商店或摊寮不必每月查账，可按照每月大概情形确定他每月交的多少税款，以后，即照此确定税款按月征收。四是屠户营业税，必须先收钱，后盖印。由税收员指定某适中地点，

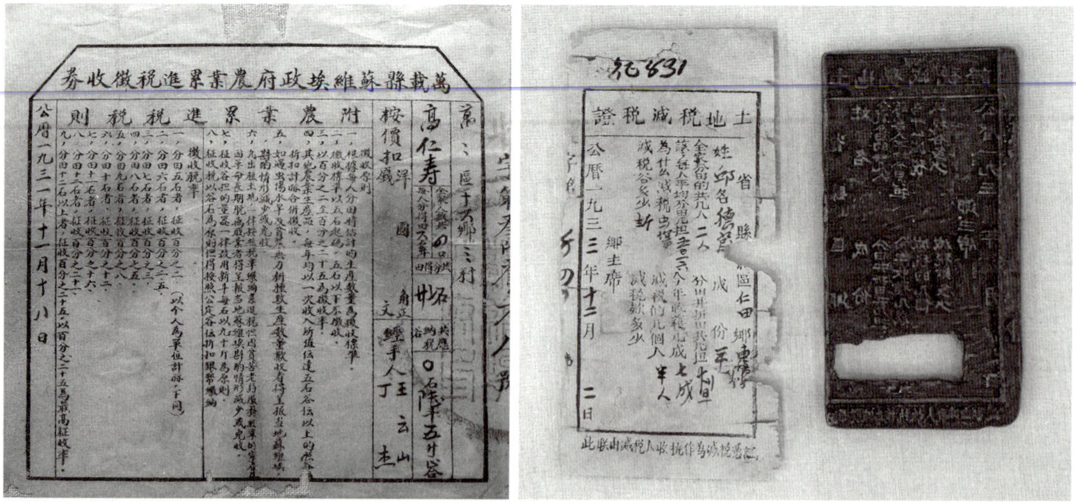

中华苏维埃共和国的农业累进税征收券、土地税减税证和土地税减税证印版

令各屠户将猪送来盖印，盖印后才准出卖。五是烟捆无论黄烟（即条丝烟）、黑烟（即黑烟粗烟）都以50斤计算，超过50斤的按斤增加，少的按斤数减少，但相差不满十斤的捆，仍照50斤计算，不必增减。六是战费日益紧迫，各级财政部税务科必须赶快将各县区税收人员找好，加紧努力，认真收税。

（一）营业登记与营业调查

中央苏区严密各种税收的管理制度，尤其在原来薄弱的商业税管理方面，重点抓了资本登记、营业调查和纳税检查等项制度。首先严格商家的资本登记，1932年1月中央财政人民委员部颁发的《工商业登记规则》规定：登记表及营业证由中央财政人民委员部颁发。领取营业证时期以本规则颁布后一个月为限，新开办之商店或工厂、作坊，于开张前即须登记领证，无此证者不准营业。各商人自己详细填写商业登记表，限期交到税务科。税务机关于每月2日、3日起发出营业调查表，嘱各店自己照实填报，盖章负责，此调查表两天或三天送来，不填者即照一月加倍收税。税务机关选择比较调皮、比较大及比较可疑的商店，集中人手力量去检查，重点检查商店资本及生意数量，以防以多报少，偷漏税款。

（二）税收会计与凭证管理

中央财政人民委员部于1932年12月发布《关于统一会计制度问题》的训令，其中规定：将收钱、管钱、领钱和支配的四个机关分开，明确收钱机关为税委和财政部，租税收入统一归各税委收缴；同时确定会计科目，实行预决算制度，统一账簿单据等。[①] 中央财政人民委员部于1934年1月发布第7号布告，规定国家财政各项岁入收据统一印发，并制定上级机关盖印，交各级财政机关使用。收取税款、租款等开具的收据，必须盖有收款机关责任人私章，才能生效。各级财政税务对各种税收票证的管理、使用、填写等都有着严格的规定。

---

① 江西省税务局. 中央革命根据地工商税收史料选编［M］. 福州：福建人民出版社，1985：150-152.

（三）税收检查和处罚

税收检查和处罚是保证苏维埃税收及时足额征收税物税款和打击偷税漏税行为的重要举措。农业税检查以区为单位设立 8 ~ 15 人的土地税检查委员会，由区政府主席团委任，以组为单位分赴各乡检查。1932 年 4 月颁发的《土地税检查委员会组织与工作纲要》规定：须按户将土地税收据与该村人口土地登记册对照，如查出有漏税或不当减税免税者，按照应缴税额加倍征收。商业税检查由各级税务机关派人完成，1932 年 8 月颁布的《关于商业所得税征收细则》规定：商号所记的各类账簿，必须交税收征收员检查，不得隐匿。征收员有检查纳税商号各种账簿之权，纳税人不得拒绝检查。

第四节　其他革命根据地的税收实践

从 1927 年至 1931 年中华苏维埃共和国成立以前，中国共产党先后在大江南北建立了井冈山、东江、赣西南、闽西、信江、琼崖、左右江等革命根据地。革命根据地建立以后，政权的经济供给成为一个关乎生死存亡的重大问题。土地革命前期，由于政权不稳固，经济基础较弱，并不具备全面征收税收的条件，根据地的经费一般都是通过打土豪筹款、对地主罚款、战争缴获、动员富农商人捐款或派款、对反动军官捐款或罚款筹集的，只在部分地区开展了简单的税收尝试，税收收入在财政中的比重微不足道。但打土豪和捐款等筹款方式多为一次性措施，土豪打完了不可能再打一遍，罚款和捐款的次数也很有限且抵触情绪大，财政收入的来源成了一个很大的问题。为了使根据地的财政收入能有经常和稳定的来源，征税就成了必然之举。因此，通过没收地主土地，取消苛捐杂税，开展苏维埃税收宣传，进行红色税收尝试，[①] 税收则逐渐成为根据地财政收入的主要来源。1927 年 6 月，琼崖特委成立了琼崖经济筹备委员会，颁布

① 雷志成. 中央苏区时期毛泽东税收思想探析［J］. 武夷学院学报，2018（2）.

了简单的税收条例，宣布废除一切苛捐杂税，征收猪牛税和椰子、槟榔等出口税，要求纳税人按照规定缴纳捐税，在陵水、乐会等县开始组织捐税收入，这开启了共产党领导下开征税收的先河。1928 年，井冈山的宁冈等地工农民主政府决定开征土地税，县、区、乡各级政府组织按 20% 的税率征收实物税；1928 年 12 月，在毛泽东主持下，总结了宁冈征收土地税经验，制定颁布了井冈山《土地法》，其中规定了土地税的税率依照情形分为 15%、10%、5% 三等。东江革命根据地建立以后，为了保障红军和根据地的经济需要，除了没收官僚地主的财产以外，还征收烟酒屠税、海关进出口货物税、财产税、所得税、营业税、农业税、消费税等，一般仍按旧税率征收，并且拟议征收统一累进税。赣西南革命根据地 1929 年在少数建立了革命政权的地方，对扣除农民年食用部分后的余谷征收了土地税。1930 年 3 月，赣西南分田运动普遍开展，毛泽东根据分田后的新情况，主持制定了《兴国苏维埃土地法》，8 月又颁布了《中国军事委员会土地法》和《赣西南苏维埃土地法》，三者内容基本相同。这三个土地法中，都制定了征收土地税的办法。从此，赣西南的土地税先后开征，且征收了山林税，还在赣县茅店征收过进出口税，1931 年前后又开始征收屠宰税。闽西革命根据地税收最早出现在龙岩县，后来永定县也开始征税。1930 年 3 月，闽西苏维埃政府制定了《暂行税则条例》，闽西根据地税收制度逐渐规范统一。闽西根据地征收的土地税，包括田地税、山林税、园地税等，还征收了商业税，包括营业所得税、摊子税、店房地基税。革命根据地的相继建立并在税收工作领域的不断探索，为中华苏维埃共和国税收制度的建立积累了经验。

中华苏维埃共和国成立以后，除了中央革命根据地，中国共产党先后建立过湘鄂赣、闽浙赣（原赣东北）、鄂豫皖、川陕、湘鄂西、陕甘等革命根据地。在中共中央的领导下，各革命根据地开展土地革命，建立税收制度，开展税收工作，为保障革命战争供给，巩固苏维埃政府，发展根据地社会经济发挥了积极作用。在此，以鄂豫皖、川陕、闽浙赣革命根据地为例，介绍革命根据地的税收实践。

一、鄂豫皖革命根据地：最早成立苏区税务总局

鄂豫皖革命根据地是在第二次国内革命战争时期，由党领导红军在鄂豫皖三省边界以大别山为中心的地区建立的革命根据地，是全国第二大革命根据地。

鄂豫皖根据地的税务机构，是随着革命政权的建立、经济政策的转变而逐步建立起来的。1929年5月，为了筹集所需的稳定财政收入，鄂豫皖根据地各地相继建立了税务机构。1929年12月，鄂豫皖边区革命委员会成立，下设军事、外交、土地、财政等七个委员会，财政委员会内设有税务机构，关维余、周忠臣负责税务工作。[①] 因条件不成熟，各下级税务机关尚未建立，有关税务事项均由各苏维埃政府财政委员会兼管。

1930年6月，鄂豫皖边区第一届苏维埃代表大会召开，成立苏维埃政府，

鄂豫皖苏维埃政府税务总局旧址

① 周质澄，吴少海. 鄂豫皖革命根据地财政志［M］. 武汉：湖北人民出版社，1987：25.

甘元景任主席。鄂豫皖边特别区苏维埃政府成立后，各级税务机构逐步建立起来。

1931 年 7 月，鄂豫皖苏区税务总局在河南省光山县新集镇（今新县县城）成立[①]，这是苏区成立的首个税务总局。总局设正、副局长各一人，工作人员若干人，尹良太、肖永元等曾先后任鄂豫皖省税务局长。总局成立后，各地建立了分局或税务局，人员一般 3 ~ 7 人不等，各区一般设有税务所或特派员。与此同时，皖西北道区苏维埃财政部还在霍丘县河口区设有海关局，专收水陆两路进出口的货物税。局内设有征收处，检查处、调查处三个处，每处有十几名工作人员。凡属运来的商品，需要征税的，由征收处负责办理征收手续；需要检查的物资，由检查处负责检验；对情况不明的由调查处深入调查。局下设叶集海关所、三流集海关所两个所。

1931 年 8 月 1 日，鄂豫皖苏维埃政府财经委员会发布《关于各级税务组织隶属关系问题》的第二号通令，宣布：税务局已正式成立。总局之下设立若干分局，不具备设立分局条件的地方，设立税务特派员。统一了机构设置和名称。通令还规定，鄂豫皖税务机构除受财政经济委员会指挥外，还要受人民委员会的指挥和监督。总局受鄂豫皖特别区苏维埃财委会指导，分局受总局的指挥，与各县财委会发生横向关系；各特派员按地方远近，责任轻重，分别由总局、分局指导。在工作上，以当地财委会指导为主，同时受税务局领导。

鄂豫皖省苏维埃税务总局成立后，300 多名工作者边战斗，边收税，运用税收杠杆，调节各阶级收入，组织的税收收入占根据地财政收入的 40%，有力支持了边区革命战争和根据地党政机关的运转，为鄂豫皖革命根据地和苏维埃政权的巩固发展作出了重要贡献。

二、川陕革命根据地的税制建设

1933 年 2 月，中共川陕省第一次党员代表大会和川陕省第一次工农兵代表大会相继召开，组建了中共川陕省委，成立了川陕省苏维埃政府，宣告了川

① 财政部税务总局．中国革命根据地工商税收史长编：鄂豫皖、湘鄂西、川陕部分［M］．北京：中国财政经济出版社，1989：23.

陕革命根据地的正式建立。川陕苏区被毛泽东称为“中华苏维埃共和国的第二区域”。

1933 年 8 月 1 日，川陕省第二次工农兵代表大会制定颁行《川陕省苏维埃政府公粮条例》和《川陕省苏维埃税务条例（草案）》。至此，川陕省苏维埃税收制度正式建立起来。

《川陕省苏维埃政府公粮条例》的主要内容包括：规定苏维埃公粮的概念及其交纳限额。明确苏维埃公粮，是指群众在自动的原则上捐助的粮食，公粮规定的数量范围是由每个成年、老年、小孩在每年吃穿尽够，还有剩余的粮食来决定的。各起征点及累进交纳标准为：成年收谷在 5 背以上者，应交纳苏维埃公粮 5 升，6 背、7 背、8 背、9 背以上的，按累进各递增 2 升 5，10 背以上纳 1 斗 8 升；老年、小孩由 4 背以上纳 5 升，5 背、6 背、7 背、8 背以上的，按累进各递增交 2 升 5，9 背以上的纳 2 斗；富农每人收谷 3 背以上的，即够起征等级，须交纳 5 升，收谷更多的，按等级累进交纳。该条例既考虑到苏维埃政府的需要，又照顾到了工农群众的利益，使群众能在努力发展生产中得到较多的收益，因而较好地激发了川陕苏区农民的生产热情。

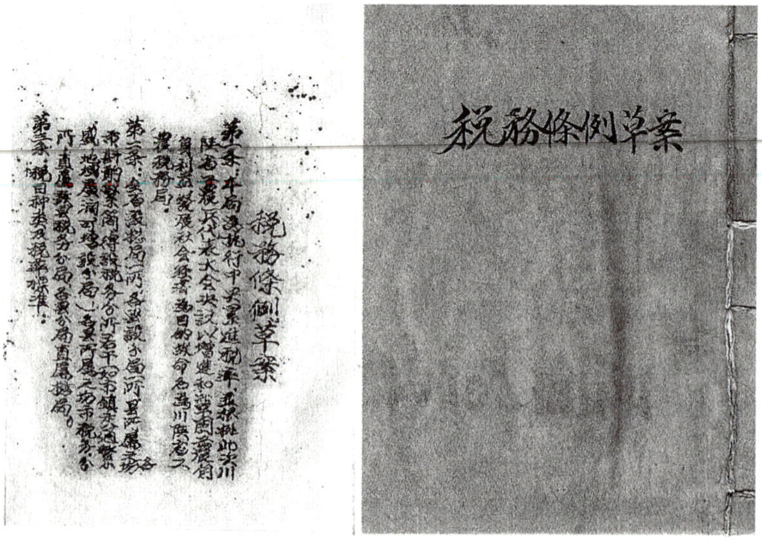
税務條例草案

《川陕省苏维埃税务条例（草案）》

《川陕省苏维埃税务条例（草案）》的主要内容包括：规定川陕苏区税务机构设置、税种税则、征收范围、税率及征收方法。明确全省设税务总局 1 所，各县设分局 1 所，县所属之各场、市，斟酌繁简，得设税务分所若干。其征税种类，有特种税、营业税、入口税、出口税等。针对国民党对苏区实行的经济封锁政策，规定对于苏区生产和生活必需的稀缺物品免征入口税，对于苏区滞销和需要鼓励发展的农产品免征出口税，对非生产、非生活必需品征收重税，如进口纸烟、酒、旱烟、水烟、香水以及非工农必需物品，皆得从值抽5%起，以至10%为止；进口盐、布匹、棉花、粮食、中西药材、耕牛、小猪、煤油、生发油等，皆得免税；出口粮食、布匹、棉花、中西药材、耕牛、小猪、盐等，皆得从值抽20%起，以至抽50%为止，必要时，苏维埃政府得禁出境；出口茶叶、锅、煤炭、木耳、木料等，皆得免税。

川陕省苏维埃政府印花税票

川陕根据地在收税时，除了在税票上填写清楚纳税人姓名、纳税货物品名、数量、计算应纳税额外，还要按照税额在税票上贴足印花。征收方式为坐商营业税是按月征收，专营赤、白区进出口货的商人，不论属于特种税范围和其他应税产品。纳税人必须保存执据与所贴印花，以凭考核检验，税务机关在执据上加盖“查讫”章，证明是已税货物，便可在市场销售。特货、专门贩运特货的商人，必须先向税务机关报验。

三、闽浙赣革命根据地的财税创新

第二次国内革命战争时期，方志敏、邵式平、黄道等共产党人在江西、福建、浙江、安徽交界处领导建立起了一块革命根据地，最初称信江根据地，随着地盘不断扩展，后来又称为赣东北和闽浙赣根据地。这块根据地在党的建设、政权建设、经济与财税建设等方面都充满着“活跃跃的创造”，许多做法为其他根据地所借鉴，毛泽东誉其为“模范苏区”和“方志敏式根据地”。

闽浙赣根据地很重视财税工作，较早就建立了财税制度，闽浙赣省苏维埃主席方志敏曾亲任省苏财政部长，直接领导苏区财税工作。方志敏要求省苏财政部“多想办法，广开财源”，其主要做法包括：一是统一财政收支，凡军政机构打土豪罚款和各种税收统一入库，统一供给标准，建立预算制度，统筹各项开支；二是财政收入以征收累进税性质的税收为主，开征了土地税、商业税、屠宰税，还较早开征了进出口税；三是通过加强财税工作支援革命战争，帮助农民生产，改善人民生活；四是以税收收入为担保，发行公债券，推动根据地各项事业发展。

随着闽浙赣各地苏维埃政权的建立和根据地的巩固发展，共产党领导根据地农民开展了轰轰烈烈的分田运动。1928 年冬季开始分田，1929 年就开征了土地税，按亩计征，两期征收，早禾田一期，晚禾田一期。税额分最高、一般、最低三级，每级又分上、中、下三等。其中，最高上田每亩 3 斗，最低下田每亩 5 升，比国民党统治区大为降低，2/10 收现洋或苏维埃的钞票，8/10 收谷子。根据地还有针对性地实行税收减免政策，贫雇农因疾病或其他困难可申请减免，红军家属免税，贫农减其应纳税的 5%，工人、雇农本人免税，家属照贫农一样减税，赤少队的积极分子免其本人纳税，形成了征免得当的苏区农业税制度。

闽浙赣苏区公债券（正面）

苏区在商业税征免当中也采取了有利于繁荣市场的措施。根据地创建初期，由于私营商业中一些较大的资本家早在武装起义时就逃出根据地，中小商人也纷纷停业，外地商人更不敢进根据地来，而当时苏维埃国营商业和合作社商业还没有建立，因此市场萧条，征收的商业税很少。苏维埃政府成立后，宣布了借贷政策，规定店账不在平债之列，使原来那些不敢复业的中小商人开始活跃起来。1929 年冬，苏维埃政府正式公布了贸易政策，保护贸易自由，允许外来经商，开辟市场，进行赶集，并在根据地内外广泛宣传。同时实行较低的商业税率，群众生活用品的税率一般为 5%，有些只征 3%，粮食买卖还不收税，吸引了许多外地中小商人来根据地经商，市场越来越繁荣，商业税收也就成为根据地税收的重要组成部分。

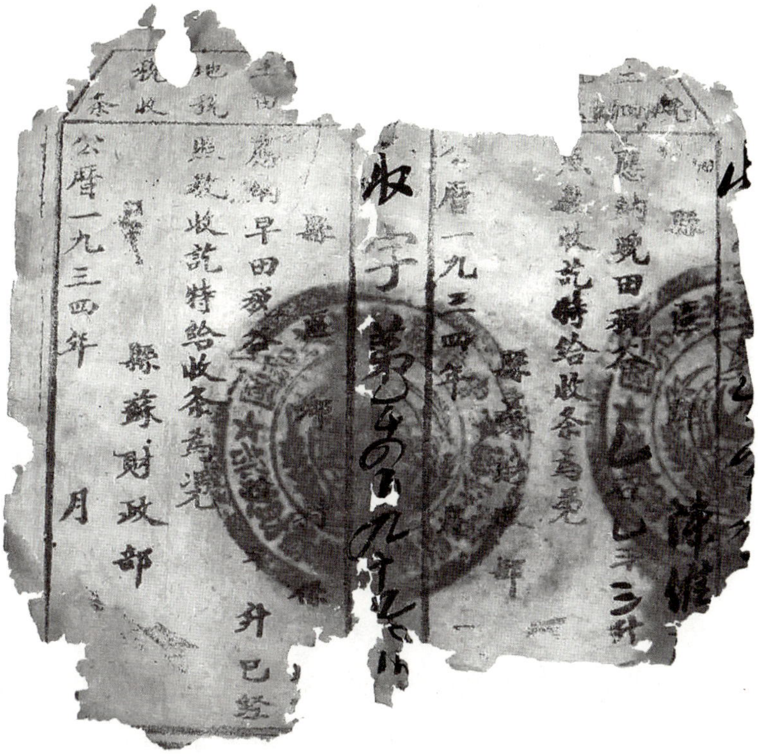

闽浙赣根据地税票

为打破敌人经济封锁，畅通苏区和白区的物资交流，发展苏区经济和筹措革命战费，闽浙赣根据地决定在各县建立对外贸易处管理并监督贸易往来，同时较早就开征了进出口税，这个做法为其他苏区所借鉴。出口税税率一般为 5%，有的为 3%，对粮食交易则不征税，与根据地商业税政策大致相同。

红色"税"月

"水上"税务检查局

信江是闽浙赣边界贯穿东西的一条"大动脉"，根据地在信江沿岸设立了三个船舶检查局开展税收检查。信江流经朱坑境内的西童滩至扬家门一段，河床曲折，水势湍急，是赣东北苏区水陆交通必经之地，信江上的一个重要关卡，第三船舶检查局就设在这里。检查局的哨所建在北岸山边，当时南岸是白区，国民党也在南岸设有哨所，有一连人守卫。检查局直属武装有30余人，此外还有一支由7人组成的水面游击队，主要任务是过河侦察。检查局刚成立时，由于火力不强，来往船只被对岸敌方火力控制，无法开展检查和收税工作。于是局里派人向方志敏汇报情况，要求加强火力。方志敏对此十分重视，在当时十分困难的情况下调给检查局一挺机关枪，同时补充了 20 人、10 条枪，并在河边修了许多工事，从此苏区火力大增，压倒了对岸的敌人，检查和收税得以顺利进行。有一次，河上来了十几条敌人运纸的船，护送的敌军有百余人，检查局的机关枪当场击毙敌军十多个，船只便老老实实靠岸接受检查。这一次就收税 300 余块银元。船舶检查局所收税款成为苏区税收的重要来源，一般每天收税 3000 元左右，最多时可达 7000 ~ 10000 元，为根据地的巩固和发展提供了有力支持。

闽浙赣苏区还制订了一条严格的纪律：不许杀害船工，如谁打死船工，就必须抵命。同时还向船工宣传党的政策和革命的道理，在生活上给予他们许多照顾，积极争取船工，努力壮大革命力量。这样就不断取得了船工的支持，有的船工给苏区从白区带盐来，有的则为苏区通风报信，苏区闭塞的状况得到改善。

苏区财税干部以身作则，带头节约自己的伙食费支援战争，涌现了不少勤政廉政的典型。如接替方志敏担任财政部长的张其德，为建立闽浙赣根据地财政税收制度、增加苏区财政收入、完善财税组织机构呕心沥血，努力工作。他还动员群众开办消费合作社、苏维埃商店、土特产品加工厂等，促进了根据地的经济繁荣。他多年主持财经工作，经管的钱财千千万万，生活却艰苦朴素，守着盐堆吃淡菜，用只有三条腿的办公桌办公，廉洁奉公，一尘不染，从来没有往家里拿回过一个铜板。同时，苏区也及时处分了一批贪污浪费的政府工作人员，苏区《工农报》则将各地突击队检举出的贪污分子的“高姓大名”一一登载出来，在报上开了一个“贪污分子展览会”。其中揭露上饶六区乡苏代表徐厚福，私吞土地税谷、藕塘税、反动派谷子、地坪税共值大洋41元，葛源区黄溪沙坂前村苏委员段森太、邓致敏、邓金良、吴丰臣，瓜分土地税谷30余石，受到苏维埃政府的严惩，起到了很好的警示作用。

第五节　土地革命时期根据地税收的特点和作用

土地革命时期的税收制度，是中国共产党和苏维埃政权在第二次国内革命战争时期组织群众反对一切苛捐杂税的基础上，逐步建立起来的具有革命性质的税收。由于税收工作尚处于创建阶段，税制比较简单，税收征收面也比较窄，但在当时没有任何经验和国内先例可供借鉴的情况下，废除国民党政府制定的一切苛捐杂税，确定以累进税制为主的新型苏维埃税制，成为中国共产党和苏维埃政权建设的重要组成部分，是中国共产党在领导中国革命的进程中，开展财政经济工作的一项重要内容，在中国税收史上有着重要的历史地位和贡献。

一、苏区税收为支援革命战争提供了重要财力支持

中央苏区税收诞生不久，便担负起了苏维埃财政收入的重担，在长达数年的反“围剿”战争中，中央苏区税收为供给红军，支持革命战争，保障苏维埃政府运行，发展苏区经济提供了重要的财力支持。没有中央苏区税收的

支持，就没有苏区红军战争的胜利，也没有红色政权的巩固。通过党和苏维埃政府的一系列税收工作，税收在财政收入中所占比重明显上升。到 1934 年，中央苏区税收（含农业税）收入已占财政收入的一半以上，成为苏区最主要的财政来源之一，为红色政权巩固和革命战争胜利提供了较为充足的财力保证。毛泽东在 1934 年 1 月中华苏维埃第二次全国代表大会上所作的报告中将税收排列在苏维埃财政来源的第二位。① 正是苏区税收的"供血"，才使苏维埃政权有了稳定的财政收入来源，从中央到地方的各级政府经费和政府工作人员、红军部队的供给才有了保证，中华苏维埃临时中央政府才得以与国民党南京政府抗衡数年之久，并为以后的革命战争和革命最终在全国取得胜利奠定了基础。

二、苏区税收为打破经济封锁，促进苏区经济发展发挥了重要作用

中央苏区税收不仅为苏维埃政府提供了重要的财力支持，而且发挥了宏观调控作用。中华苏维埃共和国一诞生，即遭到敌人的军事围剿和经济封锁，经济遭遇严重困难，而苏区税收制度的建立，为党和政权财政工作的正常开展提供了资金保障，促进了商业、工业、合作社、金融交通、邮政等事业的发展，使苏区的经济建设有了一定的基础。同时，税收在充分发挥组织财政收入职能作用的同时，还充分体现了苏维埃税收的本质特性，对苏区经济社会发挥了较好的促进与调控作用，在恢复和发展农业生产、打击地主富农与扶助贫下中农、扶持公营与合作经济、保护工业生产、维护苏区安全，保障根据地军政与生产品和生活消费品供给，恢复与繁荣根据地市场等许多方面都采取了相应的税收调控措施，起到了良好的调控效果。党和苏维埃政权通过较好地运用税收政策促进经济的发展，有效地打破了敌人的经济封锁，改善了人民生活，同时也促进了税收收入的增长，对保障红军的供给，巩固和发展革命根据地，都起到了重要作用。

① 雷志成．中央苏区时期毛泽东税收思想探析［J］．武夷学院学报，2018（2）．

三、苏区税收是中国共产党领导税收工作的一次伟大尝试

全国各红色根据地都在中国共产党的统一领导下开展革命斗争。各级苏维埃政府都在共产党的领导下开展工作，苏区时期的税收工作是在中国共产党领导下进行的，可以说这是中国共产党有组织、有目的地开展税收工作的开始。中央苏区税收是为建设和巩固红色政权而开展起来的，与国民党政府的苛捐杂税截然不同，苏区税收具有很强的阶级性，把税收的负担主要放在剥削阶级和富裕者身上，对贫雇农和最苦阶层则实行减税或免税政策。苏区税收工作者在战争环境和工作条件险恶的情况下，不断探索，勇于开拓，开征了商业税、农业税、工业税、关税等税种，并在税务登记、纳税申报、税务检查、票证管理、违章处理、协税护税、税务机构设置和干部队伍建设、监督管理等许多方面都制定出台了一系列法律规章、制度、办法和措施，进行了有益的探索实践，较好地发挥了税收组织财政收入、促进经济社会发展、实行监督管理的职能。这些宝贵的税收实践经验为后来革命政权税收工作的建立和发展，直至中华人民共和国税收事业的建立，都提供了十分重要的指导和借鉴。

四、苏区税收实践为新中国培养造就了一大批财税工作的骨干

中央苏区税收工作者为了一个共同的革命目标，从五湖四海汇集到一起，在党和各级苏维埃政府的教导和关心培养下，团结一致地为中国革命事业奋斗不息。土地革命时期苏区广大税收工作者以大无畏的牺牲精神坚持开展艰苦卓绝的斗争，不少税收工作者为革命献出了宝贵的生命，用鲜血写就壮丽的税收诗篇。中央苏区各级税务机关在斗争实践中培养和造就了大批优秀的财税干部。一大批普通的贫苦工农群众和红军战士在税收实践这所大学校里百炼成钢，经过艰苦的实践锻炼，成为中央苏区税收的开创者和新中国税收的奠基者、苏区税收工作的专家能手。他们当中有邓子恢、林伯渠、李六如、钟国楚等。他们的经验总结成为一代又一代财税工作者的“教科书”。

参考文献

［1］曾飞．中央苏区税收的历史地位及其局限性［J］．当代财经，2006（2）．

［2］施廖文．红色中华财税管理片段［J］．上海财税，2001（7）．

［3］陈全福．简论中央革命根据地的商业税［J］．福建党史月刊，1992（3）．

［4］中国社会科学院经济研究所中国现代经济史组．革命根据地经济史料选编［M］．南昌：江西人民出版社，1986．

［5］厦门大学法律系．中华苏维埃共和国法律文件选编［M］．南昌：江西人民出版社，1984．

［6］湖南省财政厅．湘赣革命根据地财政经济史料摘编［M］．长沙：湖南人民出版社，1986．

［7］江西省税务局．中央革命根据地工商税收史料选编［M］．福州：福建人民出版社，1985．

［8］曾耀辉．中华苏维埃共和国税收史［M］．南昌：江西人民出版社，1999．

［9］陈涛．中央苏区关税制度的建立与实践［J］．海关与经贸研究，2019（5）．

［10］江西财经学院经济研究所，江西省档案馆，福建省档案馆．闽浙赣革命根据地财政经济史料选编［M］．厦门：厦门大学出版社，1988．

［11］王明前．中央革命根据地财政体系演变新探［J］．中国经济史研究，1999（2）．

［12］舒龙，凌步机．中华苏维埃共和国史［M］．南京：江苏人民出版社，1999．

［13］财政部税务总局．中国革命根据地工商税收史长编：鄂豫皖、湘鄂西、川陕部分［M］．北京：中国财政经济出版社，1989．

［14］财政部税务总局．中国革命根据地工商税收史长编：中央革命根据地部分［M］．北京：中国财政经济出版社，1988．

［15］江西省档案馆，中共江西省委党校党史教研室．中央革命根据地史料选编［M］．南昌：江西人民出版社，1988．

［16］《中国革命根据地的税收》编写组．中国革命根据地的税收［M］．北京：中国税务出版社，2011．

第三章

新民主主义税收事业的发展：全民族抗日战争时期（1937—1945年）

1937年，抗日战争全面爆发。同年8月25日，中共中央在洛川举行政治局扩大会议，通过了毛泽东提出的《抗日救国十大纲领》。该纲领第二条提到“开辟敌后战场，建立敌后抗日根据地”。此后，以晋察冀根据地为开端，其他敌后抗日根据地如雨后春笋般建立起来。随着抗日民主政权的建立，中国共产党领导人民废除了具有剥削性质的旧税制，逐步建立了符合各个抗日根据地经济实际的税收制度。

第一节　抗日战争时期党的税收指导思想

全民族抗日战争时期，由于建立了抗日民族统一战线，国民党政府在一定程度上承认了中国共产党领导的红色政权及其军队的合法地位，在财政上也给予了一定的支持。但是，由于国民党政府拨付的军政费用和物资很少，而且往往不能及时、足额到账，无法保证抗日根据地政权及其军队开支的需要。因此，抗日民主政权建立之后，在帮助人民发展生产的同时，还废除苛捐杂税，开辟财源，逐步建立适合根据地经济特点的税收制度。

党的税收指导思想主要体现在以下几个方面：第一，继续坚持取消苛捐杂税，实行统一的累进税的主张，同时允许在执行中适当灵活掌握，即“在无更好办法之时暂时照旧法征税，惟苛杂应酌量减轻”。第二，通过发展经济培植税源，中国共产党和抗日民主政府废除了苛捐杂税之后，普遍实行了“休养生息”的利民政策，通过保护工商业、发展农业等措施，积极培植税源，适当增加财政收入，不仅度过了抗日战争的困难时期，而且为根据地经济建设积累了一定经验。第三，以中国共产党抗日民族统一战线的基本策略为依据，按照“先予后取”“取己与取民相结合”以及按照合理负担和普遍纳税的原则，因地制宜地建章立制，使民有所负而民不伤，既要满足战争需要，又要减轻人民负担。

1937年8月25日，中共中央政治局扩大会议通过的《中国共产党抗日救国十大纲领》中提出：战时的财政政策以有钱出钱和没收汉奸财产作抗日经费为原则，改良人民生活，废除苛捐杂税，减租减息。

1938年10月12日至14日，中共中央政治局常委、中央军委书记毛泽东在中国共产党中央委员会扩大的第六次全体会议上所作的题为《论新阶段》的报告中提出：实行新的战时财政经济政策，在有钱出钱的原则下，改订各种旧税为统一的累进税，取消苛杂和摊派制度，以舒民力而利税收。

1939年3月19日，毛泽东就目前战略部署、生产运动等问题致电有关领导同志：边区正在发展生产运动，以备最困难时能自给自足。前方注意银行、税收问题是很对的，但是根本之计在生产。请考虑在某些较稳固区域不但发动民众增加生产，而且发动机关、学校和部队从事生产。

1940年1月，中共中央发出了《关于建立和巩固华中新根据地的指示》，强调要按“有力出力、有钱出钱”的原则，使根据地80%以上的民众均负担税收义务，不可将负担完全放在富有者身上。

1940年9月18日，中共中央发布的《关于统累税问题的指示》中规定：在民族统一战线的政策下，虽然捐税应当由富有者比较多负担一些，但是要富有者完全负担或者负担过重也不好。累进税应当照顾极贫苦的工人和农民，规定对最低限度的收入者予以应有的免征，但是免征者不应当超过人口的10%～20%。

1940年12月25日，毛泽东在《论政策》一文中明确指出：“关于税收政策，必须按收入多少，规定纳税多少。一切有收入的人民，除对最贫苦者应该规定免征外，80%以上的居民，不论工人、农民，均需负担国家赋税，不应该将负担完全放在地主资本家身上，捉人罚款以解决军饷的办法，应予禁止。”

1941 年 4 月 27 日，中共中央政治局批准发布的《陕甘宁边区施政纲领》中提出：在土地已经分配区域，保证一切取得土地的农民的私有土地制。在土地未经分配区域，保证地主的土地所有权，但是必须减低佃农租额。实行合理的税收制度，居民中除了极贫者应当免税以外，都必须按照财产等第或者所得多寡，实施程度不同的累进税制，使大多数人民均能负担抗日经费。

1942 年 1 月 28 日，中共中央政治局通过的《中共中央关于抗日根据地土地政策的决定》中提出，政府法令应当有两方面的规定，不应当畸轻畸重：一方面，要规定地主应当普遍减租减息，不得抗不实行；另一方面，要规定农民有交租交息的义务，不得抗不缴纳。抗日经费，除了赤贫者以外，一切阶级的人民都必须按照累进的原则向政府缴纳，不得畸轻畸重，不得抗拒不缴。

1942 年 12 月，毛泽东在中共中央西北局高干会议期间，亲自组织收集经济和财政方面的历史材料和现状材料，为会议撰写了题为《经济问题与财政问题》的长篇书面报告，指出：“发展经济，保障供给，是我们的经济工作和财政工作的总方针。”批评了不从发展经济、开辟财源而企图从收缩必不可少的财政开支解决财政困难的保守观点，也批评了离开具体条件搞空洞的不切实际的大发展计划的冒险思想。在公私关系上，毛泽东提出正确的口号是“公私兼顾”或“军民兼顾”，批评不顾战争需要，单纯地强调政府应施“仁政”的观点；也批评不顾人民困难，

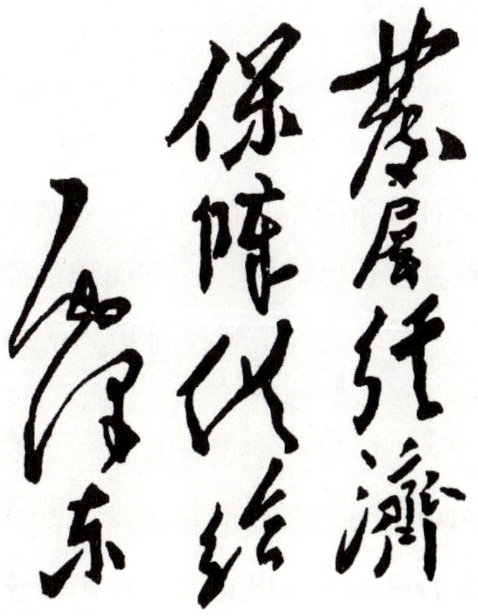

1942 年 12 月，毛泽东在《经济问题与财政问题》论著中提出的经济工作总方针

只顾政府和军队的需要，竭泽而渔、诛求无已地加重人民负担的观点。指出为了抗战建国的需要，人民是应该负担的，同时要使人民经济有所生长、有所补充，才能支持长期的抗战。

1943年10月1日，中共中央机关报《解放日报》刊登的《中共中央政治局关于减租、生产、拥政爱民及宣传十大政策的指示》中指出：县区党政工作人员在财政经济问题上，应当以90%的精力帮助农民增加生产，然后以10%的精力从农民取得税收。对前者用了苦功，对后者便轻而易举。在生产运动中，不注重发展经济，只片面地在开支问题上打算盘的保守的单纯的财政观点，是错误的。不注重组织党政军群众和人民群众的广大劳动力，以开展群众生产运动，只片面地注意少数政府人员忙于收粮收税弄钱弄饭的观点，是错误的。不知用全力帮助群众发展生产，只知向群众要粮要款的观点（国民党观点），是错误的。

1945年4月24日，毛泽东在中国共产党第七次全国代表大会上所作的政治报告中讲到党的具体纲领时再次提出：取消苛捐杂税，实行统一的累进税；减租减息，适当保证佃权。

第二节 陕甘宁边区的税收制度

抗日战争时期，随着国民党政府封锁力度的日益强化，作为中共中央所在地的陕甘宁边区政府，一方面积极发展生产，开辟财源；另一方面完善税收，颁布了一系列税收法规和制度，使税收成为皖南事变后边区财政的主要来源。

一、边区税收制度的建立与完善

1937年9月，抗日民族统一战线形成，陕甘宁根据地改称陕甘宁边区。这一时期的税收，是以党的抗日民族统一战线的基本政策为依据，以贯彻“合理负担”“按收入多少规定纳税多少的原则为指针制定的”。[1] 直到1940年后，

① 财政部税务总局．中国革命根据地工商税收史长编：陕甘宁边区部分［M］．北京：中国财政经济出版社，1989：7.

随着边区财政压力越来越大，税收才逐渐被重视起来。

1937 年至 1939 年，是陕甘宁边区税收的创始阶段。这一阶段没有完整的税收制度，采取的多是临时性税收措施。因此，这个时期的税收收入有限，并不占边区财政来源的主要地位。据统计，“1937 年税收收入占财政收入的比例为 11.28%，1938 年为 28.7%，1939 年为 8.74%，1940 年为 5.92%”。[①]

1939 年 1 月，国民政府在重庆召开五届五中全会，确定了“溶共、防共、限共、反共”的反动方针。此后，国民党政府反共活动加剧，严密封锁陕甘宁边区，边区财政日渐困难。为了统一税收制度，动员一切财力充实抗战经费，1939 年 12 月 28 日，陕甘宁边区政府颁布《陕甘宁边区政府税收条例》。1940 年 1 月，边区政府制订颁布了《陕甘宁边区营业税收条例》。5 月，陕甘宁边区政府颁布《陕甘宁边区货物税暂行条例》，明确“凡就货物为征收对象者，谓之货物税”。

边区政府一方面积极开展生产活动应对困难；另一方面加强税收，制定颁布了一系列税收法规和制度；同时健全财政机构，调整金融关系，维护法币，巩固边币，以利经济之发展与财政之充裕。1941 年 4 月 27 日，中共中央政治局批准《陕甘宁边区施政纲领》。至此，边区的税收制度便以法律的形式固定下来，以后虽历次修改税法，但边区施政纲领确定的精神没有改变。1941 年之后，税收逐渐成为边区财政收入的主要来源。

二、农业税制的建立和完善

陕甘宁边区征收农业税有两种方式：一种是征收救国公粮，另一种是从 1943 年开始在部分县区试行征收的农业统一累进税，即农业税。

救国公粮是临时性质的农业税。征收救国公粮一方面用条例规定了征收累进比率，另一方面还下达了征收任务，征收依靠的是政治动员方法。征收救国公粮是抗日战争时期边区政府一项经常性的社会动员工作。1937 年 8 月，边区

① 席七万，周彬县．陕甘宁边区税收史［M］．北京：中国税务出版社，2018：40–41.

党委作出了《关于征收救国公粮的决定》，要求当年完成 15000 石救国公粮，并要求开展最广泛的群众性动员活动。同年 10 月，边区政府颁布了第一个救国公粮征收条例，即《征收救国公粮条例》，规定：边区群众以户为单位，将家长姓名、全家人数、全家合计收获量、每人平均收获量，每人应纳公粮数及全家合计应纳公粮数，自动呈报乡政府进行登记。同时，边区政府还颁布了《征收救国公粮附则》，要求进一步完善征收系统。为了体现民主征收精神，要求在县区政府组建征收救国公粮委员会，具体负责救国公粮的征收工作。

1938 年，边区政府调高了征收救国公粮的起征点，规定每人每年所收各种粮食不满 350 斤者免征；同时还调整了累进率，比如，351 ~ 500 斤，征收 1%。501 ~ 650 斤，征收 2% 等，其他征收方式与 1937 年基本一致。

为了解决非生产人员不断增加的粮食供应压力，1939—1940 年，边区政府决定救国公粮计划征收数由 5 万石增加到 9 万石，实际征收数也相应增加了。1937—1940 年边区救国公粮征收情况见表 3–1。

表 3–1　　边区征收救国公粮情况统计（1937—1940 年）

年度	耕地（万亩）	收获量（石）	计划征收（石）	实际征收（石）	实征占收获量（%）	亩均负担（升）
1937	862.6	1116381	10000	14197	1.27	0.16
1938	989.4	1211192	10000	15955	1.32	0.18
1939	1007.6	1754285	50000	52251	2.98	0.52
1940	1174.2	1526741	90000	97354	6.38	0.83

资料来源：边区政府财政厅. 历年农业负担基本总结（1949）[M]//陕甘宁边区财政经济史编写组，陕西省档案馆. 抗日战争时期陕甘宁边区财政经济史料摘编·财政（第 6 编）. 西安：陕西人民出版社，1981：152.

从表 3–1 可以看出，1937—1940 年边区征收救国公粮的实际征收数随着计划征收数的增长不断增加，其中 1940 年较 1937 年增加了 83157 石，增长了 5.85 倍。亩均负担也由 1937 年的 0.16 升上升到 1940 年的 0.83 升，增长了 4.18 倍。

救国公粮具有一定的“摊派”性质，并且征收未考虑财产方面，主要以农业收入为征收范围，难以保证公平合理，在一定程度上降低了生产积极性。因此，边区政府决定实行农业税改革，用农业统一累进税取代救国公粮。1942 年 12 月，毛泽东在《经济问题与财政问题》的报告中指出：“过去的农业税是采用救国公粮的形式，虽然也是按照累进原则征收的，但是每年征收总数多少不一，每年每家征粮数自然也就多少不一。1941 年发生摊派现象，1942 年虽然改成评议制度较为公平合理，但不公平的现象还是有的。主要缺点是税率不确定，损害农民的生产积极性。提议政府于 1943 年进行人民土地的调查与登记，以此制定一种简明的已耕地的量与质计算缴税数目。农民就可计算出全年全家的收支比例，就可放手进行生产，增加生产积极性，保证粮食增产。政府征税时也就不发生不公平的问题了。1943 年的准备工作完成后，1944 年就可实行累进税政策。准备工作完成早的县，可于 1943 年先行试办。”①

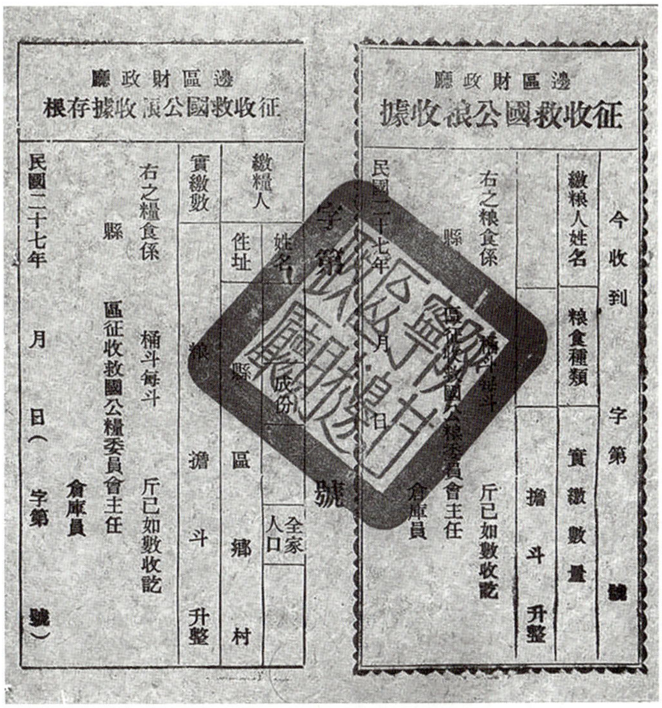
邊區財政廳
征收救國公糧收據存根
繳糧人 姓名 住址 全家人口
實繳數 糧 擔 斗 升整
右之糧食係 縣 區 鄉 村
桶斗每斗 斤已如數收訖
區征收救國公糧委員會主任
倉庫員
民國二十七年 月 日（ 字第 號）

邊區財政廳
征收救國公糧收據
今收到 字第 號
繳糧人姓名
糧食種類
實繳數量 擔 斗 升整
右之糧食係 縣
桶斗每斗 斤已如數收訖
區征收救國公糧委員會主任
倉庫員
民國二十七年 月 日

陕甘宁边区财政厅征收救国公粮收据（1938 年）

根据毛泽东的讲话精神，边区政府制定颁布了一系列农业统一累进税法规，并决定在延安、绥德、庆阳三县试行，积累经验，作为在整个边区推行的基础。

1944 年 6 月，边区政府颁布了《陕甘宁边区农业统一累进税试行条例》和

① 毛泽东．毛泽东选集（第五卷）［M］．哈尔滨：东北书店，1948：778.

《陕甘宁边区农业统一累进税试行细则》，决定把试行范围扩大到赤水、靖边和延安等区。农业统一累进税是将农业收益与土地财产两税合一的一种农业方面的正规税制。主要包括四项基本税则：一是将各阶层负担公平合理作为税法的基本原则，把农业上的收益与土地财产作为农业税的税本。具体来讲，凡是有土地的人，都要承担土地财产税；凡是经营农业的人，都要承担农业收益税。二是将每段土地常年产量作为计税标准。三是细分起征点及累进率。不同地区实行不同的起征点和累进率。以户为征收单位，以每人平均粮食数为计算标准，累进率分为五个层次，最高累进率为35%。四是对政府鼓励发展的农村副业采取免税政策，例如纺织和运盐业等。和救国公粮相比，农业统一累进税减少了摊派色彩，在负担上来说更加公平合理。从征收救国公粮到征收农业统一累进税，边区农业税制向法治化迈出了一大步，发生了质的飞跃。

三、工商税制的建立和完善

抗战时期，陕甘宁边区税收主要分为两种，即工商税和农业税。工商税包括货物税（即出入口税）、营业税（即商业税）、牲畜交易税（即牲畜买卖手续费）、斗佣（即粮食买卖手续费）、盐税及公盐代金等。

（一）货物税

货物税也叫出入口税，是边区工商税中开征较早的税种。1940年1月26日，边区政府首次颁布了具有货物税性质的《陕甘宁边区营业税收条例》。1月27日，边区财政厅颁发了《陕甘宁边区营业税暂定税率》，由此开始，货物税在边区境内全面开征。1940年5月30日，边区政府颁布了《陕甘宁边区货物税暂行条例》（以下简称《条例》），同时废止了1月26日颁布的《陕甘宁边区营业税收条例》。货物税名称于此时确立，并逐渐发展成为工商税的主力税种之一。

《条例》规定货物税的征收对象是食盐、药材、皮毛、烟酒和迷信品，其中对食盐、皮毛、药材征收产地税，对烟酒和迷信品征收消费税。《条例》规定的货物税税率是比较低的，仅对烟酒和迷信品课以重税。

皖南事变后，边区政府颁布了《陕甘宁边区货物税修正暂行条例》，截至1944 年先后修订了 4 次，该条例逐渐趋于健全与完善。1941 年，边区政府颁布的《陕甘宁边区货物税修正暂行条例》主要体现了困难时期“以增加财政收入为主，保护经济为辅”的政策特点。该条例主要突出了两点：第一，将征税对象扩大至“凡是应税货物都必须缴纳货物税”；第二，降低了货物税起征点，调高了货物税税率。但为了鼓励入口，对棉花、土布等必需品课以低税。征收过境税的货物包括烟酒、盐、迷信品、杂货、布匹、棉花及其制成品等 6 类 54 种，从价征收 2% 的查验手续费。

为了使货物税与贸易政策紧密配合，1942 年 10 月，边区政府重新修订了货物税暂行条例。此次修订主要是提高了税率，增加了税目。比如入境盐税的税率提高到盐价的 10%，增加了皮毛等公营商店经营的出入境货物的货物税等。1944 年，随着边区经济的好转，物资及贸易方面都有了较大发展，1942 年的货物税条例已经不能满足边区经济发展的需求。因此，1944 年 7 月 1 日，边区政府修订颁布了《修正陕甘宁边区货物税暂行条例》，修正内容主要包括四点：第一，修订后的货物税条例更适合保护边区生产的需要。1944 年已经达到自给或部分自给，对于困难时期需要刺激入口的货物，由轻税改为重税限制其入口。第二，修订后的货物税不仅考虑到了增加边区财政收入的需要，还考虑到了反经济封锁的需要，进一步体现了边区的贸易政策。第三，为了增加财政收入，提高税率，增设税目。1944 年条例中规定的应税货物已经达到 140 余种，比 1942 年增加了 30 余种，而且税率都有不同程度的提高。第四，与货物税有关的单行税法也被融入修改后的货物税中。

随着货物税征收管理办法的不断完善，该税种的收入最高时占到边区税收总收入的 80% 以上，为组织财政收入，促进边区经济发展起到了积极作用。

（二）营业税

边区的营业税也称作商业税，是边区工商税中较为重要的税种，根据工商营利事业纯收益，依照累进税原则征收，实际应属于所得税。

营业税分为固定营业税和临时营业税两种。固定营业税是指设有商号，按照纯收益征收固定营业税；临时营业税是指没有门面字号的临时客商，交易一次征收一次。

边区的营业税是由寒衣代金转化而来的。1939 年至 1940 年，曾两次向商人征收寒衣代金，用来满足前方抗日将士的冬衣需求。1939 年征收了 10 万元（法币），1940 年征收约 40 万元（法币），征收税额有了大幅上升。

正式开征营业税是在 1941 年下半年。1941 年 10 月 1 日，边区政府公布的《陕甘宁边区营业税修正暂行条例》对征收范围、纳税义务人、征课标准、税率、征收方法、征收期间、缴纳期限、管理监督、奖惩规则等方面做了具体规定。1942 年 10 月 1 日，边区政府颁布了《陕甘宁边区营业税修正暂行条例》和《陕甘宁边区营业税修正暂行条例施行细则》。修正的营业税条例包括营业税、临时贸易税两种，不再包括烟酒牌照费和牲畜买卖手续费。随着边区政治、经济和军事情况的发展变化，边区政府于 1944 年对 1942 年的营业税暂行条例再次进行了修正。其中第二章税则部分，将起征额提高到 5 万元，最高累进额为 300 万元。起征率是 4%，最高累进率为 35%。

1944 年 7 月，边区政府再次修正了营业税条例，主要有两方面变化：一方面扩大了营业税征收范围，如"增加了屠宰税，将牲畜交易税、粮食买卖手续费并入了营业税，提高了酒类牌照费的定额"。[①] 另一方面增加了管理纳税人账簿的内容，为使营业税的征收公平合理，税务机关必须经常进行调查统计工作，了解各商号的营业状况，必要时有检查账簿的权利。"各固定商号不论公私均须于每半年结账后 5 日内，将该号本期营业总额随时报告税务机关"。[②]

（三）盐税

边区盐税始征于 1936 年 9 月，是边区工商税中开征最早的税种之一。1936 年至 1940 年由三边税务局征收。1941 年，由于盐业在边区对外贸易和财政收入

① 陕西省社会科学院，等. 陕甘宁边区政府文件选编（第 8 辑）［M］. 西安：陕西人民教育出版社，2016：262.
② 陕西省社会科学院，等. 陕甘宁边区政府文件选编（第 8 辑）［M］. 西安：陕西人民教育出版社，2016：259.

中占有重要地位，为了增加产盐量，边区成立了盐务局，自此盐税划归盐务局征收。1942 年 1 月，陕甘宁边区财政厅从军委后勤部接管了盐务局，建立了会计与报解制度，并规定了结账、存核、报解、制表等手续和日期，规范了盐税的征收管理。

红色“税”月

王维善喊冤[①]

看着围过来跪在自己面前，哭喊着为王维善喊冤的一家人，毛泽民原本就不轻松的心情又蒙上了一层阴影。

历时两个多月的西征战役刚刚胜利结束，让负责中央经济工作的毛泽民最高兴的，是解放了生产食盐的定边、盐池等县。红军主力会师陕北，力量大大增强。可是，申请拨款的单据堆积如山，粮食、被服、弹药、武器的大量需求，让毛泽民备感焦虑。

当时的陕北土地贫瘠、经济落后，老百姓都吃不饱，哪有余力供养一支大军。所以，西征的硝烟刚刚散去，毛泽民就赶到盐池。江西苏区时因为敌人封锁造成食盐紧缺的经历，深深刻在他的脑中——盐就是钱！

但是，盐池的实际情况却让毛泽民皱起了眉头。这里经济凋敝，群众贫苦，大量盐工在死亡线上挣扎。一个重要的课题摆在了面前，要想保证政府和军队的供给，有稳定的收入，必须发展经济。这对当时的共产党人，是一个艰巨的挑战。

面对喊冤的王维善一家，毛泽民没有因为他们是“土豪家属”就置之不理，而是耐心地听他们把话讲完。经过调查，王维善的营生是拉着骆驼到各地去贩卖食盐，经过几年的光景，骆驼已经由一只发展成了

① 李涛．红色税收之金色的种子［N］．中国税务报，2019-08-26（05）．

十几只。毛泽民了解到，很多像王维善这样靠自己勤劳致富的人被当作土豪打击，许多生意人已经吓得逃走了。

冷清的街道、萧条的市场，这不是共产党想要的结果。回到县城后，毛泽民立即召开会议，把王维善和其他被错抓的富户全都放了出来，并归还了他们的家产。中共中央瓦窑堡会议上，关于要欢迎民族资本家来投资，尽可能减低租税条件的相关决议，在实践中开始落实。

盐池取消了原来的一切苛捐杂税，大批“白区”商人闻讯而来。四五倍的差价让贩盐出境有利可图，但盐户和整个边区却没有享受多少停征盐税的好处。这让共产党人认识到，推行自己的税收势在必行。

毛泽东在《论政策》一文中指出：“税收的方法，在我们没有定出新的更适宜的方法以前，不妨利用国民党的老办法酌量加以改良。”1937年陕甘宁边区税收人员就是这么做的。随着税收条例的出台，边区如火如荼地开展起来的盐业生产和食盐贸易，给边区政府带来了实实在在的收入。1937年，陕甘宁边区的盐税收入为1868.5元，1938年猛增至4.9万元，为边区发展作出了重要贡献。

1941年，为了解决财政困难，边区政府投资了600万元从事盐业生产。直至抗战胜利，每年都征收一定数量的公盐。由于当时政府运输能力有限，只能借助民力完成运输任务。于是，公盐运输逐渐成了一种劳役负担，由上而下分配负担数目，各乡分配的数目按照各农户的公粮负担及家庭具体情况民主分摊。到了1942年，为解决财政急需，规定可以缴纳公盐代金。1943年，边区政府对《陕甘宁边区三十二年度驮运公盐暂行办法》进行了修正。办法规定：“为照顾各地特殊情况及财政需要，在人民自愿的前提下，可部分或全部改征代金。”① 征收公盐代金除货币外，还可用粮食、棉花、棉纱或羊毛代交，且一律按照市价折收。若以棉、纱代交，还可给5%的奖金。公盐代金是边区财政的重要收入，占到财政收入的一定比重，最高时达到27.73%。②

① 陕西省档案馆．陕甘宁边区政府文件选编（第7辑）［M］．北京：档案出版社，1988：510.
② 李涛．红色税收之金色的种子［N］．中国税务报，2019-08-26（05）．

（四）临时营业税

临时营业税也称临时商业税或临时贸易税，属于营业税的一种。因经营的客商脚户没有固定场所，不停在流动。因此，征收方式及税率规定与普通商业所得税有所区别，按照临时纯收益一次性征收。

1941 年 4 月，边区政府决定开始征收临时营业税，征收对象是无门市的流动客商与临时入境的外商。在征收标准方面，1941 年和普通营业税相同，都是以营业纯收益为课税对象，以百分比进行累进。1942 年，将纯收益修改为按照营业额为征税对象，将税率由百分比修改为千分比税率。1944 年 7 月 1 日，边区政府公布的《修正陕甘宁边区营业税暂行条例》，其税率仍为累进税率，最低营业额为 5 万元至 10 万元，税率 5‰，最高营业额 2900001 元至 300 万元，税率 30‰，共分为 32 级。

（五）烟酒税

烟酒税是对经营和销售烟酒者征收的一种税。陕甘宁边区的烟酒税包括在营业税中，但同时又对烟酒征税，凡专卖或兼售烟酒者，除照缴营业税外，仍须完纳烟酒税。1940 年普遍开征烟酒税，不过当时税率不高，纸烟与酒类的入口税为 10%，过境税为 4%。1941 年本着“寓禁于征”的目的，实行高税政策以限制入口，规定纸烟与酒类入境税率均为 80%，而过境手续费仅征 2%。1942 年改高税政策为禁止政策，一律禁止纸烟进口，同时禁止酿酒。因禁而利愈大，商人偷销更甚，之后又开禁了烟酒。

（六）牲畜买卖手续费和斗佣

牲畜买卖手续费是针对牲畜买卖而言的，其目的是监督牙行和经纪人，维护货主的合法权益。斗佣则是代替粮食买卖者过斗征收的手续费。1941 年 1 月 1 日，边区政府将牲畜买卖手续费和斗佣划归地方财政。边区政府颁布了《陕甘宁边区牲畜买卖手续费征收办法》《陕甘宁边区斗佣征收暂行办法》和《陕甘宁边区斗佣暨牲畜买卖手续费承包暂行办法》等，规定买卖牲畜必须“照章缴费”，买卖粮食必须“缴纳斗佣买卖手续费”。1941 年至 1944 年期间，牲畜买卖手续费和斗佣收入分别是 45 万元、190 万元、4728 万元、10000 万元（券币）。[①] 牲畜买卖税与斗佣开征之后，分别实行过税务机关与地方政府征收、税务机关征管、地方政府征管等不同形式，也采用过自征、代征、包征等方式。

第三节 陕甘宁边区的税收管理

陕甘宁边区不但加强税收制度建设，而且不断健全税务组织机构，加强税收征管，推行民主评税。

一、建立健全税务组织机构

（一）组织机构建设

1936 年开始，陕甘宁边区税务机构陆续成立。

1936 年 9 月，边区政府在定边设立了第一家税务局，征收少量盐税。这是边区政府最早创建的税务机构。10 月，边区政府又设立了盐池县税务局。1938 年 1 月，在蒙盐进入边区的要道——靖边县境内又设立了张家畔税务局。之后陆续设立了盐场堡、滥泥池等税务分局和莲花池、大水等税卡。

从 1940 年 1 月开始，为增加财政收入，开始增设税务机构。1940 年 1 月 5 日，延安市等三县市建立税务局。1 月 27 日，边区财政厅要求在各县设立税务征收局，县以下设税务分卡。

1940 年 4 月，边区政府将定边税务局改为三边税务分局，在边区财政厅设立税务总局，各县改税务局为征收局。此时，整个边区保留和新建的税务机构共计有：1 个税务总局、1 个三边分局、6 个征收局，分别是靖边、曲子、新正、

① 南汉宸．边区财政工作［R］．史料摘编·财政（第 6 编），1944：390.

延川、固临、富县，22 个税务分卡和查验处。同时，撤销了延安市、延安县及延长、志丹、安塞、神府、甘泉等 7 个征收局。

1941 年 1 月，边区税务总局迁出财政厅开始独立办公。1941 年 4 月，边区政府颁发《陕甘宁边区各级税务局所组织规程》，将税务机构分为边区税务总局、边区税务分局、县税务局、税务所等四级。对税务单位隶属关系、任务和内部组织作了具体规定："边区税务总局受财政厅之领导监督，除兼办当地税收外，应指导所属各税局的工作。"同年 10 月 1 日，边区政府重新颁发了修订后的《陕甘宁边区各级税务机关组织规程》。新规程调整了边区税务总局内部科室设置和分工，并将缉私队改成了税警大队，由税务总局统一领导。

1941 年 11 月 18 日，陕甘宁边区第二届参议会通过了李鼎铭等人提交的《关于精兵简政》议案。根据精简原则，1942 年 8 月，边区税务总局召开的第二届税务局长联席会议，对 1941 年 10 月颁布的各级税务机关组织规程进行了修改，于 1942 年 10 月 1 日又重新颁布了《陕甘宁边区各级税务机关组织规程》。主要变化如下：一是将税务总局原来的四科二室一队改为一室二科一队，即秘书室、

陕甘宁边区时期税务总局旧址

第一科、第二科、稽查大队。二是将县（市）局人员进行了精简，比如一等局由原来的 7 ~ 10 人精简为 4 ~ 6 人，二等局由原来的 6 ~ 7 人精简为 3 人，三等局由原来的 4 ~ 5 人精简为 2 人，税务所原来没有定员，现定为 2 ~ 4 人。

自 1942 年始，税务机构和干部进行了多次精简，合并或撤销了部分收入不多的税务所。同时，也精简了税务干部。1942 年底，边区税务干部经过精减减至 400 人，之后还在继续精简。据边区税务总局 1943 年 10 月《两年来的税收工作总结》统计：当时有 4 个分局，即三边、陇东、关中和绥德；县局 29 个，包括固临、子长、靖边、延川等；市局 1 个，即延安市局；税务所 50 个；税务人员共 360 名。

（二）加强干部管理

1941 年 4 月 1 日，边区政府颁发的《陕甘宁边区各级税务局所组织规程》规定要在税务总局内设立干部科，负责办理干部审查、配备、教育、奖惩等事宜。1942 年 10 月，边区政府根据精兵简政原则，再次修订了《陕甘宁边区各级税务机关组织规程》，取消了专职干部科，规定干部管理工作由合并后的秘书室负责。在分区和县、市税务局，也分别指定专人兼办此项工作，这样就从组织上保证了干部管理工作的正常进行。除此之外，边区政府和财政厅还先后制定了干部管理规定。

为了使税务人员奖惩办法更为明确和完善，边区政府于 1941 年 10 月制定颁发了《陕甘宁边区税务人员奖惩规则》（以下简称《奖惩规则》），对奖励和惩戒进行了详细划分。[①] 将奖励分为传令嘉奖、记功（三次记一大功）、记大功、升级、越级擢升；将惩戒分为警告、记过（三次记一大过）、记大过、降级、撤职。同时，边区政府还颁布了《税务人员待遇及抚恤办法》（以下简称《办法》），完善了税务人员的抚恤待遇。《办法》规定：因公致疾不能工作者，除住院有休养待遇外，每月以在职津贴进行补助；因公死亡者，除酌情发给埋葬费外，

① 陕西省档案馆．陕甘宁革命根据地工商税收史料选编（第 2 册）［M］．西安：陕西人民出版社，1985：149.

其他可参照政府抚恤条例办理。

1942年10月，边区政府对《奖惩规则》作了修改并重新颁布，新规则增加了奖励及处罚内容。比如将携款潜逃者，请假不准或未经请假，擅离职守者作为新增加的处罚内容。

1941年初边区税务初建时，税务干部来源渠道复杂，文化层次不同。据统计，自1937年9月至1941年8月，边区税务系统共有干部406人，其成分分为农民274人，工人36人，商人6人，士兵4人，学生62人，其他24人。其中文盲281人……安塞全局7名干部，无一识字者，甚至连会计都不识字。[①] 因素质原因，税务干部中存在的问题比较多。边区财政厅厅长南汉宸说："提高税务干部队伍素质，远远比组织收入本身重要得多。"[②] 为了提高干部的政治觉悟和业务水平，各级税务局通过开展各类学习培训班及各类会议的形式培训在职税务干部。

1942年至1943年，边区政府开展了整风运动，从思想上强化税务干部队伍建设。边区税务总局于1943年先后两次发出工作指示信，强调须纠正税务工作与政府工作不协调的做法。西北财经办事处在《关于财政工作的总结》中提出：革命的税务作风，一方面应耐心说服群众，教育他们拥护革命税政，自觉自愿纳税，而不是摆出剥削阶级的面孔，强迫收税。另一方面，应该深入群众，在群众中建立广泛的稽查网，发动群众协助稽私，而不是武装稽查，使群众害怕。因此，"一切脱离群众的官僚架子，必须拿下；助长干部发财思想，使干部腐化的奖金制度，必须改变；单纯以增加财政收入为目的的稽查制度，必须停止。"[③]

为了尽快提高干部的政治思想水平，克服工作中的不正之风，边区税务总局于1944年春，举办了教育干部转变作风的训练班。据《解放日报》报道：此次训练班所讲的课程包括群众观点与群众路线，税收与各种政策的关系，税务人员应有的品质等。由于教学采用了与具体事实结合的方法，受训人员受益很大，

① 南汉宸．关于税务工作的报告［M］// 陕西省档案馆．陕甘宁革命根据地工商税收史料选编（第2册）．西安：陕西人民出版社，1985：149.

② 赵恒．血铸税魂：延安十三年税收记事［M］．北京：中国税务出版社，2008：228.

③ 财经办事处关于财政工作总结（节录）［M］// 陕甘宁革命根据地工商税收史料选编（第5册）．西安：陕西人民出版社，1987：39-40.

起到了一定教育效果。

为了进一步加强对边区税干的思想建设工作，边区税务总局于 1944 年 5 月召开了第三届税务局长联席会议，专门就税务干部的思想作风进行了探讨和分析，并针对存在的问题提出了具体整改措施。除此之外，还修改了税法中某些可能助长侵犯群众利益的条款，比如取消了缉私罚款提取奖金的规定，将其改为“税工应得之奖金解交金库，归财政收入项。”①

二、税收征收管理

（一）税收票照管理

边区政府颁布了专门的税收票照花证管理制度和法规，加强了税收票照的管理。1940 年 7 月 4 日，边区税务总局规定：各税务机关所存票根务必于每月末结算一次，并报告总局备查。各税务机关于每月月终将本月所领各种税票数目、使用情况及存库份数，造报存查。

1942 年 10 月，边区政府颁布的《陕甘宁边区各级税务机关领发票照花证管理办法》规定，票照花证必须设专人保管，并建立严格登记手续。②《陕甘宁边区货物税票照花证使用暨查验办法》规定了八种票照的使用范围。即货物税票用于货物税的征收；营业税纳税执据用于营业税的征收；临时营业税证用于营业税的征收；转运证用于已税货物的转运；罚款证用于违章罚金；没收品收据用于查获违禁品的没收；牲畜买卖证用于所有牲畜的买卖；从量征收证用于一切从量征收的货物。从这些规章制度可以看出，边区税收的票照花证管理相当规范。

自 1940 年边区税务总局成立后，便取消了各县市油印税票的权利，明确规定票照由财政厅税务总局印制。由于当时保管制度相对不健全，经常产生长短

① 林喜乐．陕甘宁边区税史笔记［M］．北京：中国税务出版社，2016：144.

② 陕甘宁革命根据地工商税收史编写组，陕西省档案馆．陕甘宁革命根据地工商税收史料选编　第三册（1942 年）［M］．西安：陕西人民出版社，1986：296.

税票现象。边区税务总局多次强调票照花证的重要性，使干部在思想上认识到了丢一张票比丢现款更为严重。同时健全制度并加强纪律，严格执行保管与按月清查制度，无故失票或利用票证印花贪污舞弊的行为，均会受到纪律处分。1942年10月，边区政府制定了《陕甘宁边区货物税票照花证使用及查验办法》及《陕甘宁边区各级税务机关票照花证管理办法》，通过不断建立健全管理制度，票照方面发生的问题明显减少。

1943年，《陕甘宁边区税务总局民国三十二年度工作指示信（第1号）》，针对陕甘宁边区税务系统三大制度之一的票照花证管理制度，有针对性地指出：制度要求做到整齐细密，解交迅速。按照规定严格执行领发、保管、使用、解交等手续。不再发生领票短少、保管遗失、使用混乱、写票错误、解交不依次分类、不填写解交票根封面或认识不清等现象。

（二）税款报解制度

税款的管理与报解是税收管理中的关键环节。抗战时期，边区十分重视税款管理。1941年4月，边区政府颁布的《陕甘宁边区各级税务局所组织规程》，规定了税款报解程序和管理制度。8月，边区税务总局为改变工作作风，实现建立税收正规化任务，拟订了《陕甘宁边区各级税务机关税款报解规则》。10月，修订颁布了《陕甘宁边区各级税务机关税款报解规则》，规定各级税务单位征收的税款，除依据法令规定执行或按照财政厅命令划拨外，均须按期如数清解指定金库，绝对不许动用或挪用，同时严格规定了解库期限。1942年10月，边区税务总局将《陕甘宁边区各级税务机关税款报解规则》作了修改，重新规定为12条。主要内容包括：如税款积累过多，尚不到解库期限时可提前解交；经费收支月报表须附单据；各级税务单位如遭遇事故，比如发生失款、贪污、丢票、抗税等情况，须立即将事实经过详细呈报总局备查；各级税务单位负责人应严格执行报解制度，否则，一律给予处分。[①]

① 陕甘宁革命根据地工商税收史编写组，陕西省档案馆．陕甘宁革命根据地工商税收史料选编　第三册（1942年）［M］．西安：陕西人民出版社，1986：310.

1943 年，边区税务总局在《民国三十二年度工作指示信（第 1 号）》明确指出：报解税款，保证做到按时入库，依照税款报解规定，严格执行报解手续。做好这个工作的有效办法，一是不准拖欠税款，二是不准挪借税款。

1945 年，边区税务总局在《边区税收工作总结》中指出：依据经验，建立制度应与实际情况相符。制定报解制度的目的，不仅能及时了解收入情况，而且能了解解库情况及未解库的数目与原因。现在的实际情况是，因为当下的技术水平还很低。因此，制度不能过于复杂，复杂了执行不了。也不能过于简单，简单了达不到管理目的。因此，要克服解款报告迟缓办法、借欠款办法、税款损失办法。

1945 年 4 月 14 日，陕甘宁边区财政厅、总金库联合发出命令，对各级税务局及三边盐务局所征收的税款解款交库等内容作出了具体要求。如规定每 5 天一次，由分库和税务局、盐务局联名将 5 天解款交库情况电告财政厅和总金库。①

（三）物资管理制度

1943 年 5 月，边区政府首次颁布《陕甘宁边区战时管理进出口货物及过境物品暂行办法》，将进出口货物分为允许、特许、禁止三种。详细规定了允许、特许、禁止的物资类别。比如允许出口的货物包括甘草、食盐、大黄等 25 种货物；特许入口货物包括军工器材、通信、医务、杂用品、交通器材、棉织、油等 7 大类 51 种货物；禁止入口的货物包括棉织物、丝麻织物、毛织物、皮毛，草编物、糖果、瓜果、海菜等食品，以及化妆品、服饰、玩具、化学器具等用具，还有信纸信封、香、洋酒等杂用品，共 16 类 71 种货物。

为实现税收管理与物资政策相配合的良好效果，1944 年 1 月 6 日，边区政府主席林伯渠在给边区政府委员会做的报告中指出：重新整理税收，使货物和过境物品服从于物资管理政策。1944 年 2 月，他在给西北财经办事处的《关于财政工作总结》中同样指出：货物税（即出入口税）应根据财政开支及物资管

① 陕甘宁革命根据地工商税收史编写组，陕西省档案馆. 陕甘宁革命根据地工商税收史料选编 第五册（1944—1945 年）[M]. 西安：陕西人民出版社，1987：434.

理的需要，继续扩大入境、出口、过境、产地四类税的税目范围，税率高低依据边区物资政策而定。使税收与物资管理紧密配合起来，并由税务机关负责口岸物资登记工作。

1944年7月，边区政府颁布《修正陕甘宁边区战时管理进出口及过境物资暂行办法》，删掉了特许类物资，设允许、禁止两种。对允许进出口、禁止的物资予以明确规定。比如，允许进口的物资包括棉花、土布、洋纱、洋布等80余种。允许出口的货物有食盐、牲畜、皮毛、药材、杂货等84种货物，比原规定的25种货物增加了59种。

1945年4月26日，边区财政厅颁布了《陕甘宁边区物资管理暂行规章》（以下简称《规章》），规定准许进出过境的货物，依税务章程办理登记纳税手续，禁止进出过境的货物，依照该规程处理。比如《规章》第三条规定：如无出境证明文件，一概不得运出边境。第十一条对没收品的保管和拍卖予以规定，专署指定的代理机关没收的物品，一律缴税务分局保管，由保管单位按季解交专署。①

第四节　其他抗日根据地的税收实践

抗日战争时期，各个革命根据地提高了对税收工作的重视程度，一方面废除了敲诈勒索人民群众的苛捐杂税，另一方面创建了根据地的税收机关，修订了征收章则，在征收过程中不断完善税收制度和政策，使税收工作逐步走上了正轨。

一、税收制度的演变

革命根据地的税收，是随着红色政权的稳固、根据地经济的恢复和发展，逐步建立并日趋完善的。从1937年“七七事变”到1945年抗日战争胜利，根据地工商税收大体可分为初创、发展、完善三个阶段。

① 陕甘宁革命根据地工商税收史编写组，陕西省档案馆．陕甘宁革命根据地工商税收史料选编　第五册（1944—1945年）[M]．西安：陕西人民出版社，1987：442.

（一）初创阶段

1937 年至 1939 年，是根据地税收的初创阶段。这个阶段的税收制度尚未成型，税收政策屡有变动。随着民主政权的逐步稳固，各地开始征税，但因受制于组织机构、政策制度的完整性，革命根据地大多缺乏正规税法，更没有明确的条例规定，只能在废除苛捐杂税的基础上，改造使用了国民党政府的部分征税办法。虽然在征收形式上还没有完全消除旧办法的陈规陋章，但其根本性质，不再是榨取劳动人民血汗的工具，而是各阶层人民自觉缴纳抗日救国经费的光荣义务。简化税制是这一阶段征收制度上的一个显著特点，工商税收比较典型的是山东根据地，1938 年 4 月，胶东的蓬莱、黄县、掖县首先建立了三县抗日民主政权，在废掉“稍涉病民”及“苛重”的章则后，向人民合理的征收烟酒税、座商税、交易税和盐税等税收。

（二）发展阶段

1940 年至 1943 年，是根据地税收的发展阶段。这一阶段时间较长，因为这一时期革命根据地大多处于反“扫荡”、反“蚕食”的战争环境中，税收工作受到了一定影响。特别是 1942 年至 1943 年，抗日战争处在“胜利前的困难时期”，各个根据地一方面要保证财政收入，另一方面还要照顾“工农利益”，如果没有一系列合理公平的税收制度，不仅无法征齐粮款，还会妨碍根据地经济发展。在这种情况下，革命根据地的新税制——统一累进税应运而生。

晋察冀边区首创的统一累进税，是在不断总结“合理负担”经验的基础上提出来的。1940 年 8 月，中共中央北方局在《晋察冀边区目前施政纲领》（以下简称《纲领》）中明确规定：“实行有免征点和累进最高率的统一累进税（以粮、秫、钱三种形式缴纳），整理出入口税、停供田赋、废除其他一切捐税。”[①]根据《纲领》精神，晋察冀边区政府于 1940 年 11 月颁布了《晋察冀边区统一

① 财政部税务总局. 中国革命根据地工商税收史长编：华北革命根据地部分［M］. 北京：中国财政经济出版社，1989：38.

累进税暂行办法》，同时废除了烟酒税、烟酒牌照税、印花税、营业税等税种。经过 5 个月的试点，晋察冀边区于 1941 年 3 月正式颁布了《晋察冀边区统一累进税暂行办法施行细则》（以下简称《施行细则》），除田房契税、出入税照章征收外，停征了其他一切捐税。此后，晋察冀边区政府经过调查研究，在广泛听取群众意见的基础上，对统一累进税不断进行修正，于 1942 年 5 月修正颁布了《施行细则》中累进率、土地计算单位、人口计算办法等 7 项内容。1943 年 2 月 4 日，边区政府再次修正颁布了《晋察冀边区统一累进税税则》，使计税依据更加合理、负担更加公平、办法更加简便。

Kangzhan RHbao　中華民國三十一年十月二十二日
抗戰日報
第二六〇號
這個綱領是根據我黨中央抗日民族統一戰線政策，對於晉西北施政的全部主張。
凡我晉西北黨員，均須不折不扣的澈底執行！
中國共產黨中央晉綏分局
對於鞏固與建設晉西北的施政綱領
——中華民國三十一年十月十九日通過——
中國共產黨中央晉綏分局
關於「對於鞏固與建設晉西北的施政綱領」的決定
中華民國三十一年十月十九日中國共產黨中央晉綏分局

1942 年 10 月 22 日《抗战日报》头版头条刊载《中国共产党中央晋绥分局对于巩固与建设晋西北的施政纲领》。其中强调非经参议会通过，政府不能任意增加人民负担，极大地调动了人民群众的抗日积极性

晋冀鲁豫边区实行统一累进税的时间比晋察冀边区晚一些，1942 年，得悉晋察冀边区统累税实行一年间，收效良好，晋冀鲁豫边区组织专门考察团开展了为时两个多月的实地考察，并选取了几个村庄作为样本进行了试算和讨论。至 1943 年 5 月，晋冀鲁豫边区政府正式颁布了《晋冀鲁豫边区统一累进税暂行税则》及《晋冀鲁豫边区统一累进税暂行税则实行细则》，对征税对象、范围作了详细规定；对畜力的折合、税等、税率、累进率、分数的计算与征收都做了合理、详细的规定。此外，还规定了调查评议和定分、罚则等办法。作为

直接累进的简易税制，统一累进税有效规避了税收转嫁的不合理现象，特别是农业和工商业分别累进的形式，有效促进了工商业的发展和繁荣。从 1943 年开始，随着战争形势的好转，税收工作在总结、吸取前期经验的基础上迈出了一大步。

（三）完善阶段

1944 年至 1945 年，是根据地税收的完善阶段。这一阶段，随着抗战局势的发展，各个根据地的税收制度逐步走向统一。1945 年 7 月，抗日战争进入战略反攻阶段，中国共产党掌握了税收工作的主动权，在加强新解放区税收工作的同时，开始整顿税收。晋冀鲁豫边区政府于 1945 年 8 月 29 日发布通令，统一了《新解放区负担办法》，同时颁布了《新解放区暂行统累税简易办法》；晋察冀边区于 9 月 26 日发布了《实行合理税收制度》。同时，随着各个革命根据地的经济联系日渐密切，税收制度也开始统一起来，比如晋绥边区与陕甘宁边区，因为地域相邻，常有商人来往于两个边区从事贸易活动，起初两个边区没有统一的税法，有些商人和敌顽就哄抬物价，干扰正常贸易，给人民生活带来了不便和影响。西北财经办事处于 1945 年 7 月发布了《关于陕甘宁晋绥两边区贸易税收之决定》，提出将两个边区的出入境货物税逐渐统一起来。此后，各个根据地纷纷效仿，为抗日战争胜利后根据地的税制，奠定了统一的基础。

二、工商税种

（一）出入口税

出入口税在各个根据地的名称存在差异，有进出口货物税、出入境税等名称。由于该税种是针对出入根据地的货物进行征税的，所以具有关税的性质。其征收的主要原则是：以必需和非必需为标准，对出入口货物进行分类。针对根据地需要的或者白区缺乏的货物，比如棉花、布匹等，采取低税或免税政策，鼓励其入口；对根据地不需要的或者白区多余的货物，比如烟、酒、香、表等，则采取重税限制或禁止入口的政策。在出入口税税率设置上，各个根据地因时、因地灵活变化，最低为 3%，最高为 100%，但遵循的一般规律是，必需品轻于半必需品、半必需品轻于非必需品，借以达到鼓励、限制、禁止的目的，发挥保护根据地经济发展的作用。所以，开征出入口税对充实抗战经费、繁荣根据地经济和调节根据地对外贸易具有现实意义。

晋察冀根据地、晋冀鲁豫根据地的出入口税发展较早。1938 年 5 月，晋察冀根据地建立税务局时就开征了外货入境税。1941 年 1 月，皖南事变爆发后，国民党政府停止提供抗日军费的同时对根据地实行了严密封锁。为了保护根据地的正常贸易，促进生产发展，化解敌货倾销，筹措抗战经费，晋察冀根据地政府于 1941 年颁布《外货入境分类课税办法》，确定了必需品、非必需品、奢侈品的分类。根据规定，日常使用的物品如果能以土产土制的物品代替，就属于非必需品。如果日常生活中可以省去消费的物品，就属于奢侈品。还明确，必需品中的军用化学物品、枪械、报纸、油墨、煤油、火柴等，一律免税输入，而对白糖、胶鞋、儿童玩具、香烟等，一律禁止入境。1938 年 9 月，晋冀鲁豫根据地成立冀南税务局后，便开征了棉花运销税、外货入境税、皮毛出境税等，并于 1941 年制定《晋冀鲁豫边区征收出入境税暂行条例》。条例对出入境货物税率进行了分类，对奖励出入境的货物一律免税，对许可出入境的货物征收 5% ~ 50% 的出入境税，对禁止出入境的货物除特殊物品外坚决禁止出入境。[①]

（二）盐税

抗战时期，盐税在根据地的财政中占据较大比重，尤其是在产盐的山东、陕甘宁等根据地更是举足轻重，因而受到根据地政府的高度重视。

1939 年至 1940 年，山东根据地的胶东、鲁南、清河、滨海等地区的抗日民主政权陆续建立后，先后开始征收盐税。1941 年 3 月，山东省战时工作推行

① 财政部税务总局. 中国革命根据地工商税收史长编：华北革命根据地部分［M］. 北京：中国财政经济出版社，1989：240.

委员会颁布了《山东省税收暂行条例》，条例规定“盐税”是全省开征的七个税种之一，全省根据地的盐税政策得到了初步统一，盐税的征收扩及山东省各个根据地。1943年，在山东根据地民主政府的领导下，根据形势发展需要，山东根据地取消了市场食盐的自由交易，对食盐实行专卖制度，由新设立的盐店、盐栈统一买卖。盐店与盐税的征收机关合署办公，在交易环节征收盐税。1941年，山东根据地胶东地区的盐税收入占各项税收收入的49.27%、鲁南地区的盐税占各项税收收入的87.52%。

（三）营业税

1940年以后，在财政困难的条件下，各个根据地坚决贯彻党中央制定的“发展经济、保障供给”的财政经济政策，工商业随之发展起来，营业税才具备了征收基础。营业税开征时间较早、政策较完善的有晋察冀根据地、晋绥根据地。

1938年5月，晋察冀根据地在废除苛捐杂税的同时，保留了部分较为合理的税种，明确了要征收营业税。1939年9月，《晋察冀边区征收营业税暂行条例》出台，这是各个根据地中较早对营业税进行规范征收的法律文件。但由于税制的变化，这个条例执行时间不长就废止了，取而代之的是1940年11月颁布的《晋察冀边区统一累进税暂行办法》。根据这个办法，晋察冀根据地从1941年开始实行统一累进税，营业税与田赋、印花税均被废除，开始合并征收。这个办法执行了3年，暴露出了一个问题，那就是工商业与农业合并起来不便于计算。为解决这个问题，1944年3月，晋察冀边区行政委员会作出《关于工商业征税的决定》，指出“为了工商业征税更加合理与现实易行，特作如下决定：不论专营或兼营之工商业，一人小贩小工业，与临时经营事业之收入均与农业分开按通年平均市价折米计算征收。”[①]1945年2月，晋察冀边区行政委员会制定《关于改订工商业税及十五种工商业免税的规定》，一是明确了

① 财政部税务总局. 中国革命根据地工商税收史长编：华北革命根据地部分［M］. 北京：中国财政经济出版社，1989：304.

造纸、制肥皂、制火柴等 15 种工商业免税；二是对累进率进行了修订，将起征率从 5% 下调至 3%，将累进最高率从 35% 下调至 30%。此后，晋察冀根据地的营业税一直随着革命战争的形势不断调整，并逐步趋向完善。

1940 年 5 月，晋绥根据地在发布的《税务稽征暂行条例（草案）》中将营业税作为独立税种。1944 年 12 月，晋绥根据地对营业税进行单独立法，颁布了《营业税暂行条例》。

（四）屠宰税

屠宰税是华中根据地开征较早的税种之一。在华中根据地各县的地方税收之中，屠宰税是一项经常性财政收入，收入规模仅次于营业税。1941 年，屠宰税就已经占淮南津浦路抗日根据地地方税（屠宰、烟酒、牙税、契税）收入的 20% 左右。华中根据地对屠宰税做出了人性化的免税规定，比如老百姓自宰自食的牲畜免税；婚丧、祭祀、年节期间，老百姓宰杀牲畜且没有交易行为的，也不征税。在征收过程中，"定额税率"运用的比较普遍，只按牲畜的数量计算税额，比如，苏常太地区规定，每头猪只征收 1.20 元；鄂豫边区规定，每头猪每月收半斤肉钱的税。

（五）交易税和牲畜交易税

抗战时期，陕甘宁、山东、晋鲁豫、珠江、粤中等根据地均开征了该税种。开征此税的主要目的：一是监督牙行，防止并取消其对交易者的剥削；二是疏通交易渠道，便利民间的牲畜买卖，保护交易者合法权益；三是促进根据地经济发展，增加财政收入。在山东根据地，1948 年以前，只开征了牲畜交易税，而且只是部分地区开征。根据 1941 年 9 月修订的《山东省税收暂行条例》规定，买卖牛、马、驴、骡，买主要按成交价钱的 3% 纳税，买卖猪和羊不用交税。晋鲁豫根据地则专门建立集市交易所，以方便征收交易税，并在 1943 年颁发了《冀鲁豫区集市交易所暂行办法》，对集市交易所进行规范，规定买卖牲口（包括牛、驴、骡、马）按交易额的 1% 交税。

（六）烟酒税

多数根据地一直开征烟酒税。由于各个根据地经济条件与环境存在差别，对烟酒税的征收政策也就不尽一致。比如，晋察冀根据地一开始征收的是烟酒税和烟酒牌照税；晋冀鲁豫根据地的冀南区一开始征收的是烟酒税和卷烟税，而太行区只征收烟产税。1941 年，晋察冀根据地实行统一累进税后，烟酒税便被废除。1943 年，晋冀鲁豫根据地实施统一累进税后，却仍保留了烟酒产税。

根据地抗日民主政府对烟酒的管理原则是限制销售，遵循“寓禁于征”的政策原则，通过采取征收重税，达到限制消费的目的。比如，华中根据地鄂豫边区的烟酒税税率最高达 50%；晋绥根据地则采取高税和复税制，对特许入境的烟酒（一般禁入）要征收高税率的入境货物税，本区产销的烟酒要征收较高税率的制产税。同时，对所有产制烟酒商及零整版商，都要征收烟酒牌照税。除烟酒产制行业不征营业税外，对酒贩卖商还要征收营业税。①

（七）其他税种

抗战时期，个别根据地结合现实条件和自身环境开征了一些特殊税种，在充实抗战经费的同时促进了相关产业的良性发展。比如，琼崖根据地开征的船税、晋察冀根据地开征的印花税、山东根据地开征的矿税等。

三、税收管理

抗日战争时期，各个抗日根据地零星分散在全国各地，在严密封锁分割的状态下实现星星之火可以燎原的态势，战时性、多变性、分散性与经济发展不平衡性等特点凸显。中国共产党采取的是因地制宜、灵活多样、从无到有、发展壮大的发展方针，在税务机构设置、制度设计、征收管理、税务缉私等方面

① 财政部税务总局．中国革命根据地工商税收史长编：晋绥革命根据地部分［M］．北京：中国财政经济出版社，1989：228.

都不尽相同，使税收工作逐步得到了发展和完善。

（一）税务机构和干部

在中国共产党的领导下，逐步创建了华北、晋绥、山东、华中、东江、琼崖等抗日根据地，随着战争形势和经济的发展，各个抗日根据地相继创建了税务机构。

1938 年 5 月，晋察冀边区建立了第一个税务局；1939 年，在各县设立了税务稽征局；1941 年，晋察冀边区政府整顿税务机构，撤销了内地税务机构，在各行政区设置了出入口税务局，征收出入口税。

晋冀鲁豫边区政府成立之前，于 1938 年 9 月就设立了冀南税务征收局，在根据地所辖区域依次设立了税务分局和稽征所，共建立了 8 个税务分局，19 个稽征所。1941 年 9 月 1 日，晋冀鲁豫边区税务局正式成立，特设边区税务总局，接受晋冀鲁豫边区政府财政厅直接领导。各专区设置税务分局，根据事务繁简，税收收入数量，分局以下设特、甲、乙三等支局。支局以下在毗连敌占区的交通要道设立稽征所。在根据地内部各产烟县分派烟产税征收员，并在根据地辖内各交通要隘，根据实际情形和征收需要设置检查所。

晋绥边区税务机构，开始是从属于财政、贸易的附设单位，随着财税工作需要和税收规模的

晋冀鲁豫边区税务总局旧址

扩大，逐步发展成为独立的专业税务征收系统。1940 年 4 月 24 日，晋西北行政公署建立了经济总局，在此之前，行政公署财政处只设税务科，各地税务工作合并在经济局内管理。1941 年，晋绥边区成立了税务局，隶属各级政府领导，报解税款交由各级政府财政科负责。1942 年冬，晋绥边区把税务局与贸易局合并一处，撤销了财政处税务科，税收工作由贸易局兼管。1944 年春，晋西北行政公署再次设立了税务总局，各地税务局遂与贸易局分开独立工作。

1939 年 12 月 31 日，山东抗日根据地民主政府制定颁布《货物救国捐征收总处办事细则草案》（以下简称《草案》），《草案》明确规定："成立货物救国捐征收总处，各县设置货捐处，在各县政府领导下，办理该县征收货捐事宜。在重要海口或市镇设立分处或分卡，按照货捐处的指令征收货捐。"[①] 这是山东抗日根据地最早建立的税务机构。从 1941 年开始，根据地逐步停止了依靠募捐解决经费的临时办法，山东省战工会决定，省与各主任公署设立税务局，直接受省财政处与各主任公署财政处领导。1942 年，胶东地区共有税务局 19 个，稽征所 42 个，税卡 182 个，税务人员 629 人，税收武装人员 849 名。

华中抗日根据地的税务机构，是在中国共产党和新四军的领导下逐步建立起来的。1940 年春，根据地相继成立了多个抗日民主政权，淮南、淮北根据地接收旧税务机构，建立了中国共产党领导下的新税务机构，并将税务机构成立之前由部队管理的税收业务全部移交给了地方税务机构。[②] 1941 年 1 月，皖南事变之后，重建的新四军军部成立了财经部，下设税务总局。后来又并入盐阜区行署，归地方行政建制。1942 年初，华中财经委员会成立，领导华中抗日根据地的财政经济工作。鄂豫边区在 1940 年 9 月成立了鄂豫边区军政联合办事处，并成立了贸易统制局，主要征收捐税。到了 1941 年 6 月，鄂豫边区税务总局正式成立，1942 年将税务局改称为物资统制局。其中定远县税务局是华中抗日根据地第一个县民主政府税务局，是在接管国民党政府定远县税务局和安徽省第

① 财政部税务总局．中国革命根据地工商税收史长编：山东革命根据地部分［M］．北京：中国财政经济出版社，1989：273.
② 财政部税务总局．中国革命根据地工商税收史长编：华中革命根据地部分［M］．北京：中国财政经济出版社，1989：252.

二十进出口货物检查处的基础上组建起来的。

1940 年，东江抗日根据地的抗日游击队第五大队，在梅林坳、水径和乌石岩建立了税站。1941 年，又在沙头角的梧桐山下，盐田的大小坳、大小梅沙，沙鱼涌等处建立了税站，对过往商旅和从香港输入输出的货物征收进出口货物税。随后还建立了宝安税务总站、东莞税务总站、沿海税务总站、港九税务总站、大亚湾税务总站等 5 个税务总站。抗日战争初期，东江抗日根据地刚开始组织税收工作时，只有 8 名税务干部；抗日战争胜利时，税收队伍已经发展到了 930 人。

琼崖特委在 1939 年冬成立了“琼文经济委员会”，积极筹措抗日经费。琼崖特委领导、组织发动群众捐款捐物，正常开展税收工作。到了 1941 年 11 月 10 日，琼崖东北区抗日民主政府成立，下设财政科，配备科长、会计、出纳、公务、保卫、运输各 1 人，还设有四五人的经济队。

（二）征收管理制度

1. 征收管理

纳税登记是税务机关对纳税人营业前的一项管理制度。苏中行政公署规定：凡在苏中区内开设商店、行坊及各种合作社和商人，不论其进口、出口、定销、零卖或就地生产商品、销售商品者，均应申请登记，领得营业登记证后方可营业。

纳税申报是纳税人按照规定的期限和内容向税务机关提交有关纳税事项书面报告的行为。晋察冀边区明确规定：凡商贩起运或运进本区的货物，须向就近或运入境第一税务机关报请查验纳税，否则以偷税论。商贩所运货物在中途或落地销售时，须先向税务机关报请开包查验，经盖验章后方可出售。凡分运改装的货物均需报请当地税务机关查验，并发给起运证后才能起运。产销税产品贴花验印、屠宰税查验盖戳后方准销售。

税务检查是严肃税收法纪，促进纳税人改善经营方式、端正经营态度的重要手段。各抗日根据地检查的重点是进出口货物税，检查原则主要是防止走私，检查手续力求简洁，为商运提供便利。

税收违章处理是保证税收政策的正确贯彻落实，教育纳税人照章纳税的重要手段。华中根据地明确规定：处罚漏税商人，是为了教育商人下次不再漏税，收取罚金只是辅助的。对禁运资敌物品的处罚，应取消没收政策，其处罚可以比较重，但主要仍应采取教育的态度。

税收宣传对于纳税人自觉履行纳税义务发挥着重要作用。中共中央中原局在 1940 年发布的《关于华中根据地内的财政经济工作建设对各地区的指示》中明确指出：各项税则及征收粮食的办法，征用民力的法律等，均需召集各阶层人民群众代表讨论，吸收人民意见，并向人民群众作详细的解释工作。

2. 税务缉私

税务缉私是贯彻执行财税政策、物资管理和组织收入的重要措施，也是保障抗日根据地税收管理与对敌经济斗争的必要手段。在抗日根据地，税务缉私的主要任务是防止走私货物和偷税漏税。

1942 年 2 月 26 日，晋绥边区政府制定颁布《晋西北行署关于缉私工作的决定》（以下简称《决定》），命令各专署、县府转自卫队、稽查局、贸易局贯彻执行。《决定》的主要内容：一是各县成立缉私委员会，由同级的稽征局、公安局、游击队、贸易局、银行、自卫队负责人会同抗联、武委会共同组建，县长为缉私委员会主席；二是各县清理对外贸易与汇兑、稽征等方面的检查工作，各部门的查验证由缉私委员会统一制发；三是在边境、河岸要口加强缉私工作，各县除公安局、游击队计划缉私外，各要口均要指定当地自卫队负主要责任，游击区由游击小组长主要负责，各级自卫队应派专人到边沿要口布置缉私工作；四是各公安局、游击队会同抗联、武委会在交通要口开展秘密缉私工作；五是各公安局、游击队会同驻军在边境要口实行检查；六是公安局、游击队、自卫队、缉私小组、稽征局、贸易局、银行人员查获走私者后，均发给奖金。

为了提高税务机关和民众的缉私积极性，晋绥边区还完善了奖励制度。规定全部罚金的 40% 作为奖金，查获人和报告人得一半，执行人得一半。后改为仍以罚金的 40% 作为奖金，但报告人如为民众，则得奖金的 24%，如为机关、部队、团体人员，则得 12%，查获人得 8%；案件如无报告人，自行查获的则得

15%，执行人得 8%，所余奖金上解上级政府部门。没收货物变现后，以 20% 作为奖励，报告人如为民众得 12%，如为机关、部队、团体人员得 6%，查获人得 4%；无报告人，自行查获则得 7%，执行人得 4%；所余奖金归为上解款项。晋绥边区在缉私工作中合理运用激励机制，明显提高了缉私效率和质量，对增加财政收入，发展根据地经济发挥了一定作用。

山东根据地扎实开展武装缉私工作。1942 年，中共山东分局明确要求："重要税收应由军分区配备武装保护税收部队，或组织税警队，归税务机关指挥领导，同时服从军分区统一指挥教育。"① 到了 1943 年，山东省战时行政委员会明确规定：各地工商局建立经济工作队，设队长、指导员各 1 人，队员 50 人至 100 人，作为半武装的便衣组织，负责各种出入口货物的稽查缉私、市场检查、海口防卫、货物护运以及组织群众缉私，并完成各种临时分派的任务。这种武装缉私的管理策略，对于当时保证税收收入，减少走私犯罪起到了重要作用。

3. 会计制度

1939 年 9 月，晋察冀边区行政委员会制定颁布《晋察冀边区各县税务稽征局会计规则》，明确规定了会计职务、账簿与登记、税款与经费管理办法。规定的会计职责是编造概算、决算及每月预决算、报解各项税款、保管款项及单照票据、经费之请领及支付、各种表册簿籍登记、稽征税款及局长交办的工作等。各局会计对于本局一切出纳款项及各种票照应随时稽核，如事后发生错误，应负赔偿之责。会计账簿分为现金日记账、税款收支分类账、经费收支分类账、票照单据分类簿。每日所收税款，应悉数存入指定银行及商号，如有特殊情形和紧急变化时，由局长或副局长随身携带税款并负责保管。各局经费须按核定预算总数，于月终可由税款内开支，但须备好总收据呈报抵解。

1943 年 3 月，晋冀鲁豫边区政府制定颁发《晋冀鲁豫边区税收会计制度》。内容包括报表、会计科目和账簿。总分县局及其附属各事务所的会计出纳，一律以冀南银行钞票为本位币，其他货币应按当地价格折合本位币入账。报表包

① 财政部税务总局．中国革命根据地工商税收史长编：山东革命根据地部分［M］．北京：中国财政经济出版社，1989：375.

括税款收支旬报表、税收报告表、漏税案件报告表、税收案件报告表。收入科目包括出入境税、烟产税、酒产税、漏税罚金、拍卖变价和其他收入；支出科目包括解上款、罚金提奖、变价提奖、垫付款。各项事务所只记日记账，各县局记日记账与总账，分局审计科则不必再设此种账簿。

1942年2月，《华中抗日根据地财政经济政策草案》规定了4条会计制度原则：各区应建立统一的、简明的、科学的会计制度；一切收支都要有系统的登记，必须是来去分明、毫厘不差，反对含混一团的马虎现象；征收机关除了有必要的账簿外，还应实行经常的、一定的报表制度；各区的总会计必须做到适时反映其财政状况，要做到可以随时查对与公开。

4. 票照管理

1941年7月11日，华北根据地冀太联办通令实行《冀太区各级局所领存使用票照暂行处理办法》。各级税务局、所使用的所有票照，均须由税务总局制发。税务总局冀南、冀鲁豫、太岳等办事处，可代理总局印制该区使用的税收票照，各级局、所没有印制权，更不得使用白条，违者以舞弊论处。全区每年所需票照数目，由各分局分两期造送预算表，前半年票照预算表于上年10月内送达，下半年使用数量应于3月内送达（分局以下，由分局自行斟酌规定送达时间）。各分局应于前1个月内领取足够全区后3个月使用的票照。各级局、所请领票照时，须派可靠工作人员到其直属上级单位领取并当面点收，如发现有漏印污损缺页等现象，应即补印或补换。填票时须将缴查联和骑缝同时填写，不得事后补填，违者以舞弊论处。经征局、所征税时，必须先将该货物税率、税额检核无误，并将税款点收后，才能填票。填发没收凭单及罚金收据时，须先取得运货人同意，并将货物罚款点收后，方得填给单据，不得在未履行以上手续之前，轻率填票。不得随意涂改，私自作废票照，违者以舞弊论处。各级局、所缴送各种票照存根期限手续如下：稽征所于每月终了后，将各种票照存根联整本送交直属支局；支局接收各稽征所缴来的各种票照存根，经存放1个月后转送分局；分局接收各支局上交的各种票照存根，经存2个月后销毁或利用，呈报总局备查。

第五节　抗日战争时期根据地税收的特点和作用

抗日战争时期，各个根据地在中国共产党的领导下，为适应抗日战争形势，结合自身经济情况和地域特点，遵循全心全意为人民服务的宗旨，开创独立自主的革命税收实践，既要满足战争需要，又要减轻人民负担。相对于土地革命时期苏区的税收实践，抗日根据地面积更大，政权更加稳固，税制建设更加完善。抗日根据地税收制度建设，经历了一个从无到有、从弱到强、不断补充、改进和完善的过程，按照"先予后取""取己与取民相结合"以及按照合理负担和普遍纳税的原则，因地制宜地建章立制，使民有所负而民不伤，广泛凝聚了社会各阶层的抗日力量；废除剥削人民群众的苛捐杂税，建立统一的累进税；税务机构不断健全，税收管理不断完善，民众广泛参与评税协税护税，不仅确保了税收收入，也为保障革命战争供给，促进根据地经济发展，巩固革命根据地政权建设，发挥了重要作用。

一、为抗日军队和抗日民主政权提供了经费保障

抗战时期，党提出了"一切为着前线，一切为着打倒日本侵略者和解放中国人民"的总口号、总方针，在当时的财政经济政策中，最重要的一条就是"保障抗日武装部队的给养及人民必需品的供给"。为了筹集抗战经费，中国共产党领导下的各抗日根据地民主政权都将财税工作放在了与军事工作同等重要的位置，税收成为抗日根据地赖以存在和发展的经济支柱。从1937年到1945年，正是因为中国共产党的税收政策在抗日根据地得到了正确的贯彻执行，税收工作才得到了长足发展，抗日军队的经费得到保障，民主政权得到巩固、发展和壮大。例如，在东江根据地，东江纵队领导机关在对税收工作的指示中明确指出：1943年，部队的供给百分百依靠税收。在华中的淮北苏皖边区，1943年除军政开支外，还有近5万石粮食与3000余万元的节余。在晋绥根据地，从1940年开展税收工作以来，税收收入逐年增加。特别是1944年以后，因晋绥根据地

面积扩大，1944 年的税收收入比 1943 年增加了 3.4 倍，1945 年较 1944 年又增加了 2.5 倍，税收成为财政收入的主要来源，[①] 为保障革命战争供给和抗日民主政权提供了重要的财力保障。

二、促进了抗日根据地生产发展和市场繁荣

毛泽东在《抗日时期的经济问题和财政问题》中指出："我们一方面取之于民，一方面就要使人民经济有所增长，有所补充。这就是对人民的农业、畜牧业、手工业、盐业和商业，采取帮助其发展的适当步骤和办法，使人民有所失同时又有所得，并且使所得大于所失，才能支持长期的抗日战争。"[②] 各根据地围绕"合理负担"的原则，实行有区别、有照顾、有奖有限的税收政策，做到了"有钱出钱，有力出力""收入多的多收，收入少的少收"，促进了抗日根据地的生产发展和市场繁荣，一定程度上改善和提高了抗日根据地人民群众的生活水平。在税收政策的具体制定、执行过程中，各根据地十分注重政策的灵活性和实用性，以实现对繁荣市场的最大促进。比如，山东根据地对公营合作社企业，给予减免税政策和贷款扶持。对农村纺织、织布等则给予充分优待，激发其生产积极性，以增加收入。各根据地在开征出入口税时，一方面依据必需品与非必需品分类，严格货物出入境，防止敌货倾销；另一方面注重搞活根据地的内部交易，对人民群众在根据地内部的买卖、运输极少限制。通过发挥税收的经济杠杆调节作用，推动了交易，繁荣了市场，发展了经济，改善了人民生活。

三、成为保卫革命根据地和反封锁斗争的重要手段

1941 年皖南事变发生后，国民党政府不仅停发了八路军和新四军的抗日军费，而且加紧了对边区的经济封锁。在巨大的财政困难面前，边区政府发挥税收作用，粉碎了国民党军队的严密封锁。比如，陕甘宁边区政府对边区产品采取低税或免税政策，扶助发展，对外来产品适当课以高税，使其不致明显冲击

① 杨肃娟．晋绥抗日根据地的工商税收［J］．党史文汇，2011（6）．
② 毛泽东．抗日时期的经济问题和财政问题［M］// 毛泽东选集（第三卷）．北京：人民出版社，1991：893-894．

边区生产。在进口方面，边区需要的货物均采取的是低税或免税政策，边区不需要的货物采取高税限制进口或拒绝进口的政策；在出口方面，对边区盈余的产品，采取低税或免税政策，奖励出口外销，对边区需要却没有盈余的产品，采取高税限制出口或禁止出口的政策。为了防止商人以过境名义在边区内偷销非必需品，1943 年后，边区还实行了过境回税办法。当过境货物途经边区第一个税务机关时，除交纳过境税外，还要交纳一定保证金；待货物运出边区时，在最后一个税务机关将保证金退还。这些措施对于反封锁，保护边区经济发展，都起到了良好作用。

四、铸造了一支忠诚于革命税收事业的税收队伍

根据地在税收建立、发展的过程中，始终注重对税务干部的培养和教育。各根据地通过选派税务人员去财经院校学习深造，以及在各地举办训练班等方式，先后培养、造就了一大批忠诚于党、一心为民、勇于牺牲、敢于创新的税务干部。这些税务干部在战火中磨砺和成长，经受住了一切艰苦卓绝的斗争和考验，具有扎实的税收专业能力和过硬的政治品格。在敌占区、游击区、边缘区，时常有根据地的税务干部来回穿梭奔波的身影，他们为筹集抗战经费奉献出了心血、智慧甚至生命。在抗战期间，他们以英勇无畏的精神边战斗边收税，既是税收员又是战斗员，不仅要武装护税、武装缉私，还要开展对敌斗争，不少税务干部的宝贵生命定格在了那段烽火岁月中。新中国成立后，有的税务干部继续担负着新中国税收事业的发展重任，有的服从国家安排，到祖国需要的地方去工作，继续投身于祖国的建设事业。比如陕甘宁边区税务干部中的李予昂先后任华北税务管理局局长、中央人民政府财政部税务总局局长，王楠秋任华东税务管理局局长兼上海市税务局局长，林锦章任中南税务管理局局长，罗东明任西南税务管理局副局长，石子珍任西北税务管理局局长，李行舟任天津市税务局局长等。①

① 赵恒. 血铸税魂：延安十三年税收纪事［M］. 北京：中国税务出版社，2008：322.

五、为新中国建立社会主义税制提供了宝贵经验

抗日战争期间，在党的领导下，各根据地抗日民主政权突破了根据地经济环境的限制，克服了战争因素的影响，围绕税收政策和稽征手续的统一、税目和税率的规范等，在统一税制方面做了很多积极有益的探索和实践，所积累的基本经验对新中国税制的建立具有十分宝贵的参考作用。比如，晋察冀、晋冀鲁豫、陕甘宁等根据地依据党的主张，先后实施的统一累进税，不仅减轻了人民负担，而且保证了抗战经费的需要。这项新民主主义的财政经济政策，是中国税收史上的一次伟大创举和革新，具有深远的历史意义，为我党建立新中国财税体制提供了宝贵的经验。山东、华北等根据地也在优化和统一税收制度方面做了不少大胆尝试，为建立比较系统、科学的税收制度而颁布了相当数量的税收条例和征收制度，并且根据法令执行情况适时调整。新中国的税收制度正是在主要抗日根据地税收探索与实践的基础上建立起来的。

参考文献

[1] 毛泽东．毛泽东选集（第一卷至第四卷）[M]．北京：人民出版社，1991．

[2] 财政部税务总局．中国革命根据地工商税收史长编（1927—1949）[M]．北京：中国财政经济出版社，1988—1989．

[3] 国家税务总局．中国革命根据地工商税收大事记（1927—1949）[M]．北京：中国财政经济出版社，1992．

[4] 河北省税务局，陕西省财政厅税务局，河北省档案馆，等．华北革命根据地工商税收史料汇编[M]．石家庄：河北人民出版社，1987．

[5] 山西省财政厅税务局，内蒙古自治区税务局，陕西省档案馆，等．晋绥革命根据地工商税收史料选编（1938.2—1949.12）[M]．太原：山西人民出版社，1986．

[6]《中国革命根据地的税收》编写组．中国革命根据地的税收[M]．北京：中国税务出版社，2011．

[7] 赵云旗．抗日革命根据地税收研究[J]．财政史研究，2014（7）．

［8］林喜乐．抗战时期陕甘宁边区盐税的管理与征收［J］．财政史研究，2013（6）：53-71．

［9］人民出版社．抗日战争时期解放区概况［M］．北京：人民出版社，1953.

［10］陕西省档案馆．陕甘宁革命根据地工商税收史料选编（1—10 册）［M］．西安：陕西人民出版社，1987．

［11］萧少秋．延安时期毛泽东著述提要［M］．西安：陕西人民出版社，1993．

［12］熊美杰，贾自新，等．陕北革命根据地［M］．北京：中共党史出版社，1995.

［13］邓加荣．开国第一任央行行长南汉宸［M］．北京：中国金融出版社，2001．

［14］黄正林．陕甘宁边区社会经济史［M］．北京：人民出版社，2006.

［15］陕甘宁边区财政经济史编写组．抗日战争时期陕甘宁边区财政经济史料摘编（第 1—9 编）［M］．西安：陕西人民出版社，1981．

［16］萧绍良．陕甘宁革命根据地财政史［M］．北京：中国财政经济出版社，2015．

［17］陕西省社会科学研究院．陕甘宁边区政府文件选编（1—10 辑）［M］．西安：陕西人民教育出版社，2015．

［18］孙乐．抗日战争时期陕甘宁边区税收政策研究［D］．延安：延安大学，2016：12-18．

［19］汪红娟．抗日战争时期陕甘宁边区税务干部的整顿与培训［J］．兰州学刊，2020（1）：18．

［20］财政部税务总局．中国革命根据地工商税收史长编：陕甘宁边区部分［M］．北京：中国财政经济出版社，1989．

第四章

新民主主义税收事业的胜利：全国解放战争时期（1945—1949年）

1945年8月，抗日战争取得彻底胜利。1946年6月，全面内战爆发，中共中央清醒地估计国际国内形势，提出“发展经济、保障供给”的财经工作方针，各解放区人民相继开展了卓有成效的财税动员与灵活多样的税收实践。在人民政权与国民党反动势力的较量中，解放区由分割逐步连成一片，地方经济也由自筹自用、自给自足，逐步走向财税制度的统一。税收成为革命政权和革命战争的重要财政支柱，为新中国的创立和新中国税制的创建奠定了坚实基础。

第一节　解放战争时期党的税收指导思想

为了能够以劣势兵力挫败国民党军队的进攻，争取自卫战争的胜利，实现国内和平，中共中央在军事上、政治上、经济上制定了一系列正确的、富有远见的方针和政策。

在经济方面，中共中央指出：必须一切依靠自力更生，作持久打算，为应付长期战争，解放区应有计划地发展生产和整理财政，坚决实施“发展经济，保障供给，统一领导，分散经营，军民兼顾，公私兼顾”的财经工作方针，对财经工作实行由和平建设到战时经济体制的转变，在财政供应上，做到既满足战争的物资需求，又尽可能地减轻人民的负担，使人民生活有所改善。同时，必须提倡节约，力戒浪费。

为此，中国共产党的税收指导思想强调了以下几个方面：第一，继续强调精兵简政，减轻民负。第二，贯彻落实“发展生产，保障供给，军民兼顾，公私兼顾，集中领导，分散经营，生产和节约并重”等原则。第三，税收工作的重点由农村转向城市，对城市税收的接收提出要求：“对公用事业和财经机关的原有人员，尽量争取，保存档案，照常工作。对于税收，除去苛杂部分外，一般的暂时照旧征收。”第四，对新解放区旧有的各种税收，采取“原封接收，逐步改造”的方针，暂时沿用旧税制，并留用旧税收人员，迅速开展税收工作。只是对其既苛且杂的若干税目予以取消。第五，开始考虑新中国的税制建设问题，提出：“国家的税收政策，应以保障革命战争的供给、照顾生产的恢复和发展及国家建设的需要为原则，简化税制，实行合理负担。”

1945 年 4 月 23 日至 6 月 11 日，中国共产党第七次全国代表大会在延安杨家岭中央大礼堂召开。党的七大是党在新民主主义革命时期召开的极其重要的一次代表大会。毛泽东在七大政治报告《论联合政府》中指出：“为着消灭日本侵略者和建设新中国，必须实行土地制度的改革，解放农民。孙中山先生的‘耕者有其田’的主张，是目前资产阶级民主主义性质的革命时代的正确的主张。”“抗日期间，……将‘耕者有其田’的政策，改为减租减息的政策。”“这个政策，如果没有特殊阻碍，我们准备在战后继续实行下去，首先在全国范围内实现减租减息，然后采取适当方法，有步骤地达到‘耕者有其田’。”①

1945 年 9 月 2 日，中共中央以《中共中央关于新解放城市工作的指示》为题，对城市税收的接收提出要求：“对公用事业和财经机关的原有人员，尽量争取，保存档案，照常工作。对于税收，除去苛杂部分外，一般的暂时照旧征收。”这是党对城市税收接收和管理所做的最早指示。

1945 年 11 月 7 日，毛泽东为中共中央起草对党内的指示，他指出：减租和生产是保卫解放区的两件大事。为达此目的，“使解放区农民普遍取得减租利益，使工人和其他劳动人民取得酌量增加工资和改善待遇的利益；同时又使地主还能生活，使工商业资本家还有利可图；并于明年发展大规模的生产运动，

① 毛泽东. 论联合政府［M］// 毛泽东选集（第三卷）. 北京：人民出版社，1991：1074、1076.

增加粮食和日用必需品的生产，改善人民的生活，救济饥民、难民，供给军队的需要，成为非常迫切的任务。只有减租和生产两件大事办好了，才能克服困难，援助战争，取得胜利”。[①]

1945年12月15日，毛泽东在《一九四六年解放区工作的方针》的指示中指出：“为着应付最近时期的紧张工作而增重了的财政负担，在一九四六年中，必须有计划有步骤地转到正常状态。人民负担太重者必须酌量减轻。各地脱离生产人员，必须不超过当地财力负担所许可的限度，以利持久。兵贵精不贵多，仍是今后建军原则之一。发展生产，保障供给，集中领导，分散经营，军民兼顾，公私兼顾[②]，生产和节约并重等项原则，仍是解决财经问题的适当的方针。”[③]

1946年5月4日，中共中央发出《关于清算、减租及土地问题的指示》（以下简称《五四指示》），抽调大批干部组成工作队，奔赴广大农村，广泛发动农民群众，进行土地制度的改革运动。这次土改运动的中心内容是：发动并依靠广大农民群众，通过反奸、清算、减租、减息等方式，从地主手中获得土地；把抗日战争时期的减租减息政策改变为实行“耕者有其田”的政策，没收地主土地分给农民，因而获得了广大农民的拥护。他们踊跃参军参战，支援前线，巩固解放区，积极配合解放军粉碎国民党反动派的军事进攻。

1946年7月中旬以后，蒋介石加强了对边区的进攻，边区被迫转入战时状态，为了准备战争，开支增大，财政赤字随之扩大。因此，如何调整和贯彻财税政策，消灭财政赤字就成了财政工作的主要任务。1946年7月20日，毛泽东在《以自卫战争粉碎蒋介石的进攻》中指出，为了打好自卫战争，“在财政供给上，必须使自卫战争的物质需要得到满足，同时又必须使人民负担较前减轻，使我解放区人民虽然处在战争环境，而其生活仍有所改善。”[④]同时，必须提倡节约，力戒浪费，推行减租和生产两大政策。

① 毛泽东．减租和生产是保卫解放区的两件大事［M］// 毛泽东选集（第四卷）．北京：人民出版社，1991：1172.

② 这里所说的“公私兼顾”的“公私”，是指公家和个人两方面，而不是指公营企业和私营企业两方面。引自毛泽东．一九四六年解放区工作的方针［M］// 毛泽东选集（第四卷）．北京：人民出版社，1991：1176.

③ 毛泽东．一九四六年解放区工作的方针［M］// 毛泽东选集（第四卷）．北京：人民出版社，1991：1176.

④ 毛泽东．以自卫战争粉碎蒋介石的进攻［M］// 毛泽东选集（第四卷）．北京：人民出版社，1991：1188.

1946 年 10 月，毛泽东评价了土地改革在我党防御战略中所起的作用，写道："三个月经验证明；凡坚决和迅速地执行了中央五月四日的指示，深入和彻底地解决了土地问题的地方，农民即和我党我军站在一道反对蒋军进攻。凡对《五四指示》执行得不坚决，或布置太晚，或机械地分为几个阶段，或借口战争忙而忽视土地改革的地方，农民即站在观望地位。各地必须在今后几个月内，不论战争如何忙，坚决地领导农民群众解决土地问题，并在土地改革基础上布置明年的大规模的生产工作。"①

解放区积极宣传《中国土地法大纲》

1947 年 2 月 1 日，毛泽东为中共中央起草对党内的指示《迎接中国革命的新高潮》，其中规定："各地必须作长期打算，努力生产，厉行节约，并在生产和节约的基础上，正确地解决财政问题。这里第一个原则是发展生产，保障供给。因此，必须反对片面地着重财政和商业、忽视农业生产和工业生产的错误观点。第二个原则是军民兼顾，公私兼顾。因此，必须反对只顾一方面、忽视另一方面的错误观点。第三个原则是统一领导，分散经营。"②

1947 年 7 月 17 日，党的全国土地会议在河北平山西柏坡村召开。9 月 13 日，会议通过了《中国土地法大纲》，10 月 10 日，中共中央作出决议，正式公布这

① 毛泽东．三个月总结［M］// 毛泽东选集（第四卷）．北京：人民出版社，1991：1208.
② 毛泽东．迎接中国革命的新高潮［M］// 毛泽东选集（第四卷）．北京：人民出版社，1991：1216.

个大纲。《中国土地法大纲》明确规定："废除封建性及半封建性剥削的土地制度，实行耕者有其田的土地制度。"

1947 年 7 月 21 日至 23 日，毛泽东主持召开中共中央扩大会议，在会议上提出：军队打出去时，在新区与其没收地主的土地，不如按照阶级路线摊派缴税，利用旧机构有时也是需要的。1947 年 7 月 30 日，为中共中央军委起草致刘伯承、邓小平并告华东野战军司令员兼政治委员陈毅、副司令员粟裕、副政治委员谭震林等人的电报中说："如你们决心直出大别山，请注意下列各点：……大体确定征粮征税办法，告知一切干部，……在我方政权未建立以前，仍应暂时利用国民党下层机构及税收机关（在我党有力人员监督指挥之下），以大体上的累进方法征粮，惟免除赤贫人口负担，方能解决大军给养。国民党人员未逃跑者除极坏分子外，均可利用，逐步过渡到人民政权。"[①]

1947 年 10 月 24 日，中共中央发布的《中央批准华北财经会议决议及对各地财经工作的指示》中规定：必须认清，只有增加解放区内部的财富，才是积极开辟财源、保障长期战争需要的根本环节。财政金融贸易机关，在执行政策上，应当把扶助和保护国民经济的发展当作自己最基本的任务。

1948 年以后，解放战争迅速朝着有利于人民的方向发展，我军由防御转入进攻。在这种情况下，帮助人民发展生产，减轻人民负担变得尤其重要。1948 年 4 月 1 日，毛泽东在《在晋绥干部会议上的讲话》中，纠正了在税收政策中打击工商业者的做法，提出今后的任务是"今后晋绥党组织的任务，是用极大的努力，继续完成土地改革工作和整党工作，继续发展和支援人民解放战争，不再加重人民负担，并酌量减轻人民负担，恢复和发展生产"。[②]5 月 24 日，毛泽东致电邓小平：新解放区必须充分利用抗日时期的经验，在解放后的相当时期内，实行减租减息和酌量调剂种子口粮的社会政策和合理负担的财政政策，即不分浮财，不分土地，在社会改革上普遍实行减租减息，使农民得到实益；

① 毛泽东. 刘邓军出大别山的准备工作（一九四七年七月三十日）［M］// 毛泽东选集（第四卷）. 北京：人民出版社，1991：1231.

② 毛泽东. 在晋绥干部会议上的讲话［M］// 毛泽东选集（第四卷）. 北京：人民出版社，1991：1311.

在财政政策上实行合理负担，使地主富农多出钱。5 月 25 日，毛泽东又在为中共中央起草对党内的指示中提出：调整或者改订农业税负担的标准，必须遵守公私兼顾的原则，这即是一方面利于支援战争，一方面使农民有恢复和发展生产的兴趣，利于改善农民的生活。

在晋察冀军区部队攻占华北重镇石家庄后，中共中央工作委员会及时进行了总结，于 1948 年 2 月 19 日，将《中央工委关于收复石家庄的城市工作经验》发给各有关部队和党政机关。1948 年 2 月 25 日，中共中央发出《中央关于注意总结城市工作经验》的指示，要求全党切实注意做好城市工作，规定各地、各部队攻占城市后的接管工作，都应学习石家庄的经验，并责成各中央局、分局、野战军前委，对已占领的城市（有人口 5 万以上者）都应及时作出总结。

1948 年 10 月 10 日，中共中央发布《中共中央关于九月会议的通知》，其中谈到：恢复和发展解放区的工业生产和农业生产，是支援战争、战胜国民党反动派的重要环节。为了夺取胜利，会议提出："必须一方面使人民解放军向国民党区域发展胜利的进攻，将战争所需要的人力资源和物力资源大量地从国民党方面和国民党区域去取给；另一方面，必须用一切努力恢复和发展老解放区的工业生产和农业生产，使之较现有的水平有若干的增长。"①

1949 年 3 月 5 日，毛泽东在中国共产党第七届中央委员会第二次全体会议上的讲话中提出：在全国胜利的局面下，党的工作重心必须由乡村移到城市，城市工作必须以生产建设为中心。在革命胜利以后一个相当长的时期内，还需要尽可能地利用城乡私人资本主义的积极性，以利于国民经济的向前发展。同时，对资本主义要从活动范围、税收政策、市场价格和劳动条件等方面加以限制，按照各地区、各行业和各个时期的具体情况，采取恰如其分的、有伸缩性的限制政策。

1949 年 3 月 20 日，中共中央发布的《中央关于财政经济工作及后方勤务工作若干问题的规定》中规定：关于财政经济工作的统一问题，应当在分区经

① 毛泽东．中共中央关于九月会议的通知［M］// 毛泽东选集（第四卷）．北京：人民出版社，1991：1348．

营的基础上，在可能与必须的条件下，有重点、有步骤地走向统一。各老解放区的关税、盐税、统税，应当有步骤地分别由中央统一管理；农业税和其他税目、税率，应当报告中央，以便在必要的时候调整。新解放区的税收，应当由各解放区根据中央规定的方针自行实施，待秩序安定以后再送中央审核。

1949年9月29日，具有临时宪法性质的历史性文献——《中国人民政治协商会议共同纲领》（以下简称《共同纲领》）由中国人民政治协商会议第一届全体会议通过。纲领的第四十条规定了新中国的税收政策："国家的税收政策，应以保障革命战争的供给、照顾生产的恢复和发展及国家建设的需要为原则，简化税制，实行合理负担"，从而以近似立法的形式科学地确定了新中国的税收政策。可以说这是20多年来中国共产党税收政策与实践的结晶，是新中国税制建设的指南。

第二节　解放区的税收制度

就解放战争时期的税制而言，解放区的税制是新民主主义税制的进一步完善，这一时期虽短，但由于革命形势迅速发展，东北、华北广大解放区很快形成，解放区土地革命相继完成，中小城镇以及大中城市陆续解放。这既迫切需要大力组织税收收入，又为税收的组织建设和制度建设提供了前提和条件。首先，根据土地改革后的农村新形势，制定和公布实施了大区农业税条例，改进了农业税征收制度。其次，随着大批城市的陆续解放，及时建立了所得税、印花税、行商税等工商税制，并开征了房捐、牌照税等地方税。加上对原有的营业税、货物税等有关税种的改进和修订，基本上建立起了比较完整的税制体系，为把税收工作重点向城市转移，在改造旧城市税制的基础上，建立新税制，进行了较好的准备。[①] 就此，促成了税收制度从农业税制为主向工商税制的转变。

① 财政部税务总局. 中国革命根据地工商税收史长编（1927—1949）［M］. 北京：中国财政经济出版社，1989.

一、农业税制

解放区财政仍然遵循“发展生产，保障供给，集中领导，分散经营，军民兼顾，公私兼顾，生产和节约并重”等项原则。财政收入上，农业税占解放区财政收入的绝大部分，但形势非常严峻，因解放战争仍在继续，还要抗灾救灾。因此，采取什么样的财税政策特别是农业税政策，对于加强工农联盟，巩固新生政权显得特别重要。1949 年 9 月 29 日通过的《共同纲领》第四十条规定：“国家的税收政策，应以保障革命战争的供给、照顾生产的恢复和发展及国家建设的需要为原则，简化税制，实行合理负担。”《共同纲领》的经济政策规定：“土地改革为发展生产力和国家工业化的必要条件。凡已实行土地改革的地区，必须保护农民已得土地的所有权。凡尚未实行土地改革的地区，必须发动农民群众，建立农民团体，经过清除土匪恶霸、减租减息和分配土地等项步骤，实现耕者有其田。”鉴于新、老解放区的土改情况不同，完成了土改的老区，继续沿用革命根据地制定的征税办法，一律采用比例税制；尚未进行土改的新区，根据 1950 年 9 月中央人民政府批准公布的《新解放区农业税暂行条例》，实行差距较大的全额累进税制。该条例根据土地所有制不同情况实行不同税制，在一定程度上巩固了农民个体经济、推动小农经济的中农化趋势。

老解放区包括华北区、东北区、内蒙古老区、苏北老区、陕甘宁老区，这些地区都已完成土地改革，广大农民分到土地，占了全国农业人口的 1/3。老解放区基本上沿用 1948 年的农业税法，各地征收办法的主要内容，可以概括为：一是老解放区实行的都是比例税制，税率方面，除了山东较高外，其余地区都在 20% 左右。二是华北、山东和陕甘宁老区都按农业人口扣除一定的免征额，华北区还从农业收入中扣除耕畜的消耗，山东则对耕畜给予减免的优待。三是苏北老区的办法，只从形式上看好像有些特殊，因为它是“按户按亩按等”计算税额的。但是，各等田亩都代表一定数额的常年产量，所谓按亩按等计算实质上接近于按常年产量计算，这同其他老区并无二致。所有这些办法都体现了党所规定的军民兼顾和鼓励增产的负担政策。

约占全国农业人口 2/3 的新解放区，是渡江作战前后陆续解放的。随着人民政权的建立，各地在废除国民党政府的田赋制度和苛捐杂税的同时，公布了临时性的征粮条例或合理负担办法。新解放区各地的农业税征收办法，归纳起来有六种类型：① 按每人平均产量累进计征，河南、湖南、湖北、广东等省均采用这种办法；② 按田亩累进计征，实行这种办法的有浙江省、皖南区、皖北区、山东新区、天津市以及北京市郊区等；③ 按赋元[①]累进计征，苏南、福建、川南、川北、贵州、云南等地，都实行这种办法；④ 按阶级成分定税率计征，江西实行此法；⑤ 兼征收益税和土地税，陕甘宁边区新区实行此法；⑥ 民主评议的方法。到 1949 年末，广大新解放区，除西藏、西康全境和广西、云南的部分地区，因尚待解放或处于战争状态未征收农业税外，其余地区都征收了农业税（云南、四川是 1950 年补征的）。1949 年新解放区农业税征收工作，具有战时的、分散的、过渡的特点。[②]

（一）华北解放区

抗日战争胜利后，华北解放区继续执行减租减息政策，1946 年下半年开始土地改革，1948 年土地革命的任务彻底完成后，地主经济消灭了，旧时富农经济不再存在，税收在限制封建剥削方面的作用相应消失。

为了适应这一新情况，1948 年华北人民政府全面地实行了税收制度的大改革，并于 12 月 25 日公布了《华北区农业税暂行税则》。这次农业税制改革，是依照发展农业生产，保证战争供给，并使农民负担合理固定的原则进行的。改革的主要内容和基本精神有：第一，废除差额较大的累进税制，采取有免征点的比例征税的单一税制。第二，新的税则在采用有免征额的比例税制的基础上，还明确规定了各项鼓励生产的办法。第三，在税制改革设计税率时，规定

① 田赋的计征标准。清代以银两为计征标准，称地银。民国以后，废两改圆，以银圆为计征田赋的标准，称赋元。

② 中华人民共和国财政部《中国农民负担史》编委会．中国农民负担史（第四卷）［M］．北京：中国财政经济出版社，1994：12–23.

了农民负担的最高限度。第四，这次税制改革，从农村干部和农民的文化水平的实际情况出发，大大简化了征税手续，取消了超额累进税制，取消了分数制税率，简化了计算手续和减少了计算的工作量；计税收入经过调查登记达到确定程度后，即行固定，利于农民发展生产。第五，严格限制地方附加的比例和数额。

新的农业税则公布和实施，结束了华北解放区十多年来多种税收制度并存的局面，使老区、半老区的税收制度归于统一。这种税制上的统一，对于贯彻政策，保障供给，平衡地区之间的负担，都起了很好的作用。未进行土地改革的新解放区，当时仍沿用原来的税收制度；后来在土地改革完成后，除北京、绥远部分地区外，也都实行了华北区的统一税制。

（二）西北解放区

西北解放区是晋绥边区部分地区与陕甘宁边区于1948年1月合并成立的。1947年和1948年，陕甘宁边区开展了全面深入的土地改革。在新解放区仍然实行农业累进税制，并于1949年6月颁发了《陕甘宁边区新区征收公粮暂行办法》，改累进税制为有免征额的比例税制。1948年7月，边区按照比例税原则制定了《陕甘宁边区农业税条例（草案）》，并印发给各区县进行研究讨论。在各地讨论的基础上，于同年10月29日在《陕甘宁边区政府关于征收农业税的指示》中，特宣布“废除按收入累进征税的办法，实行新的、无累进的、按土地常年产量，比例征税的办法。”为了进一步规范农业税的征收，1949年7月22日，边区根据土地改革后的农村经济状况，依据发展生产，保证战争供给，并使农民负担合理固定的原则，制定颁发了《陕甘宁边区农业税暂行条例》，条例规定：“凡有农业收入之土地，不论公私经营均于扣除一定数量之免征点后，以一定比例征收农业税。”“农业税律依土地常年产量为征收标准。”条例还对农业税的计算标准、免征点的确定、征收与减征、组织与领导等事项做出了具体而明确的规定。新的农业税制明白易懂、简便易行，又能比较合理地分配负担，有利于激发农民的生产热情，促进农业生产的发展，保证革命战争的供给。

（三）东北解放区

1946 年至 1947 年，东北军事斗争进入高潮和转折阶段，也是政权建设和巩固时期。这一时期各省自行公布施行一些征粮条例，但不统一，有的称农业税，有的称土地税；有的采用比例税制，有的采用累进税制；也有的与农村工商税合并征收。由于当时土地改革尚未进行或刚刚开始进行，征收总的原则是：剥削阶级多负担，贫苦农民少负担，特别贫困者不负担。从 1948 年开始，解放区不断扩大，战区逐步缩小，经济逐步恢复，土地改革基本完成。这时统一农业税征收制度的条件已经具备，客观上也要求统一。于是，东北行政委员会于 1948 年公布施行了统一的农业税条例。

二、工商税制

1945 年 9 月，中共中央发出“向北发展，向南防御”和“建立巩固的东北根据地”的指示后，从各战略区抽调部队和干部进入东北，消灭日军的伪满残余，建立各级民主政府。随着东北、华北等各地政府的相继建立，税收工作特别是工商税收发展很快。

1946 年 8 月 6 日，东北解放区在哈尔滨市召开东北各省（市）代表联席会议，通过议案，要求成立统一税收机构、制定统一税制。1946 年 10 月，东北各省、市行政联合办事处设立行政委员会，要求在年内做到以省为单位，确定与实行统一管理的税收政策。根据这一指示，辽北、嫩江、哈尔滨、大连都颁布了税收条例和办法。1947 年秋，人民解放军转入战略进攻，此时，东北解放区召开了第三次财经会议。会议确定了今后的财政方针，加强财经工作的统一领导。同年 12 月，召开了东北各省税务局长联席会议，讨论通过了东北税务总局起草的各种税收制度。1948 年初，东北行政委员会颁布了《东北区货物产销税暂行条例》《出入境关税暂行条例》《屠宰税暂行条例》《牲畜交易税暂行条例》《营业所得税暂行条例》《东北解放区进出口物资管理及课税暂行办法》，营业税确定了《关于修改营业税12项原则》，暂先由各省市依次原则规定征收办法。此外，还制定了税务机构设置、人员编制等税务工作的业务制度。1948年两次召开了省局长联席会议，使北满七省一市的税收基本统一。1948年11月，东北全境解放，1949年1月，完成全区税法的统一。

1947年秋，随着人民解放军由战略防御进入战略反攻，解放区迅速扩大。1948年1月，陕甘宁边区与晋绥边区政府合并，实行财政统一，并颁布了《陕甘宁晋绥边区货物税条例》。华北地区晋察冀、晋冀鲁豫两块根据地于1948年5月20日连成一片。9月3日，华北人民政府成立。10月10日，华北人民政府以财税字第一号通令，成立华北税务总局。为贯彻9月华北财经会议决定和加强统一领导的精神，华北首届税务工作会议于1948年11月23日至12月4日在石家庄召开，华北人民政府财政部副部长吴波在首届税务会议上讲话指出："由于形势的发展，我们的一切工作都要求树立统一集中思想。""我们的税收也和其他工作一样，决不能再把自己的思想停留在山沟里；允许各自为政的政策存在了。"会议研究了各种税收条例草案和规章制度计14种。这次会议决定：①工商业所得税、小商牌照税、临时营业税、交易税、出入口税、烟税、酒税、盐税，先按草案试行。②屠宰税、农村工商业税在全区试征。③货物税、印花税、矿业税、城市房地产税，从解放区来说均系新税，为慎重起见，应由各区（市）根据可征种类与可征地区提出计划，送总局转呈华北人民政府核准后再行试办。会议提出："必须建立一套正规的、目的明确、计划周详的税收工作制度"，同时制定了11种有关法规。会后华北人民政府颁发了《华北区各级税务机关组织规程草案》。从1949年1月起至新中国成立前，华北人民政府先后颁布了牲畜屠宰税、薪给工资所得税、进出口货物税、工商业所得税、营业牌照税、临时营业税、房地产收益税、矿业税、烟酒类税、交易税、印花税等十几个税收条例、细则和办法。华中各省市、行署自1949年5月起先后颁布了十几个税收条例和办法，并停征了进出口货物税，产销税改为货物税。新解放城市还沿用旧税制征收房捐、印花税、使用牌照税、筵席及娱乐税、财产租赁所得税，个别省区还征收薪给所得税、存款利息所得税、地价税和遗产税。各地的税收实践为新中国建立全国统一的税收制度提供了经验。[①]

（一）华北解放区

为解决财政困难，增加税收，华北解放区提高工商税的比重，使农工商业的负担平衡合理。基于这个想法，晋察冀边区于 1946 年在城镇开征了工商业营业税和工商业所得税，下半年冀晋、冀中、冀东等区还陆续开征了工商业税、纸烟产销税、烧酒产销税、土布交易税、牲口交易税、猪羊交易税、斗秤交易税等几种地方税收，晋冀鲁豫边区也于 1946 年 6 月制发了工商营业税、货物税、烟酒产销税等征税办法及粮食交易手续费暂行办法。

从此，晋冀鲁豫边区和晋察冀边区的统一累进税只对农业征收，工商业税分出单独征收。这在税收制度上又是一次大的改革。工商税种主要包括：

1. 工商业营业税

工商业营业税是华北解放区建立的工商税收的一个主要税种，是根据发展工商业的政策，从以一定营利为目的的事业征收的。

2. 货物税

货物税是华北解放区建立的工商税收的另一个主要税种。以货物为征收对象，不论公私商贩，均须照章缴纳货物税。

3. 烟酒产税

凡在本解放区境内以营利为目的设置厂坊、制卖各种烟类及各种酒类，无论公私经营，均就出产地征收产税。

（二）西北解放区

1948 年 1 月，晋绥边区部分地区与陕甘宁边区合并，成立西北解放区，两区逐渐实现财经统一。西北解放区在税收政策上，贯彻公平合理负担、生产与节约并重以及统筹收支等原则，保护和发展工商业。

① 财政部税务总局. 中国革命根据地工商税收史长编：陕甘宁边区部分［M］. 北京：中国财政经济出版社，1989：101–149.

1. 营业税

为适应解放战争的新形势，1946 年 12 月，陕甘宁边区颁布了《陕甘宁边区营业税暂行条例》和《陕甘宁边区临时营业税暂行征收办法》，对边区临时营业税的征收作了具体规定。后来为了保护有利于国计民生的工商业之正常发展，公平合理负担营业税，边区政府对原营业税条例进行了修订。

2. 货物税

1948 年 2 月 10 日，两区联合颁布的《陕甘宁晋绥边区货物税暂行条例》规定：凡允许入境之应税货物，如在邻区已税，无论税率高低，运入对方均不补退税额或再征税费。同年 3 月 10 日，陕甘宁边区政府颁发了《陕甘宁晋绥边区货物税暂行条例》，统一了两边区的货物税征收办法。1949 年 1 月，以陕甘宁边区税法为基础，把陕甘宁、晋绥、晋南三区的烟草等税政统一起来。同年 7 月 12 日，边区修正公布了《陕甘宁边区进出口货物税暂行条例》。

（三）东北解放区

1948 年 11 月东北全境解放，1949 年 1 月完成全解放区税法的统一。东北解放区的工商税种主要包括货物产销税、工商所得税、行商税、屠宰税和牲畜交易税、营业税、出入口税等。

1. 货物产销税

货物产销税是东北解放区建立的工商税收的一个主要税种，它是以税法规定的应税货物为征税对象，以规定的计税价格为计税依据，于流转环节征收的一种产品税，相当于新中国成立初期建立的货物税。1948 年 1 月 1 日，东北行政委员会公布施行《东北解放区货物产销费暂行条例施行细则（草案）》。1949 年 2 月和 8 月作了两次修订，又重新予以公布。

2. 工商所得税

工商所得税是东北解放区建立的工商税收的另一个主要税种，是从 1949 年度开始征收的。当年 8 月，东北财政部公布施行《东北解放区工商所得税暂行条例》，随后，公布施行《东北解放区工商所得税暂行条例实施细则》。

3. 行商税

东北行政委员会于1949年2月公布《东北解放区行商登记纳税暂行办法》，全区统一施行。

4. 屠宰税和牲畜交易税

1948年1月1日，由东北行政委员会统一公布施行《屠宰税暂行条例》和《牲畜交易税暂行条例》。

5. 营业税（包括摊贩营业税）

摊贩营业税是1949年4月由东北行政委员会财政部通知各省（市）统一开征的，没有制定统一的税法，由各省（市）自定征收办法。如当时的沈阳市，采取定额税征收办法。

三、其他税种

除了农业税、工商税外，具有代表性的税种（以东北解放区为例）还有以下几种。

1. 出入口税

1947年2月，公布实行《东北解放区出入口货物暂行条例》，明确取消解放区的货物征收出入口税。只对从蒋管区进出解放区的货物征收出入口税。1948年，为进一步加强经济斗争，又公布实行《东北解放区进出口物资管理及课税暂行办法》及其实施细则，作为进出解放区物资的管理和征税的统一法规。1948年11月，东北全境解放，平津战役胜利在望，东北解放区施行的《进出口物资管理及课税暂行办法》已没有意义，于是，东北行政委员会明令废止。平津解放后，于1949年4月5日公布实施《东北解放区与其他解放区货物流通办法》。规定在东北解放区与其他解放区之间，货物往来相互承认税票、不再征税，税率不同者，亦不补不退；但对东北解放区专卖品烟酒及奢侈品，一律禁止输入或输出。

2. 出入境税（关税）

东北解放区对苏联、对朝鲜国际贸易的物资管理和征税办法，开始也是地方自订税则，自定办法，很不统一，并与出口税混在一个税则之中。东北全境解放后，东北行政委员会于 1949 年 4 月 5 日公布实施了《东北解放区出入境（关税）暂行条例（草案）》。

3. 其他各税

主要包括城市地方各税，包括筵席税、娱乐税、车捐（车辆牌照税）、房地产税和印花税 5 个税种。当时也统称为杂税。其征税办法均由地方自行决定，开征与否也由地方决定。各征收制度基本上是在改造旧税制的基础上建立起来的。比如沈阳市对娱乐税按所售票款采用比例税率从价征收。

第三节 解放区的税收管理

解放战争时期，各解放区相继建立了区域性的税务总局，统一领导所属税务机构。1947 年，东北税务总局成立。1948 年，华北税务总局成立。在此期间，还先后成立了西北、中原、华中以及山东、内蒙古税务总局。区域性税务机构的建立和工作实践，适应了全国解放战争形势发展的需要，为中华人民共和国成立后统一税务机构、实施税收管理创造了条件，积累了有益经验。相继建立并及时调整的各级税务机构，统一领导和管理各区域税收工作，不断健全和深化税收管理，保证了人民解放战争的财政、物资供应，为新民主主义革命的最终胜利作出巨大贡献。

一、组建税务机构

税务机构是随着解放战争的进行、地方各级政权的相继成立而逐步建立起来的。各级税务机构的建立，是开展税收工作的重要组织保证。

陕甘宁边区的财税机构主要是结合解放战争的财税实际需要，对一些财税机构在原有基础上作一些局部的调整，以达到精简、效能和进一步健全的目的。1941 年，陕甘宁边区政府成立边区税务总局和边区税务分局、县市税务局、税务所等 4 级机构，以强化税收，增加财政收入。1946 年 1 月，边区政府决定将三边税务分局与盐务总局合并，称三边盐务总局。6 月 9 日，根据边区第三届参议会一次会议通过的“紧缩专署、区公署，加强县政府、乡政府”的原则，取消了各分区的税务分局。1947 年 3 月，国民党集中优势兵力，大举进攻陕甘宁边区，很快深入边区的内地，边区处于战争状态，许多地方税收工作基本停顿。为了适应战时的情况，曾进行一次精简税务机构工作。1947 年

1947 年陕甘宁边区主席林伯渠给税务部门的题词

红色“税”月

原财政部税务总局副局长赵昭是当时进军东北队伍中的一名税务干部，她回忆：“当时我们立足未稳，巩固地方政权、支援解放战争都急需用钱。”赵昭在回忆手稿《艰苦奋斗，完成税收任务，一切为了战争的胜利》中，记述了 1946 年至 1948 年期间东北地区的税收工作情况。

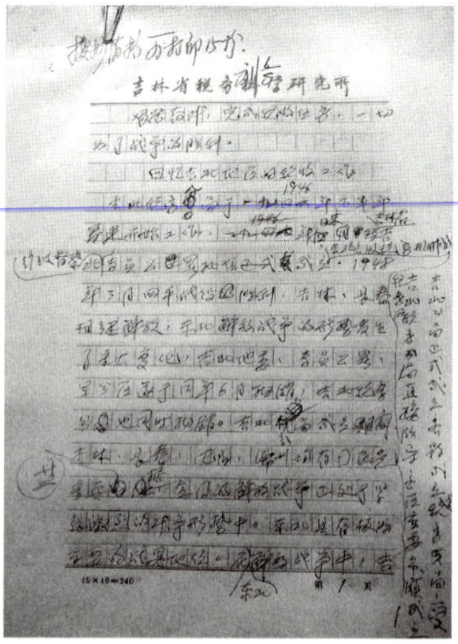

原财政部税务总局副局长赵昭及其回忆手稿《艰苦奋斗，完成税收任务，一切为了战争的胜利》

5 月 28 日，边区财政厅发出《关于目前税收工作的指示》指出："各级税务机关与干部，必须坚守工作岗位，敌进则退，敌退则进，配合当地政府和游击队，不脱离自己的工作地区，坚持工作，更要善于根据情况变化，克服困难开展工作，发挥创造与单独工作精神，养成艰苦奋斗克己奉公的精神"。1948 年 3 月，为加强各分区税务工作的领导及各县局间的业务联系，边区政府发出命令，决定将各分区税务中心局改为分局，机构、人员仍不变。1949 年 5 月，为了明确边区各级税务局与各级政府之间的领导关系，便于税收工作的开展，边区政府发出通知，决定除边区税务总局受财政厅领导、行署税务局受行署财政处领导外，其余各级税务局为各级政府组成部分之一，其职权等于各级政府之科，同时受上级税务局与同级政府之领导。

1947 年 2 月 19 日，东北税务总局成立。3 月 1 日，中共中央东北局发出《关于 1947 年财政经济工作方针与任务的指示》，规定实行关税的统一管理与税收政策的统一领导，实行"一物一税制，取消各自为政的重复税卡"。1948 年，东北解放区实现了税收工作的统一。

1948 年 11 月 23 日，山东省政府根据财政体制的划分，发布了《关于调整工商税收机构的决定》；继而，山东省人民政府决定各行署、省直辖市、直属专署成立地方税务局。从此，全省从上而下地进行机构建立、干部配备等工作，实现了自抗日战争初期建立税收体系 11 年来的首次全省统一。

中原解放区在已解放地区的交通要道及大集镇率先设立税务机构，如桐柏区在 1947 年 12 月以前，各县在交通要道及较大集镇设立工商事务所、税卡或代办所、交易所。中原解放区工商银行会议之后，有的地方取消代办所、税卡和交易所，按区、镇设工商事务所，无大集镇的区则配税收员；也有的地方未另设立工商税务机关，而由各级政府直接负责征税。在人员的编制上，有的地方设甲等事务所、乙等事务所，前者比后者人员多。工商事务所一般设主任一人，干事若干人。

1948 年 10 月 10 日，晋冀鲁豫边区税务总局与晋察冀边区税务总局合并，成立华北税务总局。1949 年 2 月 22 日，华北税务总局人员分批进驻北平（南兵

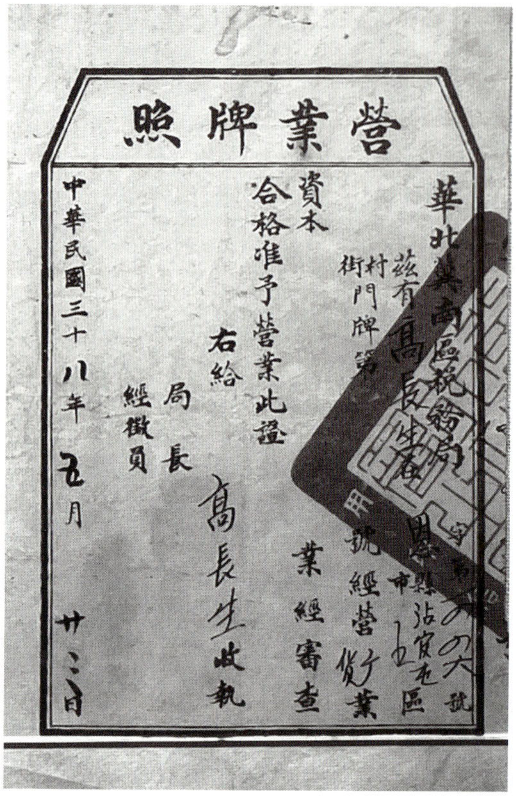

华北冀南区税务局营业牌照（1949年）。牌照上有业户姓名、地址、从事行业、资本金等详细信息，相当于现在的营业执照

马司一号办公）。1949年11月28日，以华北税务总局为基础，成立中央人民政府财政部税务总局，并在1950年建立了全国统一的税收制度。资料显示，抗战时期，晋冀鲁豫边区税务总局完善税制建设，建立登记制度、预算制度、会计制度、金库制度、监委制度，以及实行民主评议、开展税法宣传活动等诸多成功经验，为新中国成立后的经济建设所借鉴，奠定了新中国税收制度、组织制度、征管制度的基础。

二、健全完善税收管理

区域性税务机构的组建，健全了各区域的税收管理。在征收方式上：陕甘宁边区改变了营业税的征收期，改每半年征收为分四季征收，从而保证了税款的及时入库。东北解放区货物产销税征收办法采取就厂（场）征收和起运征收两种方法，凡能就厂（场）征收者均实行就厂（场）征收。东北解放区工商所得税由税务机关根据查账结果，结合调查与民主评议征收之。纳税人应按期结账，据实申报营业额和所得额，并报送有关报表。工商企业应纳的工商所得税，应于营业年终了后的规定期限内申报入库，年度中间组织予征一至二次；行商按月征收；歇业或停止应于营业停止后及时向税务机关办理申报停税手续。东北解放区行商税的征收办法为按月征收，纳税人应于期满时结清账目，向当地税务机关申报纳税。

以工商业户账簿是否完善作为选择税收方法的依据、基于组织工商业小组建立统一账簿的税务专责管理制度，这两条东北解放区城市工商税收的经验是东北解放区城市税收工作者在实践基础上探索而形成的。东北解放区是中国共产党最早全面解放的大行政区，东北解放区在城市工商税征收营业税时实行的“申报查账”“民主评议”“定期定额”三种办法，其实是针对三种不同账簿情况的工商业户而采取的不同方法。概括地说，就是对那些执行会计制度、账簿健全、确据可资征收的工商业户，其营业税和所得税采取“申报查账”的方法；对无健全账簿或无账的大、中户，采取“民主评议”的方法；对无健全账簿或无账的小户，则采取“定期定额”征收，即按半年或季度进行一次评议，评议后固定其应纳税额，按月征收。这三种方法的制定既考虑到了当时的客观实际，又努力追求公正公平，因而被中央财税部门充分肯定，并向各解放了的城市介绍、推荐、实施。

解放战争时期税收征收原则特别注意生活必需品与非必需品、大商与小商、利多与利少、工业与商业等的区别。如鄂豫区规定，工业税低于商业税，工业中制造生产工具及生活必需品的比制造奢侈品及非生活必需品的纳税轻；商业中的贫商、小商比富商、大商纳税轻。陕南区规定，必需工商业纳税轻于非必需工商业。豫陕鄂边区第四专署规定，“钱多多出，钱少少出，无钱不出”。这些规定表明，解放区的税收十分注意从实际出发，保护人民群众的生产、生活。

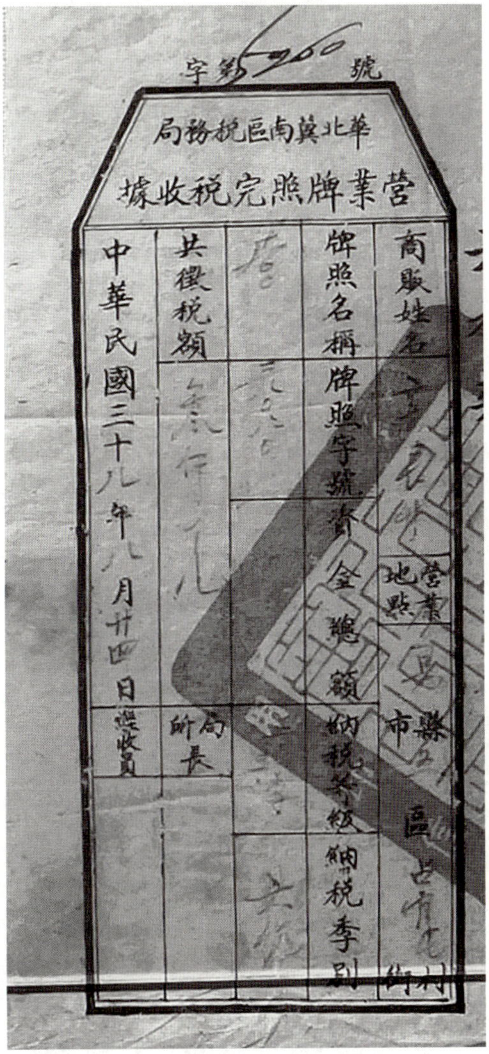

华北冀南区税务局营业牌照完税收据（1949 年）。牌照上有商贩姓名、地址、资金总额、纳税等级及税额等详细信息，相当于现在的完税凭证

第四节　大城市的接管与税收

抗日战争胜利后，中共中央在关注农村根据地发展的同时，开始对城市的政策给予极大关注。随着解放战争的节节胜利，中国共产党控制的区域不断从农村向城市扩展。党不断总结对城市税收接管和改造的经验、教训，特别是1949 年 3 月在西柏坡召开的党的七届二中全会，制定了大中城市接管的政策：没收官僚资本，废除一切不合理的苛捐杂税、其他税收一律按照旧法继续征收，“先接后分”。中国共产党逐步探索接管大城市税收的理论与实践，为新中国经济平稳发展积累了经验，也为建立全国统一税制奠定了基础。本节以北平、天津、上海为例，介绍党对大城市税收的接管和改造。

一、北平

1949 年 1 月 31 日，随着国民党军队全部开出城外听候改编，中国人民解放军进入城内接管防务，北平宣告和平解放。2 月 2 日，北平市军管会和北平市人民政府入城办公，统一领导和部署全市各个部门和行业的接管工作。3 月 12 日，北平市人民政府税务局成立，随后北平地区税收接管工作相继全面开展，从此翻开了北京税收的崭新一页。

（一）接管税务机构，为恢复北平税收秩序提供组织保障

早在北平解放前夕，奉中共中央华北局指示，华北税务总局决定于 1949 年1 月 6 日派任范九率部分干部赴良乡参加北平市军管会组织的集训和接管准备工作。1 月 13 日，彭涛、任范九向华北人民政府财政部提出了北平接管方案，建议配备 200 多名税务干部，酌情分配到各级税务机构。

1 月 20 日，北平市军管会令任范九担任税务组代表，负责组织接收旧税局。2 月 16 日，赵子尚、彭涛奉北平市军管会指派，到北平市国税稽征局宣布接管。[①]

① 刘燕明，罗力勤．接管北平旧税局的前后［J］．中国税务，1989（1）：3.

3 月 12 日，北平市人民政府颁布布告，公告北平市人民政府税务局成立，其办公地址由原来的前门内东公安街 1 号迁移到天安门广场东侧国家博物馆东南处，接受华北税务总局和北平市人民政府双重领导，赵子尚兼任局长，彭涛任副局长。根据“先接后管，按原系统，不打乱”的接管方针，原址接收北平财政局隶属的 10 个税捐稽征处，改称分局，新组建了东南分局（丰台）、西南分局（门头沟）、东北分局（通州）3 个郊区分局，共设 13 个分局。门头沟分局最早建于 3 月 10 日，其他分局则在市局成立之后陆续组建。8 月，北平市税务机构又由 13 个分局简并为 9 个分局，统一掌握所辖区稽征工作，组成了全市比较健全的征收管理系统。

为了迅速恢复征收工作，充实税务人员，当时采取了两项措施：一是在市政府的支持下，从有关部门选调部分干部；同时向社会招收一批刚毕业的青年学生，经过短期的业务培训，分配到税务部门。二是落实留用旧人员政策，

北京市人民政府税务局旧址（1949 年 10 月至 1955 年 7 月）

争取将大多数旧人员留下来。刚解放时很多旧人员对未来情况不明，借故不来上班，有的人员出工不出力，已经影响了征收工作。当然，出现这种情况还与干部配备不到位、组织行动缓慢有一定的关系。后来在市局领导下，以老干部和党团员干部为骨干，带头宣传党对旧人员的政策，组织开会做思想工作，帮助他们解决生活困难，提前发给维持费，使绝大多数的旧人员安下心来，回归本职岗位。又根据留用人员特点，加大了跨地区之间的工作调动，以防止出现串通舞弊现象，通过组织学习教育，让其掌握新的税收政策，严明征收纪律。据统计，建局初期，全市共接收留用人员 1614 人，除资遣有政治问题和老弱人员外，到 1949 年底实际留用人员为 1042 人，占到了 65%。加上原有的老干部和新参加工作人员，全市税务人员共计 1209 人，比国民党统治时期少了 405 人，但工作热情和征收效率却大为提高，税收收入逐月成倍增加。这一切均说明，实施“先接收、后改造、再完善”的接管步骤和方式取得了实效，使税收征收工作得以迅速恢复，为全市征管提供了组织保障，也为税收的增加作出了贡献。

（二）改造旧税制，为新建北平税收制度奠定基础

北平解放后，为了迅速稳定市场，恢复经济保障财政收入的需要，同时纾解民困，减轻纳税人负担，根据中央的指示，对已经解放的城市，实行沿用旧税制，废除苛捐杂税的原则，在征收中再逐步整理。

1949 年 2 月初，北平市人民政府以财税字第一号发布《北平市人民政府布告》，废除国民党政府课征的苛杂捐税 58 种。除此之外，其他税收，暂时由原税务机关，按原税目税率继续征收。2 月 25 日，中共北平市委作出《关于各项税收办法向华北局并中央的请示报告》，后经批准，北平市人民政府于 3 月 1 日公布施行《北平市税收暂行办法》。该办法规定全市保留 21 个税种（农业税除外），包括：所得税、特种营业税、综合所得税、遗产税、印花税、货物税、矿产税、营业税、契税、营业牌照税、使用牌照税、牙行收益税、屠宰税、筵席税、娱乐税、地价税、房捐、旅栈教育捐、汽车季捐、邮车养路津贴、

冷食税等。其中，货物税设14个税目，依“必需品轻于非必需品的原则”，实行比例税率，最低棉纱10%，最高卷烟、洋酒120%；营业税、所得税、地价税等实行浮动税率，既保证收入，又可根据课税对象、纳税人的情况采取税收调控。

结合北平城市建设定位，由消费城市向生产城市发展转变，同时为了更好地贯彻“发展经济，保证供给，繁荣经济，公私兼顾”的财政方针，税收暂行办法在实际执行中又进行了较大的调整和初步改造。一是因应税所得额存在重复计算或征收条件不具备并没有开征或停征的税种。包括综合所得税、遗产税、营业牌照税、牙行收益税、汽车季捐以及所得税中的财产租赁所得税、技艺报酬所得税、定额薪资所得税。二是因性质相似，特种营业税和营业税合并征收。三是为体现区别对待，实行工轻于商的政策，重点扶持私营工业生产，调整部分税目税率。如货物税增加了麦粉课税，税率2.5%，烟酒税率调为100%；矿产税税目中增列了铁。再如，对小型手工业、特种手工艺、制造业等免征春季营业税，工业机器业税率由原3%降低为1%。四是适时征收了临时营业税、交易税和摊贩牌照税。经过上述调整和改造，实际征收的工商税收有18种。

据史料记载，北平解放之初，门头沟有大小煤矿一二百个，税源相对集中，因而继续征收了煤税。京城内外酒是大宗税源，比较便于管理，酒税一直没有停征。从统计数据看，1949年2月，印花税、货物税分别征收折合小米20534斤和21628斤，但到了9月，税款收入分别达到了124万余斤和96万余斤，增加了数十倍。而其他税种则从三四月开始陆续征收。新中国成立后部分工商业存在经营困难和无力完税的情况，政府对所欠1949年下半年所得税和营业税的工商户实行减、免、缓的政策待遇，涉及工商户共2555家，共计29亿元。此外，为了增加出口换汇，同样在1949年下半年，对特种工艺企业生产的工艺品实行出口免征货物税政策，加大扶持力度，解决这类企业生产上的困难。由于北平在接管税收的过程中注意了统筹兼顾，配合了工商业的改造，调整了税收负担，从整体上减轻了纳税人负担，税负相比国民党政府统治时期有所降低，调动了工商业者的生产积极性，获得了广大工商户的拥护和欢迎；到1949年底，商户开歇业相抵，实际增加3288户，有力地促进了工商业逐步走向正轨。[①]

二、天津

1949年1月14日，天津攻坚战发起的同时，黄克诚与黄敬率接管天津的7400余名干部进入天津战役指挥部所在地杨柳青。1月15日天津解放，当日下午4点后，黄克诚冒着还未散尽的硝烟，率领军管会干部进入天津，在地下党组织配合下，开始对天津进行全面接管。1949年2月12日，天津市人民政府税务局成立。

（一）接管机构和人员

天津市税务局的接收和建制及开展工作，在天津解放后的第二天就正式开始了。在天津市军事管制委员会接收国民党天津市政府货物税局、直接税局的基础上，成立天津市人民政府税务局。后又将天津市人民政府财政局征收地方税人员及9个税捐稽征所、5个屠宰场、1个肉市办事处也归并到税务局。天津市税务局负责天津市除农业税、契税以外的各种税收的征收管理，而关税和盐税仍分别由天津海关和天津长芦盐务管理局负责。接收的原国民政府直接税局有4科5室和所属8个查征处。货物税局有3科5室及所属72个驻厂员。两局员工共627人。共产党派驻30名干部，完整地接收了国民政府货物税局、直接税局的全部人员、档案、资财、票照和款项，及时地审查并确定了留用人员名单，对14名有工作能力、表现积极、忠实的人员进行了提拔，有力地提高了大家的工作情绪。在此基础上，将财政局接收的经征二、五两科及9个税捐稽征所、5个屠宰场，一个肉市办事处，共计员工249人，同原接收的货物税局、直接税局，组成了新的天津市人民政府税务局。此时全局干部共有901人，其中老区干部221人，老区来的学生93人。

① 刘燕明．新中国成立前夕　北平的税收接管［N］．中国税务报，2019-09-18（08）．

（二）税收政策和制度

天津市税务局组建后，立即遵照党的税收政策和发展生产、繁荣经济的方针积极开展工作。不仅积极组织征收屠宰税，还总结、研究国民政府的有关税制、税法、税目、税率及稽征办法，根据中央关于“照旧执行”的指示精神，于1949年2月12日发布《开征各种税收的布告》。

所开征的印花税、货物、烟酒、矿产、行商营业和一时所得税，估价标准是按1948年（民国37年）12月之税额以当时的物价折合实物，再折合成人民币计算。

为了尽快了解天津工商业情况，税务局组织了500多名干部，分街段、按店挨户进行工商业调查，不仅初步掌握了天津工商业的一般情况，也基本掌握了天津工商业户的数量为40292户（国民党统治时期为33000余户），并为改革旧税制打下了坚实基础。后又开征了货物税、营业税、所得税、利息所得、使用牌照、房捐、码头使用费、筵席、娱乐、旅店等各种税捐。

三、上海

1949年5月27日解放军攻克上海。然而，上海解放还仅仅是开始，因为上海不仅是中国最大的经济中心，也是著名的国际大都市，帝国主义和封建势力各种力量盘根错节。中共中央对上海非常重视，提出：既要歼灭防守之敌，又要完整地保全上海。为了完成中央的这个指令，华东局集合了5000多名接管上海的干部，按照财经、文教、政务、军事等各个系统，建立接管委员会，还成立了公安部、警备司令部、煤粮供应运输部，各接管系统统一归上海市军管会领导。

上海解放的第二天，上海的接管仪式在旧市府大楼举行。陈毅宣布上海已成为人民的城市，接管上海就是为改造旧上海，建设新上海，建立一个新的人民政权。在上海接收工作中，从经济较量开场，最后是税收起到决定作用。当时不仅是上海，在天津、武汉等城市，也程度不同地发生了通货膨胀的问题；

因为这时解放战争还未结束，军费开支浩大，而发行货币，银行透支等办法，也在一定程度上引发物价上涨，影响了人民币的公信力。中共中央财经委经权衡后，认为加大税收的征收额似乎更稳妥些。陈云认为，解决900万人的吃饭问题，路可以有两条：印钞票或是加大税收。靠印钞票这条路，看来行不通。上海财经接管委员会负责财政的顾准也向中央财经委建议：发钞票和加大税收两者比较，在可能的限度之内，多收一点税，比多印货币，危害相对较小些。这样做，工商业的负担虽重一点，但物价能得以平稳。

实际上，税收重不过是相对于投机商们过去投机牟利，逃避税收而言，就整个工商业界来说，是更公平、更合理。而且，上海也是遵从中央确立的“原封不动，先接后分”的城市接收原则，对国民政府原有的国家税、地方税的征收，除了原有的“保卫团税”等6个税种被取消外，基本上都是维持暂时不变。其税收人员，除了几十个劣迹斑斑的人被开除外，也基本上被接收和安置了工作。到1949年8月，税务人员基本稳定，税收的征收正常进行，为国家财政收入的增加作出了重大贡献。而且，昔日上海滩的洋老板（地产商）如跑马厅（今人民公园）、跑狗场、哈同花园、华懋公寓（今锦江饭店）、法国俱乐部、沙逊大厦（今和平饭店）等都因拖欠罚单和滞纳金而难以维持，只得交出地产，抵作税金。这也从一个侧面证明税收发挥了重要作用。

第五节　解放战争时期解放区税收的特点与作用

抗日战争时期，中国共产党领导下的抗日根据地，纷纷创立税收制度、建立税务机构、健全税收管理，开始有了稳定的税收来源。解放战争时期，各解放区贯彻落实党中央提出的“发展经济、保障供给”财经工作方针，继续开展卓有成效的财税动员与灵活多样的税收实践。随着解放区由分割逐步连成一片，解放区的税收逐渐从分散走向统一，主要呈现了以下特点：一是税收工作重点开始由农村向城市转移，工商税制建设有了新发展；二是随着税收工作重点开始由农村向城市转移，在废除苛捐杂税的基础上，改造旧税制，建立新税制，逐步实现了各解放区全区税制的统一；三是建立区域性的税务机构，加强税收征管，实现了税收管理的统一。经过一系列努力，解放区建立了一种完全新型的新民主主义性质的税收，税收成为革命政权和革命战争的重要财政支柱，为新中国税收事业提供了丰富、宝贵的历史经验。

一、为巩固革命政权和解放战争胜利提供了财力保障

解放战争时期，为支援革命战争胜利，税收被放在了重要位置。各解放区根据边区农村经济情况的改变，顺应人民革命战争之变化，采取了发展经济，保障供给，统筹统支，生产和节约并重等财税方针和政策，及时调整和健全了各级财税机构，统一领导和管理一个大区的税务工作，不断改革和深化了各种财税法规制度，税收成为财政收入的主要来源。

比如在东北解放区，中共中央东北局、东北行政委员会、东北人民政府先后发布了“统一财经税收的决定”“加强城市税收工作的决定”等重要文件，指出东北解放区经济条件比较优越，群众已经发动起来，必须担负起建设新东北和支援全国解放战争的巨大任务。因而使税务机构的组织建设及时得到加强，税务制度逐步建立和健全，税政基本统一，税收已成为财政收入的主要来源。解放战争时期，保障革命供给的重要而稳定的来源是税收，其中主要是农业税或者救国公粮。尽管它在不同时期占财政收入的比重有所不同，但它始终是革命政权和革命战争的重要财政支柱，为打赢战争提供了强有力的财力保障。

二、为反封锁斗争和支持经济社会发展提供了重要支撑

根据党中央“发展经济，保障供给，统一领导，分散经营，军民兼顾，公私兼顾”的财经工作方针，新解放区发动大规模的、群众性的，但是有领导的减租减息运动，确保生产的恢复。在积极发展解放区工商贸易的前提下，运用税收政策，限制资本主义发展，保护贫困工农及小商贩的利益。采取减税免税措施，保护和支持公营事业和合作经济的发展。针对敌人的严密封锁，运用税收的征免和

税率高低，配合对进出境物资的管理，达到争取必需品入境，限制非必需品入境，鼓励解放区土特产和剩余物资出境的目的，打击和粉碎敌人的经济封锁，保护解放区的工农业生产。税收征收原则特别注意生活必需品与非必需品、大商与小商、利多与利少、工业与商业等的区别。如鄂豫区规定工业税低于商业税，工业中制造生产工具及生活必需品的比制造奢侈品及非生活必需品的纳税轻；商业中的贫商、小商比富商、大商纳税轻。陕南区规定必需工商业纳税轻于非必需工商业。豫陕鄂边区第四专署规定，“钱多多出，钱少少出，无钱不出”。这些规定表明，解放区的税收十分注意从实际出发，既要保证革命战争的需要，又要保护人民群众的生产生活。

三、为新中国税收管理工作开展创造了条件

解放战争时期初期，中共中央在关注农村根据地发展的同时，开始对城市的政策给予极大关注。随着解放战争的深入发展，在吸收和总结了哈尔滨、石家庄、洛阳、南京等城市的接收与管理工作经验后，中国共产党关于城市接管的理论和政策逐渐成熟，建立了从大区税务总局到基层税务所的一整套组织机构。1947 年东北税务总局成立；1948 年华北税务总局成立；西北、中原、华中以及山东、内蒙古等解放区税务总局先后成立。新中国成立之后，以华北税务总局为基础成立了中央人民政府财政部税务总局。与此同时，及时调整和健全各级税务机构，统一领导和管理各区域的税务工作，不断健全和深化税收管理，制订了必要的征收管理和票证管理制度，建立登记制度、预算制度、会计制度、金库制度、监委制度，以及实行民主评议、开展税法宣传活动等；培养锻炼了一批税收征收管理工作干部，积累了丰富的工作经验。这为全国解放后，接管大城市旧的税务机构，开展税收工作，建立新中国税收组织制度和征管制度，积累了有益经验，创造了有利条件。

四、为新中国成立之后迅速统一全国税制奠定了基础

解放战争时期解放区的税收虽然受客观环境和经济条件的制约，以农村税收为主，工商税收不是很发达；但经过几年的建设、完善和发展，特别是解放战争后期，通过解放东北大中城市，逐步建立了农业税、盐税、营业税、所得税、货物税以及地方各税，基本形成了比较系统的税收制度。例如 1946 年，晋察冀边区工商税占财政收入的比重达 30%，晋冀鲁豫边区工商税占财政收入的比重达 20%。东北解放区工商税收 1947 年为 231 亿元（东北币），1948 年为 4603 亿元，1949 年为 75458 亿元。1949 年 7 月中央财政经济委员会成立后，各个老解放区和新解放区的税制尽可能做到了初步统一，而逐步建立、健全和改造城市财税管理的规章制度，为最终在全国建立统一的财税体制奠定了坚实基础。1949 年 9 月 29 日，中国人民政治协商会议第一届全体会议通过《中国人民政治协商会议共同纲领》。其中第四十条规定“国家的税收政策，应以保障革命战争的供给、照顾生产的恢复和发展及国家建设的需要为原则，简化税制，实行合理负担”，以近似立法的形式科学地确定了新中国的税收政策。这既是 20 多年来中国共产党税收政策与实践的结晶，也为新中国税制建设指明了方向。

参考文献

[1] 毛泽东．毛泽东选集（第四卷）[M]．北京：人民出版社，1991．

[2] 毛泽东．毛泽东军事文集（第四卷）[M]．北京：军事科学出版社，中央文献出版社，1993．

[3] 中共中央文献编辑委员会．陈云文选（1949—1956 年）[M]．北京：人民出版社，1984．

[4] 财政部农业财务司．新中国农业税史料丛编：第 1—5 册 [M]．北京：中国财政经济出版社，1986．

[5] 财政部税务总局．中国革命根据地工商税收史长编：陕甘宁边区部分 [M]．北京：中国财政经济出版社，1989．

［6］财政部税务总局．中国革命根据地工商税收史长编：山东革命根据地部分［M］．北京：中国财政经济出版社，1989．

［7］财政部税务总局．中国革命根据地工商税收史长编：东北解放区部分［M］．北京：中国财政经济出版社，1989．

［8］华北解放区财政经济史资料选编：第一辑，第二辑［M］．北京：中国财政经济出版社，1996．

［9］中原解放区财政经济史资料选编：第一辑，第二辑［M］．北京：中国财政经济出版社，1995．

［10］华中抗日根据地和解放区工商税收史料选编：（中）（下）［M］．合肥：安徽人民出版社，1986．

［11］中共冀鲁豫边区党史工作组办公室．中共冀鲁豫边区党史资料选编（第 3 辑）上册 1945.8—1948.5［M］．济南：山东大学出版社，1989．

［12］中共中央文献研究室中央档案馆．建党以来重要文献选编（一九二一——一九四九）：第 26 册［M］．北京：中央文献出版社，2011．

［13］财政科学研究所．革命根据地的财政经济［M］．北京：中国财政经济出版社，1985．

［14］财政部税务总局，农业税征收管理局．中华人民共和国财政史料：第四辑［M］．北京：中国财政经济出版社，1987．

［15］国家税务总局办公厅．全国税务工作会议主要领导讲话汇编：1949—1994［M］．北京：中国税务出版社，1995．

［16］国家税务总局．中华人民共和国税收大事记：1949.10—2009.9［M］．北京：中国财政经济出版社，2012．

［17］薛暮桥，杨波．总结财经工作迎接全国胜利：记全国解放前夕两次重要的财经会议［M］．北京：中国财政经济出版社，1996．

［18］中央档案馆．共和国雏形：华北人民政府［M］．北京：西苑出版社，2000．

［19］华北解放区财政经济史资料选编编辑组，山西省、河北省、山东省、河南省、北京市、天津市档案馆．华北解放区财政经济史资料选编：第 1 册［M］．北京：中共中央党校出版社，1992．

［20］《中国革命根据地的税收》编写组．中国革命根据地的税收［M］．北京：

中国税务出版社，2011.

［21］何先鹰. 论东北解放区的税收［J］. 武汉大学学报，2007（3）.

［22］李里峰. 经纪模式的消解：土地改革与赋税征收［J］. 江苏社会科学，2005（6）.

［23］王文素. 论共产党接管城市税收的理论与实践［M］// 财政史研究：第四辑. 北京：中国财政经济出版社，2011.

［24］蒋贤斌，毛必祥. 1946—1949 年东北解放区城市工商税收方法的实践与经验［J］. 江西师范大学学报，2020（2）.

［25］刘燕明. 新中国成立前夕　北平的税收接管［N］. 中国税务报，2019-09-18.

第二篇

社会主义革命和建设时期的税收

（1949—1978 年）

第五章

社会主义税收事业的建立和发展（1949—1956年）

中华人民共和国的成立，揭开了中国社会主义税收事业新的篇章。从1949年到1956年，历经新中国成立、抗美援朝、“一化三改”等重大历史事件，我国也由新民主主义社会进入社会主义初级阶段。这一时期，在中国共产党领导下，实现了全国税政税制的统一，税收政策逐步健全，税收管理不断加强，为社会主义事业的发展作出重要贡献。

第一节　新中国成立初期党的税收指导思想

一、马克思主义税收原理的实践与发展

马克思主义税收原理是中国共产党领导下的社会主义税收事业的重要思想源泉，其在苏联的实践对中国共产党的税收理论与实践探索产生了重要影响。

（一）马克思主义关于税收的论述

马克思主义的理论体系当中有许多有关税收的论述，马克思在其著作中有关税收的论述达170多处，恩格斯的相关论述达150多处，其中绝大部分是他们在论述其哲学、经济学以及科学社会主义理论观点和进行政治斗争与批判资本主义制度过程中提出的，也有少量专门论述税收问题的文章和著作。[1]

① 孙飞. 马克思主义税收思想及其现实意义［J］. 当代经济研究，2006（6）.

首先是对税收本质的论述。马克思、恩格斯在相关著作中明确指出，税收是社会生产中国家进行再分配的形式，是以国家主导在整个社会领域内对社会生产的一种再分配，这种再分配并不是针对整个社会生产，而是对剩余价值或剩余产品进行分配。① 合理的税收对国内经济和国民生活具有积极的促进作用，不合理的税收则会制约和影响国民经济的发展和人民生活的改善。② 其次对税收作用的论述。马克思指出，税收几乎是整个社会赖以存在的唯一基础。税收与国家有着密切的联系，税收为国家开展各种活动提供经济上的保障，国家依靠税收来筹集资金，进行各种国家必须开展的活动。③ 税收的存在不仅是维护国家公共权力的需要，而且是国家为社会提供生产过程一般条件的需要，税收在资产阶级的政治经济生活中起着非常重要的作用。④ 社会主义国家税收负担的比较应该建立在无产阶级政权这一基本事实基础之上，税收应当符合广大人民的利益，更加注重公平。⑤ 最后是对税负转嫁的论述。马克思指出，税负转嫁是存在于资本主义社会的一种剥削形式，在资本主义制度下，税负转嫁是客观存在的。不仅流转税能够转嫁，而且所得税等税种也可能发生转嫁。⑥

马克思主义中还有对社会保障等制度的论述，马克思从全社会总产品分配的高度集中，阐述了政府利用税收手段筹集收入建立社会保障制度的性质和内容，明确社会保障基金的主要来源，成为税收征收与社会保障实践的重要理论依据。⑦

（二）马克思主义税收原理在苏联的实践与发展

十月革命后，苏维埃社会主义共和国联盟（以下简称苏联）成立。苏联是世界上第一个践行马克思主义的国家，马克思主义税收思想在苏联亦得到充分实践与进一步发展，并对新中国税制建设产生了一定的影响。

① 马克思恩格斯全集（第四十六卷）［M］．北京：人民出版社，1980：17-19.
② 李佳泽．马克思恩格斯税收思想及其启示［D］．哈尔滨：黑龙江大学，2018.
③ 董庆铮．马克思是无产阶级税收理论的奠基人［J］．中央财经大学学报，1983（1）.
④ 中共中央马克思恩格斯列宁斯大林著作编译局．马克思恩格斯选集（第三卷）［M］．北京：人民出版社，2012：375.
⑤ 韩大学．马克思主义税收思想中国化探究［D］．济南：山东财经大学，2016.
⑥ 马克思恩格斯全集（第九卷）［M］．北京：人民出版社，1961．73-74.
⑦ 曲顺兰，李惠斌．马克思分配正义语境中的税收调节理论及其现实指导意义［J］．北京行政学院学报，2016（4）.

列宁在十月革命前夕制定的纲领性要求中，在税收方面提出要征收累进的所得税、财产税及奢侈品的高额间接税，来改革整个税制。这是《共产党宣言》中关于无产阶级革命胜利后为发展生产力所必须采取的征收累进税的演化，也是此后苏联社会主义税制改革的指引旗帜。在帝国主义武装干涉破产、国内战争结束以后，列宁科学分析当时苏维埃俄国的国际环境，提出新经济政策，开始贯彻社会主义与资本主义两种社会制度和平共处及苏维埃国家与资本主义国家建立政治与经济联系的方针。此后，苏维埃党的第十一次代表大会，进一步规定税收政策的主要任务是通过直接征收财产税、所得税等来调整积累过程。

国民经济恢复后，苏联的社会主义税收体系也建立完全，因此逐步取消新经济政策。在第一个五年计划时期，提出差别的阶级税收政策。1941 年，苏联卫国战争爆发。战争对财政体制提出新的要求，为满足军事需要，国家不得不增加税收。反对法西斯侵略的卫国战争胜利后，则降低了某些收入来源的收益定额。特殊时期的税收安排使得苏联在战争中屹立不倒，为其战后推动社会主义运动发展积蓄了充足力量。马克思主义税收原理在苏联的实践与发展，为新中国税制建设与发展提供了借鉴。

二、毛泽东思想中关于税收的重要论述

毛泽东思想是中国共产党集体智慧的结晶，是马克思列宁主义普遍原理同中国革命实践相结合的产物。回顾和总结毛泽东思想中关于税收的重要论述，对我们建设社会主义税收事业具有重要指导意义。

早在抗日战争时期，毛泽东在税收问题上提出“为了抗日和建国的需要，人民是应该负担的”“人民负担虽然一时有些重，但是战胜了政府和军队的难关，支持了抗日战争，打败了敌人，人民就有好日子过，这个才是革命政府的大仁政”。[①] 在这一阶段，税收的主要任务是支持抗日战争。抗日战争胜利后，

① 毛泽东．毛泽东选集（第三卷）［M］．北京：人民出版社，1991：893、894．

税收的主要任务转变为支持解放战争，打倒国民党反动派，建立新中国。

从中国共产党第七届中央委员会第二次全体会议开始，党中央提出党的工作重心由农村向城市进行转移，与此同时，税收的负担也开始由农村向城市转移。为此，毛泽东提出税收政策要与统一战线相结合和城乡税收负担要合理等观点。1949年，毛泽东在党的七届二中全会上提出，税收要采取伸缩性的政策限制资本主义在我国的存在与发展，并尽可能地利用城乡私人资本主义的积极性，以利于国民经济的向前发展，这是税收政策与统一战线政策结合的重要体现。[①]1950年4月5日，毛泽东致电上海市市长陈毅，支持其召开党内会议，说明债税任务新老解放区和城乡均应分担，共同克服困难。[②]

毛泽东在领导中国社会主义建设的实践中，已经注意到利用税收和其他方式配合，合理调节各方面的利益关系。[③]1955年7月31日，毛泽东在中共中央召开的省委、市委、自治区党委书记会议上所作的报告中说："为了完成国家工业化和农业技术改造所需要的大量资金，其中有一个相当大的部分是要从农业方面积累起来的。这除了直接的农业税以外，就是发展为农民所需要的大量生活资料的轻工业的生产，拿这些东西去同农民的商品粮食和轻工业原料相交换，既满足了农民和国家两方面的物资需要，又为国家积累了资金。"1956年，毛泽东在《论十大关系》中，否定了苏联采取的义务交售制等办法，"把农民生产的东西拿走太多，给的代价又极低。他们这样来积累资金，使农民的生产积极性受到极大的损害"。[④]

三、新中国成立之初党的税收指导思想的发展

在毛泽东思想的指导下，新中国成立之初，统一了税制并开创了中国社会主义税收事业。这一时期中国共产党领导下的税收理论和实践，极大丰富了马

① 中共中央文献编辑委员会．毛泽东著作选读（下册）［M］．北京：人民出版社，1986：775．

② 刘佐．新中国成立初期毛泽东的税收思想和实践：为纪念毛泽东主席诞辰120周年而作［J］．中国税务，2013（12）：30–33．

③ 中共中央文献编辑委员会．毛泽东著作选读（下册）［M］．北京：人民出版社，1986：727．

④ 毛泽东．毛泽东选集（第五卷）［M］．北京：人民出版社，1977：274．

克思主义税收原理，其中主要体现在党的税收指导思想的发展上。

中国人民政治协商会议第一届全体会议通过的《中国人民政治协商会议共同纲领》提出：“中华人民共和国国民均有保卫祖国、遵守法律、遵守劳动纪律、爱护公共财产、应征公役兵役和缴纳赋税的义务”；对新中国成立后税收政策作出明确规定：“关于财政：建立国家预算决算制度，划分中央和地方的财政范围，厉行精简节约，逐步平衡财政收支，积累国家生产资金。国家的税收政策，应以保障革命战争的供给、照顾生产的恢复和发展及国家建设的需要为原则，简化税制，实行合理负担。”

1950年3月3日，中央人民政府政务院颁布《关于统一国家财政经济工作的决定》，指出：“税收是国家财政的主要收入之一，是全国财政开支、经济恢复所需资金的最大来源。为了完成征税工作，全国各大城市及各县的人民政府，必须委任最好的干部担任税务局长。”

1950年6月6日至9日，中国共产党第七届中央委员会第三次全体会议在北京举行。会上，毛泽东作了题为《为争取国家财政经济状况的基本好转而斗争》的报告，提出“巩固财政经济工作的统一管理和统一领导，巩固财政收支的平衡和物价的稳定。在此方针下，调整税收，酌量减轻民负。”“对民族资产阶级，我们要通过合理调整工商业，调整税收，改善同他们的关系，不要搞得太紧张了。”

1953年8月中央召开全国财经工作会议，提出在过渡时期国家税收工作的任务：“一方面要更多地积累资金以支持国家重点建设；另一方面要调节各阶级的收入，以巩固工农联盟，并使税制成为保护和发展社会主义及半社会主义，有步骤、有条件、有区别地利用、限制和改造资本主义工商业的工具。”

1954年9月，中华人民共和国第一届全国人民代表大会在北京举行，全体代表以无记名投票进行了表决，一致通过了《中华人民共和国宪法》。中国历史上第一部社会主义类型的宪法就此正式诞生。其中第一百零二条规定：“中华人民共和国公民有依照法律纳税的义务。”

新中国成立后，中国共产党根据中国国情，在马克思主义和毛泽东思想指导下，卓有成效地完成了税收政策的制定和统一、税务机构的设立，从容应对处理了新旧转换的复杂局面。税收制度建设上不拘泥于西方和历史，做到了因时而变，因势利导，为巩固人民政权与支持经济建设作出积极的贡献。

第二节　社会主义税收制度的创立与发展

一、社会主义税收制度创立的历史背景

新中国成立后，在全国范围内建立新民主主义经济秩序并统一财政成为大势所趋，创建新中国税制更是迫在眉睫。

（一）统一税收制度，巩固人民政权

新中国成立伊始，在中国共产党领导的统一政权下存在着差异性的税收制度，主要可分为两类：一类是中国共产党领导的农村地区为主的老解放区税收制度，以华北、西北、东北等五大解放区为代表，税收政策呈现分散化、区域性、因地制宜的特点；另一类是原国民党统治下的城市地区为主，解放战争胜利后转为新解放区的税收制度，其在国民党统治时期呈现苛捐杂税繁多、税收负担沉重的特点。虽然在全国统一的过程中，各地区的税收政策在不断调整，但由于当时并未建立统一的全国性政权，所以不同地区仍然呈现出差异性的税收政策，并一直延续到新中国成立以后。

除此之外，新中国成立后新、老解放区之间的计税价格、征税办法、完税凭证也不一样。新、老解放区间差异的税制严重影响城乡之间、地区之间的物资交流，更加影响新中国的财政统一。中国共产党建立起统一的人民政权后，必须消除新、老解放区间差异性的税收制度。统一税政，创建新中国税制成为巩固人民政权的必然诉求。

（二）重视城市税收，均衡城乡税负

农村地区在长期革命战争中一直是财政收入的主要负担者，可以说解放战争的胜利是农民肩膀扛出来的胜利，所以长期以来，农业税收一直受到高度重视。新中国成立后，城市税收也逐渐成为国家的重要财源，其潜力不亚于农业税收。但新中国成立初期，一方面，“重农村农业税收，轻城市工商业税收”的思想还有所存在；另一方面，以城市地区为主的新解放区税收工作尚未走上正轨，一时无法减轻老解放区的负担。创建新中国税制为这一问题提供了解决思路。税制的创建是一个阶段性的调整过程，在调整的过程中，农村税收负担逐渐向城市工商业转移，农民税负压力减轻，城市工商业税收随着税收责任的加强，得到更多重视。所以，创建新中国税制是实现党中央均衡城乡税收负担重大决策的需要。

（三）组织税收收入，缓解财政压力

毛泽东在新中国即将成立时指出：“夺取全国胜利，这只是万里长征走完了第一步”“中国的革命是伟大的，但革命以后的路程更长，工作更伟大，更艰苦”。新中国成立初期面临沉重的财政压力，1949 年，陈云在中央人民政府委员会第四次全体会议上指出，1949 年底新中国财政供给的军政人员约为 750 万人，而到 1950 年预计达到 900 万人，大批的军政人员需要巨额财政支出进行供养。另外，为医治战争创伤、恢复国民经济，加强国防、交通、农业、工业等各方面建设，都需要大量资金的投入。统一的税制可以更好地组织税收收入，为国家提供资金保障，支援经济建设与革命战争，从而推进社会主义事业蓬勃发展。

二、社会主义税收制度的创立

新中国成立前后，中国共产党以马克思主义税收原理和毛泽东思想为指导，运用党的集体智慧，结合中国实际逐步完成全国税政的统一工作，建立了适应

新国情的社会主义税收制度。

（一）《共同纲领》为社会主义税收制度的创立提供根本遵循

统一新中国税政，首先要有明确的国家税收政策。1949年9月29日，中国人民政治协商会议第一届全体会议通过《共同纲领》，对新中国成立后各项制度及政策进行细致安排，其中对财政制度、税收政策也作出明确规定："关于财政：建立国家预算决算制度，划分中央和地方的财政范围，厉行精简节约，逐步平衡财政收支，积累国家生产资金。国家的税收政策，应以保障革命战争的供给、照顾生产的恢复和发展及国家建设的需要为原则，简化税制，实行合理负担"。[①]《共同纲领》为新中国税政、税制的统一提供了制度保障和法律遵循。

（二）首届全国税务会议开启了全国税政、税制的统一

1949年11月24日，中央人民政府政务院和财政部召开新中国成立后的首届全国税务会议。当时的财政部副部长戎子和将此次会议概括为：新中国税政统一的开端，国家财政从农村转向城市的起点。

首届全国税务会议根据《共同纲领》中规定的国家税收政策的要求，从四个方面对新中国税制的建立进行了讨论：一是统一全国税收，拟定《全国税政实施要则》，以之作为整理和统一全国税政的基本准则。二是制定统一税法，规定税法立法权限，凡有关全国性的条例法令统一由中央制定；废除和整理国民政府时期的苛捐杂税，确定新中国全国范围的税收为14种。三是确定税务机构及其编制和工作职责，颁布《全国各级税务机关暂行组织规程》，制定城市税收工作统一管理的组织原则，建立起由中央到地方的各级税务机构，并对各项重要制度做统一规定。四是制定第一个全国性的税收计划。

第一届全国税务会议召开后，上呈中央的《第一次全国税务会议的总结报告》

① 中共中央文献研究室．建国以来重要文献选编（第一册）［M］．北京：人民出版社，2011：7.

进一步明确了税收负担政策的原则：一是农民税收负担过重，不能再增加，今后主要应在城市工商业税收上多想办法。二是为简化税制，税种、税目应当减少，能合并的尽可能合并。某些地方性税收由大区（当时设有东北、华东、中南、西南和西北 5 个大行政区，以下简称大区）另行制定征收办法，经中央批准以后实行，不列入全国税法范围。三是为增加税收，掌握主动，税率一般可以暂时依照国民党统治时期的规定，不将其减得太低。在第一届全国税务会议召开以后，全国税收工作逐步展开，新中国税制走向统一。

人民日報

全國稅務會議開幕

財經委員會薄副主任出席講話

強調統一稅政及制定稅收計劃

【新華社北京二十四日電】中央人民政府財政部召開的首屆全國稅務會議今日下午在京開幕。出席的有東北、西北、華東、內蒙等大行政區及各省市代表三十四人，列席的有中央人民政府有關各部門代表四十八人。會議於選舉主席團後，由主席團主席之一財政部副部長戎子和致開幕詞，繼由中央人民政府財政經濟委員會副主任兼財政部長薄一波講話。

薄副主任說：這次會議的任務有三：其一是統一全國稅法、稅率和徵收方法，其二是制定明年稅收計劃，與研究並確定專賣事業的範圍和經營方針，其三是確定各級稅務組織的機構及其與各級政府的關係。

關於稅法、稅率問題，薄副主任強調指出：目前消滅殘餘的戰爭尚在繼續，建國的大業必須次第進行，因此財政支出較大，必須努力開闢財源。薄副主任說：向來中國人民革命事業的財政需要，百分之八十以上為農民所負担，現在農民的負担不好再事提高，今後工商業者也必須担負其應擔的一部分責任。我們應該根據人民政協共同綱領所規定的「簡化稅制，實行合理負担」的原則，平衡城市工商業者和農民的負担。

關於統一的問題，薄副主任指出：現在客觀的條件已經成熟，要求稅政統一；主觀的條件也已經成熟，能夠統一起來。薄副主任說：今後必須嚴密組織稅口工作，尤其要嚴格遵守報告和請示制度，一切都要按照制度和章程辦事。

今日在會議上講話的，還有中央人民政府財政部副部長王紹鏊、稅務專家彭曉帆，內蒙人民自治政府財政部副部長胡子嫺、華東貨物稅局局長王甫秋、東北稅務總局局長石英、西北貨物稅局局長孫東明、天津稅務局局長李周行。

1949年11月27日，《人民日报》在第一版报道了全国税务会议开幕盛况。

《人民日报》关于首届全国税务会议的报道

（三）创建全国统一的税务机构

统一的税制必然要有统一的税务机构，在首届全国税务会议期间，经政务院批准，在华北税务总局的基础上，成立全国税务总局即中央人民政府财政部税务总局。同时，根据第一届全国税务会议期间附发的《全国各级税务机关暂行组织规程》，全国设立 6 级税务机关，即财政部税务总局，大区税务管理局，省、盟和中央直辖市、大区辖市税务局，专区和省辖市税务局，县、旗、市和镇税务局，税务所。各级税务机关均受财政部领导，税务总局以下各级税务局除受其直属上级税务机关的领导外，大区税务管理局并受同级财政部的领导，省、市以下各级税务局并受所在地同级政府的领导。县、旗、市和镇税务局所属的税务所，并受当地政府的监督。同级政府的意见与上级税务机关的意见抵触时，执行上级税务机关的决定。[①]

三、新中国成立初期统一税制的概况

社会主义税收制度的创立是一个阶段性过程，这一过程是马克思主义指导无产阶级政党建设的又一次实践，也是毛泽东思想指导下进行新中国建设的又一次实践。中央人民政府按照《全国税政实施要则》的规定，对农业、工商业等各项税收政策进行调整，逐渐实现全国税制的统一。

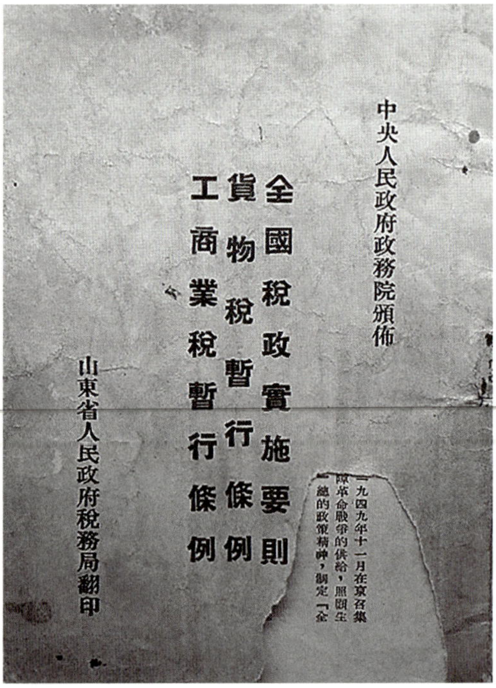
中央人民政府政務院頒佈
全國稅政實施要則
貨物稅暫行條例
工商業稅暫行條例
一九四九年十一月在京召集
障革命戰爭的供給，照顧生
總的政策精神，制定「全
山東省人民政府稅務局翻印

全国税政实施要则

（一）农村农业税收政策的统一

农业税征收不仅是一项税收工作，更是一项政治任务。财政部《关于 1950 年度全国财政收支概算草案的编成报告》显示，在 1950 年概算中，农业税收入稳居第一位，占全部收入的 41.4%，农业平均负担占农业总收入的 19%，老解放区农民平均负担占农民总收入的 21%。所以，在创建新中国税制过程中，农业税成为首要对象。[②]

农村农业税制的统一和完善，先从统一“老解放区”和“新解放区”的税负开始。1950 年 1 月 4 日，《关于各区

① 国家税务总局. 中华人民共和国税收大事记：1949.10—2009.9［M］. 北京：中国财政经济出版社，2012：5.
② 国家税务总局. 中华人民共和国税收大事记：1949.10—2009.9［M］. 北京：中国财政经济出版社，2012：3.

军政委员会应讨论土改与征粮等项工作的电报》参照在老解放区的标准对新解放区农业税负提出新规定，平衡地主与农民的负担。同年2月28日，政务院发布《关于新解放区土地改革及征收公粮的指示》，规定地主、佃农应当区别不同情况负担公粮。① 在此基础上，1950年4月19日，财政部召开全国首届农业税法会议。会议认为农业税法的统一要发动群众，广泛吸收各方面人士的意见，做好此项工作。在统一税法中要解决负担平衡问题，注意政策界限，这次会议为在全国范围内统一农村农业税制奠定了良好的基础。

全国首届农业税法会议召开后，1950年9月5日，中央人民政府委员会第九次会议通过并公布《新解放区农业税暂行条例》，覆盖2.6亿农村人口和8亿余亩的新解放区农业税，实行以户为单位，按农业人口每人平均农业收入累进计征，每户农业人口常年平均农业收入不超过150市斤主粮食者免税，超过则按照3%～42%全额累进税率征税。1950年9月8日，政务院又发布《关于新解放区征收农业税的指示》，要求新解放区各级人民政府普遍无例外地组织包括各阶层在内的农业税调查评议委员会，使农业税收的确定做到公平合理，避免畸轻畸重现象发生。

（二）城市工商业税收政策的统一

新中国成立初期，党中央也非常重视城市税收的作用，陈云、薄一波在关于全国税务会议、盐务会议、粮食会议向中共中央呈交的综合报告中强调，应逐渐重视城市税收，在简化税制的前提下，主抓货物税、工商税、盐税和粮税等；其次整理印花税、交易税、屠宰税、房屋税、地产税、遗产税、使用牌照税、利息所得税、薪给报酬所得税和特种消费税。据财政部《关于1950年度全国财政收支概算草案的编成报告》中记载，工商业者的税收负担占收入概算的第2位，约为38.9%。所以在新中国税制的统一中，统一城市工商业税收政策显得尤为重要。

---

① 国家税务总局．中华人民共和国税收大事记：1949.10—2009.9［M］．北京：中国财政经济出版社，2012：6.

与农村农业税相比，城市工商业税收更早实现制度上的统一。1950 年 1 月 30 日，政务院发布《工商业税暂行条例》和《货物税暂行条例》，均自公布之日起施行。《工商业税暂行条例》和《货物税暂行条例》的发布是统一全国税政过程中的重要一步，更是工商业税收政策的先驱代表性条例，其标志着新中国工商业税收政策统一性的开始。在两个条例出台后，1950 年 2 月 16 日，财政部税务总局在北京召开全国货物税业务会议，并拟定了《货物税暂行条例施行细则（草案）》。1950 年 3 月 3 日，政务院第二十二次会议通过并公布《公营企业缴纳工商业税暂行办法》，对公营企业税收的缴纳做了具体规定。1950 年 3 月 16 日，财政部公布《摊贩营业牌照税稽征办法》，规定凡从事固定经营或流动经营之摊床小贩，征收摊贩营业牌照税。

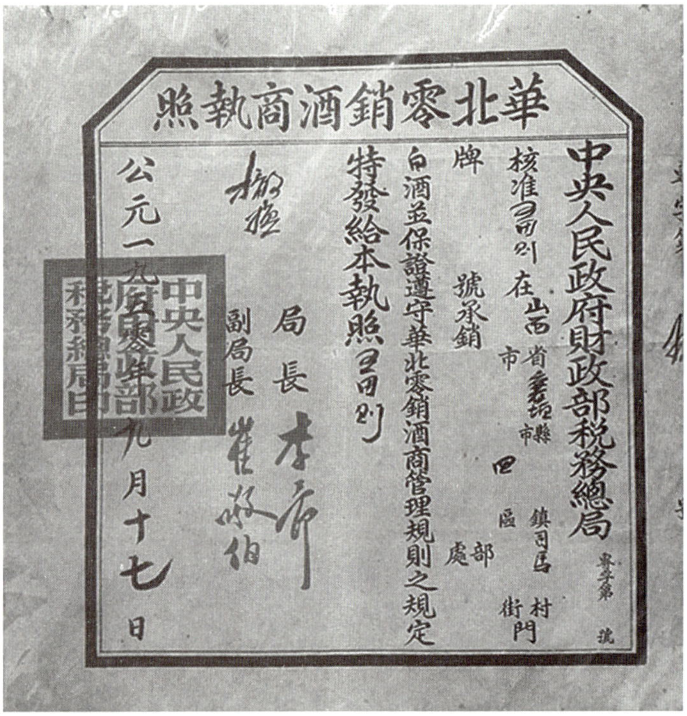
華北零銷酒商執照
中央人民政府財政部稅務總局
核准 在 省 市縣 鎮 村 街門
牌 號承銷 區 處部
白酒並保證遵守華北零銷酒商管理規則之規定
特發給本執照
局長
副局長
公元一九 年 月 日
中央人民政府財政部稅務總局印

华北零销酒商执照（1950 年）。执照上有中央人民政府财政部税务总局局长李予昂、副局长崔敬伯的印章

（三）印花税等税收政策的统一

在对工商业税收进行统一规范的同时，印花税等税制又进一步完善。1950 年 4 月 2 日，财政部发出《关于印花税、利息所得税、特种消费行为税、使用牌照税、屠宰税 5 种暂行条例草案的通知》。1950 年 4 月 3 日，政务院公布《契税暂行条例》。1950 年 5 月，财政部内部下发《房产税暂行条例（草案）》和《地产税暂行条例（草案）》。

新中国税制的建设，是中国共产党集体智慧的体现。在新旧税制转换过程中的调整与发展，充分反映了党对于马克思主义税收思想的运用。初期税制建设，体现了阶级的税收政策，农民税负调整降低，工商业税收进一步受到重视，新、老税制融合统一。在中国共产党的领导下，我国建立起适应新民主主义社会的税收制度，为后续各项税收不断完善改进提供了主体框架。

1949年发行的新中国国旗地球图印花税票

四、抗美援朝时期税收制度的调整

正当全国人民集中力量争取财政经济状况基本好转的时候，美国政府武装干涉朝鲜内战，美军悍然越过“三八线”，直接威胁新中国的国家安全。1950年，应朝鲜劳动党和政府请求，党中央作出了派遣中国人民志愿军入朝作战，抗美援朝、保家卫国的历史性决策。[①] 抗美援朝期间，党中央对税收制度做了调整。

（一）抗美援朝时期税制调整的背景

从新中国成立初期到1950年底，国民经济得到休养，财政收支逐渐平衡，我国的经济形势已有所好转。然而朝鲜战争的爆发打破了原来的财经计划，周恩来在《抗美援朝　保卫和平》的报告中说：“我们国家的建设需要有三年到五年时间先恢复生产，我们也正在进行恢复生产。最近拟定了1951年的经济计划，总想减少军费，增加经济建设费和文教费，把军费由今年占预算的43%减为明

① 中国共产党简史［M］. 北京：人民出版社，中共党史出版社，2021：154.

年占预算的 30%，以全部概算的 70% 投入经济建设、文教事业等，并考虑改善公教人员的生活，收购农民的余粮，发展日用品的生产。但敌人不让我们这样做。”在此背景下，我国的财政工作也面临着严重考验。经过反复斟酌与商讨，中央财政经济委员会决定，在抗美援朝战争期间，应该执行国防第一、稳定物价第二、其他工作第三的工作方针（又被称为边抗、边稳、边建的“三边”方针）[①]。“三边”方针正确区分当时政治与经济生活的主次矛盾，为税收工作的进一步调整指引了方向，符合国家政治与经济的双重需要。

（二）农业税收政策的调整

作为新中国成立初期主要税收来源的农村地区，在抗美援朝期间依然担当起了重任，为了更好支援战争、维护国内经济，中央人民政府再次对农业税收政策进行调整，增加农业税收以增加财政收入。[②]1951 年 6 月 21 日，政务院发布《关于一九五一年农业税工作的指示》，规定 1951 年农业税在不同地区实行不同税制。[③]1951 年 7 月 5 日，财政部公布《农业税查田定产工作实施纲要》，规定了查田定产工作进度。1951 年 7 月 8 日，政务院发布《关于追加农业税征收概算的指示》，决定本年农业税照原概算增收 1/10。1951 年 8 月 31 日，又发布《关于农业税必须贯彻查田定产依率计征的指示》。1952 年 6 月 16 日，政务院发布《关于 1952 年农业税收工作的指示》，规定本年农业税收工作的方针是：贯彻查田定产，依率计征，依法减免，逐步实现统一累进并取消一切附加。[④]以上措施较好保证了农业税收入，并进一步为抗美援朝等重大政治决策部署提供了强有力的支撑。

在调整农业税政策的过程中，党中央也非常关注农民的负担问题。1950 年 8 月 14 日，政务院公布《受灾农户农业税减免办法》，其原则是：轻灾少减，

① 项怀诚，贾康，赵全厚．中国财政通史［M］．北京：中国财政经济出版社，2006：12.
② 曲绍宏，白丽健．中国近代财政简史［M］．天津：南开大学出版社，2006：198.
③ 金鑫，刘志城，王绍飞．中国税务百科全书［M］．北京：经济管理出版社，1992：590.
④ 《中华人民共和国经济大事记》编选组．中华人民共和国经济大事记（1949 年 10 月—1984 年 9 月）［M］．北京：北京出版社，1985：24.

重灾多减，特轻不减，特重全免。1952年1月28日，政务院发布《关于加强老根据地工作的指示》，其中说明了老根据地由于遭受战争伤害，民生艰苦，为了照顾民生，在负担上以省为单位进行调整，对于特别困难的地区，可以定期免征公粮。[①]

（三）工商业税收政策的调整

为支援抗美援朝，缓解农业税收负担，城市工商业税收制度也进行了调整。1950年12月19日，政务院陆续修订《货物税暂行条例》《工商业税暂行条例》，并公布新制定的《屠宰税暂行条例》《印花税暂行条例》《利息所得税暂行条例》。1950年12月21日，财政部又公布《工商业税暂行条例实行细则》及《货物税暂行条例施行细则》，对《工商业税暂行条例》和《货物税暂行条例》进行补充。

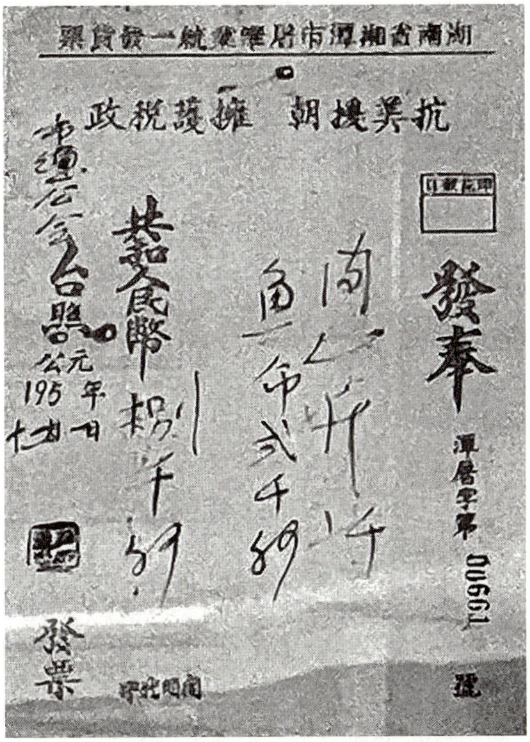

20世纪50年代湖南省湘潭市屠宰业统一发货票，上有“抗美援朝 拥护税政”字样

在税制不断完善的过程中，农业税收呈现下降趋势，工商业税收呈现上升趋势。1950年、1951年、1952年农业税收分别为19.1亿元、21.7亿元、27亿元，同期工商业税分别为23.6亿元、47.5亿元、61.5亿元。这说明整个税制创建、调整、完善的过程是符合经济社会规律的，更体现了经济中心从农村向城市转移的特点。

① 国家税务总局. 中华人民共和国税收大事记：1949.10—2009.9［M］. 北京：中国财政经济出版社，2012：23.

五、适应社会主义改造与开启“一五”计划时期的税制建设

1952 年底，国民经济基本恢复。从 1953 年起，我国开始了社会主义改造和第一个五年计划。按照计划规定，五年之中，国家财政对经济和文教建设的支出总额为 766.4 亿元，用如此大量的资金来进行建设，实现国家工业化，在中国历史上是空前的。第一个五年计划要求顺利完成对农业、手工业和资本主义工商业的社会主义改造，这就给这一时期的税收工作提出了极其复杂而又艰巨的任务。1953 年 8 月，中央召开全国财经工作会议，提出过渡时期的国家税收工作任务：“一方面要更多地积累资金以支持国家重点建设；另一方面要调节各阶级的收入，以巩固工农联盟，并使税制成为保护和发展社会主义及半社会主义，有步骤、有条件、有区别地利用、限制和改造资本主义工商业的工具。”① 在这个政策思想的指导下，开始了适应社会主义改造与开启“一五”计划时期的税制建设工作。

（一）1953 年税制修正

新中国成立初期的税收制度，对于增加财政收入、支援战争、恢复国民经济发挥了积极的作用。随着经济的发展和企业的合理组织，以旧税制为基础建立的税制却不能适应新的情况。1950 年至 1952 年，工商税收虽然绝对数增加，但占财政总收入的比重却逐年下降。当时除货物税外的各税种，多半没有选择税源最集中的关键征税，而是分散在各次交易中征税，多种税，多次征，导致征税成本过高。② 为适应经济情况的变化，1952 年 11 月 2 日，财政部召开第四届全国税务会议，就进一步改革税制展开讨论。其主要内容包括：一是试行商品流通税；二是简化货物税；三是简化工商业税。在同年 12 月 26 日政务院举行的第一百六十四次政务会议上，听取并批准了财政部副部长吴波所作的《关于税制若干修正问题的报告》，同意第四届全国税务会议提出的税制改

① 陈光焱. 中国财政通史第十卷：中华人民共和国财政史（上）［M］. 长沙：湖南人民出版社，2015：155.
② 左春台，宋新中. 中国社会主义财政简史［M］. 北京：中国财政经济出版社，1988：198-199.

革意见。[①]

1952 年 12 月 31 日，政务院财政经济委员会发布《关于税制若干修正及实行日期的通告》，宣布从 1953 年 1 月 1 日起对税制加以若干修正。这次修正税制主要从开征商品流通税、简化货物税、修订工商业税和其他各现行税种等方面入手。一是开征商品流通税。从征收货物税的品目中，选择卷烟、酒、麦粉、水泥等 22 种基本可由国营经济控制生产、收购环节和价格的产品，把原来在生产环节中应纳的货物税、营业税及其附加、印花税与在商业批发及零售环节应纳的营业税及印花税都合并起来，在商品批发或调拨环节一次征税，以后各流转环节均不再征税。二是简化货物税。将应税货物原来应交的印花税、工业营业税、商业批发营业税及其附加并入货物税征收，相应调整货物税的税率，以保证总的税收负担不变。[②] 三是修订工商业税和其他各税。[③] 新税制执行之后，又根据社会主义改造形势任务的需要，进行了重新调整。

（二）引导农业社会主义改造的税制建设

根据党在过渡时期的总路线和第一个五年计划的要求，这一期间农业税工作的任务之一就是贯彻农业合作化的方针和政策，使农业税制度适应和有利于互助合作运动的稳步前进。在这方面，财政部遵照中共中央指示，采取了"区别对待、逐步过渡、因地制宜"的税收政策和"稳定负担，合理负担"的税收原则。

一是制定鼓励农业合作化的农业税政策。在 1955 年以前，对完全实行按劳分配的合作社，各地都采用按社计证、社户分担、从全社土地报酬中统一提交农业税等不同办法。[④]1956 年农业社会主义改造基本完成，富农经济已经消灭，个体经济变为集体经济，社会主义性质的高级农业生产合作社已经成为我国农业经济的主体，农村的生产关系起了根本的变化。

---

① 刘佐．新中国税制 60 年［M］．北京：中国财政经济出版社，2009：13.
② 左春台，宋新中．中国社会主义财政简史［M］．北京：中国财政经济出版社，1988：199.
③ 左春台，宋新中．中国社会主义财政简史［M］．北京：中国财政经济出版社，1988：200.
④ 左春台，宋新中．中国社会主义财政简史［M］．北京：中国财政经济出版社，1988：169-171.

二是稳定农业税负。1953 年 7 月，抗美援朝取得了伟大胜利，财政经济情况已经根本好转，这就为实施党的七届二中全会提出的“酌量减轻民负”的要求提供了可能的条件。1953 年 6 月 5 日，政务院第一百八十一次政务会议通过了《关于一九五三年农业税工作的指示》，明确规定：“今后三年内，农业税的征收指标，应稳定在 1952 年的实际征收水平上，不再增加。”农业税稳定负担政策的执行，不仅有利于提高农民生产积极性，促进发展农业生产，增加农民收入，改善农民生活；还可以保证城市和工矿区的粮食和农副产品的供应，为发展工业提供所必需的原料和销售市场，扩大资金积累。

三是制定鼓励农业合作化的工商税收政策。1954 年修订《临时商业税的稽征办法》，有利于农业生产的发展和增加农民的收入。1956 年 12 月 17 日，财政部公布了《关于农村工商税收的暂行规定》，这是新中国成立后第一个全国统一的关于农村工商税收的规定，体现了促进农业生产和有利于国家对农业进行社会主义改造的要求。

四是制定扶持农村信用合作社、农村供销合作社等税收政策。1953 年 5 月 18 日，财政部复函中国人民银行总行指出：“为了照顾农村信用合作社初建阶段的实际困难，并促其进一步发展，同意 1953 年内暂缓课征工商业税，至以后纳税与否，应按它发展的情况，另行商定。”1954 年至 1956 年，继续对农村信用合作社免征工商业税。1953 年 1 月 1 日发布的《关于税制若干修正》中规定，供销合作社营业税税率由原来的 2% 改为 2.5%，但实际税负并没有增加，继续体现了对供销合作社的鼓励政策精神。1956 年 2 月又发出《关于供销社经营的 17 种新式畜力农具，在 1956 年内仍按 2.5% 的税率计算交纳营业税的通知》[①]，1956 年 5 月 15 日财政部又发出《关于供销社经营的新式农具 1956 年扩充的 34 种亦可按 2.5% 税率征收营业税的通知》，这样对供销合作社经营新式农具的税收照顾，由畜力型扩大到手工机械、机械、电动机等类型，品种由 17 种增加到 51 种，充分体现了工商税收对供销社的照顾保护的政策。

① 左春台，宋新中．中国社会主义财政简史［M］．北京：中国财政经济出版社，1988：175.

（三）引导手工业社会主义改造的税制建设

毛泽东在党的七届二中全会报告中明确指出："占国民经济总产值百分之八九十的分散的个体的农业经济和手工业经济，是可能和必须谨慎地、逐步而又积极地引导它们向着现代化和集体化的方向发展的。"[①] 根据党中央指示，1955 年 12 月，中央手工业管理局和中华全国手工业合作总社召开了第五次全国手工业生产合作会议，指出手工业合作化的发展速度必须与国家工业化，以及国家对农业、对资本主义工商业的社会主义改造相适应，会议制定了加速进行手工业社会主义改造的发展规划，要求在 1956 年、1957 年两年内，基本上完成手工业合作化的组织任务。[②] 到 1956 年 6 月底，组织起来的手工业者，已占手工业者总数的 90%。同年底，全国组织起来的手工业合作社（组）调整后为 9.91 万个，社（组）成员达到 509.1 万人，占全部手工业从业人员的 92%。至此，手工业由个体经济到集体经济的转变基本完成。[③]

财税部门早在 1951 年 10 月就公布了《合作社交纳工商业税暂行办法》，对贫苦艺匠和原来不纳税的个人小生产者所组成的手工业者合作社免纳工商税收（营业税）3 年。[④]1953 年 10 月 14 日，财政部税务总局和中华全国合作社联合总社又发出联合通知，规定凡新成立的手工业合作社和原批准免税的手工业合作社，在其发展过程中新参加的社员中原纳税户不超过 25% 的，均可以免税。

1955 年 11 月 1 日，财政部发布《手工业合作组织交纳工商业税暂行办法》，规定对新成立的合作组织分别给予减税或免税的优待，各省、自治区人民委员会还可根据具体情况，对边远山区和少数民族地区新建立的手工业合作组织予以标准较高的减税优待。[⑤]

---

① 毛泽东．毛泽东选集（第四卷）［M］．北京：人民出版社，1991：1432.

② 左春台，宋新中．中国社会主义财政简史［M］．北京：中国财政经济出版社，1988：180–181.

③ 薄一波．若干重大决策与历史事件的回顾［M］．北京：中共中央党校出版社，1991：449.

④ 刘佐．新中国税制 60 年［M］．北京：中国财政经济出版社，2009：30.

⑤ 金鑫，刘志城，王绍飞．中国税务百科全书［M］．北京：经济管理出版社，1991：596.

对手工业合作组织在税收上采取减免照顾的优待，从1955年到1957年内就有2亿元左右，相当于手工业合作组织1955年全部股金的4.4倍，这对手工业合作组织兴办时资金周转和以后的生产经营有很大的帮助。通过税收上的优待，资金上的帮助，一方面，对手工业合作组织的发展和巩固，产生很好的效果；另一方面，手工业合作组织发展了，反过来又能为国家提供更多的积累，有利于国家建设。

（四）引导资本主义工商业社会主义改造的税制建设

新中国成立初期，资本主义工商业是中国社会经济的一个重要组成部分。在党的七届二中全会的决议中，针对中国的政治经济条件和民族资本主义经济的特点，制定了对民族资本主义工商业采取利用、限制、改造的政策。[①]过渡时期，党和政府采取了许多极为重要的措施，以保证这一政策的实现。其中，国家税收政策作为一个重要工具，对资本主义工商业的社会主义改造起了有力的配合作用，其基本精神是既要限制私人资本主义的资本积累，又要让资本家有合法的利润，并按照党的有关政策采取适当措施，对其进行社会主义改造。

为了配合资本主义工商业进行社会主义改造，采取的税收政策和制度主要有以下四个方面：一是制定不同税率，协调行业发展。为了体现对资本主义工商业的鼓励与限制作用，在税收上采取了对不同行业、不同产品规定不同税率的政策措施。这些税收措施一定程度上鼓励了资本主义工商业向有利于国计民生的方向发展，限制了其消极因素。重工业税率低于轻工业税率的政策，体现了“一五”时期国家在税收上对国民经济技术改造基础的重工业的优待。二是公私各异，鼓励国营经济。在减免税方面，公、私企业有所不同。在税收征管方面，也给国营企业和合作社以照顾。财政部于1954年10月23日发布《关于简化国营企业商品流通税、货物税照证制度的规定》，对私营

① 左春台，宋新中．中国社会主义财政简史［M］．北京：中国财政经济出版社，1988：185-186.

企业施以严格的税务监管。1955 年 8 月 4 日至 29 日，财政部在北京召开第五届全国税务会议，提出税制建设方针是在“公私区别、繁简不同”的原则下，随着经济的变化和发展，积极钻研，统一规划，慎重参考，逐步过渡。[①] 三是促进私营企业走上初级形式的国家资本主义轨道。1955 年 6 月 4 日，税务总局转发了财政部电示：被改造的私营批发商，其存货由国营公司、合作社收购的部分及私营零售商、批零兼营商业，其存货由国营公司、合作社按批发牌价接收者，均可免纳营业税；其存货系自行处理者应照纳营业税。[②]1955 年 10 月 12 日，财政部发出《关于对私营商业进行社会主义改造中有关交纳工商业税问题的通知》，有力地促使私营企业纳入初级形式的国家资本主义，并逐步向高级形式的国家资本主义过渡。四是为了通过税收调节资本主义工商业的利润，实行了“四马分肥”的分配办法，一部分依据税法上缴所得税，占 34.5%。一部分作为企业的奖励基金，参照国营企业的有关规定和企业原来的福利情况适当提取，占 15%。一部分作为企业公积金，占 30%。其余部分作为股息红利，在国家和资本家之间进行合理分配，资方获得的股息、红利约占企业利润的 1/4。这种分配原则既可以让资本家取得一定的合法利润，又不使他们获利过多。这是国家对资本家占有的生产资料进行赎买的一种形式，也是节制资本的一种手段，有利于发挥资本主义工商业的积极作用，限制其消极作用，最后达到社会主义改造的目的。[③]

（五）计划经济税制框架的初步建成

经过 3 年国民经济恢复、社会主义改造，我国进入社会主义初级阶段，在党的领导下，我国建立了高度统一的税收管理体制。1950 年到 1957 年，税收收入占财政收入的比重都在 50% 以上；对维持财政收支平衡、国民经济的恢复与建设都起到重要作用。1950 年税收收入总计 49 亿元，占财政收入的 78.8%，

---

① 金鑫，刘志城，王绍飞．中国税务百科全书［M］．北京：经济管理出版社，1991：595.
② 左春台，宋新中．中国社会主义财政简史［M］．北京：中国财政经济出版社，1988：191.
③ 刘佐．新中国税制 60 年［M］．北京：中国财政经济出版社，2009：31.

占国内生产总值的 8.5%。在这一时期，农业税和牧业税、货物税、工商业税是税收收入中占比最大的三项税收，分别占 39%、17.6%、15.7%，总占比超过 70%，而其他税收比例都较小，远低于 10%。经过社会主义三大改造和“一五”计划的顺利实施，到 1957 年，我国税收总收入占财政收入的 51.1%，占国内生产总值的 14.5%，各项税收占比发生明显变化，商品流通税、农业税和牧业税、工商营业税、货物税、工商所得税占比为 24.3%、19.2%、18.4%、14.6%、10.5%，成为占比最高的的前五大税种，而汇总的工商业各项税收远超新中国成立初期的农业税和牧业税。农业减负任务胜利完成，工商业也得到恢复与发展，国民经济向着更好的方向发展，我国的税收管理体制也即将开始进一步改革升级。

新中国成立初期，税收要巩固人民政权，保障革命战争全面胜利，维持财政收支平衡，恢复国民经济，进行社会主义改造，党领导下的税收工作任务艰巨而繁重。进入社会主义阶段，我国初步建成由货物和劳务税、所得税、财产税及其他税收为主要内容的社会主义计划经济税制框架。其税种构成如下：货物和劳务税涵盖货物税、盐税、工商业税（营业税部分）、特种消费行为税、关税；所得税涵盖工商业税（所得税部分）、薪给报酬所得税、利息所得税；财产税涵盖房产税、地产税、使用牌照税、契税、船舶吨税、遗产税；其他税收则包括农业税、牧业税、印花税、屠宰税、交易税。这一税制结构直到 1958 年才再次发生大规模变动。

第三节　新中国税收管理的统一与加强

一、全国税务机构的统一和加强

1949 年 11 月，政务院复函财政部，同意建立全国税务总局。1950 年 1 月，财政部税务总局正式成立。此后，政务院颁布实施《全国各级税务机关暂行组织规程》，其中明确规定中央至地方六级税务机构的设立原则，并要求“各级

1950 年 1 月 2 日，财政部税务总局成立典礼全体人员暨来宾合影

税务局，得因税收上之必要，于铁路、河运沿线、矿区或特殊区域，呈经上级许可，设置特种税务局、所、稽征组、队或稽征员、驻厂员。重要城市之税务局，得就税类酌设专局。”[①]

根据《全国各级税务机关暂行组织规程》规定，财政部税务总局直辖河北、平原、山西、察哈尔、绥远五省及北京、天津两市税务局，原各大区税务总局即行撤销，相继建立了大区税务管理局。1952 年 7 月 1 日，华北区税务管理局成立，税务总局原来直辖的五省二市税务局即改由该局领导。全国共有 7 个大区税务管理局，直到 1954 年随大行政区撤销而撤销。省、市局以下也都建立了新的税务机构。如天津在首届全国税务会议以后，于 1950 年 4 月撤销原来 3 个分局，将各区税务所改组为 11 个分局，塘大支局亦改作分局。在市局方面，为加强领导，将原属办公室的直、地、货三股改为三科，并增设了计划检查室和保卫科，货物税也由 1 个分局集中征收，改由各分局分别办理。机构的调整使工作更加深入，不仅便于领导，还提高了工作效率，对便商利民起到了相当大的作用。上海于 1950 年 7 月 1 日将直接税局、货物税局、财政局合并，成立了上海市税务局，实现了税收机构的统一，并按行政区划成立了各区 5 个局，计市区 20 个区分局，郊区 10 个区分局，各区所属 105 个稽征组和 6 个货物税驻厂组，至年底已有 113 个稽征组[②]。

截至 1950 年底，全国各地建立的税务机构，计有区管理局 6 个，（市）

① 全国各级税务机关暂行组织规程（1950 年 1 月 30 日）［J］. 税工研究，1950（1）：12.
② 刘志城. 中华人民共和国工商税收史长编（第 3 部）［M］. 北京：中国财政经济出版社，1988.

▶▶ 20 世纪 50 年代青海省人民政府税务局证章

▶▶ 安徽省南陵县人民政府税务局证章

局 55 个，专（市、盟、分）局 339 个，县（市、镇、旗）局 1973 个，税务所（卡、站）及厂办事处 11791 个，共计 14164 个单位。1955 年，针对当时大行政区撤销及经济、税源的变化情况，各级税务机关改为：县、市以上税务机构仍按行政区划设置，县以下的乡镇根据税源情况照顾行政区划设置。全国税务机构原则上分为税务总局，省、自治区、直辖市税务局，省辖市、县税务局三级。

二、税务职能的强化与干部力量的充实

各级税务机关领导班子是税收管理的领导者、组织者。中共中央和政务院多次指示加强税务部门的领导，充实干部力量。《全国各级税务机关暂行组织规程》规定了各级税务局"条块双重领导、条条领导为主"的原则。1951 年 2 月 1 日，政务院发布《为改定省税务局领导关系，修改〈全国各级税务机关暂行组织规程〉第二十二条条文的通令》，对《全国各级税务机关暂行组织规程》第二十二条条文进行修正，进一步理顺税务机关与财政部及地方各级政府之间的关系。同时决定，强化省税务局长的配备并允许参加省政府会议。1951 年 4 月召开的第三届全国税务会议，提出各省（行署区）局遵照中央人民政府政务

院决定，受上级局与财政厅的双重领导：根据干部情况，税务局长可兼副厅长或由副厅长兼局长，但不论谁兼须专做税务工作。各级局长由于工作需要，应出席同级政府政务会议及财委委务会议，建议各级政府根据干部条件及工作需要，尽可能地吸收税务局长为各级财委会委员，以便配合各级财经部门进行工作。各级税务机关上下级领导关系，不应视为技术（或业务）领导，而是政策与业务的统一领导，业务是不能离开政策的，政策离开具体业务也就难以实践，这一点必须明确。各级税务局必须尊重地方党政领导，各级政府（包括部、厅在内）可督促其执行上级局决定，如有不同意见，可一面执行，一面反映。

曾经担任过陕甘宁边区税务总局副局长、华北税务总局局长的李予昂任第一任财政部税务总局局长

在中央的高度重视下，各地把得力干部充实到税务部门，加强了组织领导。各级党政大力加强税收工作的领导，纷纷抽调大批得力干部，并以极大精力用来进行税收工作。不少地区如豫、鄂、湘、赣的税务局局长多系地委、县委专员、县长、部长担任，税收领导岗位的重视可见一斑。其中河南省的信阳、商丘、许昌等8个专区调任专县税务局干部有副专员2人、

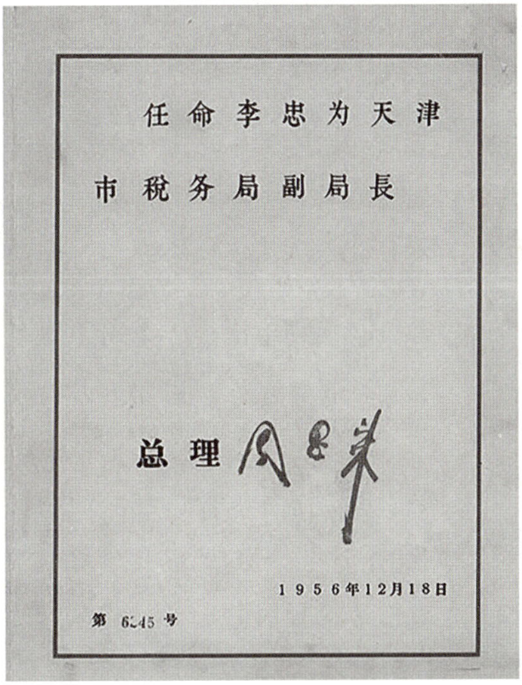

任命李忠为天津市税务局副局長

总理 周恩来

1956年12月18日

第 6[illegible]45 号

中华人民共和国国务院任命书

新中国成立之初配枪收税的税务干部

县委委员 27 人、正副县长 14 人、区委级干部 37 人。基层税务工作人员也相应做了充实。新中国成立初期，由于还存在一些国民党残余势力和土匪武装，税务干部都是带枪收税。1950—1952 年，各级税务部门的人事编制总的趋势是上升的。如广州由 1950 年的 1587 人增至 1952 年的 2540 人，武汉由 1460 人增至 2123 人。至 1953 年，全国各省、市、自治区税务干部共为 147693 人，比 1950 年税务机构组建时增加 20848 人。[①]

红色“税”月

黄纪和：七天恶战　保护税款

国家税务总局陆川县税务局离休干部黄纪和 1929 年出生，是新中国的第一代税务人。1949 年，黄纪和参加解放华中南战役，同年 8 月转业从事税收工作。

新中国成立，广西迎来全境解放。然而，土匪抢夺粮食、税款的情况时有发生。为此，广西成立了税警团，共有 1000 多名成员，分组执行护税剿匪的任务。黄纪和毅然加入，成为广西税警团的一员，捍卫

① 王乔，席卫群，曾耀辉，等．共和国税收征管 70 年［M］．北京：人民出版社，2019.

国家税款安全。

1950年6月，黄纪和所在的税警队小组奉命解运一批税款回陆川县县城。在从乡镇集市到县城的路上，税警队小组遭遇大量土匪的伏击。战士们边打边撤，和县城武工队汇合后立即就地布置工事，依托当地地形进行反击。土匪眼看计划落空，恼羞成怒，仗着人多枪多，对税警队小组发起疯狂进攻。这场战斗持续了七天七夜，战士们不畏牺牲顽强战斗，终于等来地区武工队大部队，内外夹击，一举歼灭了土匪，并借此基本扫清当地匪患。

“每一分税款都是老百姓的血汗钱，决不能落入匪徒手中。当时情况非常危险，我们一心想着保护好税款、完成好党交给我们的任务！”黄纪和回忆道。

1952年，匪患肃清后，黄纪和担任陆川县盘龙镇税务所所长。当时的盘龙镇是两广地区进行货物贸易的重要集市，蔗糖、烟丝和酒品等交易频繁，税源情况复杂，涉及税目超过40种。“当时，我们税务所人员的业务能力无法很好地满足税收征管需求。”黄纪和说，为了

黄纪和向青年税务干部讲述难忘的“税月”故事

给两省边界互市提供良好的交易环境，他白天走访店铺了解生产经营情况，晚上点油灯号召大家一起学习税收法律法规，逐步规范当地征管秩序。1955 年，盘龙当地的经济收入进入全市乡镇前三位，黄纪和获得陆川县“先进税务工作者”称号。同年 8 月，黄纪和正式成为一名共产党员。

1990 年，黄纪和从陆川县税务局离休。离岗不离心，黄纪和时不时回到单位和年轻税务干部分享从税生涯的点滴过往。前不久，黄纪和还捐出自家宅基地和此前收藏的历史文物，在当地政府和税务部门的支持下，建立了陆川县马坡党史教育馆。

“一名真正的共产党员，不但要从组织上入党，更重要的是，从思想上入党。入党时，我就很明确，无论在哪里，永远跟党走。”黄纪和笃定地说。

三、税收征缴与划分制度的规范

与全国各级税务机构的统一规范相伴的是税收征缴、划分制度的统一规范。1950 年 2 月 13 日，中财委召开全国财政会议，研究解决中国财政经济困难的政策和措施。会议强调税收统一，关税、盐税、货物税、工商业税统一集中到中央，为中央财政收入，每日结算解缴回库。在财经平衡方面，要通过整顿税收、公营企业利润上缴、折旧交公、清理仓库等措施，保证财政收支平衡。1950 年 3 月 3 日，政务院公布《关于统一国家财政经济工作的决定》。[①]1950 年 3 月 24 日，政务院第二十五次政务会议通过《关于统一管理 1950 年度财政收支的决定》。1950 年 9 月 27 日，政务院发布《关于编造 1951 年度财政收支预算的指示》，进一步明确了税收的划分。

1952 年底，我国已较好地完成了恢复时期的任务，实现了统一稳定的政

① 金鑫，刘志城，王绍飞. 中国税务百科全书［M］. 北京：经济管理出版社，1992：584.

治局面，国家财政状况有了根本好转。因此，为巩固财政的统一管理与统一领导，并适应各地区经济状况及工作条件，做到因地制宜，政务院于1952年11月22日发布《关于1953年度各级预算草案编制办法的通知》，实行中央、省（市）和县（市）三级财政管理。从1953年起，进入了有计划的大规模经济建设新时期，故而政务院于1953年11月10日发布《关于编造1954年预算草案的指示》，决议实施“划分收入、分类分成、五年不变、分级管理”的财政分配制度，由此形成了计划经济初期的政府间税收收入分配关系。根据以上财政体制的变化，税收管理体制相应做了调整与改进，形成了比较完善的中央统一领导计划下的集权与分权相结合的管理体制，为保证“一五”计划的完成发挥了重要作用①。

四、新中国税收征管制度的初步完善

财政部税务总局成立后，结合新中国税制建设的需要进一步强化了对税收计划、税收管征等方面的管理，并在此基础上建立了较为完善的税收征管制度。其中，主要可以分为两个时期。

（一）国民经济恢复时期

为了更好地完成税收任务，这一时期根据《全国税政实施要则》的规定，完善了税收计划、会计、统计、检查和监督等管理制度。比较重要的工作有：一是提高税收工作的计划性。1950年5月10日，财政部税务总局发布《各级税务机关计划工作规则（草案试行）》，同年10月16日，财政部税务总局在北京召开第一次全国税务机关计划工作会议，拟定了税收的《计划工作规划》。二是税收管征的规范性。1950年4月12日，财政部税务总局召开全国税务会计会议，研究讨论并制定了全国统一的《各级税务机关暂行会计制度》。同年10月28日，财政部税务总局又在北京召开第一次全国税务检查工作会议，制定了

① 王乔，席卫群，曾耀辉，等．共和国税收征管70年［M］．北京：人民出版社，2019．

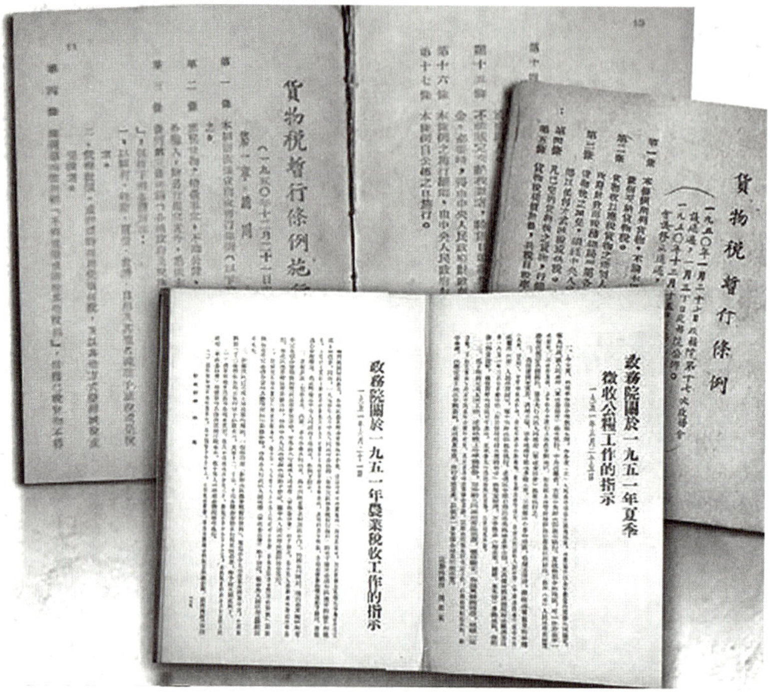

新中国成立初期有关税收的一些政策规定。1950 年 1 月 30 日，政务院发布《关于统一全国税政的决定》，附发《全国税政实施要则》《工商业税暂行条例》《货物税暂行条例》《全国各级税务机关暂行组织规程》

《各级税务机关检查工作规则》，这两项制度明确了税收管理、检查的基本规范。三是提高税务队伍的纪律性。1950 年 3 月 16 日，财政部公布《各级税务工作人员奖惩暂行办法》，为培养税收人才及各级税务机关工作人员的考核提供了基本遵循，提高了税务机关工作人员的工作热情和效率。[①]1951 年 3 月 22 日，财政部发出《关于调整农业税机构及征收经费的通知》，对农业税机构和征收经费等问题进行了明确。1951 年 5 月 12 日，财政部税务总局发布《税务人员驻场办事规则》，对税收驻场人员的工作进行具体规定。1951 年 12 月 1 日，财政部、司法部联合发布《各级税务机关与司法机关联系规定》，明确了双方工作关系并规定了联系办法。

同时，财政部税务总局也召开多次重要会议，对既往税收管理工作进行总结，并对加强税务机关建设等工作提出要求。1951 年 3 月 20 日，财政部税务总局召开第三届全国税务会议。会议提出，加强税务机关建设，整顿组织，培养、训练税务干部。1951 年 6 月 16 日，财政部税务总局召开第一次直接税业务会议。[②]

① 金鑫，刘志城，王绍飞．中国税务百科全书［M］．北京：经济管理出版社，1992：585.
② 金鑫，刘志城，王绍飞．中国税务百科全书［M］．北京：经济管理出版社，1992：589.

会议总结了一年来的直接税工作，并提出加强干部学习，提倡研究政策与研究规律的风气等要求。1951 年 11 月 5 日，财政部税务总局召开全国地方税业务座谈会。[①] 会议指出，要广泛宣传税法，划清税、费范围，明确征税权限，提高人民认识，这样才能顺利推行税政。

（二）社会主义改造时期

1953 年至 1956 年，是对私营工商业进行社会主义改造的时期，也是实施国民经济发展第一个五年计划的时期。当时，随着社会主义改造不断深入，社会经济关系也发生了深刻的变化。同时，我国开始进入大规模的社会主义经济建设时期。就税收工作来说，一方面，要采取公私区别对待的政策，配合社会主义改造；另一方面，要加强税收征管，大力筹集资金，支援社会主义建设。

在社会主义改造时期，财政收入 50% 以上依靠工商税收，其中工商税和货物税两个税种的收入又占工商税收的 80% 以上。为了加强对税收的稽征管理，税务机关对货物税坚持查验征收、查定征收、起运征收的征收方法，实行纳税普查，规定工商业户办理开、歇业登记，建立发货票，辅导建账，以严密控制税源；还适应对私改造后税制单一和税源相对集中的情况，逐步建立健全了专责管理制度和各税统管制度。

所谓专责管理制度，是指对城市固定纳税户划分编组，设置专门的管理人员，采取按户分工，以纳税人缴纳的主要税种为重点，结合各税进行稽核、管理、监督、检查，以简化手续，节省人力，实行定员定额的责任制度。在专责管理制度的基础上，又逐步实行各税统管制度。即以一个纳税户为一个单位，设专人对该户的所有税种进行统一管理，以达到严密管理，方便纳税人的目的。[②]

① 金鑫，刘志城，王绍飞．中国税务百科全书［M］．北京：经济管理出版社，1992：591.

② 王乔，席卫群，曾耀辉，等．共和国税收征管 70 年［M］．北京：人民出版社，2019.

五、协税护税等工作的开展

人民群众参与税收管理是税务专业管理的一个重要补充。新中国成立初期，党和政府十分重视发动群众协税和护税，保护人民税收。1951年5月9日，财政部税务总局专发了《为加强与店员工会联系依靠职工店员开展检举偷漏以保护国家税收的指示》（以下简称《指示》）。《指示》对职工护税的重要性、原则和具体办法作了一系列规定。税务部门根据《指示》精神，发动广大职工群众协税护税，建立各种秘密的或公开的护税组织，公布检举逃税的奖励办法，对维护国家税收起了重要作用，并为以后群众护税工作积累了经验。同时，税务部门主动与公安、铁道、交通、银行、工商和司法等部门联系，取得各部门对税收工作的理解和支持，使协税护税工作获得了很好的效果。

新中国成立初期，税务机关还结合党中央的要求组建了工商业税民主评议委员会和税务扶贫委员会。1950年12月19日，政务院公布《工商业税民主评议委员会组织通则》及《税务扶贫委员会组织通则》，规定了工商业民主评议委员会及税务扶贫委员会在税收工作中的作用。

第四节 新中国初期税收的特点和作用

新中国成立之后，迅速统一全国的财政经济工作，实现了税收工作重心从农村到城市的转移、从农业税收为主到工商税收为主的转移，初步建成由货物和劳务税、所得税、财产税及其他税收为主要内容的社会主义税制框架；迅速统一并建立健全全国税务组织机构，各级党政部门大力加强税收工作的领导，纷纷抽调大批得力干部，充实到税收队伍；调整与改进税收管理体制，形成了比较完善的中央统一领导计划下的集权与分权相结合的管理体制；在税收实践中灵活运用马克思主义与毛泽东思想，制定比较适当的税收政策，妥善调节各方面的经济利益关系，从而促进了经济的恢复和发展，增加了财政收入，改善了民生，巩固了新生的人民共和国和社会主义制度。

一、巩固了新生的人民共和国国家政权

新中国成立后，依然面临内忧外患的紧张局势，军事需要与军政人员供给使得财政压力剧增，国民经济恢复与建设也急需资金注入，此时，如何增加财政收入，破解当前财政经济面临的难题，成为巩固新生人民政权的关键。而除发行公债与钞票外，税收亦成为发展经济、充实库存、调节收入分配的重要手段。1950年3月3日，政务院《关于统一国家财政经济工作的决定》中指出："税收是国家财政的主要收入之一，是全国财政开支、经济恢复所需现金的最大来源……税收在我们的国家收入中是第一个筹码，作用不可估量，这是不变的。"中国税收始终坚持党的全面领导，围绕党和国家工作重心，统一全国税政，及时对税制进行调整和完善，实现了税收规模的扩大和税收结构的提升。1950年农业税收为19.1亿元、1951年为21.7亿元、1952年为27亿元，工商业税收1950年为23.6亿元、1951年为47.5亿元、1952年为61.5亿元。这为完成快速恢复国民经济、实现国家财政状况的根本好转、支持抗美援朝等重大政治历史任务，提供了强有力的税收保障，巩固了新生的人民共和国国家政权。

二、推动了新中国社会主义基本经济制度的建立

1952年底，中国国民经济得到全面恢复，中国共产党创造性地开辟了一条适应中国国情的社会主义改造的道路。"公私区别对待"成了制定税收政策的基本原则，税收不仅作为取得财政收入的重要手段，而且更重要的是，它成了限制甚至取消资本主义所有制的有力政策工具。在这一时期，采取和平赎买的利用、限制、改造民族资本主义工商业的政策，是工人阶级同资产阶级进行阶级斗争的一种新形势。其中，税收政策是一个重要武器，它对资本主义工商业的社会主义改造起了有力的配合作用，并为工业化建设筹集了充足资金。根据中国民族资产阶级的两重性特点，税收政策的基本精神是：既要限制私人资本主义的资本积累，又要让资本家有合法的利润可得，并按照党的有关政策采

取适当措施对他们进行社会主义改造。到1956年，在党的领导下，胜利完成了农业、手工业的合作化运动和对资产阶级的和平赎买，基本上实现了对生产资料私有制的社会主义改造，社会主义基本经济制度基本建立，社会主义建设取得了巨大成就，国有经济开始掌握着国家经济的命脉，成为国民经济的主导力量。

三、为新中国税收事业发展奠定了根基

新中国成立初期税收的探索与发展，特别是新中国税收制度的开创与完善，为中国税收事业奠定了坚实的基础。通过统一全国税收政策，建立新税制，调整税种、税目、税率等工作，规范中央和地方收入分配关系，中国税政长期不统一的局面从此宣告结束。全国税务机构迅速统一，自中央至地方共设六级税务机构，各级税务局条块双重领导、条条领导为主。财政部税务总局成立后，结合新中国税制建设的需要进一步强化了对税收计划、税收管征等方面的管理，并在此基础上建立了较为完善的税收征管制度。从此，集中统一的新中国税制建设逐步展开，至1956年社会主义改造完成之后，我国初步建成由货物和劳务税、所得税、财产税及其他税收为主要内容的社会主义税收制度，为中国税收事业发展奠定了根基。

四、促进了新中国经济社会事业全面发展

新中国成立后，税收工作重心开始从农村到城市、从农业税收为主到工商税收为主转移。1950年至1956年，农业税占实际产量的百分比出现了轻微下降。与此同时，国营企业对税收的贡献不断增大，国民经济恢复时期其平均比重为50.12%，1953年为64.17%，1956年上升至73.49%。1950年至1956年，全国税收收入呈逐年增长趋势（1955年略有下降），历年增幅分别为95.33%、32.53%、42.63%、8.88%、-1.52%和12.10%，平均增幅达31.66%。税收充分发挥了筹集财政建设资金的职能作用，有利支援了大规模经济建设，促进了第一个五年计划的超额完成，推动我国形成比较完善的国民经济体系，尤其是工业

体系，使得我国从一个贫穷落后的农业国，变成了初具规模、走上工业化道路的新兴社会主义国家。“一五”期间，我国工业年均增长18%，农业总产值年均增长4.5%，交通运输、科教文卫等事业也有不同程度的增长。①

参考文献

［1］国家税务总局．中华人民共和国税收大事记：1949.10—2009.9［M］．北京：中国财政经济出版社，2012.

［2］《中华人民共和国经济大事记》编选组．中华人民共和国经济大事记（1949年10月—1984年9月）［M］．北京：北京出版社，1985.

［3］刘佐．新中国税制60年［M］．北京：中国财政经济出版社，2009.

［4］左春台，宋新中．中国社会主义财政简史［M］．北京：中国财政经济出版社，1988.

［5］金鑫，刘志城，王绍飞．中国税务百科全书［M］．北京：经济管理出版社，1991.

［6］曲绍宏，白丽健．中国近现代财政简史［M］．天津：南开大学出版社，2006.

［7］高培勇．共和国财税60年［M］．北京：人民出版社，2009.

［8］项怀诚，贾康，赵全厚．中国财政通史［M］．北京：中国财政经济出版社，2006.

［9］贺水金．1927—1952年中国金融与财政问题研究［M］．上海：上海社会科学院出版社，2009.

［10］中共中央文献研究室．毛泽东文集：第6卷［M］．北京：人民出版社，1999.

［11］中共中央文献编辑委员会．周恩来选集：下卷［M］．北京：人民出版社，1984.

［12］中共中央文献编辑委员会．刘少奇选集：下卷［M］．北京：人民出版社，1985.

① 高培勇．共和国财税60年［M］．北京：人民出版社，2009.

［13］中共中央文献编辑委员会．陈云文选（1949—1956）［M］．北京：人民出版社，1984：29．

［14］谢旭人．中国财政60年：上卷［M］．北京：经济科学出版社，2009：86．

［15］王佩苓．中国税制［M］．大连：东北财经大学出版社，1997：62．

［16］龚关．中华人民共和国经济史［M］．北京：经济管理出版社，2010：3．

［17］赵德鑫．中华人民共和国经济史［M］．郑州：河南人民出版社，1989：21．

［18］国家税务总局办公厅．全国税务工作会议主要领导讲话（1949—1994）［M］．北京：中国税务出版社，1995．

［19］中国社科院，中央档案馆．1953—1957中华人民共和国经济档案资料选编：财政卷［M］．北京：中国物价出版社，2000．

［20］国家统计局．光辉的三十五年［M］．北京：中国统计出版社，1984．

［21］柳随年，吴群敢．恢复时期的国民经济（1949—1952）［M］．哈尔滨：黑龙江人民出版社，1984．

［22］朱荣．当代中国的农业［M］．北京：当代中国出版社，1992．

［23］中国国际贸易促进委员会．三年来新中国经济的成就［M］．北京：人民出版社，1952．

［24］武力．一九五三年的“修正税制”及其影响［J］．中国社会科学，2005（5）．

［25］薄一波．若干重大决策与事件的回顾（修订本）：上卷［M］．北京：人民出版社，1997．

［26］中共中央文献编辑委员会．朱德选集［M］．北京：人民出版社，1983．

第六章

艰辛探索和曲折中发展的社会主义税收事业（1956—1978 年）

从 1956 年社会主义基本经济制度建立到 1978 年党的十一届三中全会召开前夕，党领导全国各族人民对适合中国国情的社会主义建设道路进行了艰辛探索。这一时期，中国共产党在税收政策、税收体制、领导体制、队伍建设、组织建设等方面开展了理论和实践探索，其间经历了职能作用的不同认识和税制的不断调整，在曲折发展中呈现了时代的特征。

第一节　社会主义建设过程中税收指导思想的变化

随着社会主义改造的完成，摆在党面前的是一个以公有制为主体的崭新的所有制形式。作为筹集财政收入的方式，税收这一传统的取得财政收入的手段却遇到了巨大的挑战，再加上其他的历史、理论和外在的因素，从而影响党的税收政策的制定，使其与新中国成立初期相比发生了较大的变化。

一、计划经济对税收指导思想的影响

1956 年，生产资料私有制的社会主义改造取得了决定性的胜利，农业、手工业个体所有制基本上转变为劳动群众集体所有制。根据中共中央党史研究室编著的《中国共产党的九十年》记载，1956 年同 1952 年相比，国营经济的比重由 19.1% 上升到 32.2%，合作社经济由 1.5% 上升到 53.4%，公私合营经济由 0.7% 上升到 7.3%，社会主义经济成分合计达 92.9%。“这标志着公有制占绝对

优势的社会主义经济制度在我国初步建立起来”。与此同时，在国家财政分经济类型收入中，全民所有制经济上缴收入占全部财政收入的比重，从 1953 年的 64.17% 增至 1956 年的 73.49%。[①] 随着我国计划经济体制的建立与完善，税收也必然打上计划经济的烙印。

二、苏联税收制度对我国税收指导思想的影响

苏联“十月革命”后，当时多种经济成分并存，社会主义经济成分比较薄弱，国营企业和组织经济核算水平较低，税收制度存在着“多种缴款、多项课征、手续复杂等缺点”。[②] 随着社会主义工业化和农业集体化运动的开展，社会主义经济成分的壮大和巩固，私有制经济成分大量减少，1930 年 9 月，苏联中央执行委员会和人民委员会通过了税制改革的决定。苏联税制改革的实践和理论观点，对中国产生了较大影响。

三、党的税收指导思想的变化

如何利用税收为社会主义建设积累资金，本来需要根据中国的国情在借鉴苏联经验的基础上去科学研究并摸索实践，找寻一条符合中国实际的路径，但由于时代性、外来性、理论性、经验性的多种背景因素，影响了党在这一个时代领导税收的路径选择。

中国共产党第八次全国代表大会已经基本确定了有关财税指导方针，如，《关于发展国民经济的第二个五年计划的建议的报告》提出：“多年来的经验是：我们的财政收入必须建立在经济发展的基础上，我们的财政支出也必须首先保证经济的发展。因此，应该首先考虑经济、特别是工农业生产的发展计划，然后根据它来制定财政计划，用财政计划保证经济计划的圆满执行。不根据经济发展的情况开辟财政来源，把财政收入计算得过少，或者单从节约财政开支着想，保留过多的后备力量，都将限制经济建设的充分发展，这是不对的。”

① 高培勇．共和国财税 60 年［M］．北京：人民出版社，2009：60．
② 贾荣鄂．浅谈苏联的周转税制度及其作用［J］．黑龙江财专学报，1987（4）．

1958 年 8 月，中共中央政治局北戴河扩大会议提出了工业“大跃进”和农村生产关系新变革的任务，认为在完成了生产资料所有制社会主义改造以后，共产主义的实现已经为时不远。在此影响下，主流思想认为，国营企业的税收和利润都是工人阶级创造的社会积累，在社会主义改造完成以后，在税收上经常考虑的公私关系已经不存在了，国家、企业和个人之间的根本利益是一致的，因此可以把税利合并。到了“文革”时期，多税种、多层次调节的工商税制被看作“烦琐哲学”，更有甚者被上升到阶级路线斗争的层面来批判。

正是因为上述各个方面的背景、多个因素，让中国共产党在社会主义革命和建设新时期财政收入汲取方式上开始转变对税收职能的认识。一方面，在国营企业，计划经济让税收弱化了原有参与调节分配的功能，筹集收入、积累资金成为税收的主要职能；另一方面，对非国营企业而言则作为限制发展的手段和筹集收入的工具。这些使得税收的职能和作用严重弱化乃至扭曲。

第二节　艰辛探索时期税收工作的挫折与调整

1958 年，这是新中国历史上税收改革的一个里程碑之年，工商税制改革、税收管理体制改革、税务机构合并到财政机构之中……这一年有太多的大事件串联起来并镌刻在这个里程碑上。

一、“大跃进”时期的工商税制改革及其他探索

在工商税制方面，1958 年 3 月 18 日，中共中央政治局召开成都会议讨论通过了财政部党组呈报的《关于改革工商税收制度的报告》，指出简化税制只是改革税收制度的第一步。同年 9 月 11 日，全国人大常委会第一百零一次会议原则通过了财政部起草的《中华人民共和国工商统一税条例（草案）》，不仅完成了工商统一税的立法程序，而且开启了简化工商税制的探索实践。从 1956 年开始到 1958 年，简化税制成为这个时期的主要特征。

（一）1958 年工商税制简并

1957 年 9 月，财政部召开全国税务局长会议，研究制定了简化税制的方针。会后，财政部党组向中共中央呈报了《关于改革工商税收制度的报告》。1958 年 3 月，中共中央政治局召开成都会议研究确定："关于改革工商税收制度的部分，可以按照原报告的意见实行。但须指出，简化税制只是改革税收制度的第一步，在完成这一步以后，还须进一步考虑用税收的办法调节企业利润，使企业的利润不致过大，以利于企业加强经济核算制。"① 经过党中央的同意，新中国历史上具有历史意义的工商税制改革的帷幕就此拉开。

1958 年 5 月 1 日起，棉纺织印染、日用化学、制笔、热水瓶等四类产品首先作为"试验田"，在国内先期试行。后来，财政部扩大了施行范围，再选定了烟酒、饮食品、棉织品、纸、用品、日用化学品的痱子粉、电工器材、化学工业、建筑材料、燃料工业、鞭炮和焚化品共计 11 类产品在全国推广试行。国务院《工商统一税条例》及其施行细则公布后，"一切从事工业品生产、农产品采购、外货进口、商业零售、交通运输和服务性业务的单位或者个人"，都成为工商统一税的纳税人。工商统一税条例按产品和行业相结合的办法设置税目，由原来的商品流通税、货物税列举的 234 个减为统一税的 108 个，从最低 1.5% 到最高 69% 设计了 136 个税率，建构了一个整齐划一、多个税目、多个税率并且囊括所有产品和行业的综合性税种，完成了流转税的统一和简化。

在征收环节上，保留了 1953 年税制修正的在产制环节只征收一次的做法。消除了部分中间产品的重复征税。委托方在收回加工产品以后，用在企业生产上的，不再纳税，只有直接拿来出售的才纳税，减少了协作产品的税负。为防止市场价格的波动起伏，这次改革规定，不允许调整工业出厂价格和商业零售价格。

① 当代中国的工商税收：上［M］. 北京：当代中国出版社，1994：109.

（二）工商税收管理体制的改进

按照党的八大会议精神，1958年3月10日，中央原则同意了财政部党组起草的《国务院关于改进工商税收管理体制的规定（草案）》。当年6月9日，国务院在综合各地试点情况后，正式发布《关于改进工商税收管理体制的规定》。该规定一改过去税收管理体制都是附属于财政管理体制的传统，专门经过全国人大常委会原则批准，将印花税、利息所得税、屠宰税、牲畜交易税、城市房地产税、文化娱乐税、车船使用牌照税的管理权限下放给省、自治区、直辖市。同时在商品流通税、货物税、营业税、所得税这4种主体税收管理权限基本上仍然归中央集中掌握的基础上，允许省、自治区、直辖市在规定的范围内，根据实际情况，实行减税、免税、加税的措施。这是全国税政统一后第一次税收管理权限的下放。

（三）鼓励新产品试制税收优惠政策的创立

1956年1月14日至20日，中共中央召开全国知识分子问题会议。毛泽东、周恩来在会上要求全党、全军和全国人民努力学习科学知识，为迅速赶上世界科学技术先进水平而努力奋斗。毛泽东在讲话中指出："我们国家大，人口多，资源丰富，地理位置好，应该建设成为世界上一个科学、文化、技术、工业各方面更好的国家。"就是在这次会议上，党中央发出了"向科学进军"的伟大号召。

在"向科学进军"的号召下，税收政策也积极地体现其鼓励和支持的导向。1958年6月9日国务院发布的《关于改进税收管理体制的规定》明确，"省、自治区、直辖市可以实行减税或者免税的范围规定"包括"工业、手工业试制的新产品和新建企业所生产的产品，在试制期间和生产初期，如果按照税法规定纳税会发生亏损的"。由此，开启了新中国试制新产品可以减税或者免税的政策先河，这也是税收政策的一个重要建树。

（四）税利统管改革的探索

1957 年，新中国财税领域发生了一件重大事件，那就是税务机关被赋予“监交利润”的职责。过去的国营企业利润监督解交是由财政部经建部门负责办理，虽然在工作中起到了一定作用，但由于经建部门事情多、人手少，下面又无单独机构，很难对遍布全国的各企业进行深入和及时的监督。各地财政部门又都忙于地方国营企业的资金计划及利润解交工作，对中央各部所属企业的监督也不够有力。于是，财政部曾于 1956 年 9 月在全国试点推行了委托地方税务部门监交。“为了加强对国营企业解交利润的监督，以保证国营企业利润及时地、足额地解交金库”，1957 年 1 月，财政部发出《关于实行由税务机关监督国营企业解交利润的通知》（以下简称《通知》）并附发了《关于监督国营企业解交利润的临时规定》，在全国正式推开。《通知》明确，将中央冶金工业部、化学工业部、建筑材料工业部等 11 个部门所属的国营企业利润自当年 1 月起由税务机关监督解交，且“监交利润的税务局即为国营企业利润的收入机关”。

利润监交引发了税收管理职能的变革，让税务机关发生了从管税到税利统管的嬗变，导致税收工作职能发生了很多变革。后来监交的范围不断扩大，到了 1962 年，中央及省级、市级、县级国营企业、公私合营企业，均实行了由企业所在地的区税务分局监交。

随着对私营工商业资本改造的完成，社会主义的国营企业利润收入也增长较快，与税收一起成为国家财政收入的主要来源。因此，从国家财政收入体制上看，税务部门负责利润监交具有划时代的意义。

二、国民经济调整时期的若干税制改革措施

1961 年，党的八届九中全会通过贯彻执行“调整、巩固、充实、提高”的国民经济“八字方针”，税收工作迎来一个全面的制度调整、体制改进、严肃纪律、干部充实、思想提高的时期。

（一）调整农村税收负担

1961 年 6 月 23 日，中共中央批转中共财政部党组报送的《关于农业税问题的请示报告》指出，农业税的实际负担率，即农业税正税和地方附加实际税额占农业实际收入的比例，全国平均不超过 10%。1961 年，农业税征收额调减以后，稳定 3 年不变，增产不增收。1962 年 9 月 27 日，党的八届十中全会还讨论通过了《关于进一步巩固人民公社集体经济，发展农业生产的决定》《农村人民公社工作条例（修正草案）》，提出了“国家征收农业税和统购粮食的数量，应当在适当的水平上，在一定时期内稳定下来，除了国家正式规定的税收任务（包括正税和附加税）以外，不准各级机构自行加税，自行摊派。”

在牧业税方面也相继明确了轻税政策。1961 年 12 月 6 日，中共中央批转的《西北地区第一次民族工作会议纪要》提出，继续实行轻税政策，取消草场税，牧业税的税率应当控制在牧业总收入的 3% 以内。1963 年 3 月 13 日，中共中央批转中共民族事务委员会党组报送的《关于少数民族牧业区工作和牧业区人民公社若干政策的规定（草案）的报告》中提出，对畜牧业采取轻税政策，辅助畜牧业生产的发展。畜牧业的税率一般控制在畜牧业总收入的 3% 以内为宜。[①]

（二）全面开征集市交易税

为贯彻党中央“有领导有计划地恢复农村集市，活跃农村经济”的指示，发挥税收职能，调节农民收入、平衡城市农副产品的税收负担、规范合法交易，财政部决定于 1961 年 8—9 月，在广西壮族自治区玉林县、湖南省祁东县、祁阳县进行集市交易税试点。到了 1962 年 3 月，全国有 15 个省、自治区、直辖市在试点的基础上全面开征集市交易税。1962 年 4 月，国务院批准财政部制定《集市交易税试行规定》，全国范围普遍开征交易税。明确家畜、家禽、

① 刘佐. 社会主义市场经济中的中国税制改革（1992—2013）［M］. 北京：中国税务出版社，2014.

肉类、蛋品、干鲜果、土特产品和家庭手工业产品等7类，由各省、自治区、直辖市根据当地情况列举品名征税。税率为5%、10%、15%三种，允许各地具体规定适用税率。后来，财政部对征税范围等进行了修正，停征家禽、蛋品的交易税，适当缩小了征税范围。要求各地对于本地区在规定征税商品范围内列举品名过多的，以及在家畜、肉类、干鲜果、土特产品和家庭手工业品等5类商品以外增加的征税品目，应当进行一次审查，其中不合理的也要停征。各地相继进行了调整修改，并对农民和商贩的界限进行了区别对待、控制了加成征税和罚款的严格实施。

（三）探索改革国营企业工商税收制度

1966年1月，财政部税务总局在旅大市和铁道部、粮食部所属企业进行了按企业、按产品积累征税的试点，随后扩大了试点范围，国务院财贸办公室批转财政部关于改革国营企业工商税收制度安排试点的报告，要求各试点省市党政领导给予支持。试点提出的改革办法是，将现行按产品性质和用途设计税率的办法，改为按企业、按产品积累征税，把上半年实际积累（税收和利润）的一半，换算成占上年销售收入的百分比，即作为企业使用的税率，企业在取得销售收入后，依率计征。这种按积累拿一半的做法，对于积极稳妥组织财政收入具有一定的积极意义，但也带来国家政策对产品调节的缺失、削弱了税收对产品价格管理的配合作用。

为贯彻工业生产大中小结合向专业化发展的方针，财政部于1965年4月对改进机器机械制作生产征税办法发出通知，要求“对于国营、公私合营工业企业生产销售的机器机械零件、部件、铸件、锻件，凡是用于生产装配机器机械的，都不再征税，只就整机产品征税，整机产品税率不作调整，仍按原规定执行”，这对于促进专业化生产、鼓励协作具有重要意义。同时，财政部于1965年先后发出通知，为适应集中管理、统一核算，对试办“托拉斯”的工交企业所属各厂生产的产品，都在销售后的收款结算单位征税，改变过去按每个企业征税的办法。对于新产品减税免税也作了改进。财政部于1965年7月发出《关于对试制新产品减免税补充规定的通知》[1]，进一步明确了新产品减免的范围，简化了手续，即原由财政部税务总局审批改为试制企业和当地税务局检送有关材料，由当地税务局核实后办理并事前检送财政部税务总局以便查考。

另外，国务院决定自 1966 年 1 月起，对进出口商品免征进出口商品的工商统一税，这对促进对外贸易事业发展起到了一定的积极作用。

三、艰辛探索时期税收工作的挫折与调整

（一）“大跃进”时期税收工作的削弱

“大跃进”运动本来是想加快我国经济建设的步伐，但是由于不切实际的“左倾”思潮占据主要地位，导致税收工作遇到了挫折。

1．1958 年农村税收包干与及时纠正

1958 年 8 月，中共中央通过了《关于在农村建立人民公社的决议》。各地掀起了人民公社化运动的高潮。人民公社把农村基层政权组织和农业生产组织合而为一，取消了社员的自留地等家庭副业，大搞公共食堂，实行工资制和粮食供给制等，这改变了原来乡镇财政的工作任务和范围，公社内部自产自用的产品增多，产品的直接分配部分日益扩大，商品的流通部分相对减少，过去在商品流通环节征收的工商税有相当一部分收不到了。此外，原来的手工业生产合作社成为人民公社的企业，其财务核算和税收利润等分配关系也随之发生变化。

面临着人民公社体制的变化而带来的税收征管问题，中共中央于 1958 年 10 月召开了全国财贸工作会议，提出了根据统一领导、分级管理的方针，实行机构下发、计划统一、财政包干的办法。财政包干就是把人民公社应当上缴的工商税、农业税和下放到公社的工业、交通、商业、银行的利润，以及工商税、农业税附加等收入，改为由公社统一包干上缴国家，不再分别计征上缴。不仅

① 刘志城，王平武．中华人民共和国工商税收史长编：第二部［M］．北京：中国财政经济出版社，1988．

如此，财政局和税务机构也在很多地区进行了合并。

财政包干的人民公社实践随之引发了很多问题，也遭到了来自基层财税干部的很多质疑。1958 年 11 月，党的八届六中全会通过了《关于人民公社若干问题的决议》，对人民公社管理体制作了调整，财政部根据这一精神提出了改进公社工商税收办法的意见并获国务院批准试点，人民公社的税收问题被得到纠正并基本得到恢复。

2. 城市“税利合一”试点及停止

农村人民公社财政包干后的“左倾”冒进之风，也开始向城市蔓延。在国营企业的税收和利润都是工人创造且本质一样的前提下，实行税收与利润合为一种的形式。1958 年 12 月，财政部召开了全国财政厅局长会议，提出了在城市全民所有制企业实行“税利合一”的试点。1959 年 1 月，财政部决定在武汉、宝鸡、石家庄、南京、成都、开封、锦州等城市进行“税利合一”试点，并继续在上海 7 个行业 16 个企业中调查研究。由于违背客观经济规律，“税利合一”试点仅仅过了 4 个月便在失败中结束了。这也引起了对“非税”论的反思，以及如何重新审视社会主义建设时期税收的作用。在 1959 年 5 月全国税务局长会议上，财政部副部长吴波认为，从 1958 年对公社实行财政包干及后来对国营企业进行“税利合一”的试点工作带来的一个问题，就是在我国革命的现阶段税收作用究竟如何，税务工作的同志都要求加以明确。①

3. 税务机构的精简及人员的下放

“大跃进”时期，根据精简下放的精神，许多城市实行了财政、税务、建行、保险公司的“四合并”或者“三合并”，基层税务所并入了公社财务部门，税务机构遭到极大削弱。据统计，1957 年全国共有专署（市）以上税务局 284 个，1960 年减为 29 个，为 1957 年的 10.2%；1957 年全国共有县（市）和市属区税务局 1949 个，1960 年只有 118 个，为 1957 年的 6%；1957 年全国共有农村税务所 7221 个，历经 1958 年财政包干后的撤销及 1959 年的恢复增至 14800

① 《财政部吴波副部长在 1959 年 5 月全国各省、市、自治区税务局长会议上的综合发言（提纲）》，山东省档案馆存。

多个后，到了 1960 年下半年，财政部门接办人民公社财务以后，又有 20 个省、区把 8500 多个税务所撤销了。财税一体化的机构设置，使得税务部门内设化大都采取了财政部门设立有关税政机构，有的甚至在财政科室内部指定专人管理，尽管做到了机构的精简，但是影响了税收政策贯彻落实的畅通和效果，导致上级的精神贯彻不下去、下面的情况反映不上来、出现的问题不能及时解决的局面，税收工作受到很大影响。

与此同时，税务干部也大批下放。各地区按照整顿改制的要求，精简税务干部支农、支工、支援文教。据统计，全国税务干部人数由 1956 年的 125000 多人，减到 1958 年的 46000 多人，精简了近 80000 人。干部的精简下放导致了骨干力量缺失。“各地区税务部门缺少骨干力量的情况很严重，如安徽省 66 个县税务局有 27 个县没有局长，599 个税务所 147 个没有所长；福建全省绝大多数税务所长都不在工作岗位。此外，由于人少事多，任务紧迫，干部很少有时间学习税法，以致业务生疏，如上海市原来业务熟悉的税务专管员，有很多被调走了，现有的税务专管员有 2/3 不熟悉业务；河北省股长以上的税务干部不熟悉税收业务的占了 30%，河南省有 47.7% 的税务干部不熟悉业务，江西省金溪县 12 个税务所的 12 个干部，只有 1 个会查账，宜黄县有 2 个以上的税务干部，不仅不会查账，连税票都不会开，这些地区无法进行纳税检查，只能凭企业交多少算多少。”① 此外，很多地区的税收行政和业务制度也难以落实，干部教育考核制度、税务专管制、税务专管员守则等执行检查、评比等，均流于形式，严重影响了税务干部的整体建设、队伍形象。

（二）国民经济调整时期税收工作的调整与加强

1. 调整税收管理体制

1961 年 1 月 15 日，中共中央批转了《财政部关于改进财政体制和加强财政管理的报告》，4 月 20 日，中共中央发布《关于调整管理体制的若干规定》。

① 王乔，席卫群，曾耀辉，等. 共和国税收征管 70 年［M］. 北京：人民出版社，2019：59.

这个规定对 1958 年税收管理体制改革的内容进行了进一步补充和部分纠正，包括：一是凡属工商统一税税目的增减和税率的调整，盐税税额的调整，应当报经国务院批准。属工商统一税纳税环节的变动，凡是牵涉一个大区内两个省、市、自治区以上的应当报经中央局批准；牵涉两个大区的，应当报经国务院批准。二是凡属开征地区性的税收、地方各税税目税率的变动，以及在中央规定的所得税的税率范围内确定具体税率，必须报经中央局批准。三是凡属工商统一税中有关新试制的产品、以代用品作原料生产的产品，或者由于灾情等原因，需要给予减免照顾的，由省、市、自治区批准，地方各税的征税范围、减税免税、对小商小贩加征所得税的比例和起征点的确定，也由省、市、自治区批准。

2. 理顺税务工作机制

1961 年 4 月至 1978 年 12 月任财政部税务总局局长的任子良

1961 年 5 月 22 日至 6 月 8 日，财政部召开全国税务局长会议。财政部税务总局局长任子良作了题为《加强税收工作，大力组织收入》的讲话。会议指出，税收是巩固工农联盟、贯彻党的政策的一个重要工具；税收是一种经济杠杆，这种杠杆作用不能放弃。

1962 年 2 月，为促进国民经济的恢复和发展，中共中央决定重新设立中央财经小组，统一领导全国财政经济工作。新成立的中央财经小组恢复了 1957 年 1 月中央经济工作五人小组和新中国成立初期中财委的职能，成为全国财政经济工作大政方针的最高决策机构，也是加强财政工作领导的组织保证。

1964 年，根据中央关于在国民经济各部门建立政治机构的指示，中共中央财贸政治部成立，其基本任务是“根据发展经济、保障供给的原则，在国家计划的指导下，正确地组织财政收支，金融活动，商品流通和对外贸易，为农业生产和工业生产服务，为城乡人民生活服务，为国防建设服务，为社会主义建设服务”。《中华人民共和国财贸部政治工作条例总则草案》规定，为了保证中国共产党对财贸工作的绝对领导，在财贸部门中设立政治机关，进行党的工作和政治工作，在党中央委员会的领导下，设立中央财贸政治部。在中央财贸各部、行、社的党组的领导下设立政治部（处），在各省、直辖市、自治区党委，县委、城市党委的领导下设立财贸政治部。财贸部门各级政治部都是党的工作机关，中央财贸政治部管理全国财贸部门党的思想工作和组织工作，是进行政治工作的领导机关。

与此同时，税务部门设立了政治机构，加强政治思想工作。时任国务院副总理李先念作出加强税务干部思想政治教育的指示："税收工作处在对私斗争的第一线，要经常对干部讲形势，讲阶级斗争，防止资产阶级思想的腐蚀"。[①] 根据这一指示精神，1965 年全国税务局长会议决定，在全国税务系统都要设立政治机构和配备政治工作干部。财政部税务总局设立政治处；省一级税务局及

1965 年 2 月 22 日，毛泽东、邓小平等党和国家领导人接见参加全国税务局长会议的全体代表

① 当代中国的工商税收：上［M］. 北京：当代中国出版社，1994：139.

设有税务分局的市税务局，也要设立政治处；专、县税务局和城市的税务分局，配备政治教导员或指导员。同时要求，各级税务局政治机构的负责干部，应当相当于同级的副局长。税务所应当有一个所长或者副所长负责思想政治工作。[①]这次会议后，各地税务部门陆续建立了内设的政治机构，为党的领导提供了更加有力的组织保证。

3. 充实税务队伍

1962 年 2 月 28 日，中共中央印发《关于迅速充实银行、财政和企业事业部门的计划、统计、财务、会计、信贷、税务人员的紧急通知》（以下简称《紧急通知》），指出："中央最近全面讨论了银行、财政和商业工作。认为在目前情况下，银行必须实行高度的集中领导，财政和商业工作也必须进一步加强集中领导""近几年来，从银行、财政和商业部门调走的领导骨干和计划、统计、财务、会计、信贷、税务骨干人员，凡是他们需要的，除了少数特殊情况外，一律立即归队""应当在全国各部门精简过程中，认真地、仔细地挑选一批政治质量好、年轻力壮、文化水平较高的人员去充实财政、银行、商业的计划、统计、财务、信贷、税务机构。""为了加强税收工作和基本建设拨款监督工作，凡是已经把这两个机构同财政机构合并的，要重新分开。""中央已经决定，财政银行部门的编制人员在一九六一年底实有人员的基础上，再增加十万人，其中，财政部门增加四万人"。

在这个《紧急通知》中，中央将加强以上机构充实人员作为"巨大的任务"，要求在较短的时间内完成。这是新中国成立后专门为财政、银行、财务、信贷、税务机构和人员下达的中央文件，为确保财政税务等部门发挥职能提供了强有力的保障，要求"各级党委必须把这个工作作为促进国民经济调整的一个十分重要的方面""力争在较短的时间内完成这个巨大的任务"。

那么被中央视为"巨大的任务"又是如何落实的呢？根据当年 5 月 2 日《财

① 刘志城，王平武．中华人民共和国工商税收史长编——第三部：工商税收的管理和监督（1949—1982 年）［M］．北京：中国财政经济出版社，1988：27.

政部税务总局关于恢复税务机构充实税务干部情况的通报》[①]一文披露，全国绝大多数地区都按中央指示的精神，积极采取措施，坚决贯彻执行，在3个月的较短时间内完成了任务。“上海市委已经正式决定，财政税务机构分别设置，市设税务局，区设税务分局，县设税务局，区、县以下分别设立若干税务所，区县税务部门的干部和人员编制，由市税务局垂直领导，财政、税务干部先归队1100人。广东省委决定，财政税务机构一律分设，全省税务干部编制确定为10500人，比1961年底实有人数增加2584人，区、县以下税务机关的领导要配备同级党委委员一级的干部。这样，连同过去报来的材料，全国已经有上海、河北、内蒙古、辽宁、吉林、黑龙江、湖北、湖南、河南、江西、广东、广西、山东、浙江、福建、安徽、江苏、四川、贵州、甘肃、宁夏、青海等24个省、市、自治区基本上都从上到下单独设置了税务局和税务所，根据‘精兵简政’原则，充实了一批基层税务人员，归队了一批税务工作的骨干。事实证明，凡是财税机构分设充实税务干部的地区，税务管理工作就迅速得到了加强，漏、欠税款和利润的现象有了好转，税收收入也增加的很快”“中央关于单独设立税务局，增加税务人员的指示，是十分正确的”。

1962年11月，中共中央、国务院发出《关于当前财政金融方面若干问题的通知》（以下简称《通知》），规定用雇佣助征员的办法，补救干部的不足。根据《通知》决定，共招录了45790名税务助征员。到1964年末，全国税务人员共达177411人，比1957年增加69324人，人员上升了64%[②]。

此外，为了贯彻上述《通知》精神，财政部于1962年5月发出通知，对1961年定编税务人员实行事业编制，并在补充通知中规定税务人员的经费自1962年1月起从行政经费中划出，变为由税务局掌握和分配。

4. 实施严格的党的财政管理纪律

1962年4月21日，中共中央、国务院发布《关于严格控制财政管理的决定》，

① （62）办字第38号，存放于山东省档案馆。
② 刘志城，王平武. 中华人民共和国工商税收史长编——第三部：工商税收的管理和监督（1949—1982年）[M]. 北京：中国财政经济出版社，1988：27.

这个后来被称为财政“六条”的决定将“不许挪用应当上缴的税款和利润”纳入十条“不许挪用”的范围。同时要求：“坚决维护应当上交国家的财政收入。凡是逾期不交税和偷税漏税的单位，税务部门应当及时催收追缴，催收无效的，通知当地人民银行从他们的存款中扣交，并且按照规定，加收滞纳金。凡是拖欠或者挪用上交利润的单位，也要查明情况，加以处理。”“切实加强财政监督。今后，各级财政部门和企业、事业的财务部门，对于违反财政纪律的行为，不检查不报告，放松财政监督的，应当以失职论处。财政部门和财务部门自己违反财政纪律，应当加重处分。各级人民委员会，应当加强对财政部门的领导，研究解决财政方面的问题。”

1965年河南安阳专员公署税务局制作的招贴画，生动反映了那一时期税收多方面支持社会主义建设和人民税收取之于民、用之于民的本质

上述涉及财税的有关要求，都是针对“大跃进”时期资金管理混乱、乱占乱挤财政资金的错误的一次纠正，是国家调整税收管理体制的集中表现，是堵塞税收管理漏洞，强化税收管理和企业上缴财政约束的有力措施，意义重大。不仅明确了有关税款和利润的完整入库的处理规定，而且也明确了对责任部门财政纪律的约束。同时，也可视为对国家财政与企业财务长期以来一体化的合一体制的一次扭转。

第三节　“文革”时期税收工作的削弱与整顿

一、“文革”时期税制的主要变化

（一）在国营企业推行综合税

《一九六九年国民经济计划纲要（草案）》提出了“要合并税种，简化征税办法，改革不合理的工商税收制度”的要求。在总结天津试行综合税的基础上，1969年财政部经国务院批准，在全国部分地区开始推广综合税。合并的办法是，将原来征收的多种税合并为一种税，将原来在多个环节，使用多种税率，多次征收改为一个企业使用一个税率，在一个环节征税。停征工商统一税、城市房地产税、车船使用牌照税、屠宰税和随工商统一税附征的地方自筹经费。这种实际上“一企一税一率”的改革打破了新中国成立以来一贯按产品规定税率、按产品价格计税、各项不同税种按不同税率分别征收的模式。这样做法的好处就是“工人一看就懂，一学就会”“有利于工人群众参加管理，有利于财务和税务部门实行精兵简政”。

（二）综合税扩围到集体企业

1970年1月，将集体所有制企业缴纳的工商统一税、城市房地产税、车船使用牌照税、屠宰税和工商统一税附加合并为一种税，改按企业的销售收入额征收。由此，改革从国营企业扩围至集体所有制企业。1970年12月，财政部在天津召开了全国十五个省市税制改革座谈会，总结了各地税改的经验，肯定了天津市按行业设计税率的做法，并制定了国营企业行业税税率表，要求各地积极试行，进一步做好税制改革。1972年，财政部发布《中华人民共和国工商税条例（草案）》，自1973年1月起，全国全面推行。工商税涉及的范围为“国营企事业、供销合作社、手工业合作企业、区办企业、合作商店、街办企业、军事系统和生产建设兵团所属单位等”。工商税是工商统一税再简化的升级版，前者与后者的不同之处是：从推行时间上，前者从 1969 年至 1973 年，历经 4 年，而后者从 1958 年 5 月到 9 月，历时 4 个月；从推行范围上，前者始于国营企业、事业单位，然后到集体所有制企业，再到所有企业，而后者则从四类行业扩围至 11 个行业，再到所有行业；从简化税种上，前者将工商统一税及其附加、城市房地产税、车船使用牌照税、屠宰税“四税一附加”合并为 1 个税种，而后者则是把商品流通税、货物税、营业税、印花税“四税”合并为 1 个税种。

经过两次简化升级，原来的 8 个税种合并为 1 个税种，税目从 234 个减到 108 个再减到 44 个，税率由原来的 141 个减到 82 个。与工商统一税相比较，工商税可谓一个集多个税种的一个综合体，按照流转额课征，成为第一大税种。

（三）单一税制最终定型

历经 15 年的两次简并后，到了 1973 年，新中国成立初期的复合型税制基本上被解构为只有 9 个税种的简化型税制体系，形成了对国营企业只征收一种工商税，对集体企业只征收工商税和工商所得税两种税的格局。

由于对社会主义主要经济形态的国营企业的利润不征税，而对其销售流转额只征收一道工商税，因此，当时的工商税被称作“单一税制”。尽管后来不断对工商税进行税目、税率的调整，但是总体上这一“单一税种

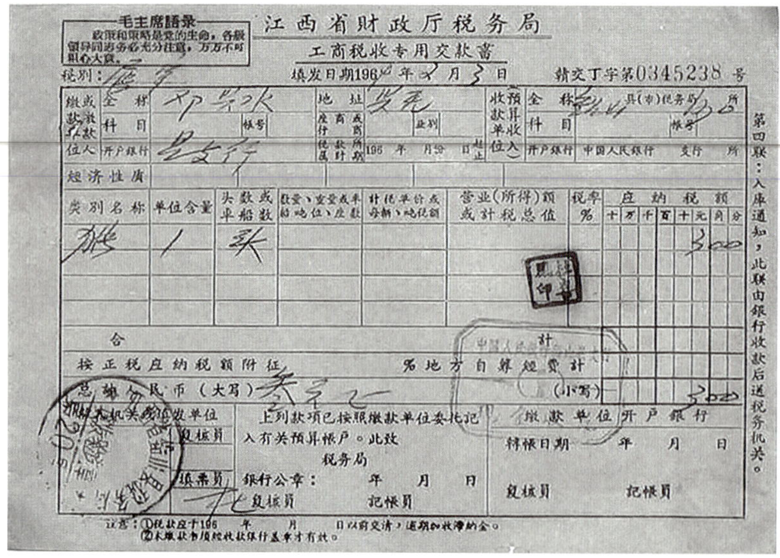
江西省财政厅税务局
工商税收专用交款书
毛主席語录
税别：
填发日期196 年 月 日
第0345238 号
缴款单位（人）｜全称｜科目｜账号｜开户银行｜地址｜经济性质
收款单位（预算收入）｜全称｜县（市）税务局 所｜科目｜账号｜开户银行｜中国人民银行 支行 所
类别名称｜单位含量｜头数或车船数｜营业（所得）额或计税总值｜税率 %｜应纳税额｜十｜万｜千｜百｜十｜元｜角｜分
合 计
总缴金额人民币（大写）｜（小写）
上列款项已按照缴款单位委托记入有关预算帐户。此致
税务局
银行公章： 年 月 日
复核员｜记帐员｜填票员
缴款单位开户银行
转帐日期 年 月 日
复核员 记帐员
第四联：入库通知，此联由银行收款后送税务机关。

▶▶ 江西省税票样式

税制”保持了 10 年左右的稳定期，成为社会主义时期中国实践性、本土性较强的独特税制。

二、“文革”时期税收工作的削弱与整顿

（一）“文革”前期税收机构的削弱和税收秩序的破坏

1. 税务机构又一次被大范围撤并，大批干部被下放劳动

在“破四旧、立四新”的号召下，税务机构的名称也成为废除的对象。税收、税务局甚至被视为几千年来剥削阶级统治劳动人民的工具，是旧社会劳动人民最憎恨的反动统治机关。继 1958 年税务机构撤并再到 1961 年相继恢复后，1967 年，从财政部税务总局到基层税务机构全面进行了一次大撤并。如，财政部税务总局被撤销，改由财政部业务组下设的一个税收业务组办理；1968 年开始，省以下税务机构有的是与工商行政管理局、物价委员会、财政局合并；有的是与财政局、人民银行合并，合并后的名称则是多样，如财税局、财金局、财政局、人民收入局，等等。在机构撤并和废除剥削阶级意识形态产物的影响下，税收业务的正常开展被搅乱，税务干部的事业心严重涣散。从 1968 年 10 月开始，财政部税务总局和各地都下放了大批税务干部到农村、工厂劳动，下放的人数有的是原有人数的 70% ~ 80%，有的更多。有的地区采取了“大换班”的做法，把税务干部与其他部门的干部进行调换。上述现象极大削弱了税务业务力量，结果出现有税无人收，有税不会收，有人不收税。[①] 相比 10 年前“非税”论造成的影响，“文革”造成了更加严重的税收职能和机构人员的削弱困境。

2. 税收法纪遭到破坏

“文化大革命”中，工商税制被认为是保留着对资本主义工商业征税的一套办法，这套烦琐的税收制度严重束缚了财会人员的积极性，只是有利于资产阶级权威把持财务实权，实行资产阶级专政，而不利于无产阶级领导。这种具

---

① 宋新中．当代中国财政史［M］．北京：中国财政经济出版社，1997：327-331.

有歪曲党的税收政策的肆意泛滥和煽动无政府主义，引发了税收法纪的松弛和破坏。有的税务人员不再理直气壮收税，有的企业不遵章纳税、违法偷税，有的地区擅自自行减免税，有的企业抗税甚至殴打税务干部，等等。税收法纪被严重破坏，给国家财政造成很大损失。“据江苏、江西、河北、浙江、湖北、湖南、广东、辽宁等八个省的不完全统计，1972年查出的偷漏拖欠税款达1.88亿元，如果加上其他地区的数字，全国估计有5亿元。”①

（二）“文革”后期税收秩序的整顿和管理的加强

1. 工商税收管理权限的下放

1969年5月，中国人民解放军财政部军事管制委员会发出《关于在八省、市进行下放工商税收管理权限试点的通知》。自1969年6月开始，先在黑龙江、安徽、陕西、河北、湖南、贵州、上海、天津等8省、市推行下放工商税收管理权限的试点。权限的下放将原来属于中央财政部的审批和研究决定的事项改由省、市、自治区革委会来决定。次年的4月，中国人民解放军财政部军事管制委员会继续在辽宁、山东、浙江、广东、湖北、四川、甘肃、北京等8个省、市扩大试点，进一步扩大下放工商税收管理权试点的范围。值得一提的是，1972年3月30日，在国务院批转《财政部关于扩大改革工商税制试点的报告》所附发的《中华人民共和国工商税条例（草案）》中，也规定了部分税收管理权的下放内容。具体涵盖：“纳税单位适用的税目、税率，由省、自治区、直辖市革命委员会决定”“地方对个别纳税单位和产品需要减税、

20世纪六七十年代非机动车纳税牌照，牌照上的标语体现了那一时期的历史

① 刘志城，王平武．中华人民共和国工商税收史长编——第三部：工商税收的管理和监督（1949—1982年）［M］．北京：中国财政经济出版社，1988：542．

免税的，由省、自治区、直辖市革命委员会批准”“为农村人民公社、生产大队、生产队的企业，根据国家政策，需要减成征税或者免税的，由省、自治区、直辖市革命委员会决定”。

2. 税收征管力量的充实

针对各地税务人员大批被下放减少，征管力量不足的问题，1972 年 3 月，国务院在批转财政部的报告中明确指出：“基层税务人员太少的要适当充实”。于是，财政部 6 月 7 日发出《关于税务助征员列入国家编制的通知》（以下简称《通知》）。《通知》指出，为了适应形势发展的需要，加强税收工作的管理，有必要把税务助征员适当稳定下来，经国家计委批准，同意参照过去处理市场管理人员的办法，将现有税务助征员由省、市、自治区列入国家编制。在充实税务干部的同时，从 1972 年开始，恢复税务机构也被提上工作日程。原财政部业务组下的税务组划出，恢复了税务局。全国部分地区也陆续恢复了税务机构，并充实了人员。粉碎“四人帮”后，财政部于 1978 年 6 月 9 日在《关于税务部门恢复事业编制及其经费管理的通知》中规定，为了有利于加强税收工作，经研究决定，税务部门仍恢复事业编制。

3. 税务总局的恢复和税收秩序的整顿

1975 年 1 月，党的十届二中全会上邓小平当选中共中央副主席并在周恩来重病住院期间主持中央日常工作。邓小平努力排除江青反革命集团的干扰，着手对多方面工作进行整顿。1975 年 4 月，财政部召开全国税务工作会议，强调税收在国家经济建设中具有重要地位，税务部门承担着为国家组织财政收入的任务，是责无旁贷的。要努力完成和超额完成税收任务，要认真检查纳税纪律，堵塞一切漏洞，认真贯彻执行党的政策，坚决同偷漏税的行为进行斗争。

财政部税务总局加强了对税收工作的领导。同时，国务院发出《关于进一步加强财政和严格检查一九七四年财政收支的通知》，要求“凡属任意减免税款、扣留国家收入等，都要清理收回，补缴国库”，对违反财税纪律的行为继续进行扭转和纠正。批评了“税收无用论”，在思想理论上划清了财税工作的是非界限，财税工作得到了整顿。当年 7 月 30 日，财政部发出《关于开展税收政策检查，清理漏欠税款的通知》（以下简称《通知》），使税收检查成为制度化、经常化。《通知》提出了若干遏制偷税漏税的各种措施：对个别偷税漏税严重、情节恶劣的要提请当地党委严肃处理；对个别企业无故拖欠税款，催缴无效的，要通知银行扣缴；任何地方和部门，都不得超越国家规定的权限，擅自决定减税免税；有关税收的具体规定和解释，都应由税务部门办理，企业主管部门不得自行下达同税收相抵触的规定，企业不得借口"没有上级指示"而拒绝纳税。

1975 年的全面整顿，对于消除左倾错误所带来的严重后果起了很大作用。国民经济由停滞、下降转为上升。税收工作也大有起色，继 1972 年前后出现好转后，再一次明显好转。税收收入取得了与工业生产同步增长的效果，工商税收收入在 1974 年只增长 1.99%，到 1975 年则较 1974 年增长 13.36%。

第四节　曲折发展阶段税收工作的特点和作用

1956 年社会主义改造后，公有制为绝对地位的生产关系占据了主导地位，从收资本家的税为主开始向收国营企业的税为主，发生了一次根本转变，生产关系的转变导致税收分配关系的变化。在没有实践经验、理论指导及与国际税制不接轨的背景下，同时受到苏联"非税"思想的影响，为党的税收政策制定提供了一个时代的考察背景，在国家财政汲取多种方式中，税收这一传统的分配工具有了不再被视为首选的主要手段的趋向，并开始尝试对公有制经济和私有经济不同的路径选择。在对待公有制经济方面，采取的是税利合并、税制简化政策思路，税收被作为国家计划的一部分，在国家财政与国营企业财务的合一体制下，与国营企业诸如利润、折旧基金等一同纳入计划汲取财政收入，从而呈现的税收并非占据财政收入主要地位的时代样貌。而对私有制经济方面，则采取的是继续限制调节的政策进路，两种差异化政策取向构成了"二元化"的税制时代特征。

社会主义改造完成后，理论界出现"非税论"，认为国营企业的税收和利润都是工人阶级创造的社会积累，可以把利润上缴和国家征税合并为一种形式，以简化企业的交税手续。很快，在“大跃进”和人民公社运动的影响下，“非税论”观点一度成为主流。这使得我国的税收制度不断走向简化，特别是经过1958年和1973年两次大的简化，最后简化走到极致，税收无法发挥其应有的职能。1956年至1978年税收收入占财政收入的比重，除了1956年、1957年、1962年、1968年、1976年和1977年6个年头税收在财政收入的比重超过50%之外，其余16年税收的比重都在50%以下，其中1960年最低，为35.6%。

在艰辛探索和曲折发展阶段，对工商税制、管理体制进行了若干探索变革，尽管历经两次左倾错误思想干扰，但是税收筹集财政收入的基本职能仍然发挥着作用，甚至在科技、环境保护方面有所创新，为改革开放后税收的改革发展提供了重要的经验和启示。

一、党的领导确保了税收职能作用的发挥

1951年5月10日，中共中央在转发政务院财经委员会《关于全国税务会议决议问题的通报》中指出：“贯彻政务院关于税务机关受上级（税务机关）及同级政府（省以上是财政部门）双重领导的决定，并强调各级税务局要尊重地方党政领导”。[①]税收工作的职能作用发挥不仅要接受上一级业务领导，还要接受地方党政的领导。在此期间，对于各级党委来说，加强对税收工作的领导和支持，一直被中央或者国务院及地方党政文件所提及和要求。紧紧依靠党的领导，充分发动群众，是做好税收工作的根本保证。无论是尊重地方党政领导，还是接受地方党政领导；无论是党的工作和政治工作以地方党委为主和上级财贸政治部领导为辅的双重领导，双重领导体制本质上仍然是党的一元化领导。诚如1975年全国税务工作会议上指出的：“中央、国务院和地方各级党委，对我们的税收工作，历来是重视的。我们税收工作取得的一切成绩，都是在当地党委一元化领导下取得的。这就要求我们切实当好党委的参谋，深入实际，

① 刘志城，王平武．中华人民共和国工商税收史长编——第三部：工商税收的管理和监督（1949—1982年）［M］．北京：中国财政经济出版社，1988：50．

深入基层，深入细致地进行经济调查和阶级斗争情况的调查，拿出有分量、能说明问题的材料来，提供党委参考。”①因此这个时期，特别是“文革”期间，党的领导、党的财税纪律对于保证税收作用发挥起着关键性作用。

二、税收为国家重大建设项目提供了财力支持

在探索和曲折发展阶段，相比于国有企业收入（有些工厂曾一度处于停工或半停工状态），税收还是基本稳定的，能够及时入库，用以维持财政开支；有的地区，税收还用以弥补企业亏损。这使得工商税收成为国家积累资金、组织财政收入的重要方式，仍然具有及时、稳定、可靠等优越性。1956 年税收收入为 140.9 亿元，1957 年为 154.9 亿元，1978 年增长至 519.3 亿元。税收收入的增加，为社会主义建设提供了强大财力保障，促进了中国创造历史上的无数个第一：生产出第一架飞机、第一辆汽车、第一台拖拉机，自行研制的第一颗原子弹、氢弹先后爆炸成功，自行研制的第一颗人造地球卫星发射成功，自行研制的第一艘核潜艇顺利下水，首次培育成功强优势籼型杂交水稻……经过 20 多年的奋斗，初步建立起独立的、比较完整的工业体系和国民经济体系。

三、为改革开放后税制改革提供了重要经验

1956—1978 年，税收制度和管理体制变化频繁，但是昭示我们的是：税收管理体制是一个国家的重要财政治理制度，攸关中央和地方两个积极性的调动，事关中央和地方、地方各级之间的财政收入分配权益、国家对经济主体的利益调节关系。税收权限的集中与分散在经济社会发展的不同时代、不同时期会有不同的平衡关系模式，且受制于国家的基本经济制度和经济体制。如何处理这种关系是国家治理的重要内容，更是推进税收治理现代化的重要课题。社会主义革命和建设时期税收的发展历程，既是我国社会主义现代化建设的必由之路，也是税收在艰难的历史进程中不断成熟和发展的必由之路。新中国成立

① 《依靠党的领导，进一步加强税收工作——任子良同志在全国税务工作会议上的发言》，1975 年 4 月 9 日，山东省档案馆存。

后至改革开放前近30年的时间里，中国税收理论和实践的改革和探索不但为新中国的建立和发展提供了保障，也为改革开放后税收的发展提供了重要的经验和启示。

参考文献

［1］国家税务总局．中华人民共和国税收大事记：1949.10—2009.9［M］．北京：中国财政经济出版社，2012．

［2］刘佐．新中国税制60年［M］．北京：中国财政经济出版社，2009．

［3］中共中央党史研究室．中国共产党的九十年：社会主义革命和建设时期［M］．北京：中共党史出版社，党建读物出版社，2016．

［4］中共中央文献编辑委员会．周恩来选集［M］．北京：人民出版社，1984．

［5］高培勇．共和国财税60年［M］．北京：人民出版社，2009．

［6］曲绍宏，白丽健．中国近现代财政简史［M］．天津：南开大学出版社，2006．

［7］赵梦涵．新中国财政税收史论纲（1927—2001）［M］．北京：经济科学出版社，2002．

［8］项怀诚，贾康，赵全厚．中国财政通史［M］．北京：中国财政经济出版社，2006．

［9］刘诗古．货币、公粮与工商税：中华人民共和国成立初期财政经济的困难与重建［J］．社会科学，2020（12）：151-166．

［10］国家税务总局办公厅．全国税务工作会议主要领导讲话（1949—1994）［M］．北京：中国税务出版社，1995．

［11］谢旭人．中国财政60年［M］．北京：经济科学出版社，2009：86．

［12］郑小玲．中国财政管理体制的历史变迁与改革模式研究（1949—2009）［D］．福州：福建师范大学，2011．

第三篇

改革开放和社会主义现代化建设时期的税收

（1978—2012 年）

第七章

改革开放和中国特色社会主义税收事业的开创（1978—1993年）

1978年党的十一届三中全会实现了伟大的历史转折，将全党工作中心转移到经济建设上来，我国开始实行对内改革、对外开放的政策。中国共产党开始带领中国人民走上改革开放的道路，对于新形势下税收的地位和作用的认识逐步深化，税收政策相应逐步调整，税制改革迅速展开，初步建立了一套内外有别、城乡不尽相同的，以货物和劳务税、所得税为主体，财产税和其他税收相配合的新的税制体系，大体适应了中国经济体制改革初期的经济状况，税收的职能和作用得以全面加强，税收收入随经济发展持续快速增长，宏观调控作用明显增强。

第一节　改革开放初期党的税收指导思想

中国共产党领导改革开放，在经济体制改革中，加强税收等经济杠杆的宏观调节作用，对税收职能作用作出重新认识与定位，逐步形成并完善了税收促进经济发展、税收调节收入分配、税收保护国家权益等税收指导思想。

一、税收工作中心转移到社会主义现代化建设上来

1978年12月13日，邓小平在中共中央工作会议闭幕会上作了《解放思想，实事求是，团结一致向前看》的报告。报告指出，中央提出了把全党工作的重心转到实现四个现代化上来的根本指导方针，几百个中央委员，几千个中央和

地方的高级干部，要带头钻研现代化经济建设。同年12月18日至22日，中国共产党第十一届中央委员会第三次全体会议在北京召开。会议公报指出，全党工作的着重点应该从1979年转移到社会主义现代化建设上来。同年12月18日至29日，财政部召开部分省、市财政、税务局长会议，财政部副部长忻元锡指出，党的十一届三中全会决定把全党工作的着重点转移到社会主义现代化建设上来，这是一个战略性转移，是一场深刻、广泛的革命。我们面临着新的情况和新的问题，经济管理体制要相应变革，财政管理体制和税收制度也应相应改变，使之与四个现代化的需要相适应。他强调，为了很好地把税收工作中心转移到社会主义现代化建设上来，并为这个战略服务，必须把税收工作的作用讲清楚，统一认识，统一政策，统一行动。

1979年4月，中央工作会议明确提出了对国民经济实行“调整、改革、整顿、提高”的八字方针。中共中央政治局常委、中共中央副主席李先念在会上提出，整个国民经济中以计划经济为主，同时还应该充分重视市场调节的辅助作用。中共中央政治局常委、中共中央副主席陈云也在《计划与市场问题》一文中强调了市场调节在社会主义经济体制中的作用。这样，“计划经济为主、市场调节为辅”就开始成为官方提法和经济改革理论界的主流观点。同年5月5日至26日，全国税务工作会议在成都召开，财政部税务总局局长刘志城作了题为《努力作好税收工作，为社会主义现代化建设贡献力量》的讲话。会议一致认为，新中国成立30年来，税收工作成绩很大，在不同的历史时期，按照“发展经济，保障供给”的总方针，为党和国家的战略目标服务，都发挥了重要作用。新的历史时期，在实现四个现代化的新长征中，要正确利用价值规律，充分发挥税收的经济杠杆作用。

二、充分发挥税收经济杠杆的作用

1979年以后，经济改革实践的迅猛发展，要求改革的理论要有新的突破。1982年9月，在党的第十二次全国代表大会上，邓小平第一次提出了“建设有中国特色的社会主义”这一崭新命题。1984年10月，党的十二届三中全会通过《中共中央关于经济体制改革的决定》，突破把计划经济同商品经济对立起来的传统观念，提出我国社会主义经济是“公有制基础上的有计划的商品经济”；突破把全民所有同国家机构直接经营企业混为一谈的传统观念，提出“所有权同经营权可以适当分开”。这是党在计划与市场关系问题上得出的全新认识。

改革开放前，中国实行高度集中的计划经济，财政上实行统收统支体制，国营企业利润统统上缴国家，利润多了多缴，利润少了少缴，亏损了国家弥补。这种办法严重束缚了国营企业和职工的积极性，产生了企业吃国家“大锅饭”、职工吃企业“大锅饭”的现象。改革开放后，要搞活经济，进行国营企业改革，首先要解决国家同企业的分配关系问题。打破“大锅饭”，这是整个经济体制改革的首要、核心环节。这一改革既要保证国家财政收入稳定增长，又要留给企业一定的自主财力，让企业发展有后劲。为了实现上述目标，经过长时间的调查研究和试点，国务院提出实行“利改税”，把改革统一引导到“利改税”的路子上去。根据党的十一届三中全会与十二大精神，我国从1983年1月起实施第一步“利改税”。1984年10月起实施第二步“利改税”。

党的十二届三中全会通过的《中共中央关于经济体制改革的决定》提出：“在改革价格体系的同时，还要进一步完善税收制度，改革财政体制和金融体制。越是搞活经济，越要重视宏观调节，越要善于在及时掌握经济动态的基础上综合运用价格、税收、信贷等经济杠杆，以利于调节社会供应总量和需求总量、积累和消费等重大比例关系，调节财力、物力和人力的流向，调节产业结构和生产力的布局，调节市场供求，调节对外经济往来，等等。我们过去习惯于用行政手段推动经济运行，而长期忽视运用经济杠杆进行调节。学会掌握经济杠杆，并且把领导经济工作的重点放到这一方面来，应该成为各级经济部门特别是综合经济部门的重要任务。”党的十三届三中全会还提出：“要加强宏观监督体系。必须在中央集中统一指挥下，强化计划、银行、财政、税收、海关、铁路等部门的宏观控制职能，充分发挥这些部门的监督作用，同时加强对它们的监督，形成严密的监督系统。”

三、调整中央和地方的收入分配关系

1978年12月13日，在中央工作会议上，邓小平谈到经济管理体制改革时说："现在我国的经济管理体制权力过于集中，应该有计划地大胆下放，否则不利于充分发挥国家、地方、企业和劳动者个人四个方面的积极性，也不利于实行现代化的经济管理和提高劳动生产率。"1979年10月4日，邓小平在中共省、市、自治区委员会第一书记座谈会上进一步指出："财政体制，总的来说，我们是比较集中的。有些需要下放的，需要给地方上一些，使地方财权多一点，活动余地大一点，总的方针应该是这样。但是也有集中不够的。"[①]从1980年起，我国先后推出了"划分收支、分级包干""划分税种、核定收支、分级包干""收入递增包干、总额分成、总额分成加增长分成、上解递增包干、定额包干、定额补助"等多种不同的体制模式。

党的十二大报告提出："我们必须牢固树立'全国一盘棋'的思想。在继续执行现行财政体制和保障企业应有自主权的同时，要根据不同地区、不同行业的实际情况，适当调整中央、地方财政收入的分配比例和企业利润留成的比例，还要鼓励地方、部门、企业把资金用到国家急需的建设项目上来。"两步"利改税"改革完成后，企业依法向国家纳税并自行安排税后利润，国家按照税收划分中央和地方的财政收入范围，使国家与企业、中央与地方的分配关系得到比较合理的解决，有力地推动了经济体制改革向纵深发展，我国经济出现持续性的高速增长。1985年9月23日，党的十二届四中全会通过的《中共中央关于制定国民经济和社会发展第七个五年计划的建议》提出："要按税种划分中央税、地方税、中央地方共享税，同时明确划分中央、地方的财政支出范围，做好财政的分级管理。"

1987年10月25日，党的十三大报告提出："改革财政税收体制，根据公平税负、促进竞争和体现产业政策的原则，合理设置税种、确定税率；在合理

① 邓小平．关于经济工作的几点意见（1979年10月4日）［M］// 邓小平文选（第二卷）．北京：人民出版社，2008：199-200.

划分中央和地方财政收支范围的前提下实行分税制，正确处理中央和地方，国家、企业和个人的经济利益关系。”

1990 年 12 月 30 日，党的十三届七中全会通过的《中共中央关于制定国民经济和社会发展十年规划和“八五”计划的建议》提出：“继续进行‘利税分流、税后还贷、税后承包’的试点，积累经验，并根据现实条件和不同企业的情况，逐步过渡，分期实行。”“继续稳定和完善包干体制，同时进行分税制的试点。为了兴办一些地方难以办而必须由国家办的关系国民经济全局利益的大事，需要适当集中财力。适当提高财政收入占国民收入的比重和中央财政收入占整个财政收入的比重。”

四、促进对外开放，同时维护国家税收权益

邓小平在中国对外开放后，对于利用外资和国家的税收利益始终予以高度关注，并及时予以具体指导。1979 年 10 月 4 日，在中共省、市、自治区委员会第一书记座谈会上，他说：“利用外资是一个很大的政策，我认为应该坚持。至于用的办法，主要的方式是合营，某些方面采取补偿贸易的方式，包括外资设厂的方式，我们都采取。我到新加坡去，了解他们利用外资的一些情况。外国人在新加坡设厂，新加坡得到几个好处，一个是外资企业利润的 35% 要用来缴税，这一部分国家得了；一个是劳务收入，工人得了；还有一个是带动了它的服务行业，这都是收入。我们要下这么个决心，权衡利弊、算清账，略微吃点亏也干，总归是在中国形成了生产能力，还会带动我们一些企业。我认为，现在研究财经问题，有一个立足点要放在充分利用、善于利用外资上，不利用太可惜了。现在我们有这个条件。”①

1985 年 8 月 28 日，邓小平与津巴布韦非洲联盟主席、政府总理穆加贝谈话时说：“一个‘三资’企业（中外合资经营企业、中外合作经营企业和外国独资企业）办起来，工人可以拿到工资，国家可以得到税收，合资合作的

① 邓小平. 邓小平文选（第二卷）［M］. 2 版. 北京：人民出版社，1994：199.

企业收入还有一部分归社会主义所有。更重要的是，从这些企业中，我们可以学到一些好的管理经验和先进的技术，用于发展社会主义经济。这样做不会也不可能破坏社会主义经济。我们倒是觉得现在外国投资太少，还不能满足我们的需要。”①

1992年1月18日至2月21日，邓小平在南方谈话中说：“改革开放迈不开步子，不敢闯，说来说去就是怕资本主义的东西多了，走了资本主义道路。要害是姓‘资’还是姓‘社’的问题。判断的标准，应该主要看是否有利于发展社会主义社会的生产力，是否有利于增强社会主义国家的综合国力，是否有利于提高人民的生活水平。……有的人认为，多一分外资，就多一分资本主义，‘三资’企业多了，就是资本主义的东西多了，就是发展了资本主义。这些人连基本常识都没有。我国现阶段的‘三资’企业，按照现行的法规政策，外商总是要赚一些钱。但是，国家还要拿回税收，工人还要拿回工资，我们还可以学习技术和管理，还可以得到信息、打开市场。因此，‘三资’企业受到我国整个政治、经济条件的制约，是社会主义经济的有益补充，归根到底是有利于社会主义的。”②

第二节 适应对外开放和经济转轨的税制改革

1978年12月，党的十一届三中全会拉开了改革开放的大幕。1980年9月至1981年12月，我国初步形成了涉外税收制度，对我国对外开放初期引进外资和开展对外经济技术合作发挥了重要促进作用。为处理好国家与国营企业之间的关系，扩大企业自主权，国务院分别于1983年、1984年在全国试行国营企业两步“利改税”和工商税制全面改革，从而突破了计划经济体制下统收统支的分配格局，强化了税收组织财政收入和宏观调控的功能，基本适应了改革开放初期我国经济发展和经济体制改革的需要，有力地支持了我国对外开放和经

① 邓小平. 邓小平文选（第三卷）［M］. 2版. 北京：人民出版社，1994：138-139.
② 邓小平. 邓小平文选（第三卷）［M］. 2版. 北京：人民出版社，1994：372-373.

济转轨。

一、建立涉外税制体系

1978年底党的十一届三中全会召开以后，我国逐步实行改革开放，税制改革随之逐步推进。1979年召开的全国税务工作会议上专门研究了涉外税收问题，并提出了涉外税制建设先行一步的主张。我国改革开放初期的税制改革是以适应对外开放的需要、建立涉外税收制度为突破口的。涉外税制体系的建立主要包括外资企业所得税法的颁布和个人所得税制度的建立等方面。

（一）外资企业所得税法的颁布

改革开放初期，中国采取了许多措施吸引外资和外国技术，积极开展对外经济合作与技术交流。1979年7月1日，第五届全国人民代表大会第二次会议通过并公布了《中华人民共和国中外合资经营企业法》。该法规定，外国公司、企业、其他经济组织或者个人，经过中国政府批准，可以在中国境内与中国的公司、企业和其他经济组织共同举办合资企业。同年7月15日，中共中央发出文件，决定广东、福建两省在对外经济活动中实行特殊政策和灵活措施，并在广东省的深圳、珠海、汕头和福建省的厦门等4个城市设置经济特区，鼓励外国公民、华侨、香港和澳门同胞及其公司、企业前来投资或者与中方合资举办企业和其他事业。

但外资企业引进后不可能像国营企业一样向中国政府上缴利润，只能是采取上缴税收的形式。所得税方面，暂时沿用1950年政务院制定的《工商业税暂行条例》中所得税部分的规定，然而时隔30年，很多内容已不适用，必须加快制定新的涉外税法。在此情形下，对外资企业征收所得税的工作显然只能先行一步。标志性的举措是1980年9月10日，第五届全国人民代表大会第三次会议通过了《中华人民共和国中外合资经营企业所得税法》，同日以全国人民代表大会常务委员会委员长令公布，即日起施行。同年12月14日，经国务院批准，财政部发布了《中华人民共和国中外合资经营企业所得税法施行细则》。可以讲，

《中华人民共和国中外合资经营企业所得税法》是中华人民共和国成立以后第一部正规的企业所得税法。

1981 年 12 月 13 日，第五届全国人民代表大会第四次会议通过了《中华人民共和国外国企业所得税法》，同日以全国人民代表大会常务委员会委员长令公布，自 1982 年 1 月 1 日起施行。1982 年 2 月 21 日，经国务院批准，财政部发布了《中华人民共和国外国企业所得税法施行细则》。

以上两部税法的颁布实施，构成了改革开放初期一整套比较完整的涉外企业所得税制度。这是我国适应对外开放采取的一项重大政策措施。

随着涉外企业不断涌进，外籍人员来华工作、开展业务和提供劳务日益增多，涉外税制在借鉴国外先进经验中逐步建立起来，发挥着越来越重要的促进“引进来”的作用。这一时期，涉外税收领域许多工作都是开创性的。

1983 年 9 月 6 日，中国国务委员兼外交部部长吴学谦同日本外务大臣安倍晋太郎分别代表本国政府在《中华人民共和国政府和日本国政府关于对所得避免双重征税和防止偷漏税的协定》及议定书上签字。这是我国对外签署的第一个双边税收协定，为我国陆续开展税收协定谈判积累了宝贵的经验，促进了我国涉外税收制度的发展与完善。1987 年 7 月 11 日，深圳市人民政府参照国际通行做法，并依照有关规定和结合实际，颁布了《深圳经济特区外商投资企业与关联公司交易业务税务管理的暂行办法》，成为中国第一个反避税地方性规章。

改革开放初期在税收领域的另一个创新，是成立海洋石油税务局。①1982 年，我国在借鉴挪威、英国等国做法的基础上，成立海洋石油税务局。第一次尝试由中央机构直属管理基层的正处级征收单位，包括人财物和业务的垂直管理。在政策适用、税收管理和信息化建设方面，海洋石油税务局一马当先，大胆借鉴国外先进经验，为税务机关针对大型外国公司税收试行扁平化、专业化管理积累了丰富经验并培养了大量人才。

① 1988 年，“海洋石油税务局”更名为“海洋石油税务管理局”。

（二）个人所得税制度的建立

1978—1993 年是我国个人所得税制度建立的阶段。在我国改革开放的初级阶段，国内计划经济占主导地位，职工人均收入水平不高、收入差别不大。随着对外开放的扩大，引进外资和外国先进技术的需要，在华工作的外国人越来越多，在华外国人收入水平远远超过国内职工工资。为了配合国家的对外开放政策，规范人才引进并维护国家权益，解决来华外国人的所得征税问题，财政部税务总局从 1978 年底开始研究建立个人所得税制度。

1980 年 9 月 10 日，第五届全国人民代表大会第三次会议通过了《中华人民共和国个人所得税法》，费用扣除额确定为 800 元，统一适用于中国公民和在我国取得收入的外籍人员。当时全国实行单一的计划经济体制，国内职工人均工资水平差别不大，工资水平普遍较低，800 元的费用扣除额是当时薪资水平的 20 倍，所以绝大部分中国人没有纳税义务。当时只有在华工作的外国工作人员才有可能月薪超过 800 元，外籍人员也因此成为实质上的纳税群体。同年 12 月 14 日，经国务院批准，财政部发布了《中华人民共和国个人所得税法施行细则》。

《中华人民共和国个人所得税法》的公布实施，对于我国在国际经济交往中合理行使税收管辖权、维护国家税收权益、维护税法尊严、按照平等互利原则处理国家间的税收权益和鼓励外籍人员来华从事业务等，都有着积极的意义。

二、实施第一步“利改税”

1978 年，党的十一届三中全会以后，国务院在进行经济调整工作的同时，开始着手研究经济管理体制改革问题，经研究确定对国营企业实行由上缴利润改为缴纳税款，缴纳税款后的剩余利润由国营企业自行支配。早在 1979 年 1 月，湖北省老河口市的 15 户地方国营企业率先进行“利改税”第一步改革试点。随后，全国部分地区和行业的百余户国营企业相继被列为试点单位。1982 年 11 月，第五届全国人民代表大会第五次会议通过的《关于第六个五年计划的报告》中

人民日报
RENMIN RIBAO

中共中央致电意共中央 最热烈祝贺意共十六大召开

国务院批转《国营企业利改税试行办法（草案）》

利改税是改革方向

财政部将讨论制订实施办法，今年普遍推广

纪念周恩来同志诞生八十五周年

马克思逝世一百周年 我将举行大规模纪念活动

社论

实行利改税是一项重大改革

黑龙江七家国营企业利改税两年效益高

企业自主连年增产增收 税收上升职工福利改善

我国外交部发表声明

提出解决柬问题五点重要建议

越南必须无条件撤军，让柬人民决定自己命运

辽宁成立一所刊授党校

江苏全省实行市管县

农垦办起280个联合企业

日产原油一千吨

教授帮农民“致富”

1983年3月2日的《人民日报》头版发表文章《利改税是改革方向》

提出并要求：“今后三年内，对价格不作大的调整的情况下，应该改革税制，加快以税代利的步伐。”“这项改革需要分别不同情况，有步骤地进行。对国营大中型企业，要分两步走。”根据会议精神，从1983年开始，对国营企业实行了“利改税”的第一步改革。

1983年，国务院多次召开常务会议，听取财政部关于“利改税”工作的汇报。根据国务院常务会议的决定，财政部在总结过去试点经验和1982年底至1983年初在上海、天津、济南等地调查测算的基础上，制定了《国营企业利改税试行办法（草案）》。1983年2月28日，国务院发出通知，将财政部报送的《关于国营企业利改税试行办法（草案）的报告》及其所附的《财政部关于国营企业利改税试行办法（草案）》转发各省、自治区、直辖市人民政府和国务院各部门，要求他们立即组织有关部门和人员认真研究，以便尽快修改下达试行。同年3月中下旬，根据国务院的指示，财政部召开了全国“利改税”工作会议。同年4月12日，财政部向国务院报送了《关于全国利改税工作会议的报告》和修改后的《关于国营企业利改税试行办法》。

1983年4月24日，国务院发出通知，同意财政部报送的报告和“利改税”试行办法，并将其转发各省、自治区、直辖市人民政府和国务院各部门执行。

同年4月29日，财政部发布了《关于对国营企业征收所得税的暂行规定》。自当年6月1日起，国营企业开始普遍推行"利改税"制度，征税时间从当年1月1日起计算。到1983年底，全国实行"利改税"的国营工业、交通、商业企业共有107145户，占盈利国营企业的92.7%。这些企业1983年共实现利润633亿元，比1982年增长了11.1%。在增长的利润当中，国家所得占65.3%，企业所得占34.7%。上述实行"利改税"的工业、交通、商业企业共留利121亿元，比1982年增长了28.2%，大大地超过了工业产值、实现税利和上缴税利的增长幅度。企业留利占税利总的比例，由过去的15.7%提高到17.9%。至此，"利改税"第一步改革取得了成功，达到了预期的目的，并为下一步改革提供了经验，打下了基础。

实践证明，"利改税"的第一步改革，比利润留成、利润包干等方法具有更大的优越性。其优越性主要表现在：①企业的大部分利润用征收所得税的办法上缴，把国家与企业的分配关系基本上固定下来，对促进企业加强经营管理和稳定国家收入，发挥了良好的作用。②较好地处理了国家、企业和职工三者的利益关系，体现了国家得大头、企业得中头、个人得小头的原则。③扩大了企业财权，调动了企业和职工的积极性。但是，在"利改税"的第一步改革中，尚未做到完全的以税收代替利润，仍存在税种比较单一，难以充分发挥税收的经济杠杆作用等问题，需要在"利改税"的第二步改革中得到解决。

二、实施第二步"利改税"

根据国务院领导的指示，在国营企业"利改税"第一步改革方案出台后，立即开始了国营企业"利改税"第二步改革方案的准备工作。从1983年秋到1984年春，财政部对全国各类企业1983年的有关财务、税收数据进行了普查，先后设计和测算了20个方案，进行了反复的研究论证。在此期间，多次向国务院和财经领导小组作了汇报。1984年5月，第六届全国人民代表大会第二次会议通过的《政府工作报告》明确提出，从1984年第四季度开始，进行"利改税"的第二步改革，从税利并存逐步过渡到完全的以税代利。同年6月22日至7月

1984年6月22日，全国第二步利改税工作会议在北京召开

7日，全国“利改税”第二步改革工作会议在北京召开，国务院有关领导出席了会议的开幕式，听取了会议情况的汇报，并作了重要指示。经过比较充分的调查研究、听取各方面意见和反复论证、修改方案，“利改税”第二步改革的条件日益成熟。同年8月10日，财政部向国务院报送了《关于在国营企业推行利改税第二步改革的报告》和《国营企业第二步利改税试行办法》。

国营企业“利改税”第二步改革的基本模式是：将国营企业原来上缴国家的财政收入，改为分别按11个税种向国家缴税，也就是由税利并存逐步过渡到完全的以税代利。在这一改革中，对企业采取适当的鼓励政策，越是改善经营管理，努力增加收入，税后留归企业安排使用的财力越大。

第二步“利改税”从1984年10月起实施，主要改革了工商税制和利润分配办法。从改革内容可以看出，“利改税”第二步改革无论在广度和深度上都比第一步改革前进了一大步。通过实行两步“利改税”，我国建立了国有企业所得税制度，促使国有企业向着独立的商品生产者和经营者的方向迈出了重要的一步，也配合了国有企业的改革。“利改税”后，税收收入逐年持续快速增长，税收宏观调控能力明显增强，对于贯彻国家的经济政策，调节生产、分配和消费起到了积极的促进作用。同时，税收也成为国家监督和引导微观经济活动的有力手段。

四、工商税制的全面改革

1980年至1981年，在国务院的领导下，财政部经过调查、试点、修改，提出了比较全面而又可行的工商税制改革总体设想，即《关于改革工商税制的设想》（以下简称《设想》）。经过多次讨论，国务院原则同意了该《设想》。《设想》中指出，这次工商税制改革的指导思想是认真贯彻执行“调整、改革、整顿、提高”的方针，合理调节各方面的经济利益，正确处理国家、企业、个人之间的利益关系，中央与地方的关系，充分发挥税收的作用，促进国民经济的发展。此后，20世纪80年代中后期的工商税制改革基本上是按照这个设想提出的原则和内容实施的。

1984年9月18日，第六届全国人民代表大会常务委员会第七次会议通过《关于授权国务院改革工商税制发布有关税收条例（草案）试行的决定》。同日，国务院发布《中华人民共和国产品税条例（草案）》《中华人民共和国增值税条例（草案）》《中华人民共和国盐税条例（草案）》《中华人民共和国营业税条例（草案）》《中华人民共和国资源税条例（草案）》《中华人民共和国国营企业所得税条例（草案）》《国营企业调节税征收办法》，上述法规均自1984年10月1日起试行。为了贯彻执行国务院发布的上述各项税收法规，同年9月28日，财政部发布《中华人民共和国产品税条例（草案）实施细则》《中华人民共和国增值税条例（草案）实施细则》《中华人民共和国盐税条例（草案）实施细则》《中华人民共和国营业税条例（草案）实施细则》《资源税若干问题的规定》。同年10月18日，财政部又发布《中华人民共和国国营企业所得税条例（草案）实施细则》。

其他税种的改革情况大体如下。

1. 城市维护建设税

1985年2月8日，国务院发布《中华人民共和国城市维护建设税暂行条例》，自1985年度起施行。为了贯彻上述条例，同年3月22日，财政部发布《关于贯彻执行〈中华人民共和国城市维护建设税暂行条例〉几个具体问题的规定》。

2. 房产税、车船使用税

1986年9月15日，国务院发布《中华人民共和国房产税暂行条例》和《中华人民共和国车船使用税暂行条例》，均自同年10月1日起施行。为了贯彻上述条例，同年9月25日，财政部税务总局发布《关于房产税若干具体问题的解释和暂行规定》和《关于车船使用税若干具体问题的解释和暂行规定》。

3. 印花税

1988年8月6日，国务院发布《中华人民共和国印花税暂行条例》，自同年10月1日起施行。同年9月29日，财政部发布《中华人民共和国印花税暂行条例施行细则》。

1988年印花税票

4. 城镇土地使用税

1988年9月27日，国务院发布《中华人民共和国城镇土地使用税暂行条例》，自同年11月1日起施行。为了贯彻上述条例，同年10月24日，国家税务局发布《关于土地使用税若干具体问题的解释和暂行规定》。

概括地说，这次工商税制改革主要是取消原工商税税种，将原工商税分解为产品税、增值税、营业税、盐税，对工业产品除列出12个税目的产品实行增值税外，其他工业产品和规定的农产品实行产品税，商业经营和服务业实行营业税，并设立了资源税、城市维护建设税、房产税、城镇土地使用税、车船使用税等新税种。

此外，从1984年税制改革以后至1993年，我国在税制方面还出台了以下主要税收法律和行政法规：1985年3月7日，国务院公布《中华人民共和国进出口关税条例》，自同年3月10日起施行。1987年9月12日和1992年3月18日，国务院先后两次修订发布上述条例。1985年4月11日，国务院发布《中华人民共和国集体企业所得税暂行条例》，自1985年度起施行。1986年1月7日，国务院发布《中华人民共和国城乡个体工商业户所得税暂行条例》，自1986年度起施行。同年9月25日，国务院发布《中华人民共和国个人收入调节税暂行条例》，自1987年1月1日起施行。1987年4月1日，国务院发布《中华人民共和国耕地占用税暂行条例》，即日起施行。同年6月25日，国务院在总结1983年发布的《建筑税征收暂行办法》施行的经验和存在问题的基础上，发布《中华人民共和国建筑税暂行条例》，自同年7月1日起施行。1988年6月25日，国务院发布《中华人民共和国私营企业所得税暂行条例》，自1988年度起施行。同年9月22日，国务院发布《中华人民共和国筵席税暂行条例》，施行日期由各省、自治区、直辖市人民政府自行确定。1991年4月9日，在第七届全国人民代表大会第四次会议上，将《中华人民共和国中外合资经营企业所得税法》和《中华人民共和国外国企业所得税法》合并为《中华人民共和国外商投资企业和外国企业所得税法》，自当年7月1日起施行。1991年4月16日，国务院又在上述条例的基础上制定、发布《中华人民共和国固定资产投资方向调节税暂行条例》，自1991年度起施行。

五、多层次复合税制初步形成

1978年至1993年，随着经济的发展和改革的深入，我国税制进行了全面改革，取得了明显成效，初步建成了一套适应有计划的社会主义商品经济要求的，内外有别的，以流转税、所得税类税收为主体，其他税种相配合的新税制体系。这个体系由37种税组成，这些税种大体上可以分为7个类别：①流转税类。包括产品税、增值税、营业税和关税4种税。②所得税类。包括国营企业所得税、国营企业调节税、集体企业所得税、私营企业所得税、城乡个体工商业户所得税和个人收入调节税6种税。③资源和财产税类。包括资源税、盐税、城镇土地使用税和房产税4种税。④特定目的税类。包括国营企业奖金税、集体企业奖金税、事业单位奖金税、国营企业工资调节税、城市维护建设税、耕地占用税、固定资产投资方向调节税、烧油特别税和特别消费税9种税。⑤行为税类。包括车船使用税、印花税、契税、屠宰税、筵席税、集市交易税和牲畜交易税7种税。⑥农牧业税类。包括农业税和牧业税2种税。⑦涉外税类。包括工商统一税、外商投资企业和外国企业所得税、个人所得税、城市房地产税和车船使用牌照税5种税。

16年间，我国重新建立了多种税、多环节征收的复合税制体系，初步适应了中国改革开放以后多种经济成分、多种经营方式、多种流通渠道、多种分配方式并存的经济状况，税收已经深入到社会再生产的绝大部分环节，可以对社会生产和生活进行较为广泛的、有效的调节。流转税发挥了重要的经济杠杆作用。实行增值税，有利于避免商品流通环节中的重复征税，促进专业化协作生产。调整税目、税率，有利于适当地调节企业的利润水平，在一定程度上可缓解某些由于价格不合理而引起的矛盾。地方税制度的恢复和加强，不仅有利于加强地方财政，也有利于国家税收制度的完善和加强中央财政。总之，这套税制的建立，从理论上、实践上突破了长期以来封闭型税制的约束，转向开放型税制；突破了统收统支的财力分配的关系，重新确立了国家与企业的分配关系；突破了以往税制改革片面强调简化税制的框子，注重多环节、多层次、多方面地发挥税收的经济杠杆作用，由单一税制转变为复合税制。这些突破使中国的税制建设开始进入健康发展的新轨道，与国家经济体制、财政体制改革的总体进程协调一致，并为下一步的税制改革打下了良好的基础。

第三节　适应改革开放的税收管理体系建设

党的十一届三中全会召开后，中国进入了改革开放新时期，税制改革、征管实践不断推进和创新，逐步建立了适应改革开放、满足社会主义市场经济体制需要的新的税收管理体系。

一、税务机构与队伍的发展

1978 年党的十一届三中全会后，党中央、国务院高度重视税务机构和税务干部队伍建设，要求建立一支有理想、有纪律、有相当政治业务素质的干部队伍，培养一大批有高度觉悟、有献身精神、熟悉和精通业务的税务干部。随着改革开放后税收工作在经济工作中的地位日益提高，对经济和社会发展发挥着越来越明显的作用，各级税务机构迅速恢复和加强，税务干部队伍很快得到了大力充实，有力促进了这一时期各项税收工作的开展。

（一）税务机构的恢复和税务干部队伍的补充

为了恢复和加强税收工作，在党中央、国务院、财政部的高度重视和各级党委、政府的有力支持下，恢复税务机构和充实税务干部队伍的一系列重要措施得到有效落实。1978 年 4 月 8 日至 27 日，财政部在北京召开全国税务工作会议，会议指出，要做好国家税收工作，为国家积累更多的资金，进一步健全税务机构，是一个重要的组织保证。① 省和自治区都要设立税务局，受财政局领导。② 北京、天津、上海三大城市，可以继续试行财税利统管的办法，进一步总结经验。但是，为了便于工作，财政局对外要挂税务局的牌子，保持税务机关的上下工作关系，并指定一位局长抓税收工作。其他大城市，凡财税机构已经分开、实行财税分管的，不宜再合。已经合并的，要进一步总结经验，是否分设由当地党委根据有利于加强工作的原则确定。③ 专、市、县原则上都要单独设立税务局，税务局和财政局是平行单位。④ 城市基层设立直属税务分局或税务

1978 年 12 月至 1984 年 4 月任财政部税务总局局长的刘志城

所；农村按经济区划或按公社设立税务所，作为县税务局的派出机构，干部的管理权归县税务局。⑤根据工作的需要，充实干部力量，特别是要充实城乡基层征管力量和领导骨干，坚决纠正管理偏松和有税无人收的现象。当年，全国各省、自治区、直辖市都恢复了税务局，其中有17个省、自治区从上到下恢复了税务机构（当年恢复的有13个省、自治区）。据不完全统计，全国税务干部增加编制2.5万多人。

1979年5月5日至26日，全国税务工作会议在成都召开，工作报告中再次强调了健全税务机构，充实干部力量的问题，要求各地继续贯彻落实1978年全国税务工作会议就此提出的意见。同时指出，税务机构的设置，总的原则是服从工作的需要，只能加强，不能削弱。凡是已经将财、税机构分设的省、市、区，要进一步巩固、充实，并加强领导；凡尚未将财、税机构分设的省、市、区，要把税务部门担负的组织收入和税制改革的繁重任务向党委汇报清楚，在党委的支持下，努力争取实现机构的分设。关于充实干部的问题，干部力量不足的地区，要抓紧向当地党委报告；凡是党委已经批准增加编制的地区，要尽快落实。各地在充实干部力量的时候，既要注意数量，更要注意质量，尽量配备一些年轻力壮、胜任工作的同志。一方面，要解决好干部的来源问题；另一方面，要加强干部的教育培训工作，提高他们的政策业务水平。到1979年底，全国税务系统人员总数达到17.9万人，其中财政部税务总局73人。

1980年，又有湖北、广东两省决定单独设置税务机构，全国15个省、自治区、直辖市的市、县财税机构已经基本分开，还有广东、陕西、山西、辽宁等省、自治区经编委批准增加了12500名税务人员。同时，为了提高税务干部特别是骨干的专业水平，从财政部到省、地、县都举办了各类税务人员培训班。

1981年4月15日，财政部向国务院报送了《关于增加税务干部编制的请示报告》，提出以下意见：①根据工作需要和精兵简政的原则，建议在现有税务干部人数的基础上增加编制8万人，在1981年和1982年两年之内配齐，主要用于充实和加强基层第一线的征管力量。②这批新增的税务干部主要从国营工厂、大集体企业现有职工和现有税务助征员中考核录用，少数可以从社会上的待业知识青年中招收。③这批新招收的税务干部列为事业编制。同年7月20日，国务院同意并转发了财政部的上述报告，并指出："增加税务部门的征收力量，是增加国家财政收入，实现财政平衡、加强经济监督的一项紧迫措施，需要引起各级领导部门的重视。"同年9月5日，国务院在批转的财政部报送的《关于改革工商税制的设想》中提出，随着税制改革工作的逐步推行，税务部门的任务加重了，责任更大了，各级税务机构要加强，工作职权要扩大，干部的力量要充实。各省、自治区、直辖市要根据需要和可能举办中等税务专科学校，并建议在文科大学和财经院校内设立税务专业，培养税务专门人才，使税务干部有一个稳定的来源。

1982年4月21日，财政部向国务院报送《关于加强省、自治区税务局机构的报告》。该报告提出，目前省和自治区税务局的工作很繁重，不但要贯彻执行国家的税收政策法令，组织一个地区的工商税收和利润监交工作，而且要根据税收管理体制规定的权限，审批一部分减税免税事项，处理税收方面有争议的问题。但是现在省、自治区税务局是财政厅内的一个处级单位，不便于开展工作，建议省、自治区税务局的机构比现在升半格，高于处级单位，仍然归省、自治区财政厅领导。税务局内可以设处的建制，局有权单独发布或同其他部门联合发布有关税收的文件。局长由副厅长级干部担任，可以参加同级政府的有关会议，阅读有关文件，以利于加强税收工作。同年4月30日，国务院以国发〔1982〕71号文件同意并转发了上述报告。从此，省级税务机构的地位有了很大的提高，其职能、作用有了很大的加强。到1982年底，已经有8个省、自治区的省级税务局经当地人民政府批准升了半格；另有13个省、自治区的财政厅党组已经提出了省级税务局升格的意见，报当地人民政府审批；各地各级税务机构普遍成立，省级税务机构的地位得以提高，全国税务系统的人员总数达到28.6万人，其中财政部税务总局117人。

1983年6月，国务院批转财政部报送的《关于统一制发税务人员服装、帽徽的请示报告》，同意自1984年1月1日起，税务机关的正式税收工作人员统一着装。对税务人员制发统一的服装和标志，有利于税务人员行使国家赋予的工作职责，贯彻执行国家税收法令，并便于接受人民群众监督。同年7月18日，财政部向国务院报送了《关于再给税务部门增加一些干部编制的请示报告》，申请增加税务干部编制4万人，在1984年和1985年两年内配齐。这个报告当月即得到了国务院的批准。

延伸阅读

税务制服沿革

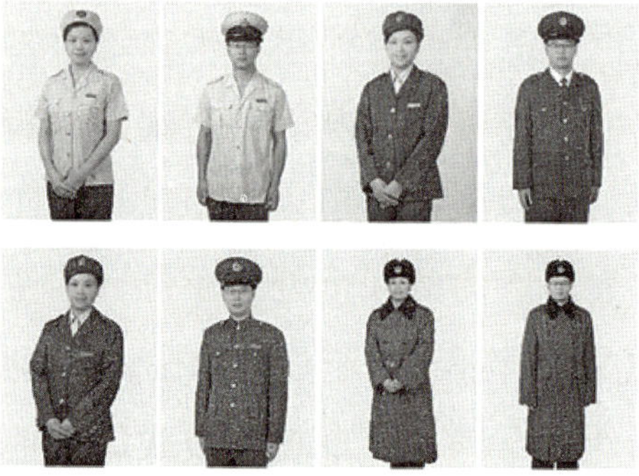

83式第一代税务制服

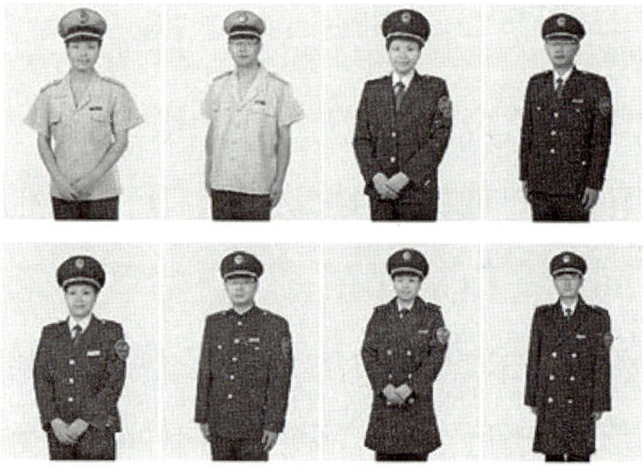

88式第二代税务制服

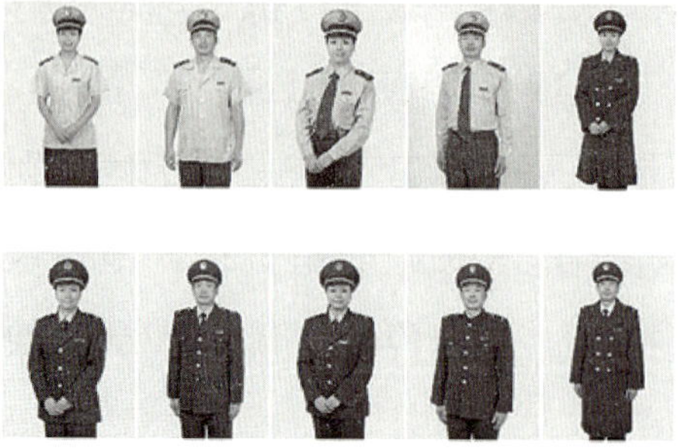

92式第三代税务制服

07式新一代税务制服

随着 1983 年和 1984 年两步“利改税”的实施，税收工作任务越来越重。从 1984 年 1 月起，很多地方政府为适应税收工作的需要，开始将税务机构与财政分设，税务部门成为独立的机构。到 1984 年中，除了 3 个省、直辖市以外，绝大多数地区的财税机构已经分开，省、自治区税务局升了半格，局内设了处的建制。各地还根据干部队伍要“革命化、年轻化、知识化、专业化”的要求调整和充实了各级税务机关的领导班子，加强了税务干部的教育、培训工作。全国税务系统人员达到 32 万多人。

进入 20 世纪 80 年代中期以后，中国的改革开放逐步全面展开。随着经济、税制的改革和依法治税的加强，税务机构和税务干部队伍建设进一步加强。到 1985 年 7 月，全国税务人员已经增至近 33 万人。同年 7 月 30 日，国务院听取了财政部税务总局关于全国税务工作会议情况的汇报。考虑到税收工作面广量大，任务日益繁重，会议原则同意在二三年之内再增加税务干部 10 万人。同年 10 月，国务院正式批准增加税务干部编制 10 万人，分 3 年配齐。经过这次大规模的增编，至 1988 年底，全国税务系统的人员总数达到了 46.3 万人。

1992 年以后，特别是中国共产党第十四次全国代表大会提出建立社会主义市场经济体制的战略目标以后，中国进入了深化改革、扩大开放的新时期。随着这一时期经济体制改革、财政体制改革、税制改革的开展和逐步深入，税务机构也进行了重大改革，税务干部队伍有了很大的发展。1993 年底，全国税务系统人员总数由 1979 年底的 17.9 万人增长至 1993 年底的 58.1 万人，增加了 2.2 倍，税务干部的政治、业务素质也有了很大的提高。

（二）税务系统双重领导体制的恢复和加强

为了适应改革开放后税收工作发展的需要，税务系统及时地提出了恢复和加强税务机构、税务干部双重领导体制的要求，并得到了国务院和财政部的重视。1981 年 1 月 27 日，财政部领导在全国税务工作会议上提出，建议重新明确税务部门的领导关系，实行地方和上级税务部门双重领导，在业务上以上级税务部门领导为主。并恢复新中国成立初期的做法，扩大各级税务机构的职责和权限，有权参加同级政府的有关会议，阅读有关文件；有权在税法规定范围内发布告，解释法令；有权纠正各部门违反税法规定的事项。

1982年2月3日，财政部在报送国务院的《关于清查偷漏欠税情况和加强税收工作的报告》中提出，税务部门担负的任务很繁重，工作很具体，需要加强系统的业务指导。同时，涉外税收工作日益增多，也需要有代表国家的税务机关行使其职权。因此，各级税务机构要健全和加强。税务机构实行地方政府和上级税务机关双重领导，业务上以上级机关领导为主。税务所按经济区划设置，大的集镇和工矿区可设税务分局，属于市、县税务局的派出机构，干部由市、县税务局统一管理。各地在机构精简中，财政、税务机构现已分设的，不要合并；没有分设的，是否要分设，请各省、市、自治区根据自己的具体情况决定。为了加强税务部门的领导力量，各级税务局长要配备德才兼备、年富力强的干部担任。今后县以上税务局长的任免调动，要征得上一级税务机关同意。同年3月4日，国务院同意上述报告，并以国发〔1982〕37号文件（以下简称国务院37号文件）将其转发全国。至此，税务机构和税务干部管理的双重领导体制终于得以恢复。

同年8月11日，为了贯彻执行国务院37号文件和中共中央组织部的有关文件，经中共中央组织部同意，财政部印发《关于税务部门干部管理的意见》，主要内容是：①省（自治区、直辖市）、专（市）、县（市）三级税务部门的干部管理，以地方党委为主，上一级税务部门加以协助。②各级税务部门要了解和掌握下一级税务部门主要领导干部的情况，上述三级税务局正、副局长的任免、调动，党委组织部门要事先征得上一级税务部门的同意。③中央直辖市、省辖市、地辖市和县（市）税务局对下属税务部门的干部实行统一管理，但是要积极取得地方党委的协助和监督。④为了适应干部管理工作的任务，各级税务部门要有一名领导干部分工抓干部工作，并建立相应的干部管理机构或专职人员，配备得力的干部，做好这项工作。

1983年8月24日，国务院在《关于抓紧增收节支确保今年财政收支基本平衡的紧急通知》中再次强调：“税务机构要切实加强，人员要充实，业务骨干应当保持稳定，特别要注意加强基层征管力量。专、市、县税务局的机构设置、干部管理、人员编制和经费开支，原则上应由省、市、自治区税务局垂直管理。”这是国务院就进一步加强税务系统的垂直管理问题作出的重要决定，它的发布和逐步贯彻落实为后来全国税务系统全面实行垂直管理奠定了基础。

1988年9月中下旬，中共中央召开中央工作会议和第十三届中央委员会第三次全体会议。会议根据中国经济改革和发展的形势与出现的问题，作出了治理经济环境、整顿经济秩序、全面深化改革的决定，其中税收方面的措施之一，就是税务系统实行双重领导，以垂直领导为主，以此来保证税法的统一和税权的集中。同年12月27日，国务院发布了《关于整顿税收秩序加强税收管理的决定》（国发〔1988〕85号，以下简称国务院85号文件）。该决定的第八条规定：“进一步加强税务机关。为了保证税务机关独立行使职权，全国税务系统实行上级税务机关和同级政府双重领导，以税务机关垂直领导为主。地、市、县税务局的机构设置、干部管理、人员编制和经费开支，应立即由省、自治区、直辖市税务局垂直领导。国家税务局对省级税务机关实行垂直领导的有关事项，将另行通知。税务所是市、县税务局的派出机构，要坚持按经济区划设置。”国务院的这一决定，使税务系统的垂直领导管理体制得以进一步强化，对于整顿税收秩序，加强税收管理，以至配合国家的经济治理、整顿，都具有重要的意义。

为了贯彻国务院的上述决定，1989年1月5日，经国务院批准，国务院办公厅发出《关于各部门配合税务机关加强税收征管工作的通知》。该通知的第七条规定：“为了保证税务机关依法独立行使职权，各省、自治区、直辖市一级税务局正副局长，由国家税务局考核提名，国务院授权人事部审批任命。”同年3月8日，国务院发出《关于调整省、自治区、直辖市金融、税务部门和部分海关领导干部管理体制问题的通知》，通知提出，为了适应政治体制和经济体制改革的需要，强化国家在税收方面的集中统一管理，保证税务部门依法独立行使职权，充分发挥其监督和调控作用，国务院决定对省、自治区、直辖市税务局正副局长的管理体制进行调整。省、自治区、直辖市税务局正副局长，国务院授权人事部管理，由国家税务局考察，提出任免意见，送人事部审批并办理任免手续。任免的名单报国务院备案。

1989年3月20日，国务院总理李鹏在第七届全国人民代表大会第二次会议上所作的《政府工作报告》中提出，要进一步加强税务机构，税务机构和税务人员逐步实行以垂直领导为主的体制，并得到会议的批准。到1992年底，全国已经有25个省、自治区、直辖市实行了省以下税务系统机构、干部、编制和经费的垂直管理，有27个省、自治区、直辖市税务局的正副局长已经划归人事部管理。

（三）国家税务局的成立

1987年12月30日，国务院全体会议通过了国务院机构改革方案（草案）。根据税收工作发展的需要，为了加强税务机构，该方案（草案）拟将财政部税务总局升格为国家税务局，由财政部归口管理。1988年5月3日，国务院公布了改革以后的国务院直属机构系列，将财政部税务总局升格为国家税务局，由财政部归口管理，1984年就任财政部税务总局局长的金鑫被任命为国家税务局局长。

同年10月10日，国家机构编制委员会印发《国家税务局“三定”方案》，该方案规定：“国家税务局是主管国家税收工作的职能机构。其主要职能是：贯彻执行党中央、国务院的方针、政策和有关指示、决定，管理国家税收，拟定全国的税收法律、法令和征收管理制度，组织国家财政收入，运用税收杠杆对经济进行宏观调节和控制。”

国家税务局为国务院直属局级机构，副部级，行政编制定为450人。局长（副部长级）和4名副局长均由国务院任命。另外，可以设总经济师和总会计师各1名。局下设司，司下设处。局内设有办公室、流转税管理司、所得税管理司、地方税管理司、涉外税务管理司、计划会计司、征收管理司（直属征收局）、税务监察司、税制改革司（后来改称税制改革与法规司）和人事教育司等 10 个司级单位，另有海洋石油税务管理局、税收科学研究所和税务报杂志社（后来更名为中国税务杂志社）等 3 个直属事业单位。后来，根据工作需要，经过有关部门批准，先后增设了机关服务中心、中国税务报社、扬州培训中心、长春税务学院和教育中心、中国税务出版社等司级直属事业单位。

国家税务局的成立及其职责的确定，大大地提高了中国税务机构的地位，扩大了税务机关的权限，从组织上强化了税收工作的领导，提高了税收工作的地位。这是进一步加强国家税收工作的重要步骤，对于加强全国税收工作的领导，充分发挥税收的职能作用，具有极为重要的意义。

1993 年 4 月，国务院将国家税务局调整为国务院直属机构，更名为国家税务总局，不久即升格为正部级。同年 11 月，为适应分税制财政管理体制和税制改革的需要，国务院发出《关于组建国家税务总局在各地的直属税务机构和地方税务局有关问题的通知》，规定国家税务局系统实行国家税务总局垂直领导的管理体制；地方税务局实行地方人民政府和国家税务总局双重领导，以地方政府领导为主的管理体制。

1989 年 2 月 20 日全国税务局长会议召开

二、新中国第一个税收征管法规

改革开放初期，我国在建立涉外税收制度体系和大规模恢复、重建工商税制以后，相比较而言，税收征管制度已显得落后。为了适应经济和税收工作发展的需要，配合税制改革，财税部门开始准备制定全国统一的税收征管制度，各地税务机关也因地制宜地采取了许多加强税收征管工作的具体措施。1982年2月3日，财政部向国务院报送的《关于清查偷漏欠税情况和加强税收工作的报告》中首次提出，要在总结各地经验的基础上，制定一个征收管理办法，下达各地执行。这个报告得到了国务院的批准。同年3月15日，财政部税务总局领导在全国税务工作会议上进一步明确提出，经过多年的实践，各地税务部门积累了不少行之有效的征收管理经验。希望在今年内，以市、县为单位，或者一个省指定几个市、县，对征收管理工作进行一次总结，使征管制度条理化、系统化。在此基础上，各省、市、自治区再加以汇总整理，使之更臻完备，争取明年内能够提出一个全国性的征收管理办法。

1984年7月2日，财政部税务总局局长金鑫在全国税务工作会议上指出，现在经济性质、经营方式、经济结构及流通渠道都发生了许多新的变化。“利改税”第二步改革实行以后，10多个税种相继出台，这就给征收管理工作带来许多新的任务。原来的一些管理办法有的要充实改进，有的要根据新情况重新加以建立。这个任务很艰巨，需要上下一齐动手，把新的一套征收管理制度健全起来。最近，在征求各地意见的基础上，草拟了一个《中华人民共和国工商税收征收管理条例》提请会议讨论，进一步修改后，争取早日报国务院审批，通过法律的形式把税收管理工作切实加强起来。

1985年5月中下旬，财政部税务总局召开了改革开放以后第一次全国税收征管工作会议。会议着重讨论修改了《中华人民共和国工商税收征收管理条例（草案）》。在同年7月、8月间召开的全国税务工作会议上，再次讨论了经过全国税收征管工作会议研究修改的《中华人民共和国工商税收征收管理条例（草案）》。经过多年的酝酿和两年的方案研究，制定和发布统一的税收征管法规的条件已经基本成熟。1986年3月28日，国务院常务会议审议并原则通过《中华人民共和国税收征收管理暂行条例（草案）》。同年4月21日，国务院发布《中华人民共和国税收征收管理暂行条例》（以下简称《暂行条例》），自当年7月1日起施行。《暂行条例》共9章44条，分为总则，税务登记，纳税鉴定，纳税申报，税款征收，账务、票证管理，税务检查，违章处理，附则。此后，根据财政部税务总局的要求，各省、自治区、直辖市分别结合当地实际情况制定了税收征管条例的具体实施办法。该条例的发布，使税收征管有了较为规范的标准和方法，为加强税收征收管理的法制建设奠定了基础。

《暂行条例》是一个总括各税征管内容的综合性法规，凡国务院制定的税收法规中规定由税务部门主管的各项税收的征收管理的内容都纳入其中，从而解决了税收征管法规统一、规范的问题；同时避免了每项税法中都写入征管条款的繁杂和各项税法之间征管内容的重复，可以使之更加简单明了。考虑到涉外税收的复杂性和特殊性，中外合资经营企业所得税、外国企业所得税和个人所得税不适用于这个条例。后来，财政部又补充规定，中外合资经营企业、外国企业、华侨、外籍人员、港澳人员有关其他税收的征管管理，也不适用于《暂行条例》。因此，直到1993年1月1日税收征管法施行之前，涉外税收征管没有完整、统一的法规，各有关规定散见于各有关税种的法规和专项法规之中。

《暂行条例》的另一个重要特点是，把税务机关和纳税人在征税和纳税过程中的权利、义务、责任和应当遵守的制度以行政法规的形式确定下来了。这不仅对纳税人、代征人提出了严格的要求，也对税务机关和税务人员提出了更高的要求。只有征纳双方都认真执行税法和《暂行条例》，才能保证税收征管工作的顺利进行，保证税款及时足额地缴入国库。

《暂行条例》是新中国成立以后发布的第一个关于税收征收管理工作的全国性行政法规。在实施6年多期间，由于各级党委、政府的重视，各有关部门的支持、配合，税务部门认真执行《暂行条例》，积极建立健全税收征管制度，加强税收征管工作，查处税收违法行为，依法征税，取得了很大的成绩。实践证明，

《中华人民共和国税收征收管理法》实施时的街头宣传语

《暂行条例》的制定与实施，对于强化税收工作、推进依法治税、正确执行税法和税收政策、发挥税收的职能作用、促进改革开放和经济发展，起到了重要的作用，并为税收征管制度的进一步法制化、规范化积累了经验，打下了坚实的基础。

1992年9月4日，第七届全国人民代表大会常务委员会第二十七次会议审议通过了《中华人民共和国税收征收管理法》，并于1993年1月1日起施行。这是我国第一部统一的税收征管法律，标志着税收征管工作进一步纳入了法制化和规范化的轨道。

第四节　改革开放初期税收的特点与作用

党的十一届三中全会召开后，全党的工作重点逐渐转移到社会主义现代化建设上来。加强和改善党对税收工作的领导，主要体现在党的路线方针政策的贯彻落实，税制改革方向的把握，发挥税收作用促进经济社会发展等方面。全面贯彻党的十一届三中全会以来的历届历次全会所制定的路线、方针、政策，认真总结新中国成立以来税制建设的历史经验和教训，纠正了一系列轻视税收工作、扭曲税收作用的错误思想，正确地提出了从中国国情出发，按照经济规律办事，扩大税收在财政收入中的比重，充分发挥税收的经济杠杆作用，坚持以改革总揽税收工作的全局，在改革开放中推进依法治税，为社会主义现代化建设服务提供有力保障的指导思想。税务部门坚持解放思想、实事求是，坚决贯彻落实党的路线方针政策，正确把握税制改革的方向，稳步实施渐进式税制改革，充分发挥税收促进经济社会发展的作用。

一、税制改革作为经济体制改革的突破口，助推了经济体制改革

改革开放后，国民经济发生巨大变化，所有制结构呈现多元化趋势。计划经济下主要依赖利润调节企业和国家分配关系的做法，已经不合时宜。中国选择用财税体制改革作为经济改革的突破口，率先打破了计划经济体制下的统收统支模式，大大激发了企业的积极性和创造力，拉开了经济体制改革的序幕。这一阶段改革的核心是政企分开、放权让利、扩大企业的经营自主权，在国营企业管理和利润分配上，突破了过去将国营企业作为行政机构附属物进行直接管理的模式，对国营企业先后实行了企业基金利润留成、盈亏包干、“利改税”等制度，突破了 30 多年来国有企业只能向国家上缴利润而不能缴纳所得税的禁区，促使国有企业向着独立的商品生产者和经营者的方向迈出了重要的一步，配合了国有企业的改革，规范了国家和企业分配关系。税制改革成为改革开放的重要“助推器”，促进了社会主义商品经济的建立和完善。

二、涉外税收体系初步建立，发挥了促进对外开放的作用

改革开放后我国对外经济交往日益发展，引进国外先进技术、先进设备、外资和聘请外籍专家等涉外经济活动逐渐活跃，涉外经济收入越来越多，迫切需要制定相应的税收制度进行征收管理，确保在平等互利的原则下维护国家主权和经济利益。随着 1980 年《中华人民共和国中外合资经营企业所得税法》《中华人民共和国个人所得税法》和 1982 年《中华人民共和国外国企业所得税法》的先后施行，我国初步形成了涉外税收制度，适应了中国对外开放初期引进外资和对外经济、技术合作的需要，为解决中外合资经营、外国在华人员和外国企业的涉税问题提供了法律保障。1978 年至 1993 年，我国对外贸易规模迅猛增

长。1993年进出口贸易总额为11271.02亿元，是1978年的31.7倍，其中，出口贸易为5284.81亿元，比1978年增长31.5倍。税收对我国对外开放和改革开放初期我国经济地位的大幅提升也起到了很大的助力作用。

三、建立复合税制体系，确立了以税收收入为主体的国家财政收入筹集模式

通过工商税收改革和同一时期的“利改税”，我国重新建立了多种税、多环节征收的复合税制体系，初步适应了中国改革开放以后多种经济成分、多种经营方式、多种流通渠道、多种分配方式并存的经济状况，税收已经深入到社会再生产的绝大部分环节，可以对社会生产和生活进行较为广泛的、有效的调节。由单一税制转变为复合税制，使中国的税制建设开始进入健康发展的新轨道，与国家经济体制、财政体制改革的总体进程协调一致，并为下一步的税制改革打下了良好的基础。随着税收制度的全面改革，税收收入迅速增长，占财政收入的比重大幅度上升，税收的财政职能和经济杠杆作用都得到了较好的发挥。1978年至1993年，全国税收收入累计总量为2.9万亿元，年均增长率为14.8%（以1977年468.3亿元为基期年）。1978年税收收入占财政收入的45.9%，1993年上升至97.8%，我国基本确立以税收收入为主体的财政收入模式。

四、建立健全税收法律法规，以法治税成为税收工作的基本原则

党的十三届三中全会提出了治理经济环境、整顿经济秩序、全面深化改革的指导方针和政策、措施，把以法治税、加强税收管理纳入治理整顿的一项重要内容，突出强调了税法必须统一，税权必须集中。在此期间，我国先后制定《中华人民共和国中外合资经营企业所得税法》《中华人民共和国个人所得税法》《中华人民共和国外国企业所得税法》《中华人民共和国税收征收管理法》。1988年7月2日，全国税务工作会议召开，提出以法治税的思想。1989年5月，全国首届以法治税研讨班在京举行，掀起了学习贯彻以法治税的第一个高潮。自此，

1988 年 7 月 2 日，全国税务工作会议召开，提出以法治税的思想

以法治税成为我国税收工作必须长期坚持的一项基本原则，标志着税收管理纳入了法制化和规范化的轨道。我国建立社会主义市场经济体制后，随着“依法治国”的方略先后被第八届全国人大（1996 年 3 月）和党的十五大（1997 年 9 月）认可和确定，1998 年 3 月国务院发布《关于加强依法治税严格税收管理权限的通知》，使得依法治税进入了全新阶段。

参考文献

［1］中共中央党史研究室．中国共产党的九十年：改革开放和社会主义现代化建设新时期［M］．北京：中共党史出版社，党建读物出版社，2016．

［2］中共中央文献研究室．十一届三中全会以来党的历次全国代表大会中央全会重要文件选编［M］．北京：中央文献出版社，1997．

［3］邓小平．邓小平文选［M］．北京：人民出版社，1994．

［4］赵凌云．中国共产党经济工作史（1921—2011 年）［M］．北京：中国财政经济出版社，2011．

[5] 国家税务总局办公厅. 中国税收30年重要文献汇编：1978—2008 [M]. 北京：中国税务出版社，2012.

[6] 刘佐. 中国税制五十年：1949年—1999年 [M]. 北京：中国税务出版社，2000.

[7] 钱冠林，王力. 中国税收30年：1978—2008 [M]. 北京：中国税务出版社，2009.

[8] 杨志勇，杨之刚. 中国财政制度改革30年 [M]. 上海：格致出版社，上海人民出版社，2008.

[9]《新中国税收70年》编写组. 新中国税收70年 [M]. 北京：中国税务出版社，2020.

[10] 国家税务总局税收科学研究所. 改革开放40年中国税收改革发展研究：从助力经济转型到服务国家治理 [M]. 北京：中国税务出版社，2018.

[11] 刘佐. 国营企业"利改税"及其历史意义 [J]. 税务研究. 2004（10）：27-33.

[12] 刘佐. 我国改革开放后涉外税制的建立与内外税制统一 [J]. 涉外税务，2010（1）：32-36.

[13] 刘佐. 邓小平在中国对外开放中的税收思想和实践：纪念邓小平诞辰110周年 [J]. 中国税务，2014（8）：41-43.

第八章

建立健全适应社会主义市场经济的税收体制（1993—2012 年）

1992 年，中国共产党第十四次全国代表大会胜利召开，会议将建立社会主义市场经济体制作为经济改革目标，并对如何构建市场经济体制进行了系统性阐述，为改革做好了顶层设计。1993 年，第八届全国人民代表大会第一次会议首次将社会主义市场经济写进《中华人民共和国宪法》，以国家根本大法的形式确定了市场经济的合法地位。围绕社会主义市场经济体制，党中央开创性推行分税制改革，逐步完善符合我国国情的税收制度。在党中央的坚强领导下，科学发展观和和谐社会理念引领税制改革加速推进，税收管理朝着现代化、法治化、信息化纵深发展，税收的职能作用日益显现，成为国家宏观调控的重要举措，为实现国家战略赋能助力，也为中国经济腾飞、全面建设小康社会奠定了基础。

第一节　社会主义市场经济下税收思想的发展

为了适应社会主义市场经济发展的需要，在借鉴市场经济国家成功经验并充分考虑国情的基础上，我国于 1994 年进行了税制改革。1994 年税制改革的指导思想是：统一税法，公平税负，简化税制，合理分权，理顺分配关系，保障财政收入，建立符合社会主义市场经济要求的税制体系。其遵循的基本原则包括：有利于调动中央和地方两个积极性和加强中央的宏观调控能力；有利于发挥税收调节个人收入相差悬殊和地区间经济发展差距过大的作用，促进经济协调发展，实现共同富裕；有利于实现公平税负，促进平等竞争，为市场主体平等竞争创造条件；有利于体现国家产业政策，促进经济结构的有效调整，促进国民经济整体效益的提高和持续发展；有利于简化、规范税制，维护税法的严肃性和统一性。

2003年，党的十六届三中全会审议通过的《中共中央关于完善社会主义市场经济体制若干问题的决定》提出了科学发展观，并作出了“深化农村税费改革”“按照简税制、宽税基、低税率、严征管的原则，分步实施税收制度改革”等涉税决定。分步实施税收制度改革的指导思想是科学发展观和社会主义和谐社会理论，要求税收改革必须坚持以人为本、全面、协调、可持续的科学发展观，坚持经济社会协调发展，在推进经济发展的同时，更加注重加快社会发展，努力解决经济和社会发展存在的“一条腿长、一条腿短”的问题；坚持城乡协调发展，深化农村税费改革，逐步改变城乡二元经济结构；坚持区域协调发展，推进西部大开发、振兴东北地区等老工业基地，促进中部地区崛起，鼓励东部地区加快发展，形成东中西互动、优势互补、相互促进、共同发展的新格局；坚持可持续发展，统筹人与自然和谐发展，建设资源节约型和生态保护型社会；统筹国内发展和对外开放，处理好内需与外需、利用外资与利用内资的关系，充分利用国内外两个市场、两种资源；坚持以人为本，把人民的利益作为一切工作的出发点和落脚点，不断满足人们的多方面需求和实现人的全面发展。

一、党的十四大以来（1992—1996年）的税收指导思想

1992年初，邓小平在南方多省发表谈话，系统概括中国特色社会主义理论的核心内容，从理论上回答了关于中国改革发展的深层次认识问题。一系列关于建设有中国特色社会主义的新观点，解放了思想，统一了认识，为改革开放和现代化建设注入了新动能。以南方谈话为先导，同年10月党的十四次全国代表大会提出建立社会主义市场经济体制的目标，税收制度作为经济体制的重要组成内容，在建立市场经济体制框架内，推进新一轮税制改革拉开帷幕。

1993 年 11 月，党的十四届三中全会通过《中共中央关于建立社会主义市场经济体制若干问题的决定》，全面具体地阐述社会主义市场经济体制的内容，提出发挥市场的基础性作用。《决定》提出："积极推进财税体制改革，把现行地方财政包干制改为在合理划分中央与地方事权基础上的分税制，建立中央税收和地方税收体系。按照统一税法、公平税负、简化税制和合理分权的原则，改革和完善税收制度。"①

1995 年 9 月，党的十四届五中全会通过《中共中央关于制定国民经济和社会发展"九五"计划和 2010 年远景目标的建议》，提出未来 15 年经济和社会发展贯彻的九条方针。在转变政府职能，增强国家宏观调控能力方面，《建议》提出："建立计划、金融、财政之间相互配合和制约，能够综合协调宏观经济政策和正确运用经济杠杆的机制。要振兴国家财政，为解决国家财力严重不足、宏观调控能力减弱的问题，必须调整国民收入分配格局，通过深化财税改革，健全财政职能，加强税收征管，提高财政收入占国民生产总值的比重和中央财政收入占全国财政收入的比重。"②

1996 年 3 月，第八届全国人民代表大会第四次会议批准《中华人民共和国国民经济和社会发展"九五"计划和 2010 年远景目标纲要》，提出："调整国民收入分配格局，提高财政收入占国民生产总值的比重，以及中央财政收入占全国财政收入的比重。继续完善税制，统一内外资企业所得税，取消各种区域性税率，巩固完善以增值税为主体的流转税体系，适当扩大增值税和资源税征收范围；建立覆盖全部个人收入的分类与综合相结合的个人所得税制；调整地方税制结构，健全地方税收体系；依法征税，严格控制税收减免；逐步开征遗产和赠与税、利息所得税和社会保障税；完善税收征管制度，强化管理监督；通过税收调节等措施解决社会分配差别过大问题。"③

① 中共中央文献研究室．十四大以来重要文献选编（上）［M］．北京：人民出版社，1995：531.
② 中共中央文献研究室．十四大以来重要文献选编（中）［M］．北京：人民出版社，1997：1498-1499.
③ 中共中央文献研究室．十四大以来重要文献选编（中）［M］．北京：人民出版社，1997：1844-1879.

二、党的十五大以来（1997—2001年）的税收指导思想

1997年9月，党的十五次全国代表大会全面回顾了过去五年的工作，对推进税收体制改革所取得的成绩给予了充分肯定。会议强调，高举邓小平理论伟大旗帜，用邓小平理论来指导社会主义事业，积极推进经济体制和经济增长方式的根本转变，解决好建立比较完善的社会主义市场经济体制和保持国民经济持续快速健康发展这两大课题。同时对税制改革提出新要求："集中财力，振兴国家财政，是保证经济社会各项事业发展的重要条件。要正确处理国家、企业、个人之间和中央与地方之间的分配关系，逐步提高财政收入占国民生产总值的比重和中央财政收入占全国财政收入的比重，并适应所有制结构变化和政府职能转变，调整财政收支结构，建立稳固、平衡的国家财政。要调节过高收入，完善个人所得税制。"①

2000年1月，江泽民在省部级主要领导干部财税专题研讨班上发表讲话，他强调："在我国，建立稳固、平衡、强大的财政，制定和实施正确的财税政策，努力做好财税工作，是我们全面推进改革开放和现代化建设、实现跨世纪发展宏伟目标和中华民族全面振兴的必然要求。"对进一步深化财税改革，他要求："要逐步解决'两个比重'的问题，当前首先要做好财税秩序的整顿工作，努力把按照国家政策法规规定该集中的财力管好用好。坚持依法理财，依法治税。要规范社会初次分配，提高各项收入的透明度，继续深化财税改革，加强税收征管工作。完善税制，调整税率。"②

2000年10月，党的十五届五中全会通过《中共中央关于制定国民经济和社会发展第十个五年计划的建议》，提出："要发挥价格、税收、利率、汇率等杠杆作用，引导和促进经济结构调整，保证经济稳定增长。进一步深化改革，完善社会主义市场经济体制。进一步完善分税制。积极推进财政预算制度改革。完善财政转移支付制度。积极稳妥地推进税费改革。健全税收制度，强化税收

① 中共中央文献研究室．十五大以来重要文献选编（上）［M］．北京：人民出版社，2000：24–25.
② 中共中央文献编辑委员会．江泽民文选（第二卷）［M］．北京：人民出版社，2006：509–517.

征管。逐步提高国家财政收入占国内生产总值的比重和中央财政收入占全国财政收入的比重，提高财政保障能力，注意防范财政风险。”①

2001 年 3 月，第九届全国人民代表大会第四次会议批准《中华人民共和国国民经济和社会发展第十个五年计划纲要》，提出：“积极稳妥地推进税费改革，清理整顿行政事业性收费和政府性基金，建立政府统一预算。健全税收制度，改革生产型增值税税制，完善消费税和营业税，逐步统一内外资企业所得税，建立综合与分类相结合的个人所得税制度，适时开征社会保障税和遗产税，完善地方税税制。依法加强税收征管，打击偷、漏、骗税的行为，清缴欠税，严禁越权减、免、退税。保持财政收入稳定增长，提高国家财政收入占国内生产总值的比重和中央财政收入占全国财政收入的比重。强化税收对收入分配的调节功能。要综合运用计划、财政、金融等手段，发挥价格、税收、利率、汇率等杠杆的作用，加强和改善宏观调控。”②

三、党的十六大以来（2002—2006 年）的税收指导思想

随着 21 世纪初国内工业化、城镇化的高速推进，我国经济发展遇到了新挑战，资源环境约束、城乡差距拉大、收入分配不公等问题也越来越突显。从国际背景来看，2001 年 12 月中国成功加入世界贸易组织（WTO），深入参与国际经济发展，对外开放格局进一步扩大，国际市场给对外贸易带来了新机遇。同时，也带来了新的挑战，市场主体的竞争力面临更大考验，中国的社会主义市场经济体制需要进一步融入国际市场，税收体制也需要进一步改革，与国际对接，适应国际市场竞争。

2002 年 11 月，党的十六次全国代表大会提出全面建设小康社会的奋斗目标，建成完善的社会主义市场经济体制。会议强调：“要完善宏观调控体系，深化税收体制改革，强化税收征管；继续推进农村税费改革，减轻农民负担，保护

① 中共中央文献研究室．十五大以来重要文献选编（中）［M］．北京：人民出版社，2001：1388．

② 中华人民共和国国民经济和社会发展第十二个五年规划纲要［EB/OL］．（2011-03-16）［2021-02-18］．http://www.gov.cn/2011h/content_1825838.htm．

农民利益；国家要在投资项目、税收政策和财政转移支付等方面加大对西部地区的支持；深化外经贸体制改革，完善有关税收制度。”①

2003年10月，党的十六届三中全会通过《中共中央关于完善社会主义市场经济体制若干问题的决定》，对完善税收体制进行了更全面、深入、具体的阐述。《决定》要求：“完善农村税费改革试点的各项政策，取消农业特产税，逐步降低农业税率，切实减轻农民负担；分步实施税收制度改革，按照简税制、宽税基、低税率、严征管的原则，稳步推进税收改革。改革出口退税制度。统一各类企业税收制度。增值税由生产型改为消费型，将设备投资纳入增值税抵扣范围。完善消费税，适当扩大税基。改进个人所得税，实行综合和分类相结合的个人所得税制。实施城镇建设税费改革，条件具备时对不动产开征统一规范的物业税，相应取消有关收费。在统一税政前提下，赋予地方适当的税政管理权。创造条件逐步实现城乡税制统一。”②

2004年3月，胡锦涛在中央人口资源环境工作座谈会上全面系统阐释了科学发展观的深刻内涵和基本要求。他强调，坚持以人为本、全面协调可持续的发展观，是我们以邓小平理论和“三个代表”重要思想为指导，从新世纪新阶段党和国家事业发展全局出发提出的重大战略思想。③科学发展观总结了经济社会发展的客观规律，是指导发展的世界观和方法论的集中体现，树立和落实科学发展观对建设社会主义现代化和推进税收工作有着重要的指导意义。

2004年9月，党的十六届四中全会进一步提出了构建社会主义和谐社会的任务，将实现社会和谐纳入加强党的执政能力建设的总体目标，会议强调：“形成全体人民各尽其能、各得其所而又和谐相处的社会，是巩固党执政的社会基础、实现党执政的历史任务的必然要求。”④

2005年4月，国务院发布《关于2005年深化经济体制改革的意见》，提出“继续深化农村税费改革。深化税收体制改革。进一步完善出口退税机制。做好内

① 中共中央文献研究室．十六大以来重要文献选编（上）［M］．北京：中央文献出版社，2005：16-22.
② 中共中央文献研究室．十六大以来重要文献选编（上）［M］．北京：中央文献出版社，2005：468-473.
③ 中共中央文献编辑委员会．胡锦涛文选（第二卷）［M］．北京：人民出版社，2016：167.
④ 中共中央文献研究室．十六大以来重要文献选编（中）［M］．北京：中央文献出版社，2006：286.

外资企业所得税制合并方案的研究和准备工作。搞好增值税转型试点，研究制订全面实施方案。调整消费税，研究改革资源税，研究完善环境保护有关税收政策。推进收入分配制度改革，抓紧出台完善个人所得税制度方案，加大收入分配调节力度。”①

2005年10月，党的十六届五中全会通过《中共中央关于制定国民经济和社会发展第十一个五年规划的建议》，明确了“十一五”时期经济和社会发展的指导思想。《建议》强调要以科学发展观统领经济社会发展全局，坚持以人为本，转变发展观念、创新发展模式、提高发展质量，落实“五个统筹”，把经济社会发展切实转入全面协调可持续发展的轨道。党的十六届五中全会还对财政税制体制改革、发挥税收作用促进科学发展提出了具体要求。如，实行有利于增长方式转变、科技进步和能源资源节约的财税制度。巩固农村税费改革成果，全面推进农村综合改革。实行支持自主创新的财税政策。加大调节收入分配的力度，强化对分配结果的监管。建立健全与城镇化健康发展相适应的财税制度。加强就业培训的财税优惠政策，打击偷逃骗税行为等。

2006年3月，第十届全国人民代表大会第四次会议批准《中华人民共和国国民经济和社会发展第十一个五年规划纲要》，《纲要》提出：“以转变政府职能和深化企业、财税、金融等改革为重点，加快完善社会主义市场经济体制。实行有利于促进科技进步、转变增长方式、优化经济结构的财税制度。在全国范围内实现增值税由生产型转为消费型。适当调整消费税征收范围，合理调整部分应税品目税负水平和征缴办法。适时开征燃油税。合理调整营业税征税范围和税目。完善出口退税制度。统一各类企业税收制度。实行综合和分类相结合的个人所得税制度。改革房地产税收制度，稳步推行物业税并相应取消有关收费。改革资源税制度。完善城市维护建设税、耕地占用税、印花税。”②

① 国务院关于2005年深化经济体制改革的意见［EB/OL］.（2005-04-04）［2021-02-18］. http://www.gov.cn/zhengce/content/2008-03/28/content_1376.htm.

② 中华人民共和国国民经济和社会发展第十一个五年规划纲要［EB/OL］.（2006-03-14）［2021-02-18］. http://www.gov.cn/gongbao/content/2006/content_268766.htm.

四、党的十七大以来（2007—2012年）的税收指导思想

2007年美国“次贷危机”席卷全球，对世界经济产生了严重影响。中国对外投资和出口贸易面临严峻形势，对国内经济增长形成负面效应。党中央果断调整宏观调控政策，推出扩大内需、促进经济增长的系列措施，推进“一揽子”计划。在重点领域的改革稳步推进，调整重点产业规划，加快产业结构调整和发展转型，提升自主创新能力，为应对外部经济冲击，促进经济又好又快发展增强了信心。

2007年6月，国务院办公厅转发国家发展改革委《关于2007年深化经济体制改革工作意见的通知》，提出：“要稳步推进税收制度改革，做好统一内外资企业所得税工作，研究制订新的企业所得税法实施条例及相关配套政策措施。扩大增值税转型试点范围，研究制订全面实施增值税转型方案和措施。适时出台燃油税。研究开征环境税。积极推进物业税改革。改革完善资源税制度，调整计征办法，适当提高征收标准。”①

2007年10月，党的十七大系统总结了新时期农村综合改革、财税改革等领域取得的重大进展，立足转型发展的新使命，实行有利于科学发展的财税制度。这一时期，协同推进燃油税费改革、增值税转型改革，税收法律不断健全，税收制度日益完善，主要税种改革取得明显进展。

2008年9月，党中央发布《中共中央关于在全党开展深入学习实践科学发展观活动的意见》，明确从2008年9月开始用一年半左右的时间，在全党分批开展深入学习实践科学发展观活动。《意见》要求：“紧紧围绕党员干部受教育、科学发展上水平、人民群众得实惠，进一步解放思想、实事求是、改革创新，切实增强贯彻落实科学发展的自觉性坚定性。”②税务部门积极贯彻落实《意见》精神，扎实开展各类学习实践活动，用马克思主义中国化最新成果武装头脑、

① 国务院办公厅转发发展改革委关于2007年深化经济体制改革工作意见的通知［EB/OL］.（2007-06-28）［2021-02-18］. http://www.gov.cn/gongbao/content/2007/content_711044.htm.

② 中共中央文献研究室. 十七大以来重要文献选编（上）［M］. 北京：中央文献出版社，2016：554-564.

指导实践、推动工作，做到服务科学发展、共建和谐税收。

2010年10月18日，党的十七届五中全会通过《中共中央关于制定国民经济和社会发展第十二个五年规划的建议》，提出："加快财税体制改革。积极构建有利于转变经济发展方式的财税体制。改革和完善税收制度。扩大增值税征收范围，相应调减营业税等税收，合理调整消费税范围和税率结构，完善有利于产业结构升级和服务业发展的税收政策。逐步建立健全综合和分类相结合的个人所得税制度。继续推进费改税，全面改革资源税，开征环境保护税，研究推进房地产税改革。逐步健全地方税体系，赋予省级政府适当税政管理权限。"① 同时在加强城镇化管理、发展循环经济、支持企业创新和科研成果产业化、合理调整收入分配关系等方面，对加强税收政策支持也提出了具体要求。

2011年3月，第十一届全国人民代表大会第四次会议批准《中华人民共和国国民经济和社会发展第十二个五年规划纲要》，提出："按照优化税制结构、公平税收负担、规范分配关系、完善税权配置的原则，健全税制体系，加强税收法制建设。扩大增值税征收范围，相应调减营业税等税收。合理调整消费税征收范围、税率结构和征税环节。逐步建立健全综合与分类相结合的个人所得税制度，完善个人所得税征管机制。继续推进费改税，全面推进资源税和耕地占用税改革。研究推进房地产税改革。逐步健全地方税体系，赋予省级政府适当税政管理权限。"②

2012年11月，党的十八次全国代表大会提出加快改革财税体制，健全中央和地方财力与事权相匹配的体制，构建地方税体系，形成有利于结构优化、社会公平的税收制度，为新时期全面深化财税改革锚定了新目标。

① 中共中央文献研究室. 十七大以来重要文献选编（中）[M]. 北京：中央文献出版社，2011：995.

② 中华人民共和国国民经济和社会发展第十二个五年规划纲要［EB/OL］.（2011-03-16）［2021-02-18］. http://www.gov.cn/2011lh/content_1825838.htm.

第二节 与社会主义市场经济体制相适应的税制改革

为适应社会主义市场经济体制建设的需要，1994年我国推行了税制改革。这次改革改变了以往的思路，是中国共产党成立以来在税收领域改革覆盖面最广、影响最深刻的一次重大的制度创新，在中国税收史上具有里程碑的意义。分税制的实施和新税制的逐步完善，搭建起现代化税制的“四梁八柱”，调动了多方积极性，为全国统一市场的形成和改革开放提供了坚强的税收支持和制度保障。

一、1994年税制改革的背景

党的十四大召开后，我国经济体制改革围绕着建立社会主义市场经济体制的要求加快推进，随着市场在资源配置中的作用不断扩大，原有的财政包干体制已不适应社会主义市场经济发展的需要。加之经济过热、通货膨胀的出现，原有的调控举措不能应对当时的矛盾。在这种形势下，税制改革被提上改革议程，赋予了策应社会主义市场经济改革的使命。

（一）中央财政职能弱化带来较大风险

财政包干制，在过去的经济发展中起到了积极的作用，但赋予了地方过多的自主权，尤其在税收增量分配上向地方倾斜较多，致使中央财力增长受制约，中央和地方财政收入结构不合理。中央财政比重持续下降，从1985年的38.4%持续下降到1992年的28.1%（数据来源：《中国统计年鉴2012》）。中央政府的宏观调控能力被弱化，与构建全国性统一公平的社会主义市场经济体制的总体目标相背离。1993年上半年，重点建设资金、补贴等财政支出难以为继，严重影响国家宏观调控作用的发挥，实施财税改革迫在眉睫。

（二）原有税制制约公平统一市场的形成

1984 年推行的工商税制全面改革，形成多税种、多环节、多层次征收的复合税制。但伴随着市场经济发展，也产生了新的问题。从税制设计来看，工商税制共有 32 个税种，种类繁多计算复杂，造成各地区间企业负担不一。从功能导向来看，政府在财政大包干时期，中央和地方都拥有税收减免权，地方政府对税收的减免的影响较大。地方政府倾向于发展高利税产业，导致了重复性建设和资源浪费。从税费结构来看，管理不够规范，致使预算外收入快速增长，1992 年预算外收入达到 3854.92 亿元，是 1986 年的 2.2 倍［根据《中国统计年鉴（2011 年）》数据计算］，企业总体负担偏重。从征收管理来看，当时税收法制体系还不健全，各级财政的职责和权限不够清晰，政府与企业的关系融合在一起，企业作为市场主体的自由发展受到影响，企业的管理水平和效益的提升受限制，活力没有充分释放。

（三）宏观经济运行过热

邓小平南方谈话后，全国改革发展的热情持续高涨，改变了经济低速运行的局面，1993 年经济再次加速，出现经济过热现象。1993 年 6 月中共中央、国务院发布《关于当前经济情况和加强宏观调控的意见》，对宏观经济进行了分析，认为宏观经济形势不容乐观。物价上涨过快，社会供需总量失衡。面对经济过热现象，客观上要求加大对税收政策的调整力度，以适应当时宏观经济调控的需要。

（四）早期探索积累实践经验

1987 年党的十三大报告正式提出，在合理划分中央和地方财政收支范围的前提下实行分税制。1991 年“八五”计划纲要提出，在有条件的城市和地区，积极进行分税制的改革试点，分税制改革开始成为税制改革的重点任务。在党中央的领导下，财税部门着力加快改革准备工作。1992 年 6 月，经国务院同意，财政部制定《关于实行“分税制”财政体制试点办法》，在天津、辽宁、浙江、新疆、沈阳、大连、青岛、武汉、重庆9个省（区、市）开展先行试点，虽然试点在原有税制框架内进行，但对分税制改革进行了积极探索，积累了宝贵的实践经验。

（五）税制改革新思路的决策

财税体制改革关系经济改革和社会发展大局，党中央对此特别重视。分税制改革从酝酿到决策，经过大量的调查研究和科学研判，党的领导贯穿改革始终。1992年10月，江泽民在党的十四大报告中提出：“要理顺中央和地方的分配关系，逐步实行利税分流和分税制。”① 由此，分税制改革上升为国家层面的重要改革任务，相关筹备和调研工作加快推进。1992年12月，国务院总理李鹏及国务院有关领导同志，与出席全国财政会议的财政厅、局长和税务局长举行座谈，李鹏指出：“财税改革是整个经济体制改革的重要组成部分，其核心是按照社会主义市场经济的要求，正确处理国家与企业、中央与地方的利益分配关系，为市场发育和企业之间的公平竞争创造良好的外部条件，改进和加强宏观调控。因此，改革要加快进行。”②

1993年4月，江泽民两次主持召开中央财经领导小组会议，听取财政和税收工作汇报，研究部署财税改革工作，4月29日，江泽民在会上对税收工作提出三点重要意见：一是抓住时机，积极推进税制改革；二是坚持税制改革的正确原则，努力建立具有中国特色社会主义的税收体系；三是加强税收征管，切实改进税收工作。③ 为加强对财税改革的领导，会议决定由国务院副总理朱镕基负责，研究制定改革具体方案。1993年上半年，宏观经济运行的矛盾突出，为保持经济健康发展，6月24日，中央提出多项加强宏观调控的举措，决定加快财税体制改革。7月22日，国务院总理办公会明确，要加快财税体制改革步伐，

① 中共中央文献编辑委员会．江泽民文选（第一卷）［M］．北京：人民出版社，2006：229.
② 刘佐．社会主义市场经济中的中国税制改革（1992—2013）［M］．北京：中国税务出版社，2014：78-79.
③ 国家税务总局．中国改革开放30年税收大事记（1978—2008）［M］．北京：中国税务出版社，2009：135-136.

将原定的分步实施方案改为一步到位。[①]

1993 年 11 月，党的十四届三中全会通过《中共中央关于建立社会主义市场经济体制若干问题的决定》，提出："社会主义市场经济必须有健全的宏观调控体系。宏观调控主要采取经济办法，近期要在财税、金融、投资和计划体制的改革方面迈出重大步伐，建立计划、金融、财政之间相互配合和制约的机制，加强对经济运行的综合协调。"[②]《决定》还明确了积极推进财税体制改革的重点任务，为税制改革明确了方向。1993 年 12 月，国务院批准了《工商税制改革实施方案》。

为配合财税体制改革，1993 年 8 月，国务院颁发《中华人民共和国税收征收管理法实施细则》；10 月，第八届全国人民代表大会第四次会议通过修改《中华人民共和国个人所得税法》的决定；12 月，国务院颁布增值税、消费税、营业税、企业所得税、土地增值税、资源税 6 个暂行条例，为改革做

1996 年 8 月 2 日，财政部部长、国家税务总局局长刘仲藜（中），国家税务总局党组书记、副局长项怀诚（左三）参加《中华人民共和国税法》（中央卷）首发式

① 谢玮．亲历者刘仲藜：分税制化解中央财政危机［J］．中国经济周刊，2019（18）：88-89.

② 中共中央文献研究室．十四大以来重要文献选编（上）［M］．北京：人民出版社，1996：530-531.

好税收制度安排。1993年4月，国家税务局从财政部独立出来，改名为国家税务总局，并归国务院直属，同年升格为正部级，进一步加强了党对税收工作的领导，体现了党对税收工作的高度重视，为充分发挥税收的职能作用提供了组织保障。

二、1994年税制改革的内容

经过党中央的科学决策和精心筹备，财税改革的各项准备工作高效完成，1993年底国务院公布《关于实行分税制财政管理体制的决定》，一场全国性的财税体制改革从1994年1月1日起正式启动。

（一）改革的指导思想

根据社会主义市场经济体制的需要，在统筹国家长远目标和现实发展，借鉴国外经验基础上，立足我国国情，确定了四个方面的指导思想：正确处理中央与地方的分配关系，调动两个积极性，促进国家财政收入合理增长；合理调

1993年10月13日至19日，全国税制改革工作会议在北京召开

节地区之间财力分配；坚持统一政策与分级管理相结合的原则；坚持整体设计与逐步推进相结合的原则。改革指导思想的确立，为分税制改革指明了方向和道路。

（二）改革的主要内容

1. 科学划分中央与地方事权和支出

在事权划分的基础上，合理分配中央财政与地方财政的支出范围。其中，中央财政主要承担国家安全、外交和中央国家机关运转所需经费，调整国民经济结构、协调地区发展、实施宏观调控所必需的支出以及由中央直接管理的事业发展支出，主要包括14个项目。地方财政主要承担本地区政权机关运转所需支出以及本地区经济、事业发展所需支出，主要有13个项目（见表8–1）。

表8–1　中央财政与地方财政支出范围

财政类别	支出范围
中央财政支出	国防费，武警经费、外交和援外支出，中央级行政管理费，中央统管的基本建设投资，中央直属企业的技术改造和新产品试制费，地质勘探费，由中央财政安排的支农支出，由中央负担的国内外债务的还本付息支出，以及中央本级负担的公检法支出和文化、教育、卫生、科学等各项事业费支出
地方财政支出	地方行政管理费，公检法支出，部分武警经费，民兵事业费，地方统筹的基本建设投资，地方企业的技术改造和新产品试制经费，支农支出，城市维护和建设经费，地方文化、教育、卫生等各项事业费，价格补贴支出以及其他支出

2. 合理划分中央与地方收入

根据事权与财权相结合的原则，按税种划分中央与地方的收入。将维护国家权益、实施宏观调控所必需的税种划为中央税；将同经济发展直接相关的主要税种划为中央与地方共享税；将适合地方征管的税种划为地方税，并充实地方税税种，增加地方税收入，建立中央和地方各自的税收体系（见表8–2）。

表 8–2 1994 年中央与地方税收划分情况

收入类型	具体收入项目
中央固定收入	关税，海关代征消费税和增值税，消费税，中央企业所得税，地方银行和外资银行及非银行金融企业所得税，铁道部门、各银行总行、各保险总公司等集中交纳的收入（包括营业税、所得税、利润和城市维护建设税），中央企业上交利润等。外贸企业出口退税，除 1993 年地方已经负担的 20% 部分列入地方上交中央基数外，以后发生的出口退税全部由中央财政负担
中央与地方共享收入	增值税、资源税、证券交易税。增值税中央分享 75%，地方分享 25%。资源税按不同的资源品种划分，大部分资源税作为地方收入，海洋石油资源税作为中央收入。证券交易税，中央与地方各分享 50%
地方固定收入	营业税（不含铁道部门、各银行总行、各保险总公司集中交纳的营业税），地方企业所得税（不含上述地方银行和外资银行及非银行金融企业所得税），地方企业上交利润，个人所得税，城镇土地使用税，固定资产投资方向调节税，城市维护建设税（不含铁道部门、各银行总行、各保险总公司集中交纳的部分），房产税，车船使用税，印花税，屠宰费，农牧业税，对农业特产收入征收的农业税（简称农业特产税），耕地占用税，契税，遗产和赠予税，土地增值税，国有土地有偿使用收入等

3. 建立中央财政对地方税收返还制度

为了保持现有地方既得利益格局，逐步达到改革的目标，此次改革通过中央财政对地方税收返还数的方式，尽量减轻对地方财力的影响。具体办法是，中央财政对地方税收返还数额以 1993 年为基期年，将 1993 年实行分税制后地方上划中央的部分作为返还基数，并将基数全额返还地方。在增量收入方面，1994 年以后，税收返还额与增值税和消费税的增长率挂钩，在 1993 年的基数上，按照按全国增值税和消费税的平均增长率的 1 ∶ 0.3 系数实行递增返还。1994 年 8 月将口径调整为各地区的入库的增值税和消费税增长率，充分调动了地方组织收入的积极性，保证了地方可用财力。同时，改革国库体制，健全转移支付制度，满足地方财政支出的合理资金需要。

4. 分设国税、地税两套税务机构

对税收征管体制进行同步改革，在省级及以下分别设立国家税务局和地方税务局，按照中央和地方的收入划分，对征管职责范围和权限进行界定，实行

两套机构分别征收。税务队伍合理分流，科学设置岗位和配备人员，保证了工作的稳定性和连续性。国税、地税之间各司其职，兼顾中央和地方组织收入的需要，在保持稳定税基的同时，提高了征管质量和效率。

5. 配套改革和其他政策措施

分税制实施后，在改革国有企业利润分配制度、改进预算编制办法、规范地方减免税政策、完善财政转移支付、改革经济特区与开发区财政管理体制等方面相继出台了一系列调整和完善措施，确保改革顺利落地见效。

三、新税制的过渡与完善

分税制改革的实施，推动我国税收制度从计划经济体制下的传统税制向社会主义市场经济体制下统一、公平、开放的税制转换。1993 年 12 月，国务院同意国家税务总局《工商税制改革实施方案》，作为分税制改革的配套政策在全国推行。按照“统一税法、公平税负、简化税制、合理分权，理顺分配关系，保障财政收入，建立符合社会主义市场经济要求的税制体系”的指导思想，我国对税制进行了全面改革，适应了宏观调控和市场经济发展需要。

（一）改革流转税制

流转税的改革体现公平、中性、透明、普遍的原则，总体税收负担基本保持与以往持平。建立以增值税为主体的流转税体系，大幅简并税率档次，减少行业税负差距，通过抵扣避免重复征税。内外资企业适应新的流转税制，为整个税制统一奠定了基础，创造了条件。

1. 增值税方面

取消产品税和工商统一税，普遍征收增值税，对商品生产、批发、零售和进口环节全面征收。简化税率，将 12 档税率简并为 17%、13% 和零税率 3 档税率，实行价外计征模式，统一采用购进扣税法计征。改革增值税纳税制度，对增值税的纳税人进行专门的税务登记，对年销售额较少、会计核算不健全的小型纳税人实行简便计征办法，1998 年 7 月起从事商业经营的小规模纳税人征收率从6%降为4%。为了保证我国对外开放政策和涉外税收政策的连续性、稳定性，针对部分企业增值税税收负担提高的问题，在1998年前，对符合条件的因流转税改革增加的税负，实行返还的过渡政策。

2. 消费税方面

增设消费税，加强对少数消费品的特殊调节，在征收增值税的基础上对11类商品再征收消费税，主要包括烟、酒、化妆品、贵重首饰、摩托车、小汽车、汽油、柴油等。强化对消费的引导和调控，调整应税消费品的税率和征收环节。1995年1月起将金银首饰消费税纳税环节由生产销售环节改为零售环节。1998年7月调整烟类产品税率，重新划分卷烟类别标准。1999年提高含铅汽油税额标准，支持国家环境保护政策。2001年对烟酒产品实行从量定额和从价复合计征办法等。2002年1月起，对钻石及钻石饰品消费税的纳税环节由生产环节、进口环节后移至零售环节；对未镶嵌的成品钻石和钻石饰品的消费税减按5%的税率征收。

3. 营业税方面

明确营业税征税范围包括提供劳务、转让无形资产和销售不动产，实行行业差别的比例税率。

（二）统一所得税制

1994年1月《中华人民共和国企业所得税暂行条例》正式颁布实施，国内各类企业均适用统一的企业所得税制度，改变了以往按所有制性质区别征税，体现了税负公平导向。1993年10月修订的《中华人民共和国个人所得税法》适用于所有中国籍和来源于中国所得的外国籍居民，规范了税基。

1. 统一内资企业所得税方面

企业所得税制改革以调整、规范国家与企业的分配关系，促进企业经营机制的转换，实现公平竞争为目标。统一内资企业所得税，把以前不同经济形式的企业所得税税率变为统一适用33%的较低比例税率。规范企业所得税税前的列支项目和标准，改变应纳税所得额的确定从属于企业财务制度的状况，稳定和拓宽税基。为保持对外开放的连续性和税法的稳定性，没有对外商投资企业和外国企业的企业所得税进行统一。为缩小内、外资企业的税负差距，逐步实现公平竞争，国家逐步提高了内资企业的计税工资标准，1996 年从以前的人均每月 500 元提高到 550 元，1999 年提高到 800 元。促进国有工业企业和集体工业企业技术进步，增加研发费用的抵扣额。1997 年对金融、保险企业所得税税率统一调整为 33%。2000 年起内资企业业务招待费与外资企业实现统一。

2. 统一个人所得税方面

个人所得税制改革体现了合理调节收入差距，促进分配公平的导向。合并原个人所得税、个人收入调节税、城乡个体工商业户所得税，建立统一的个人所得税制。扩大征收范围，增加了个体工商业户的生产经营所得、财产转让所得和偶然所得。提高费用扣除标准为 800 元，新增附加扣除项目适用非居民个人，调整不同应税项目的税率。1997 年 3 月，国家税务总局发布《个体工商户个人所得税计税办法（试行）》，对个体工商户收入、成本、费用和损失计算进行了详细规定。进一步扩大个人所得税征收范围，自 2000 年 1 月 1 日起，对个人独资企业和合伙企业停止征收企业所得税，其生产经营所得，比照个体工商户的生产、经营所得征收个人所得税。

（三）调整资源税

1993 年 12 月国务院颁布《中华人民共和国资源税暂行条例》，所有矿产资源纳入征收范围，配合增值税的改革，适当调整税负。资源税征税品目有煤炭、原油、天然气、铁矿石和其他黑色金属矿原矿、铝土矿和其他有色金属矿原矿、非金属矿原矿和盐。实行分产品类别从量定额计算征税的办法，设置有上下限的幅度税额。根据资源产品开采条件，设置不同税额。

（四）调整部分税种

取消与经济发展不相适应的税种，合并重复设置的税种，实现税制的简化和高效。原来征收产品税的农、林、牧、水产品，改为征收农业特产税和屠宰税；取消集市交易税、牲畜交易税、烧油特别税、奖金税和工资调节税；将特别消费税并入起特殊调节作用的消费税，盐税并入资源税；将屠宰税、筵席税下放给地方；取消对外资企业、外籍人员征收的城市房地产税和车船使用牌照税，统一实行房产税和车船使用税，对外资企业、外籍人员征收城镇土地使用税。开征土地增值税，对房地产交易中的过高利润进行适当调节。土地增值税在房地产的交易环节，对交易收入的增值部分征收，合理调节土地增值收益，引导房地产行业规范健康发展。为增强市场主体投资的积极性，减轻亚洲金融危机对经济的影响，1997年7月1日起固定资产投资方向调节税，实行减半征收，自2000年起停止征收。2000年10月，国务院公布《中华人民共和国车辆购置税暂行条例》，自2001年1月起开征车辆购置税，车辆购置附加费被取消。

（五）调整出口退税

1994年国家税务总局印发《出口货物退（免）税管理办法》，结合国内经济形势和国际贸易的变化，阶段性调整出口退税率和退税范围。1997年2月，国务院发布《对生产企业自营出口或委托代理出口货物实行“免、抵、退”税办法的通知》，对有进出口经营权的生产企业自营出口或委托外贸企业代理出口的货物实行“免、抵、退”税的办法，支持出口贸易。亚洲金融危机发生后，为促进对外出口，1998年提高出口退税率，支持商品出口。

（六）规范税收优惠政策调整分配机制

严格税收减免权限。1993年6月，中共中央、国务院发布《关于当前经济情况和加强宏观调控的意见》，取消地方各项越权自行制定的各项减免税政策，当年中央和地方都不再出台新的减免税政策，临时性、困难性的减免税一律暂停审批。1993年7月，国务院副总理朱镕基在全国财政、税务工作会议上发表“整顿财税秩序，严肃财经纪律，强化税收征管，加快财税改革”的讲话，重申严格控制税收减免，他强调：“对各地越权自定的减免税政策，要坚决按中央、国务院的要求，立即停止执行，进行清理。”① 通过税收立法，规范政策性减免权限和流程。

1994 年新税制实施后，陆续对分税制财政管理体制进行了调整。1996 年 3 月，财政部发出《关于完善省以下分税制财政管理体制意见的通知》，要求各地参照中央对省级分税制模式，将分税制体制落实到市、县级，有条件的地区可落实到乡级。保护各级财政培养财源和组织征收“两税”的积极性，在“两税”收入分配方面进行合理调整。调整证券交易印花税中央政府与地方政府分享比例，1994 年中央与地方各得 50%，1997 年调整为中央 88%，地方分享 12%，2000 年至 2012 年，中央政府分享比例分别调整为 91%、94%、97%，地方政府分享比例分别调整为 9%、6%、3%。自 2002 年起，除少数特殊行业、企业缴纳的企业所得税划归中央政府以外，其他企业所得税实行中央与地方分别按 50% 比例分享；个人所得税自 2002 年起，实行中央与地方分别按 50% 比例分享；车辆购置税自 2001 年起开征，所得收入划归中央政府。

第三节　健全与社会主义市场经济相适应的税制体系

党的十六大提出，建成完善的社会主义市场经济体制和更具活力、更加开放的经济体系战略目标。2003 年，党的十六届三中全会审议通过的《中共中央关于完善社会主义市场经济体制若干问题的决定》提出了科学发展观，并作出了“深化农村税费改革”“分步实施税收制度改革”等涉税决定。围绕服务科学发展、共建和谐税收的主题，一系列税制改革破浪前行。全面取消农业税、推动增值税转型、“两法合并”……这一系列扩大内需、稳定外需、促进经济结构调整和区域协调发展、保障和改善民生的税收政策，充分发挥了税收在服务经济社会发展、促进和谐社会建设中的职能作用，体现了社会主义税收取之于民、用之于民的本质。

① 中共中央文献研究室．十四大以来重要文献选编（上）［M］．北京：人民出版社，1996：357–358．

一、增值税改革

（一）增值税转型

1994年全面实施规范化的增值税后，税制比较稳定。2004年3月，国务院总理温家宝在《政府工作报告》中提出："推进财税体制改革，重点是逐步推行增值税由生产型改为消费型，将设备投资纳入增值税抵扣范围，促进企业技术进步，提高自主发展能力。今年在东北地区部分行业先行试点。"[①] 作为支持东北地区等老工业基地振兴的重大措施，增值税转型试点在东北三省率先进行。

财政部、国家税务总局联合印发《东北地区扩大增值税抵扣范围若干问题的规定》，明确从2004年7月起，在东北三省选择设备制造、石油化工、冶金、船舶制造、汽车制造、农产品加工6个行业和军品、高新技术产品推行转型试点，允许抵扣外购固定资产所支付的增值税。2007年5月，财政部、国家税务总局联合印发《中部地区扩大增值税抵扣范围暂行办法》，比照前期试点区域和西部大开发有关政策，从2007年7月起，在中部26个老工业基地城市，选择装备制造业、石油化工业、冶金业、汽车制造业、农产品加工业、电力业、采掘业、高新技术产业8个行业进行扩围试点。2008年7月起，试点范围扩大到内蒙古自治区东部五个盟市。2008年8月起，对在汶川地震受灾严重地区扩大增值税抵扣范围。2008年11月，国务院颁布新修订的《中华人民共和国增值税暂行条例》，决定自2009年1月起在全国范围内实施增值税转型改革。企业设备购置不再重复征税，支持了企业扩大投资和技术进步。

（二）调整税率、征收率及抵扣率

2008年12月，财政部、国家税务总局公布修订后的《增值税暂行条例实施细则》，明确自2009年1月1日起，矿产品适用税率恢复到17%，小规模纳

① 中共中央文献研究室．十六大以来重要文献选编（上）［M］．北京：中央文献出版社，2005：838．

税人的征收率统一降低到3%。同时，对一般纳税人销售自产的货物选择简易办法和征收率进行了明确。为促进农产品交易流动，自2002年1月起，增值税一般纳税人购进农业生产者销售的免税农业产品的进项税额扣除率由10%提高到13%。自2008年7月起，增值税一般纳税人从农民专业合作社购进的免税农业产品，可按13%的抵扣率计算抵扣增值税进项税额。自2012年10月起，免征部分鲜活肉蛋产品流通环节增值税。

（三）营改增试点

2010年10月，《中共中央关于制定国民经济和社会发展第十二个五年规划的建议》提出，改革和完善税收制度，扩大增值税征收范围，相应调减营业税等税收，合理调整消费税范围和税率结构，完善有利于产业结构升级和服务业发展的税收政策。[①]2011年11月，财政部、国家税务总局制定的《营业税改征增值税试点方案》正式发布，明确2012年1月1日起开始营改增试点。2012年7月，经国务院批准，财政部和国家税务总局联合印发《关于在北京等8省市开展交通运输业和部分现代服务业营业税改征增值税试点的通知》，确定将交通运输业和部分现代服务业营业税改征增值税试点范围，由上海市分批扩大至北京市、天津市、江苏省等8个省（直辖市），为营改增在全国范围内推开打下了基础。

（四）提高起征点及出口退税方面

从2003年1月起，将销售货物的起征点幅度由月销售额600—2000元提高到2000—5000元；将销售应税劳务的起征点幅度由月销售额200—800元提高到1500—3000元；将按次纳税的起征点幅度由每次（日）销售额50—80元提高到每次（日）150—200元。2011年10月，财政部和国家税务总局修改《增值税暂行条例实施细则》，从2011年11月起，调高起征点。其中，销售货物的，

① 中共中央文献研究室．十七大以来重要文献选编（中）［M］．北京：中央文献出版社，2011：995.

为月销售额5000—20000元；销售应税劳务的，为月销售额5000—20000元；按次纳税的，为每次（日）销售额300—500元。

2003年10月，国务院发布《关于改革现行出口退税机制的决定》，自2004年1月起，进行出口退税政策改革，建立中央和地方共同负担的机制，调整出口退税分担比例，加大中央财政对出口退税的支持力度。此后，国家根据经济社会发展需要，有针对性调整部分产品的出口退税率，外贸内生动力不断增强。

二、所得税改革

所得税是我国现行税制的重要组成部分，是调节收入分配的重要工具，为落实党的十六届三中全会对税制改革的要求，我国加快推进统一各类企业税收制度，改进个人所得税，实行综合和分类相结合的个人所得税制。坚持效率优先、兼顾公平，充分发挥所得税在调节收入分配中的作用。

（一）企业所得税改革

合并内资企业与外资企业所得税。2007年3月，第十届全国人民代表大会第五次会议通过《中华人民共和国企业所得税法》，自2008年1月1日起施行。1991年4月通过的《中华人民共和国外商投资企业和外国企业所得税法》和1993年12月国务院发布的《中华人民共和国企业所得税暂行条例》同时废止。《中华人民共和国企业所得税法》对企业所得税征税对象、征税范围、计税依据、税率、税收优惠、特别纳税调整、税收征管等内容进行了规定。企业每一纳税年度的收入总额，减除不征税收入、免税收入、各项扣除以及允许弥补的以前年度亏损后的余额，为应纳税所得额。居民企业应当就其来源于中国境内、境外的所得和非居民企业在中国境内设立机构、场所的，应当就其所设机构、场所取得的来源于中国境内的所得，以及发生在中国境外但与其所设机构、场所有实际联系的所得，按25%缴纳企业所得税。非居民企业在中国境内未设立机构、场所的，或者虽设立机构、场所但取得的所得与其所设机构、场所没有实际联系的，应当就其来源于中国境内的所得缴纳 20% 的企业所得税，并可以按规定免税、减税。符合条件的小型微利企业，减按 20% 的税率征收。国家需要重点扶持的高新技术企业，减按 15% 的税率征收。“两法”合并结束了企业所得税内外有别的历史。企业所得税制的内外统一，对营造公平竞争的市场环境，激发市场主体活力，进一步提高利用外资水平和完善社会主义市场经济体制等方面产生了深刻而积极的影响。

国务院于 2007 年 12 月发布《中华人民共和国企业所得税法实施条例》以及相关过渡性优惠政策的文件。2008 年 2 月，财政部、国家税务总局联合发出《企业所得税若干优惠政策的通知》，调整软件产业和集成电路产业、证券投资基金以及其他有关行业、企业的优惠政策，废止 2008 年 1 月 1 日之前实施的其他企业所得税优惠政策。此后，财政部、国家税务总局制定了多个重要文件，如《企业所得税核定征收办法（试行）》《关于企业手续费及佣金支出税前扣除政策的通知》《关于开采油（气）资源企业费用和有关固定资产折耗、摊销、折旧税务处理问题的通知》《关于企业资产损失税前扣除政策的通知》《关于企业固定资产加速折旧所得税处理有关问题的通知》《关于企业重组业务企业所得税处理若干问题的通知》等①，进一步规范了企业所得税征收管理。

（二）个人所得税改革

随着经济的发展，居民收入来源更加多元，收入水平大幅提高。我国在个人所得税税制改革上，加大推进力度，健全个人所得税再分配的功能。2003 年至 2012 年，先后对《中华人民共和国个人所得税法》及其实施细则进行四次修正。

2005 年 10 月，第十届全国人民代表大会常务委员会第十八次会议修改《中华人民共和国个人所得税法》，将工资薪金所得的费用扣除额从 800 元提高到

① 刘佐．社会主义市场经济中的税制改革（1992—2013）［M］．北京：中国税务出版社，2014：254-255.

1600元，并修改纳税申报相关规定。对个人所得超过国务院规定数额的，在两处以上取得工资薪金所得或者没有扣缴义务人的，以及具有国务院规定的其他情形的，纳税义务人应当按照国家规定办理纳税申报。扣缴义务人应当按照国家规定办理全员全额扣缴申报。国务院对《中华人民共和国个人所得税法实施条例》进行相应的修改，增加了“按照国家规定，单位为个人缴付和个人缴付的基本养老保险费、基本医疗保险费、事业保险费和住房公积金，从纳税人的应纳所得税额中扣除”的规定。

2006年6月，财政部、国家税务总局联合发布《关于基本养老保险费、基本医疗保险费、失业保险费、住房公积金有关个人所得税政策的通知》，进一步明确细化政策口径，增加对住房公积金的纳税起征点内容。2005年12月和2006年11月先后发布《个人所得税全员全额扣缴申报管理暂行办法》和《个人所得税自行纳税申报办法（试行）》。

2007年6月，第十届全国人民代表大会常务委员会第二十八次会议修改《中华人民共和国个人所得税法》，规定对储蓄存款利息所得开征、减征、停征个人所得税及其具体办法，由国务院规定。同年7月20日，国务院发文规定从8月15日起对储蓄存款利息所得减按5%的税率征收个人所得税，2008年10月，经批准决定暂免。

2007年12月，第十届全国人民代表大会常务委员会第三十一次会议修改《中华人民共和国个人所得税法》，将工资薪金所得的费用扣除额提高到2000元。2008年2月国务院对《中华人民共和国个人所得税法实施条例》进行调整。同年6月，财政部、国家税务总局对个体工商户、个人独资企业和合伙企业的费用扣除标准进行了规定。

2011年6月，第十一届全国人民代表大会常务委员会第二十一次会议修改《中华人民共和国个人所得税法》，将工资薪金所得的费用扣除额提高到3500元。2011年7月，国务院对《中华人民共和国个人所得税法实施条例》进行调整，将工资薪金所得的附加减除费用标准从每月2800元降低到每月1300元。

个人所得税制的一系列改革，科学调整税率结构，不断提高起征点，规范减除费用标准，调整税率级次级距，第 1 级的税率降低到 3%，9 级税率缩减为 7 级。调整全年一次性奖金计税方法，个人投资者从上市公司取得的股息、红利所得减按 50% 计入应纳税所得额，为支持公益事业发展和鼓励科普事业发展，对相关税前扣除问题进行了多次调整。强化了收入分配功能，不断降低中低收入人群的税负，增加了居民可支配收入，减少贫富差距，更加体现了公平、效率导向。

三、消费税改革

2002 年 10 月，党的十六大提出，坚持扩大内需是国家经济发展长期的、基本的立足点，坚持扩大内需的方针，根据形势需要实施相应的宏观经济政策。① 2004 年 5 月，胡锦涛提出，“我们必须大力发展循环经济，努力实现自然生态系统和社会经济系统的良性循环。要在资源开采、加工、运输、消费等环节建立全过程和全面节约的管理制度，逐步形成有利于节约资源的产业结构和消费方式，构建资源节约型国民经济体系和资源节约型社会。”②

为落实中央有关会议和领导讲话精神，适应社会经济形势的客观发展需要，税务部门对消费税制进行了完善。主要调整消费税税目、税率计税依据和征收环节等内容。2008 年 11 月，国务院公布新修订的《中华人民共和国消费税暂行条例》，自 2009 年 1 月 1 日起施行，财政部和国家税务总局对《中华人民共和国消费税暂行条例实施细则》进行修订。

2006 年 3 月，财政部、国家税务总局联合发出《关于调整和完善消费税政策的通知》，自 2006 年 4 月起消费税的税目调整为 14 个，新增高尔夫球及球具、高档手表、游艇、木制一次性筷子和实木地板税目；取消汽油、柴油税目，增列成品油税目。汽油、柴油改为成品油税目下的子目（税率不变）。另外，新增石脑油、溶剂油、润滑油、燃料油、航空煤油五个子目；取消护肤护发品税目，将原属于护肤护发品征税范围的高档护肤类化妆品列入化妆品税目。调整小汽

① 中共中央文献研究室．十六大以来重要文献选编（上）［M］．北京：中央文献出版社，2005：21.

② 中共中央文献编辑委员会．胡锦涛文选（第二卷）［M］．北京：人民出版社，2016：183-184.

车、摩托车、汽车轮胎、白酒的税目和税率。2008 年 9 月调整部分乘用车的税率，扩大了不同气缸容量乘用车的税率。2009 年 1 月提高成品油单位税额，配合成品油税费改革。

自 2003 年 5 月 1 日起，铂金首饰等贵重金属的征收环节从生产、进口环节改为零售环节，税率从 10% 降低为 5%。2009 年 5 月起对卷烟批发环节进行加征，税率为 5%。2009 年 5 月 1 日起，调整卷烟生产环节和进口税率，甲类卷烟税率调整为 56%。乙类卷烟税率调整为 36%。雪茄烟生产环节和进口税率调整为 36%。在卷烟批发环节加征一道从价税，纳税人为境内从事卷烟批发业务的单位和个人，适用税率 5%。

四、资源税改革

党的十七大提出，“坚持节约资源和保护环境的基本国策，关系人民群众切身利益和中华民族生存发展。必须把建设资源节约型、环境友好型社会放在工业化、现代化发展战略的突出位置，落实到每个单位、每个家庭。要完善有利于节约能源资源和保护生态环境的法律和政策，加快形成可持续发展体制机制。”[①] 税务部门积极贯彻党的方针政策，推进资源税改革。

（一）油气资源税改革

2010 年 5 月，胡锦涛在中央新疆工作座谈会上指出，“推进重点领域和关键环节改革，更大程度发挥市场在资源配置中的基础性作用，推进财税、金融、投资等重点领域改革，率先在新疆进行资源税费改革。”[②] 为落实中共中央、国务院新疆工作座谈会精神，2010 年 6 月，财政部和国家税务总局联合发布《新疆原油 天然气资源税改革若干问题的规定》，在新疆试点将原油开采、天然气资源税计征方式，从以前的从量计征变为从价计征，税率为 5%。同年 11 月国务院决定，自 2010 年 12 月 1 日起，在西部地区实施原油、天然气资源税改

① 中共中央文献编辑委员会．胡锦涛文选（第二卷）［M］．北京：人民出版社，2016：631.
② 中共中央文献编辑委员会．胡锦涛文选（第三卷）［M］．北京：人民出版社，2016：381.

革，扩大到西部12个省（区）。2011年9月，国务院对《中华人民共和国资源税暂行条例》进行修改。2011年10月，财政部和国家税务总局修改并公布《中华人民共和国资源税暂行条例实施细则》，自2011年11月1日起在全国范围内实施原油、天然气资源税改革，原油、天然气资源税实行从价计征，适用税率5%。

（二）煤炭资源税改革

2005年6月，国务院出台《关于促进煤炭工业健康发展的若干意见》，要求加快完善煤炭资源税费计征办法，研究将煤炭资源税费以产量和销售收入为基数计征改为以资源储量为基数计征的方案，并在条件成熟时实施。2005年5月，财政部和国家税务总局发文提高山东、安徽、福建、河南、重庆、云南、贵州和宁夏等8省（区）煤炭资源税税额标准。2006年先后提高内蒙古、湖南、湖北、广东、黑龙江、江苏、江西、陕西等多个省份的煤炭资源税额标准。2007年2月起调高焦煤资源税税额标准。2011年8月，国务院发布《“十二五”节能减排综合性工作方案》，要求积极推进资源税费改革，将原油、天然气和煤炭资源税计征办法由从量计征改为从价计征，并适当提高税负水平，依法清理取消涉及矿产资源的不合理收费基金项目。2014年10月，财政部和国家税务总局发布《关于实施煤炭资源税改革的通知》，自2014年12月1日起在全国实施煤炭资源税清费立税、从价计征改革。

五、农村税费改革

1998年9月，农村税费改革工作领导小组正式成立，负责农村税费改革组织协调工作。按照“减轻、规范、稳定”的改革目标，2000年3月，中共中央、国务院印发关于进行农村税费改革试点工作的通知，决定在安徽全省率先进行试点，在全国带来强烈反响。试点改革主要内容是“三取消、两调整、一改革”，即：取消乡统筹费、农村教育集资等专门面向农民征收的行政事业性收费和政府性基金、集资；取消屠宰税；取消统一规定的劳动积累工和义务工。调整农业税和农业特产税政策；改革村提留征收使用办法。[1]2001年2月，全国农村税费改革试点工作会议在安徽召开，总结交流安徽等地的试点经验，研究完善有关政策。2002年3月，进一步扩大改革试点范围，推广到全国20多个省区。中央财政按照规定设立专项转移支付资金，推出各项配套改革，加快推进农村税费改革。

2003年10月，党的十六届三中全会提出，深化农村税费改革，完善农村税费改革试点各项政策，取消农业特产税。2004年7月，国务院发布《关于做好2004年深化农村税费改革试点工作的通知》，明确在黑龙江、吉林两省进行免征农业税改革试点，河北、内蒙古、辽宁、江苏、安徽、江西、山东、河南、湖北、湖南、四川等11个粮食主产省（区）的农业税税率降低3个百分点，其余省份农业税税率降低1个百分点。同时，提倡有条件的省份自主决定免征农业税，2005年累计28个省份免征农业税，步伐进一步加快。2005年12月，十届全国人大常委会十九次会议决定，废止《中华人民共和国农业税条例》，从2006年1月1日起，在全国范围内正式取消农业税，伴随着农业发展几千年的“皇粮国税”从此退出历史舞台，惠及全国9亿农民，直接减税936.4亿元（2005年农业税收入）。2006年4月《中华人民共和国烟叶税暂行条例》正式施行，新颁布的烟叶税在收购环节向收购烟叶单位征税。通过农业税制改革，直接减轻了农民负担，增加广大农民的收入，改革释放的红利惠及千家万户，推动了社会主义新农村建设，也为实现城乡税制的统一创造了有利条件。

2005年11月，党的十六届五中全会通过《中共中央关于制定国民经济和社会发展第十一个五年规划的建议》，建议提出建设社会主义新农村，实现生产发展、生活宽裕、乡风文明、村容整洁、管理民主的总要求。2006年中央一号文件发布了《关于推进社会主义新农村建设的若干意见》，税务部门围绕服务“三农”，通过免征、减征等方式继续落实各项惠农税收政策，比如对农业生产资

① 中共中央文献研究室．十五大以来重要文献选编（中）［M］．北京：人民出版社，2001：1148.

料征免增值税；对国有农口企事业单位从事种植业、养殖业和农林产品初加工业取得的所得暂免征收企业所得税；为农业生产的产前、产中、产后服务的行业收入暂免征收所得税等。坚持“多予、少取、放活”，降低农业生产经营成本，促进农村经济建设。

2006 年，河北灵寿县农民王三妮铸造“告别田赋鼎”，向世人宣告 2600 年“皇粮国税”的历史终结，代表着亿万中国农民的希冀和喜悦

取消农业税，在中国税收历史上有着特殊重要的意义，标志我国农村税费改革取得重大胜利，切实减轻亿万农民税费负担，提高了广大农民的农业生产积极性。取消农业税，使城乡税制得以统一，促进商品和生产要素在城乡间自由流动，解放和发展农村生产力，推动我国农业现代化建设。农村税费改革助推农村综合改革的持续深入，逐步消除城乡二元经济结构的体制性障碍，推动城乡经济社会的协调发展，为实现科学发展、构建和谐社会和全面建设小康社会贡献了积极力量。

六、支持国家发展战略的税收政策

党的十六届五中全会通过的《中共中央关于制定国民经济和社会发展第十一个五年规划的建议》提出，“完善落实科学发展观的体制保障，以转变政府职能和深化企业、财税、金融等改革为重点，加快完善社会主义市场经济体制，形成有利于转变经济增长方式、促进全面协调可持续发展的机制。推动财政税制体制改革，实行有利于增长方式、科技进步和能源资源节约的财税政策。”[①] 在党的领导下，税务部门紧跟时代步伐，服务发展大局，积极

① 中共中央文献研究室．十六大以来重要文献选编（中）［M］．北京：中央文献出版社，2006：1074-1075．

支持国家重大战略发展，出台一系列税收政策，为促进经济社会长远发展提供制度保障和政策支撑。

（一）加快自主创新促进科技进步

1988 年 9 月，邓小平提出“科学技术是第一生产力”① 的重要论断。2002 年 10 月，江泽民提出，“走新型工业化道路，必须发挥科学技术作为第一生产力的重要作用，注重依靠科技进步和提高劳动者素质，改善经济增长质量和效益。”② 2004 年 6 月，胡锦涛提出“科学技术是经济社会发展的一个重要基础资源，是引领未来发展的主导力量，实现现代化，关键是科学技术现代化。”③ 2006 年党中央提出建设创新型国家发展战略，坚持走出中国特色自主创新道路，推动科学技术发展，明确总体目标是：“到 2020 年，使我国自主创新能力显著增强，科技促进经济社会发展和保障国家安全能力显著增强，基础科学和前沿技术研究综合实力显著增强，取得一批在世界具有重大影响的科学技术成果，进入创新型国家行列，为全面建设小康社会提供强有力的支撑。”④

2006 年 2 月，国务院颁布《国家中长期科学和技术发展规划纲要》（2006—2020 年），要求实施激励企业技术创新的财税政策。根据规划要求，制定了配套税收政策，推动企业成为技术创新的主体，提高自主创新能力。2008 年修订的《中华人民共和国企业所得税法实施条例》，对相关税收政策从法律层面进行了明确，对高新技术企业的税收支持上升到更高层级，为科技创新营造了良好的税收环境。

税收政策的激励效应不断拓展，推动科技进步转化为经济发展动能。2012 年研究与发展经费支出达到 102984 亿元，是 1995 年的 29.5 倍（见表 8-3）。科技进步对经济增长的贡献显著提高，2012 年规模以上工业企业（年主营业务收入为 2000 万元及以上的工业企业）科技新产品收入 110529.7 亿元，其中

① 中共中央文献编辑委员会. 邓小平文选（第三卷）［M］. 北京：人民出版社，1993：274.
② 中共中央文献编辑委员会. 江泽民文选（第三卷）［M］. 北京：人民出版社，2006：545.
③ 中共中央文献编辑委员会. 胡锦涛文选（第二卷）［M］. 北京：人民出版社，2016：192.
④ 中共中央文献编辑委员会. 胡锦涛文选（第二卷）［M］. 北京：人民出版社，2016：402.

新产品出口 21894.15 亿元；2012 年，从事高技术产业的企业达到 24636 个，产生利税 9494.3 亿元。

表 8-3　　1995 年、2000 年、2012 年科技活动基本情况对比

项　目	1995 年	2000 年	2012 年
研究与发展经费支出（亿元）	349	897.7	10298.4
科技活动人员（万人）	262.5	319	324.7
科技成果登记数（项）	31000	32858	51723

注：根据《中国统计年鉴》1999 年、2001 年、2013 年数据整理。

（二）促进区域协调发展战略

为推动区域协调发展，2000 年中央确定西部大开发战略，2003 年、2006 年先后提出了振兴东北老工业基地、促进中部崛起的战略。2007 年 10 月，胡锦涛在党的十七大报告中提出，“要继续实施区域发展总体战略，深入推进西部大开发，全面振兴东北地区等老工业基地，大力促进中部地区崛起，积极支持东部地区率先发展。”[①] 为贯彻落实中央决策部署，国家税务总局制定了一系列税收政策，推动区域协调发展顺利实施。

1. 支部西部大开发

2001 年 9 月，国务院办公厅转发《国务院西部开发办关于西部大开发若干政策措施实施意见的通知》，规定对设在西部地区国家鼓励类产业的内资企业和外商投资企业，在一定期限内，减按 15% 的税率征收企业所得税；经省级人民政府批准民族自治地方的企业，可以定期减征或免征企业所得税等优惠。2004 年 3 月，国务院发布《关于进一步推进西部大开发的若干意见》，对水电的实际税负进行合理调整，支持西部地区水电发展；继续减轻农民税费负担。2010 年 6 月，党中央、国务院发布《关于深入实施西部大开发战略的若干意见》，

① 中共中央文献编辑委员会. 胡锦涛文选（第二卷）［M］. 北京：人民出版社，2016：632.

对设在西部地区的鼓励类产业减按15%税率征收企业所得税，推进资源税改革，对煤炭、原油、天然气等的资源税由从量计征改为从价计征，对其他资源适当提高税额，增加资源产地地方财政收入。

2. 振兴东北老工业基地

2004年3月，胡锦涛强调，“振兴老工业基地，必须把体制机制创新放到十分突出的位置，坚持社会主义市场经济的改革方向，自觉消除不利于经济发展和调整改造的体制性障碍，真正使市场在资源配置中起基础性作用，形成新的经济增长机制，增强老工业基地调整改造内在动力。”① 税务部门为此出台了一系列税收政策。2004年，财政部和国家税务总局发布《关于落实振兴东北老工业基地企业所得税优惠政策的通知》，提高固定资产折旧率，东北地区工业企业的固定资产（房屋、建筑物除外），可在现行规定折旧年限的基础上，按不高于40%的比例缩短折旧年限；缩短无形资产摊销年限，东北地区工业企业受让或投资的无形资产，可在现行规定摊销年限的基础上，按不高于40%的比例缩短摊销年限；提高计税工资税前扣除标准，计税工资税前扣除标准提高到每月人均1200元，企业在省级人民政府确定的标准以内实际发放的工资可以在税前扣除等。

3. 促进中部地区崛起

2005年8月，胡锦涛在河南、江西、湖北三省考察时强调，“中部地区要紧紧抓住难得机遇，大力发展优势产业，着力解决突出问题，积极发挥独特作用。”② 2006年国务院办公厅印发《关于落实中共中央国务院关于促进中部地区崛起若干意见有关政策措施的通知》，其中与税收相关的主要政策有：一是大力发展农业产业化经营，推进农村结构调整，加大对农业产业化龙头企业和农民专业合作经济组织的支持力度，落实对内资重点龙头企业从事种植业、养殖业和农林产品初加工业所得暂免征收企业所得税政策；二是支持中部地区老工业基地振兴和资源型城市转型。积极推进国有经济战略性调整，选择部分老

① 中共中央文献编辑委员会. 胡锦涛文选（第二卷）［M］. 北京：人民出版社，2016：164.
② 中共中央文献编辑委员会. 胡锦涛文选（第二卷）［M］. 北京：人民出版社，2016：326-327.

工业基地城市，在增值税转型、厂办大集体改革和社会保障等方面，比照振兴东北地区等老工业基地有关政策给予支持；三是建设具有自主创新能力的现代装备制造基地，国家加大对重点企业技术改造的支持力度，并通过科研投入、工程设备采购以及税收政策等，支持重大成套装备技术研制和重大产业技术开发。

（三）支持资源节约和生态环境保护

党中央一直高度重视保护环境，随着经济社会发展，环境保护被确定为基本国策。2005年国务院发布《关于加快发展循环经济的若干意见》《关于落实科学发展观加强环境保护的决定》，2007年国务院发布《关于印发〈中国应对气候变化国家方案〉的通知》等文件，对节能减排、资源综合利用、促进新能源发展方面的税收政策进行规定。2005年《中华人民共和国可再生能源法》、2007年《中华人民共和国节约能源法》、2008年《中华人民共和国循环经济促进法》相继颁布实施。建设节约型社会和环境保护成为社会各界共识，税务部门出台一系列政策。

1. 增值税政策方面

财政部、国家税务总局2008年12月发布《关于资源综合利用及其他产品增值税政策的通知》，2011年11月发布《关于调整完善资源综合利用产品及劳务增值税政策的通知》，推动资源综合利用工作，促进节能减排，再生资源回收利用。2009年财政部、国家税务总局发布《关于全国实施增值税转型改革若干问题的通知》《关于部分货物适用增值税低税率和简易办法征收增值税政策的通知》，对纳税人销售自己使用过的固定资产、销售旧货的减征情况和按简易办法征收增值税的优惠政策进行明确。2010年底以前，对符合条件的增值税一般纳税人销售再生资源缴纳的增值税实行先征后退政策。个人销售自己使用过的废旧物品免征增值税。对生产性增值税一般纳税人购入再生资源，准予按取得的扣税凭证全额抵扣进项税额。促进节能服务产业发展，将项目中的增值税应税货物转让给用能企业，暂免征收增值税等。

2. 企业所得税政策方面

2008 年 1 月 1 日起实施的《中华人民共和国企业所得税法》及其实施条例，加大了对环境保护、资源节约的税收优惠政策。比如：对符合条件的环境保护、节能节水项目，包括公共污水处理、公共垃圾处理、沼气综合开发利用、节能减排技术改造、海水淡化等，实行“三免三减半”；企业综合利用资源，以《资源综合利用企业所得税优惠目录》规定的资源作为主要原材料，生产国家非限制和禁止并符合国家和行业相关标准的产品取得的收入，减按 90% 计入收入总额；对符合条件的节能服务公司实施合同能源管理项目，符合企业所得税税法有关规定的，实行“三免三减半”；企业购置并实际使用相关目录规定的节能节水、环境保护、安全生产等专用设备，该专用设备投资额的 10%可以从企业当年的应纳税额中抵免；当年不足抵免的，可以在以后 5 个纳税年度结转抵免；2009 年对中国清洁发展机制基金及清洁发展机制项目的部分收入免征企业所得税，并对相关清洁发展机制项目给予相关的减免税收优惠等。

3. 消费税政策方面

2006 年 3 月，财政部、国家税务总局制定《关于调整和完善消费税政策的通知》，调整消费税政策，将木制一次性筷子、实木地板等税目纳入征税范围，树立了保护环境的明确导向；扩大了成品油征税范围，取消汽油、柴油税目，增列成品油税目。对石脑油、溶剂油、润滑油、燃料油暂按应纳税额的 30% 征收消费税，航空煤油暂缓征收消费税的税收减免优惠。2009 年取消了对石脑油等成品油的税收优惠；增加汽车消费税的税率档次，从 5% ~ 17% 拉大税率差，2008 年调整乘用车消费税政策，大排量乘用车消费税税率大幅提高，鼓励引导消费者购买小排量汽车，促进节能减排。

4. 资源税政策方面

2003 年 7 月起，提高石灰石、大理石和花岗石的税额标准。2006 年取消对有色金属矿资源税减征 30% 的优惠政策，恢复按全额征收，调整对冶金矿山铁矿石资源税减征政策，暂按规定税额标准的 60% 征收，调高锰矿石、岩金矿资源税税额标准。2007 年 5 月，国务院发布《节能减排综合性工作方案》，要求推行资源税改革，改进计征方式从量计征改为从价征收，促进资源产品价格机制的形成，促进了能源资源的合理开发利用。

5. 车船税政策方面

自2012年1月1日起，对节约能源的车船，减半征收车船税；对使用新能源的车船，免征车船税。鼓励使用新能源车辆，促进低污染、低能耗的新能源产业发展。

6. 出口退税和关税政策方面

通过调整资源性产品出口退税率，加征出口关税，降低进口关税等措施，限制高耗能、高污染、资源型产品的出口。比如，2007年7月1日起，取消濒危动物、植物及其制品等553项商品的出口退税，涉及10大行业的商品。通过系统性政策调整，加大宏观调控力度，促进出口结构的优化，达到节能减排、保护环境的目标。

（四）加快对外开放服务企业"走出去"

20世纪90年代末中央提出"走出去"战略，积极引导企业走出国门，不断提高对外开放水平。2003年，胡锦涛在广东视察时提出，"要进一步发展外向型经济，通过扩大对外开放不断增创新优势，要大力实施走出去战略，鼓励和支持有比较优势的各种所有制企业对外投资，努力形成一批有实力的跨国企业和著名品牌。"①

税务部门积极响应，不断完善涉外税制，服务开放大局。一是完善税收政策。2001年我国正式加入世界贸易组织（WTO），按照WTO的规则，及时清理规范税收优惠政策，与国际市场对接，在"引进来"的同时，积极服务企业"走出去"融入国际化进程。加大对境外投资企业的政策支持力度，修订了《中华人民共和国进出口关税条例》，连续多年大幅下调关税税率。2010年制定《企业境外所得税收抵免操作指南》，2004年起实施出口退税机制改革，进一步明

① 中共中央文献编辑委员会. 胡锦涛文选（第二卷）［M］. 北京：人民出版社，2016：42–43.

1998 年 2 月 20 日，国家税务总局党组书记、副局长项怀诚（中）会见世界银行中国局局长一行

确所得税抵免和出口退税政策。二是缔结税收协定。在全球范围内建立税收协定网络，签订避免双重征税协定。据统计，截至 2012 年底，我国正式签署 98 个税收协定。1998 年、2003 年中央政府分别与香港、澳门签订避免双重征税安排，为避免重复征税，减轻企业税收负担，开拓广阔的合作空间，助推企业“走出去”发挥了重要作用。三是强化政策宣传辅导。拓宽政策宣传和信息发布途径，多形式、多渠道开展宣传，定期收集各国涉税动态信息，建立涉税问题信息反馈机制，为企业提供专业性政策辅导，引导企业自觉遵从当地的法律法规，帮助企业防范税收风险。四是加强国际税收合作。发布权威的税收服务指南，制定《国际税收情报交换工作规程》等制度，2012 年与 9 个国家和地区签署的税收情报交换协定，拓宽涉税信息服务资源。

1993 年至 2012 年期间，我国国际贸易规模与日俱增。2012 年进出口贸易总额 244160.21 亿元，跃居世界第二位，是 1993 年的 21.6 倍，其中出口贸易 129359.25 亿元，比 1993 年增长 24.5 倍（见图 8–1）。我国经济开放程度持续升级，同世界经济的联系更加紧密，在世界经济中的地位不断上升。

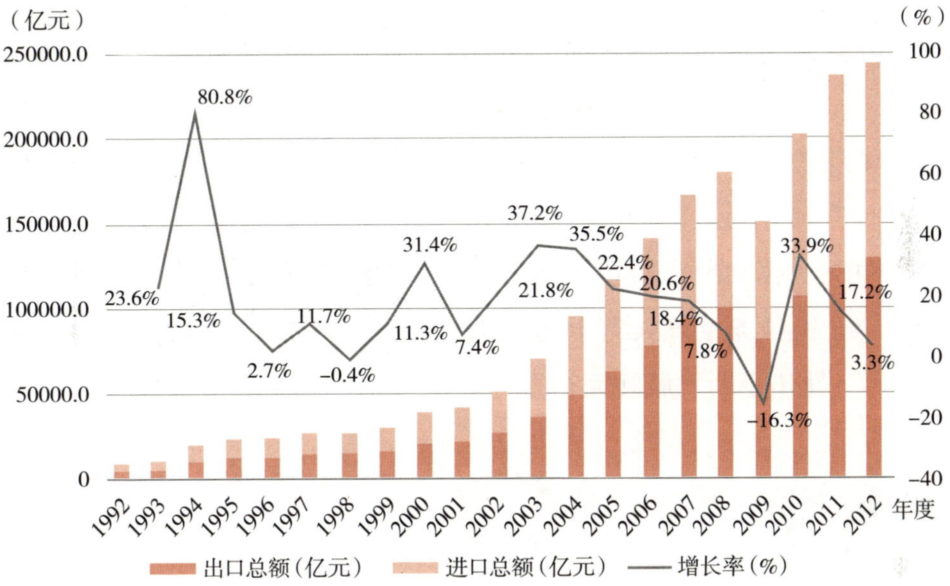

图 8–1　1993—2012 年进出口贸易及增长情况

数据来源：中国统计年鉴 2013 年。

第四节　税收管理体制的改革与发展

伴随着分税制改革的实施和税收制度的完善，税收管理机构进行了分设，税务职能和队伍建设不断加强。为适应税收现代化管理的需要，调整征管模式，加速推进税收信息化建设，建立健全纳税服务体系，促进了税收管理的法治化、规范化、专业化。

一、税收管理机构的改革

（一）机构设置及变迁

1993年4月，国务院将国家税务局调整为国务院直属机构，更名为国家税务总局，不久升格为正部级。

按照分税制改革的制度安排，国务院决定自1994年起在省级及以下设置国家税务局和地方税务局两套税收管理机构。国家税务局系统实行国家税务总局垂直管理，地方税务局系统实行地方人民政府和国家税务总局双重领导，以地方人民政府领导为主的管理体制。市、县一级也相应地进行了平行分设，分别管理中央税收和地方税收，形成了与行政区划相对应的5个层级税务机构。1995年全国税务系统共有干部职工752551人，2012年税务部门人员达到756879人[①]，队伍不断发展壮大。

时任国家税务总局局长金鑫（右）启用国家税务总局印章

随着税收事业发展和工作需要，对组织结构和职能进行了优化。1994年税务机构改革后，国家税务总局内设12个职能司（厅）和12个直属事业单位，内设

① 刘佐. 社会主义市场经济中的中国税制改革（1992—2013）［M］. 北京：中国税务出版社，2014：592.

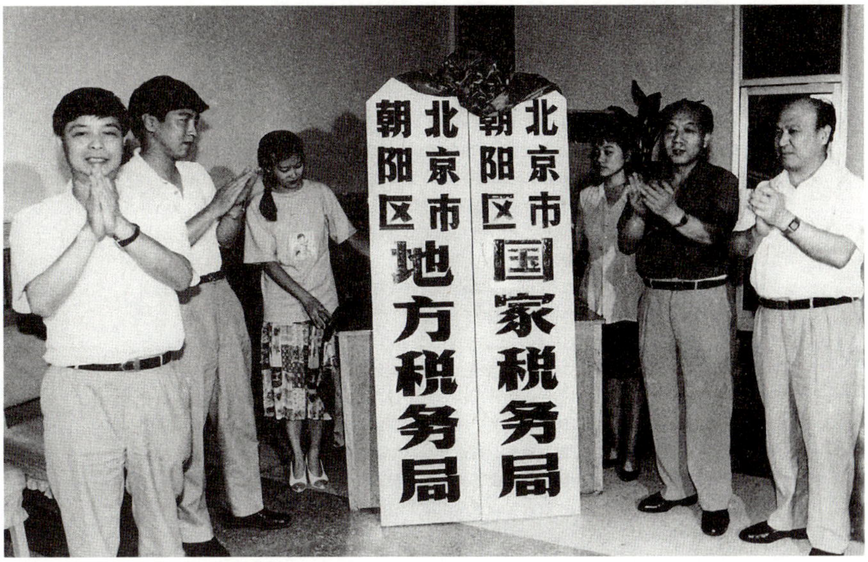

▶▶ 北京市朝阳区国家税务局、地方税务局举行挂牌仪式

机构主要有办公厅、政策法规司、流转税管理一司、流转税管理二司、所得税管理司、地方税务司、涉外税务管理司、进出口税收管理司、征收管理司、计划财务司、国际交流合作司、人事司。后来，流转税管理一司、流转税管理二司合并为流转税司，涉外税务管理司和国际交流合作司合并为国际税务司（海洋石油税务管理局），计划财务司分设为计划统计司、财务管理司，增设稽查局、农业税征收管理局。

1998 年 6 月，国务院办公厅批准《国家税务总局职能配置、内设机构和人员编制规定》，对国家税务总局的职能和机构作了相应调整。内设 12 个职能司（厅）和 11 个直属事业单位，内设机构主要有办公厅、政策法规司、流转税司、所得税管理司、地方税务司（农业税征收管理局）、国际税务司（海洋石油税务管理局）、进出口税收管理司、征收管理司、稽查局、财务管理司、计划统计司、人事司。2007 年撤销农业税征收管理局，设立审计司。2008 年 7 月国务院办公厅印发《国家税务总局主要职责内设机构和人员编制规定》，调整国家税务总局职能和内设机构。流转税管理司和进出口税收管理司合并为货物和劳务税司，所得税管理司改为所得税司，地方税务司改为财产和行为税司，计划统计司改为收入规划核算司，征收管理司改为征管和科技发展司，巡视工作办公室和审计司合并为督察内审司。此次机构改革突出了税收服务职能，构建和谐征纳关系。强化了大企业专业化管理和信息化建设，以及执法监督和内部审计管理。2008年11月，国家税务总局印发《国家税务局系统机构改革意见》，自上而下推进机构改革，合理配置职能，优化组织结构，规范地方税务组织机构设置和职能。

逐步健全税务稽查机构，1997年改革稽查管理方式，在县级设置一级稽查，2001年积极推进稽查体制改革，构建市县两级稽查体制。2012年在河北、河南、安徽、湖南4省和山东省青岛市开展省局直属稽查管理方式改革试点。

（二）税务队伍建设

1994年国税地税分设后，按照党中央领导同志要求，努力造就一支政治过硬、业务熟练、作风优良的税务干部队伍，税务部门采取一系列得力措施，加强队伍建设。深化干部人事制度改革，加强领导班子思想、组织、作风建设。不断提高领导班子分析形势、把握大局、带好队伍、拒腐防变的能力，使之成为学习型组织、创新型团队、实干型集体、廉洁型班子。改进干部考核方式，建立以能力和业绩为导向的考核评价体系。

基层建设是税收现代化建设的基石。1995年10月，国家税务总局制定《全国税务系统基层建设纲要（试行）》。2003年8月，全国税务系统基层建设工作会议召开。2003年10月，国家税务总局印发《全国税务系统基层建设纲要》，明确基层建设的总体要求和建设标准。开展培训提升素质。认真落实教育培训规划，分层次、分类别进行大规模教育培训，加强税收政策法规、征收管理、财务会计、稽查审计、信息化知识的培训。2008年7月，国家税务总局制定《关于进一步加强全国税务系统干部教育培训机构建设发展的意见》，构建以税务总局党校、税务干部学院和省税务干部学校为构架，“分工明确、优势互补、布局合理、竞争有序、特色鲜明”的培训机构新体系。注重培养专业化人才，广泛开展岗位练兵活动，培养大批业务能手，不断提高税务干部综合能力。

加强精神文明和税务文化建设。1997年初，国家税务总局制定《全国税务系统加强社会主义精神文明建设实施意见》，成立全国税务系统精神文明建设领导小组和办事机构。2000年，全国税务系统队伍建设工作会议指出，开展精神文明创建活动加强基层建设的重要载体和强大动力。2005年，国家税务总局（机关）被评为“全国文明单位”，并在2009年通过复核认定。2007年12月，全国税务工作会议强调，要广泛深入开展精神文明创建活动，形成人人知荣辱、讲正气、比贡献、增团结、促和谐的新风尚。同年，国家税务总局对全国税务系统文明单位和精神文明建设先进工作者进行表彰。2008年12月，全国税务工作会议强调，要以税务文化建设为抓手，推动思想政治工作；以内强素质、外塑形象为目标，深入开展精神文明创建活动。2009年，国家税务总局印发《关于加强税务文化建设的指导意见》，明确了税务文化建设的指导思想、总体目标、基本原则和主要内容，为税收事业的科学发展提供强有力的精神支撑和文化保障。

2008年4月29日，国家税务总局党组书记、局长肖捷（后排右三）与税务系统“全国五一劳动奖状”“全国五一劳动奖章”获得者代表合影

二、税收征管模式的演变

1992年，全国人大常委会审议通过的《中华人民共和国税收征收管理法》，是我国首部关于税收征管的法律。该法律的面世，对于加强税收征收管理，规范税收征纳行为，保障国家税收安全，发挥了重要作用。1993年，国务院批准了《中华人民共和国发票管理办法》，国家税务总局据此制定了实施细则。基于防控发票违法行为，加大违法处罚力度的考虑，2010年对《中华人民共和国发票管理办法》进行了修订。

自1994年新税制实行之后，改革税收征管制度，建立科学严密的税收征管体系。1994年，分税制施行初期，各地积极探索"税务申报、税务代理、税务稽查"相互制约的"三位一体"税收征管模式。1996年，明确了"以纳税申报和优化服务为基础，以计算机网络为依托，集中征收，重点稽查"新模式，并于2004年增加了"强化管理"，形成34字方针，税收征管模式得到进一步优化和完善。1995年制定了《税务稽查工作规程》，逐步规范税务稽查工作。

1997年1月，国务院转发了《国家税务总局深化税收征管改革方案的通知》，明确了深化税收征管改革的任务和原则，在全国推行新的税收征管模式。新的征管模式改变了以往的"一员进厂、各税统管、征管查集一身"的专管员管户制，实现了向管事制的历史性转变，纳税人主动申报纳税是新征管方式的鲜明特点。2003年在新征管模式基础上补充了"强化管理"内容，税收管理向专业化、信息化、社会化管理迈出了重要一步。

2002年、2012年国务院对《中华人民共和国税收征收管理法实施细则》相应进行了修订完善。一系列行政规章和配套管理制度也相继出台。如，2001年全面实行税收执法责任制，制定《税收执法过错责任追究办法（试行）》，规范了税收执法行为，提高了依法行政水平。2005年印发《税收管理员制度（试行）》，加强税源管理，提高税收征管的质量和效率。

2005年出台《纳税评估管理办法（试行）》、2007年制定《税收分析工作制度》。2010年税源专业化管理试点，在上海、江苏、安徽、河南等地铺开，

2004年7月，国家税务总局党组书记、局长谢旭人（主席台右四）参加全国税收征管工作会议

在确立税源管理目标、加强税收风险管理、实施信息管税、实行分类分级管理、规范税收征管程序、完善税源管理运行机制、培养专业化人才等方面进行部署安排。2011年制定《国家税务总局大企业税收服务和管理规程（试行）》，大企业税收服务和管理工作不断规范。这一阶段，税收涉及税源管理、税收执法、纳税服务、税收信用管理、国地税协同管理等制度体系进一步完善，体现了科学发展观对税收现代化管理的指导，深入推进税收科学化、精细化管理，提高了征管的质量和效率。

三、税收信息化建设的推进

我国对税收信息化的探索起源于20世纪80年代。财政部税务总局于1985年对税务系统的计算机应用工作作出统一规划，并对计算机配置、软件开发和人员配置等问题提出了具体要求。1986年12月，国务院批准《关于建立全国财税业务信息管理系统有关问题的报告》，正式批准将财政税务信息系统列入国民经济十二个大系统规划。1994年3月，在党和国家的关心支持下，用以加强增值税专用发票监控管理，打击利用专用发票进行犯罪活动的金税工程作为国家电子政务“十二金”工程之一正式启动。以此为标志，我国税收信息化建设在党和国家的引导和支持下如火如荼地展开了。国家税务总局组织建设在50个大中城市试点增值税计算机交叉稽核系统，即金税一期工程。

1997年12月，在全国税务工作会议上，李鹏总理、朱镕基副总理再次强调，要用现代科技武装税务部门。随即金税工程二期在1998年正式立项，1999年3月正式启动建设。于2001年7月成功运行增值税防伪税控发票开票、认证、交叉稽核、协查四个子系统，推动增值税管理逐步实现系统化和规范化，有力提高了增值税征管质效。

2002年8月，中共中央办公厅、国务院办公厅联合下发了《国家信息化领导小组关于我国电子政务建设指导意见》，要求大力推进金税三期建设。2005年9月7日，国务院审议通过了金税工程三期项目建议书；2007年4月9日，发改委批准金税工程三期可研报告；2008年9月24日，发改委正式批准初步

2000年10月27日，国家税务总局党组书记、局长金人庆（左四）出席全国税务系统加快金税工程建设电视电话会议

设计方案和中央投资概算，2009年，国家税务总局全面启动金税三期工程第一阶段建设。金税三期工程按照“一个平台，两级处理，三个覆盖，四个系统”的总体目标进行设计、建设。

在出口退税管理方面，国家税务总局整合了出口退税管理信息系统、增值税防伪税控系统和税收征管综合系统，利用增值税专用发票电子信息与出口企业海关报关信息的比对，审核出口退税信息，审核三者信息是否一致，保证申报数据的准确性，规范出口退税的审批。这个系统是全国范围内跨部门信息交换和合作的成功范例。该系统在促进税务信息共享的基础上实现了税收管理专门化的分工，并以信息技术为依托强化了各个税收征管工作岗位之间的制衡，税收征管工作的效率得到了一定程度的改善，税务工作的准确率也大为提高，税务工作的规范性得到进一步实现。

四、纳税服务体系的建立

税务部门作为税收执法部门，也是服务广大纳税人的职能部门，建立纳税服务体系，践行“聚财为国、执法为民”的工作宗旨，对构建和谐税收征纳关系，充分发挥税收职能作用有着重要意义。自1993年首次提出纳税服务理念起，税务部门在制度建设、机制创新、拓展方式、丰富内容等方面逐步构建起符合税收现代化管理要求的服务体系。1997年深化税收征管改革，将优化服务作为税收征管的基础工作。2001年新修订的《中华人民共和国税收征收管理法》确定了税务机关纳税服务的法律职责。2005年10月，国家税务总局印发了《纳税服务工作规范（试行）》，从纳税服务内容、办税服务厅、12366纳税服务热线和税务网站、考核与监督几个方面做出了明确规定，从此，纳税服务工作有了具体的行为规范。2007年5月召开的全国首次纳税服务工作会议，对纳税服务工作进行全面部署。2009年《全国税务系统2010—2012年纳税服务工作规划》公布，确定了新的工作目标，即：到2012年末，初步形成以纳税人合理需求为导向，以持续提高纳税人满意度和税法遵从度为目标，以办税服务厅、税务网站和纳税服务热线为平台，以税法宣传、纳税咨询、办税服务、权益保护、信用管理、社会协作为任务，以健全组织、完善制度、优化平台、提高能力、强化预算、细化考评为保障的“始于纳税人需求，基于纳税人满意，终于纳税人遵从”的纳税服务新格局。加强纳税人权益保护，2009 年发布《关于纳税人权利与义务的公告》，积极推进政务信息公开，实行阳光作业，制定《办税服务厅管理办法（试行）》《纳税服务投诉管理办法（试行）》，完善税务行政处罚听证和行政复议等制度，保护纳税人合法权益，营造公正法治的税收环境，建立起内涵丰富的纳税服务体系。

为纳税服务工作需要，开创性专设服务机构，2002 年 8 月国家税务总局成立纳税服务处，2008 年 7 月，升格设立纳税服务司，把纳税服务工作摆在了更重要的位置。从 1992 年开始，每年 4 月，围绕国家税务总局确定的主题，在全国各地集中开展税收宣传月活动，完善税收宣传机制，丰富税法宣传内容，改进税法宣传方式，体现了以纳税人需求为导向，个性化宣传辅导和线上宣传，促进征纳双方沟通。

图为 1992 年第一个全国税收宣传月活动场景。1992 年起，每年 4 月被确定为全国税收宣传月

2001 年 9 月，我国纳税服务热线 12366 正式设立，之后，全国各地税务机关陆续开通，2009 年 11 月启动全国性的服务热线系统建设，为统筹管理全国纳税服务热线工作提供了技术支持[①]。2012 年全国 70 个省级税务机关全部开通

① 《新中国税收 70 年》编写组. 新中国税收 70 年［M］. 北京：中国税务出版社，2020：112.

了 12366 纳税服务热线。注重纳税信用管理，主动将纳税信用评定融入社会信用体系建设，2003 年 7 月制定《纳税信用等级评定管理试行办法》，加强纳税信用评定管理和动态调整，深化纳税信用结果的应用，增强税法遵从度。升级社会化服务，加强涉税中介机构的监管，提供有针对性的政策辅导培训。《注册税务师管理暂行办法》从 2006 年 2 月起施行，规范执业行为。加强税检、税警合作，与多个政府职能部门以及社会组织、行业协会的合作，在加强土地税收管理、打击涉税违法案件、宣传税收法律等方面建立长效协作机制，共建协税护税格局。

第五节　社会主义市场经济下税收的特点和作用

改革开放初期，中国税收改革已经呈现了市场化取向的萌芽。党的十四大之后，适应社会主义市场经济体制的税收改革，则呈现了市场化、规范化、法治化、国际化等特征。建立社会主义市场经济时期，党中央高瞻远瞩，科学决策，大刀阔斧进行分税制改革，党的坚强领导是分税制改革稳步推进和顺利完成的根本保障。在科学发展观和和谐社会理论的指导下，税收服务经济社会发展取得了显著成效，财政收入保持稳健增长，为市场经济发展奠定了坚实基础。

一、建立健全了与社会主义市场经济体制相适应、规范稳定的税收体制

1994 年按照“统一税法、公平税负、简化税制、合理分权，理顺分配关系，保障财政收入，建立符合社会主义市场经济要求的税制体系”的指导思想，我国对税制进行了全面改革，推动税收制度从计划经济体制下的传统税制向市场经济体制下统一、公平、开放的税制转换。在改革货物劳务税制、企业所得税制、个人所得税制和其他税制的基础上，根据税种特点和作用，划分中央税、地方税以及中央和地方共享税，并建立国税、地税两套税收征管机构；不断推进征管模式改革，确立了“以纳税申报和优化服务为基础，以计算机网络为依托，

集中征收，重点稽查”的征管模式，建立了一个有现代化管理手段支持的、相互协调制约的税收征管新格局。可以说，1994 年税制改革是新中国成立以来规模最大、范围最广泛、内容最深刻的一次税制改革，新税制建立起了与国际基本接轨、与国情基本吻合、与市场经济基本适应的税收体制平台，对于我国经济体制改革和经济社会的长远发展起到了重要保障和推动作用。党的十六届三中全会之后，为了适应建立完善的社会主义市场经济体制的需要，在 1994 年税制改革的基础上，启动了新一轮税制改革，比如深化农村税费改革、推动增值税转型、改革出口退税制度、统一内外资企业所得税制度、改进个人所得税制度、改革资源税制度、完善消费税政策等，基本实现了税制的城乡统一、内外统一，进一步健全完善了与社会主义市场经济相适应的更加公平、科学、规范、法治的税收体制，为新时代税收改革发展奠定了坚实基础。

二、规范了中央与地方的收入分配关系，调动了中央和地方两个积极性

1994 年税制改革划分中央税、地方税以及中央和地方共享税，并建立国税、地税两套税收征管机构，妥善了处理中央和地方财政关系，改变了过去讨价还价、中央收入过度依靠地方上解的不合理现象，解决了中央在财政收入分配中被动的问题。通过共享机制，兼顾到地方财政支出需要，建立稳定的分配机制，充分调动了中央和地方的积极性。中央财政收入占财政总收入的比重，1993 年为 22%，1994 年上升至 55.7%，尽管以后几年有所下降，但 1999 年后都保持在 50% 以上；中央财政收入比重不断上升，使得中央的宏观调控能力得以巩固提高。分税制界定了地方政府的财权事权，充分调动了地方政府组织收入的积极性，1994 年地方本级收入为 2311.6 亿元，到 2002 年达到 8515 亿元，年均递增 17.7%，地方财政实力大大增强。中央和地方财政收入的同步增长，使国家财政收入连续多年保持稳健增长，1994 年国家财政收入为 4349 亿元，1999 年突破 1 万亿元，2003 年突破 2 万亿元，2011 年突破 10 万亿元，国家财政实力不断壮大，财政收入年平均增长速度达到 19.65%。

三、优化税收营商环境，促进了市场经济公平竞争

在社会主义市场经济体制框架内推行税制改革和税收征管体制改革，做到了破与立、统与分、稳与进的相统一。分税制改革为建立社会主义市场经济体制开辟新道路，为经济发展创造了有利条件。在全国范围内推行统一的税收制度，健全税收法律制度。集中税权，严格规范税收政策性减免，取消地方不合理的减免税，规范了财政秩序，维护了税法的权威性。通过渐进方式，统一各类企业税收制度，实现城乡和内外税制统一，体现了税负公平原则，营造了公平竞争环境。加强税收立法，严格规范税收执法，完善现代税收管理制度，解决了条块分割、地区壁垒、行业差异等深层次的矛盾。新税收制度和管理机制深入内洽于社会主义市场经济体制，税收精细化、科学化、专业化管理加速推进，纳税服务水平和征收管理能力地不断提高提升，为社会主义市场经济营造良好的税收环境，促进了社会主义市场经济的繁荣发展。

通过改革调整税制结构，取消与经济发展不相适应的税种，合并那些重复设置的税种，开征一些确有必要开征的税种，实现税制的简化和高效，改革后原有的 37 个税种简化为 18 个。逐步解决了按不同所有制、不同地区设置税种税率的不公正问题，对内资企业实行统一的企业所得税，对内外资企业实行统一的流转税，使各类企业税负公平。严格规范税收减免，避免了减免税政策的随意性，维护税法的统一性和严肃性，为企业公平竞争营造了良好的税收营商环境。

四、发挥税收政策作用，促进了国家重大战略实施和宏观调控目标实现

税务部门积极落实中央重大战略思想和改革任务，从改革发展大局出发，树立正确导向，充分发挥税收筹集财政收入、调节经济、调节分配的职能作用。强化税收征管，财政收入连年稳定增长，为国家发展提供稳定可靠的财力支撑，使集中力量办大事成为可能，重大项目、重大工程推进都有税收政策的支持。

主动服务国家重大战略，支持自主科技创新、区域协调发展、资源节约型和环境友好型社会建设和对外开放，落实各项税收政策，引导产业转型，提高经济内生动力，促进科学发展。例如，1993 年应对经济过热和通货膨胀，采用了适度从紧的财政政策，通过财税改革，促使新税制与社会主义市场经济相适应，解决了体制机制运行不畅的矛盾，实现了“软着陆”，进一步提高了我党驾驭风险的能力。为应对 1998 年亚洲金融危机和 2008 年美国次贷危机，国家实施积极的财政政策，出台一系列税收政策引导消费，拉动内需增长，刺激外贸出口，保持经济持续健康稳定增长。2003 年以后新一轮税收改革过程中，实施一系列扩大内需、稳定外需、促进经济结构调整和区域协调发展、保障和改善民生的税收政策，充分发挥了税收在服务经济社会科学发展、促进和谐社会建设中的职能作用。特别是 2006 年取消农业税，消除城乡二元经济结构的体制性障碍，推动城乡经济社会的协调发展，为实现科学发展、构建和谐社会和全面建设小康社会贡献了积极力量。

五、加强国际税收合作，推进了国际经济贸易快速发展

我国税制制度和管理制度在设计上保持了前瞻性和科学性，与国际税收保持接近，同时保证了政策的稳定性和连贯性，促进对外经贸合作。我国以加入世界贸易组织（WTO）为契机，按照 WTO 的规则，及时清理规范税收优惠政策，与国际市场对接，在“引进来”的同时，积极服务企业“走出去”融入国际化进程。改革完善国际税收制度和征管体制，主动与国际接轨，服务对外开放战略。在全球范围内建立税收协定网络，签订避免双重征税协定。据统计，截至 2012 年底，我国已与 98 个国家签署税收协定。此外，内地与香港、澳门也分别签署税收安排，为避免重复征税，减轻企业税收负担，开拓广阔的合作空间，优化“引进来”“走出去”税收营商环境，发挥了重要作用。大力推进对外税收交流与合作，建立双边和多边税收合作机制，开展富有建设性的高层互访、税收经验交流等活动，利用国际平台表达立场、积极发声，中国税务在国际社会中的话语权不断提高。中国税务以更为积极、更有思想、更加自信的

姿态进入国际视野，中国税务的良好形象得到全球各界广泛认可。1993 年至 2012 年期间，我国国际贸易规模与日俱增。2012 年进出口贸易总额 244160.21 亿元，跃居世界第二位，是 1993 年的 21.6 倍，其中出口贸易 129359.25 亿元，比 1993 年增长 24.5 倍。我国经济开放程度持续升级，同世界经济的联系更加紧密，在世界经济中的地位不断上升。

参考文献

［1］中共中央文献编辑委员会．邓小平文选（第一至第三卷）［M］．北京：人民出版社，1993．

［2］中共中央文献编辑委员会．江泽民文选（第一至第三卷）［M］．北京：人民出版社，2006．

［3］中共中央文献编辑委员会．胡锦涛文选（第一至第三卷）［M］．北京：人民出版社，2016．

［4］中共中央文献研究室．十四大以来重要文献选编（上）［M］．北京：人民出版社，1996．

［5］中共中央文献研究室．十四大以来重要文献选编（中）［M］．北京：人民出版社，1997．

［6］中共中央文献研究室．十四大以来重要文献选编（下）［M］．北京：人民出版社，1999．

［7］中共中央文献研究室．十五大以来重要文献选编（上）［M］．北京：人民出版社，2000．

［8］中共中央文献研究室．十五大以来重要文献选编（中）［M］．北京：人民出版社，2001．

［9］中共中央文献研究室．十五大以来重要文献选编（下）［M］．北京：人民出版社，2003．

［10］中共中央文献研究室．十六大以来重要文献选编（上）［M］．北京：中央文献出版社，2005．

［11］中共中央文献研究室．十六大以来重要文献选编（中）［M］．北京：中央文献出版社，2006．

［12］中共中央文献研究室．十六大以来重要文献选编（下）［M］．北京：中央文献出版社，2008．

［13］中共中央文献研究室．十七大以来重要文献选编（中）［M］．北京：中央文献出版社，2011．

［14］中共中央文献研究室．十七大以来重要文献选编（下）［M］．北京：人民出版社，2013．

［15］刘佐．社会主义市场经济中的中国税制改革（1992—2013）［M］．北京：中国税务出版社，2014．

［16］谢旭人．中国财政60年［M］．北京：经济科学出版社，2009．

［17］国家税务总局．中国改革开放30年税收大事记（1978—2008）［M］．北京：中国税务出版社，2009．

［18］高培勇．共和国财税70年［M］．北京：人民出版社，2019．

［19］《新中国税收70年》编写组．新中国税收70年［M］．北京：中国税务出版社，2020．

［20］曾国祥．税收管理学［M］．北京：中国财政经济出版社，2003．

［21］萧国亮．中华人民共和国经济史（1949—2010）［M］．北京：北京大学出版社，2011．

［22］王建平．构建科学的增值税制度［M］．北京：中国财政经济出版社，2018．

［23］刘佐．中国税制概览［M］．北京：中国财政经济出版社，2016．

［24］贾康，刘薇．财税体制转型［M］．杭州：浙江大学出版社，2015．

［25］樊勇．税收管理［M］．北京：清华大学出版社，2016．

［26］中国国际税收研究会．税收征管模式发展趋势研究［M］．北京：中国税务出版社，2013．

［27］马奎升．施行纳税信誉等级管理　建立诚信税收机制［J］．中国税务，2002（11）．

［28］楼继伟．40年重大财税改革的回顾［J］．财政研究，2019（2）．

［29］谢玮．亲历者刘仲藜：分税制化解中央财政危机［J］．中国经济周刊，2019（18）．

［30］靳东升．中国税制改革40年回顾总结与思考［J］．地方财政研究，2018（11）．

［31］马海涛．改革开放40年以来的财税体制改革回顾与展望［J］．财政研究，2018（12）．

［32］姚巧燕．信息化视角下纳税服务研究［D］．大连：东北财经大学，2011．

第四篇

中国特色社会主义进入新时代的税收

（2012—2021 年）

第九章

中国特色社会主义进入新时代税收事业的快速发展（2012—2021年）

党的十八大以后，中国特色社会主义进入新时代，中国税收现代化进程也进入了快车道。① 以习近平同志为核心的党中央对税收工作提出一系列极富战略远见和理论创见的科学论断，促进形成了具有中国特色的新时代治税思想，为税务部门开创税收现代化建设新局面提供了行动指南。2013 年 12 月 26 日，全国税务工作会议提出税务部门到 2020 年基本实现税收现代化总目标，并将其细化为“六大体系”② 建设。在 2020 年 1 月 6 日全国税务工作会议上，国家税务总局又根据新时代新要求全面完善这一现代化体系，提出了以“新六大体系”③ 和“六大能力”④ 为标志的“税收治理现代化”新内涵。全国税务系统上下解放思想，改革创新、励精图治，“六大体系”建设全面铺开，成效显著。

第一节　新时代治税思想的发展与完善

新时代治税思想是以习近平新时代中国特色社会主义思想为指导，围绕统筹推进“五位一体”总体布局和“四个全面”战略布局、全面贯彻新发展理念和以人民为中心的发展思想、推动构建以合作共赢为核心的人类命运共同体，

① 邓力平，陈丽. 新时代中国特色税收现代化之路再思考［J］. 税务研究，2020（5）.

② “六大体系”即完备规范的税法体系、成熟定型的税制体系、优质便捷的服务体系、科学严密的征管体系、稳固强大的信息体系、高效清廉的组织体系。

③ “新六大体系”即坚强有力的党的领导制度体系、成熟完备的税收法治体系、优质便捷的税费服务体系、严密规范的税费征管体系、合作共赢的国际税收体系、高效清廉的队伍组织体系。

④ “六大能力”即政治引领能力、谋划创新能力、科技驱动能力、制度执行能力、协同共治能力和风险防范能力。

完善和创新中国特色社会主义税收制度、推进税收治理体系和治理能力现代化的行动指南。

一、习近平总书记关于税收工作的重要论述

习近平总书记对税收工作高度重视，在数次中央全会、历年中央经济工作会议及其他重大国内国际会议和调研上均就税收工作做过重要论述，既涉及宏观层面的理论分析，也涉及具体问题的理论阐释和政策指导。这些重要的论述和论断，构成了新时代中国特色社会主义治税思想的重要内容，直接引领税收改革发展航向。

（一）深化财税体制改革

财税体制改革的目标是建设现代财政制度。2013年11月9日，习近平总书记在党的十八届三中全会上明确指出“现行财税体制已经不完全适应合理划分中央和地方事权、完善国家治理的客观要求，不完全适应转变经济发展方式、促进经济社会持续健康发展的现实需要，我国经济社会发展中的一些突出矛盾和问题也与财税体制不健全有关”，针对新时代的财税职能定位、财税在国家治理体系中的作用、中央和地方财权事权关系等问题，他强调“加快形成有利于转变经济发展方式、有利于建立公平统一市场、有利于推进基本公共服务均等化的现代财政制度”。

提升新时代财税职能定位。习近平总书记在党的十八届三中全会上强调“财政是国家治理的基础和重要支柱，科学的财税体制是优化资源配置、维护市场统一、促进社会公平、实现国家长治久安的制度保障”；2015年10月13日，习近平总书记在主持召开中央全面深化改革领导小组第十七次会议时，进一步提出“增强税收在国家治理中的基础性、支柱性、保障性作用”。

理顺中央与地方政府间财税分配关系。2013年12月12日至13日，习近平总书记在中央城镇化工作会议上指出“要完善地方税体系，逐步建立地方主体税种”；2016年12月14日在中央经济工作会议上的讲话中提出“要落实

推动中央与地方财政事权和支出责任划分改革，加快制定中央和地方收入划分总体方案，抓紧提出健全地方税体系方案，调动地方政府积极性”；2017 年 10 月 18 日在党的十九大上报告中明确提出“深化税收制度改革，健全地方税体系”。

深化征管体制改革。2015 年 10 月 13 日，习近平总书记在中央全面深化改革领导小组第十七次会议上的讲话中指出“深化国税、地税征管体制改革，要坚持依法治税、便民办税、科学效能、协同共治、有序推进的原则，发挥国税、地税各自优势，推动服务深度融合、执法适度整合、信息高度聚合，着力解决现行征管体制中存在的一些突出问题”；2018 年 2 月 26 日，在《关于深化党和国家机构改革决定稿和方案稿的说明》中指出：“改革国税地税征管体制。将省级和省级以下国税地税机构合并，承担所辖区域内的各项税收、非税收入征管职责。国税地税机构合并后，实行以国家税务总局为主与省（区、市）人民政府双重领导管理体制。”

（二）贯彻新发展理念

税收支持创新驱动。2013 年 9 月 30 日，习近平总书记在十八届中央政治局第九次集体学习时的讲话中指出“要完善推动企业技术创新的税收政策，激励企业开展各类创新活动”；2013 年 12 月 10 日在中央经济工作会议上指出“政府要做好加强知识产权保护、完善促进企业创新的税收政策等工作”。

税收支持协调发展。2014 年，习近平总书记在中央经济工作会议上指出“区域政策的一个要点是统一国内大市场，这既是区域政策要解决的问题，也是财政体制改革的重要任务”；2015 年 12 月 20 日在中央城市工作会议上指出“要建立跨地区投资、地区生产总值、财税等利益分享机制，推动城镇间产业分工、产业整合、园区共建”；2018 年 4 月 26 日在深入推动长江经济带发展座谈会上强调“要探索一些财税体制创新安排，引入政府间协商议价机制，处理好本地利益和区域利益的关系”。

税收支持绿色发展。2014 年 3 月 14 日，习近平总书记在中央财经领导小组第五次会议上指出“要系统考虑税收和价格手段，……研究提出实施水资源税、原水水费、自来水费、污水处理费的一揽子方案”；2016 年 12 月 30 日在中央全面深化改革领导小组第三十一次会议上指出“理顺矿产资源税费体系，合理调节矿产资源收入，建立符合我国特点的新型矿产资源权益金制度”。

税收支持共享成果。2016 年 1 月 18 日，习近平总书记在省部级主要领导干部学习贯彻党的十八届五中全会精神专题研讨班上指出：“要坚持社会主义基本经济制度和分配制度，调整收入分配格局，完善以税收、社会保障、转移支付等为主要手段的再分配调节机制，维护社会公平正义，解决好收入差距问题，使发展成果更多更公平惠及全体人民。”

（三）落实全面依法治国

落实税收法定。2015 年 10 月 13 日，习近平总书记主持审议通过《深化国税、地税征管体制改革方案》，进一步明确深化国税、地税征管体制改革的指导思想是“坚持法治引领、改革创新”“以法治为引领，注重运用法治思维和法治方式推进改革，落实税收法定原则，完善征管法律制度，增强税收执法的统一性和规范性”；2018 年 2 月 26 日在党的十九届三中全会第一次全体会议上关于中央政治局工作的报告中指出：“制定烟叶税法、船舶吨税法……11 部法律。”

（四）推进高质量发展

完善和创新税收制度。2016 年 12 月 14 日，习近平总书记在中央经济工作会议上的讲话中指出“要适时推出综合与分类相结合的个人所得税改革”；2017 年 12 月 18 日在中央经济工作会议上指出：“要巩固和扩大营改增成果，研究降低制造业增值税税率。”

税收助力供给侧结构性改革。2016 年 1 月 18 日，习近平总书记在省部级主要领导干部学习贯彻党的十八届五中全会精神专题研讨班上指出“需求侧管理……主要是通过调节税收……来刺激或抑制需求，进而推动经济增长”；

2016年5月16日在中央财经领导小组第十三次会议上指出“供给侧结构性矛盾……深化价格、财税、金融、社保领域基础性改革，为推进供给侧结构性改革创造条件”。

税收助力稳定经济增长。2017年12月18日，习近平总书记在中央经济工作会议上指出：“从分配看，高质量发展应该实现投资有回报、企业有利润、员工有收入、政府有税收，并且充分反映各自按市场评价的贡献。”

持续加大减税降费力度。2014年10月20日，习近平总书记在党的十八届四中全会第一次全体会议上关于中央政治局工作的报告中指出“出台减轻税负、规范收费、定向降准、扩大再贷款规模等措施，支持中小微企业、‘三农’、服务业等实体经济发展，扩大营改增试点范围，增强经济发展动力和活力”；2018年11月1日在民营企业家座谈会上的讲话强调“要加大减税力度。推进增值税等实质性减税，而且要简明易行好操作，增强企业获得感。对小微企业、科技型初创企业可以实施普惠性税收免除。要根据实际情况，降低社保缴费名义费率，稳定缴费方式，确保企业社保缴费实际负担有实质性下降”；2020年2月23日在统筹推进新冠肺炎疫情防控和经济社会发展工作部署会议上的讲话提出“要继续研究出台阶段性、有针对性的减税降费政策，加大对一些行业复工复产的支持力度，帮助中小微企业渡过难关”；2020年7月21日在企业家座谈会上指出“要继续减税降费、减租降息，确保各项纾困措施直达基层、直接惠及市场主体”。

（五）构建人类命运共同体

加强税收在全球治理中的作用。2014年11月16日，习近平主席在澳大利亚布里斯班二十国集团领导人第九次峰会第二阶段会议上的发言中指出“加强全球税收合作，打击国际逃避税，帮助发展中国家和低收入国家提高税收征管能力”；2015年12月4日在中非合作论坛约翰内斯堡峰会开幕式上的致辞中强调“应该完善全球金融安全网，加强在金融监管、国际税收、反腐败领域合作，提高世界经济抗风险能力”；2016年9月5日在二十国集团领导人杭州峰会上的闭幕词中表明“我们决定深化国际税收合作，通过税收促进全球投资和增长……我们期待通过上述成果和举措，全面提升全球经济金融治理结构的平衡性、机制的可靠性、行动的有效性，为世界经济增长保驾护航”。

加强国际税收合作。2019年4月26日，习近平主席在第二届“一带一路”国际合作高峰论坛开幕式上的主旨演讲中指出“我们将同更多国家商签高标准自由贸易协定，加强海关、税收、审计监管等领域合作，建立共建‘一带一路’税收征管合作机制”。

重视降低关税促进贸易和投资。2019年6月28日，习近平主席在二十国集团领导人峰会上关于世界经济形势和贸易问题的发言中表明“将进一步自主降低关税水平，努力消除非关税贸易壁垒，大幅削减进口环节制度性成本”；2020年3月26日在二十国集团领导人特别峰会上呼吁“二十国集团成员采取共同举措，减免关税、取消壁垒、畅通贸易，发出有力信号，提振世界经济复苏士气”；2020年11月19日在亚太经合组织工商领导人对话会上的主旨演讲提出“将进一步降低关税和制度性成本，培育一批进口贸易促进创新示范区，扩大对各国高质量产品和服务进口”。

二、党和国家关于税收改革发展的重要决策部署

党的十八届三中、四中、五中全会，党的十九大以及十九届三中、四中、五中全会都对税收改革发展作出了部署和安排。

2013年11月9日，党的十八届三中全会通过的《中共中央关于全面深化改革若干重大问题的决定》中明确指出：“必须完善立法、明确事权、改革税制、稳定税负、透明预算、提高效率，建立现代财政制度，发挥中央和地方两个积极性。”其中对“完善税收制度”进行了专门论述：“深化税收制度改革，完善地方税体系，逐步提高直接税比重。推进增值税改革，适当简化税率”“加快房地产税立法并适时推进改革，加快资源税改革，推动环境保护费改税”“按照统一税制、公平税负、促进公平竞争的原则，加强对税收优惠特别是区域税收优惠政策的规范管理。税收优惠政策统一由专门税收法律法规规定，清理规

范税收优惠政策。完善国税、地税征管体制”。此外，还指出要“落实税收法定原则”“完善以税收、社会保障、转移支付为主要手段的再分配调节机制，加大税收调节力度”“完善慈善捐助减免税制度”“制定实施免税、延期征税等优惠政策，加快发展企业年金、职业年金、商业保险，构建多层次社会保障体系”；以及“坚持使用资源付费和谁污染环境、谁破坏生态谁付费原则，逐步将资源税扩展到占用各种自然生态空间”。

2014 年 10 月 23 日，党的十八届四中全会通过的《中共中央关于全面推进依法治国若干重大问题的决定》提出：“加强市场法律制度建设，编纂民法典，制定和完善发展规划、投资管理、土地管理、能源和矿产资源、农业、财政税收、金融等方面法律法规，促进商品和要素自由流动、公平交易、平等使用。”

2015 年 10 月 26 日，党的十八届五中全会提出：“进一步转变政府职能，持续推进简政放权、放管结合、优化服务，提高政府效能，激发市场活力和社会创造力，完善各类国有资产管理体制，建立健全现代财政制度、税收制度，改革并完善适应现代金融市场发展的金融监管框架。”

2017 年 10 月 18 日至 24 日，党的十九大提出：“深化税收制度改革，健全地方税体系。”

2018 年 2 月 28 日，党的十九届三中全会审议通过的《深化党和国家机构改革方案》提出“改革国税地税征管体制。为降低征纳成本，理顺职责关系，提高征管效率，纳税人提供更加优质高效便利服务，将省级和省级以下国税地税机构合并，具体承担所辖区域内各项税收、非税收入征管等职责。为提高社会保险资金征管效率，将基本养老保险费、基本医疗保险费、失业保险费等各项社会保险费交由税务部门统一征收。国税地税机构合并后，实行以国家税务总局为主与省（自治区、直辖市）政府双重领导管理体制。国家税务总局要会同省级党委和政府加强税务系统党的领导，做好党的建设、思想政治建设和干部队伍建设工作，优化各层级税务组织体系和征管职责，按照‘瘦身’与‘健身’相结合原则，完善结构布局和力量配置，构建优化高效统一的税收征管体系。”

2019年10月31日，党的十九届四中全会通过的《中共中央关于坚持和完善中国特色社会主义制度推进国家治理体系和治理能力现代化若干重大问题的决定》指出："健全以税收、社会保障、转移支付等为主要手段的再分配调节机制，强化税收调节，完善直接税制度并逐步提高其比重。"

2020年10月29日，党的十九届五中全会通过的《中共中央关于制定国民经济和社会发展第十四个五年规划和二〇三五年远景目标的建议》指出："建立现代财税金融体系。"其中，对于税收改革做了进一步论述："完善现代税收制度，健全地方税、直接税体系，优化税制结构，适当提高直接税比重，深化税收征管制度改革。"在"提高人民收入水平"中提出："完善再分配机制，加大税收、社保、转移支付等调节力度和精准性，合理调节过高收入，取缔非法收入。"

2021年3月，《中华人民共和国国民经济和社会发展第十四个五年规划和2035年远景目标纲要》明确提出完善现代税收制度的任务要求："优化税制结构，健全直接税体系，适当提高直接税比重。完善个人所得税制度，推进扩大综合征收范围，优化税率结构。聚焦支持稳定制造业、巩固产业链供应链，进一步优化增值税制度。调整优化消费税征收范围和税率，推进征收环节后移并稳步下划地方。规范完善税收优惠。推进房地产税立法，健全地方税体系，逐步扩大地方税政管理权。深化税收征管制度改革，建设智慧税务，推动税收征管现代化。"

新时代治税思想是习近平新时代中国特色社会主义思想在税收治理领域的具体体现，科学回答了税收改革发展的根本性、战略性、全局性的重大问题，为高质量推进新时代税收现代化，更好发挥税收在国家治理中的基础性、支柱性、保障性作用，提供了根本遵循、注入了强大动力，也对税收治理更好服务决胜全面建成小康社会、开启全面建设社会主义现代化国家新征程、实现中华民族伟大复兴的中国梦，具有重大现实意义和深远历史意义。

第二节　税务系统党的领导制度体系建设

习近平总书记指出："办好中国的事情，关键在党。"对于税务系统而言，只有高质量加强党的建设，才能推进新时代税收现代化高质量发展，为服务全面建设社会主义现代化国家提供有力保证。国家税务总局党委始终把坚持和加强党的全面领导落实到税收工作各方面各环节，不断加强税务系统党的建设，确保税收事业发展始终沿着正确的方向前进。①

一、加强党的领导，提升政治站位

党的十九届四中全会提出"坚持和完善党的领导制度体系，提高党科学执政、民主执政、依法执政水平"，坚持和加强党的全面领导是新时代党的建设

2020 年 11 月 16 日至 18 日，国家税务总局党委理论学习中心组及全国税务系统司局级主要领导干部学习贯彻党的十九届五中全会精神专题研讨班在京举办

① 国家税务总局党建工作局. 党建引领高质量推进税收现代化［J］. 中国税务，2021（1）：10–13.

的根本目的和根本原则。税务部门认真贯彻习近平总书记关于坚持和加强党的全面领导的重要指示精神，把“坚强有力的党的领导制度体系”内化为税收现代化“新六大体系”之首，切实加强党对税收工作的全面领导。

在政治机关建设上“做精”。税务部门始终把加强党的政治建设摆在首位，明确税务机关首先是政治机关，必须旗帜鲜明讲政治。国家税务总局制定印发《税务系统贯彻〈中共中央关于加强党的政治建设的意见〉若干措施》，建立健全“党委领导、学用结合、党建引领、机制保障、责任落实、监督考核”的政治机关建设“六个体系”，以体系化思维，全面推进政治机关建设；各级税务机关制定方案，稳步推进，积极创建“一个带头、三个表率”模范政治机关。

在理论学习上“做强”。党的十八大以来，全国税务系统按照党中央部署要求，先后深入开展党的群众路线教育实践活动、“三严三实”专题教育、“两学一做”学习教育，推进“两学一做”学习教育常态化制度化，开展“不忘初心、牢记使命”主题教育、党史学习教育，切实增强“四个意识”，坚定“四个自信”、做到“两个维护”，特别是2020年以来，坚持把学习习近平新时代中国特色社会主义思想作为税务部门党委会议的“第一议题”，开展制度化学习，收到了更为明显的效果。2021年，按照习近平总书记关于“学党史、悟思想、办实事、开新局”的重要指示要求，国家税务总局多次组织召开党史学习教育动员部署会，结合党中央关于开展“我为群众办实事”迎接建党100周年的工作部署，税务总局于2月24日启动2021年“我为纳税人缴费人办实事暨便民办税春风行动”，并将其作为税务系统深入开展党史学习教育的重要举措，实打实地把学党史同总结经验、观照现实、推动工作结合起来，着力为群众办实事解难题，以纳税人缴费人不断增进的满意度和获得感，检验税务系统党史学习教育的实际成效。

在落实党中央、国务院决策部署上“做实”。国家税务总局党委始终坚持讲政治、顾大局，坚定不移贯彻落实党中央、国务院决策部署。特别是近年来，探索建立了一套学习贯彻落实习近平总书记重要指示批示精神和党中央、国务院重大决策部署的工作机制，形成了工作“分解、推进、督办、考评、改进”的抓落实闭环机制，逐一跟进、紧盯不放、及时报告，并定期开展“回头看”，

图为国家税务总局长沙市税务局在湖南长沙橘子洲举行“学习百年党史　践行初心使命”党史学习教育动员大会

确保把工作落到实处、见到实效。在推进减税降费工作中，不是简单机械地去执行，而是紧密结合税务部门和税收工作实际，创造性落实好习近平总书记关于实施更大规模减税降费政策的重要指示批示精神，面对数量庞大的纳税人缴费人，克服时间紧、政策多、有的甚至要追溯执行等困难，贯通税务系统五个层级，探索形成了“短平快优”“九个一”工作法，既确保了政策落地生根，又减轻了基层负担，减税降费取得了好于预期的显著成效。

二、完善机制体系，开创党建新局

党的十八大以来，全国税务系统充分发挥双重领导管理体制优势，持续完善新“纵合横通强党建”机制体系，为高质量推进新时代税收现代化，更好发挥税收在国家治理中的基础性、支柱性、保障性作用，服务“六稳”“六保”大局提供坚强保证。

党委领导机制“更有为”。2016 年，国家税务总局紧密结合税务系统实行垂直管理和党组织关系在地方的实际，确立了以“条主动、块为主，两结合、互为补，抓党建、带队伍”为主要内容的“纵合横通强党建”工作思路。2018年，国税地税征管体制改革期间，各级税务局党组改设为党委，强化党建工作部门设置和力量配备，在“三定”过程中，省级局、市级局设立系统党建工作处（科）并积极开展活动。为适应税务机构改革后的双重领导管理体制，国家税务总局制发《关于加强新形势下税务系统党的建设的意见》，提出了12方面43条措施，进一步提出构建以“条主责、块双重，纵合力、横联通，齐心抓、党建兴”为主要内容的新“纵合横通强党建”机制体系，及时修订完善了国家税务总局党委工作规则，步步递进、久久为功，促进各级税务局党委更好地担负党建工作新使命新职责，凝聚起推动新时代税收改革发展的强大力量。

内部协作机制“更顺畅”。2018年国税地税征管体制改革后，国家税务总局及时调整党建工作领导小组，由党委书记任组长，相关党委委员任副组长，系统党建、机关党委等部门为成员单位，增强党建工作合力。省级及以下税务

2018年8月6日，中央新近批准由党组改设的国家税务总局党委召开第一次会议，深入学习习近平新时代中国特色社会主义思想，研究开好局起好步，不断开创税务系统党的领导、党的建设和全面从严治党工作新局面的措施

2018年9月11日，全国税务系统党建工作会议在北京召开

局也比照税务总局抓紧调整党建工作领导小组及其办公室设置。通过一系列制度机制创新，各级税务局实现了税务机关内部党建与党风廉政建设、机关党建与系统党建、机关党委工作与机关及系统人事工作、党建与税务执法监督、党建与干部教育培训、党建与系统绩效管理、党建与税收业务工作“七个打通”，推动各层级税务机关把党建工作抓得更实、把内部相关部门的党建工作职责理得更顺。

基层党建体系“更完善”。习近平总书记指出，“党的根基在基层”。基层党组织是贯彻落实党中央决策部署的“最后一公里”，抓好基层党建意义重大。全国税务系统坚持以提升组织力为重点，推动基层党组织全面进步、全面过硬。国家税务总局党委制定《关于进一步加强税务系统基层党组织标准化规范化建设的实施意见》，印发《全国税务系统党的建设工作规范（试行）》，制定全国税务系统党的建设主体责任内容、责任清单和工作事项，细化党建标准和程序，建设运行税务党建云平台，压实全面从严治党主体责任。各级税务机关严格按照《中国共产党党和国家机关基层组织工作条例》规定，规范设立机关党委、机关纪委、党总支、党支部，确保党组织对办税服务厅、税务分局（所）等所有单位全覆盖。

三、全面从严治党，压实主体责任

党的十八大以来，以习近平同志为核心的党中央从关乎党的生死存亡、关乎国家和民族的前途命运的高度，坚定不移推进全面从严治党。国家税务总局党委深入学习贯彻习近平总书记关于全面从严治党的重要论述，坚持严的主基调，做到步步递进、久久为功，每年召开全面从严治党工作会议，分析形势、谋划思路、部署工作。税务系统全面从严治党工作思路不断创新，措施不断深化，机制不断健全，责任不断压实。

上下齐力抓。2014年国家税务总局党委制发了落实党风廉政建设主体责任实施办法，明确9类责任主体的92项具体责任事项，做到主体、方式、对象、措施"四明确"，层层传导压力推动落实。在绩效考核中设置"全面从严治党"类指标，突出加强税务系统政治建设等方面的考核，同时对党建工作出现重大问题实行"一票否决"。建立"下抓两级、抓深一层"工作机制，实行国家税务总局主抓省税务局、延伸带市税务局，省税务局主抓市税务局、延伸带县税务局。国家税务总局党建工作局建立11个市县局党建工作直联点，深入跟踪了解党建制度落实情况。

同向发力抓。推动主体责任、监督责任贯通协同，形成国家税务总局党委与中央纪委国家监委驻国家税务总局纪检监察组推进全面从严治党工作合力。在研究重大事项、制发重要文件、选拔任用干部等工作中，国家税务总局党委主动征求驻国家税务总局纪检监察组意见建议。2020年，按照党中央部署，根据中央纪委国家监委要求，不断探索完善"1+5+5+1"一体化综合监督体系，持续深化纪检监察体制改革试点工作。在组织形式、职能定位、决策程序上体现党委对反腐败工作的领导，各级税务局党委定期专题研究全面从严治党、党风廉政建设和反腐败工作，听取纪检机构工作建议，帮助协调解决工作中遇到的困难和问题。

融合聚力抓。坚持找准关键、精准发力、狠抓落实，下好“一盘棋”，破解党建和业务“两张皮”的顽疾，以抓党建保障税收工作的正确方向，以抓税收工作促进党建落到实处。国家税务总局出台了党建与业务融合抓的 18 项措施，探索建立党建与业务联动评价机制。在落实减税降费政策中，各级税务机关以党建促群团，设立“党员示范岗”1.5 万个，组织“党员先锋队”“青年突击队”“巾帼建功岗”等 7000 余个，充分发挥各级党组织和广大党员干部的改革攻坚作用。2020 年，在抗击新冠肺炎疫情过程中，在全系统成立了 4200 多支“党员突击队”“志愿服务队”，一大批党员干部深入社区和村镇开展排查登记、巡守值班、环境消毒、防控宣传、物资采购等工作，充分发挥了党建在疫情防控工作中的引领作用。

四、持续正风肃纪，涵养政治生态

习近平总书记指出：“党的作风是党的形象”。党的十八大以来，全国税务系统以永远在路上的坚韧与执着，把严的要求贯穿到税收工作和税务干部队伍建设的各方面，坚持不懈改进作风，驰而不息正风肃纪，为高质量推进新时代税收现代化保驾护航。

坚持教育管理从严。坚持教育、管理、监督、服务相结合，把纪律教育融入日常、抓在平常，不断增强党员教育管理的针对性和有效性。制作廉政警示教育专题片，编印《以案明纪——税务系统警示教育案例选编》，在重要时间节点通报典型案例，组织新任职党员领导干部赴廉政教育基地接受警示教育，教育广大税务干部引以为戒、警钟长鸣。

坚持作风建设从严。以“抓常、抓细、抓长”为导向和追求，锲而不舍纠“四风”、树新风。认真落实中央八项规定及其实施细则精神，聚焦隐形变异“四风”问题，做到巡视巡察、督察内审、财务检查、系统督查“四必查”，对顶风违纪行为严肃查处、通报曝光。

坚持权力监督从严。认真贯彻党中央关于加强权力运行制约和监督的各项部署，督导引导税务干部秉公用权、廉洁从税。制定《国家税务总局党委巡视巡察工作规划（2018—2022年）》，明确5年内实现对各级税务局党委巡视巡察全覆盖。制定《税务系统巡察工作实施意见》，推动巡察工作延伸到税务分局（所）、办税服务厅等所有基层党组织。修订完善《巡视"双闭环"管理办法》等28项制度，提升巡视巡察工作制度化、规范化、科学化水平。国家税务总局党委顺利完成党的十八大届期巡视全覆盖，问题整改率达到100%。党的十九大以来，分四轮开展了对36个党组织的巡视，省、市两级税务局党委对5701个党组织开展巡察。2021年3月，国家税务总局党委召开第五轮巡视动员部署会，对标中央精神，突出税务巡视巡察的政治性，聚焦"四个落实"特别是落实习近平新时代中国特色社会主义思想和习近平总书记关于税收工作、开展党史学习教育、建设政治机关、扛牢"两个责任"等方面的重要论述，切实发挥巡视的政治监督作用。① 国家税务总局的巡视巡察工作受到中央巡视办的充分肯定。

2021年2月23日，全国税务系统全面从严治党工作会议在北京召开

① 郭瑞轩. 国家税务总局党委召开第五轮巡视动员部署会议［N］. 中国税务报，2021-03-22（1）.

没有高质量的党的建设，就没有高质量的税收现代化。新税务要展现新作为、树立新形象，关键是党的建设要开创新局面。进入新时代，全国税务系统坚持以习近平新时代中国特色社会主义思想为指导，全面落实新时代党的建设总要求，在“纵合横通强党建”机制制度体系指导下，有序有力推进各项工作，取得明显成效。实践证明，只有切实抓好党建工作，始终坚持党对税收工作的全面领导，才能为推进新时代税收现代化建设提供坚强的政治保证。

第三节　税收法治体系建设

税收法治是中国特色社会主义法治体系的重要组成部分。税务部门是国家重要的行政执法部门，在全面推进依法行政、建设法治政府进程中肩负着重要职责。依法治税与法治中国建设一脉相承，伴随着国家法治化进程的不断推进，税收法治也持续深入发展，特别是党的十八大以来，税收法治建设循着法治中国的宏伟蓝图，大踏步迈入全面深化的新阶段。

一、加快税收立法

党的十八大以来，以习近平同志为核心的党中央从实现国家治理体系和治理能力现代化的高度，对新时代全面推进依法治国提出了新任务，描绘了到 2035 年基本建成法治国家、法治政府、法治社会的宏伟蓝图。习近平总书记指出：“中国特色社会主义法治道路，是社会主义法治建设成就和经验的集中体现，是建设社会主义法治国家的唯一正确道路。”习近平法治思想明确了全面依法治国的指导思想、发展道路、工作布局、重点任务，是马克思主义法治思想中国化的最新成果，也为税务部门持续规范税收执法，深入推进依法行政、全面深化依法治税提供了根本遵循。

党的十八届三中全会首次明确提出“落实税收法定原则”，党中央审议通过《贯彻落实税收法定原则的实施意见》，明确开征新税种应当通过全国人大及其常委会制定相应的税收法律，提出力争在 2020 年前完成落实税收法定原则改革任务，将税收暂行条例上升为法律或者废止，并对2020年前完成税收立法任务作出安排。第十二届全国人民代表大会第三次会议通过的《关于修改〈中华人民共和国立法法〉的决定》新增“‘税种的设立、税率的确定和税收征收管理等税收基本制度’只能制定法律”这一修改，彰显了税收立法的特殊意义和重要地位。

在税收法定原则指导下，2016年12月25日，《中华人民共和国环境保护税法》经十二届全国人民代表大会常务委员会第二十五次会议表决通过，并于2018年1月1日起施行，成为党的十八届三中全会提出“落实税收法定原则”要求后，全国人大常委会审议通过的第一部单行税法。2019年8月26日，《中华人民共和国资源税法》经第十三届全国人民代表大会常务委员会第十二次会议表决通过，并于2020年9月1日起施行。2020年8月11日，《中华人民共和国契税法》《中华人民共和国城市维护建设税法》经十三届全国人大常委会第二十一次会议表决通过，并于2021年9月1日起施行。2021年6月10日，第十三届全国人民代表大会常务委员会第二十九次会议通过《中华人民共和国印花税法》，并于2022年7月1日起施行。

截至2021年6月，我国18个税种，已经立法的有12个，包括车辆购置税法、车船税法、船舶吨税法、个人所得税法、耕地占用税法、环境保护税法、企业所得税法、烟叶税法、资源税法、契税法、城市维护建设税法、印花税法。增值税、消费税等税法立法工作在紧锣密鼓地推进中，距离立法任务完成的目标越来越近。

我国税收程序法的完善主要体现在税收征管法上。改革开放以来，我国税收征管改革不断推进，征管手段不断创新，1986年，国务院审议通过了《中华人民共和国税收征收管理暂行条例》，1992年，该条例上升为《中华人民共和国税收征收管理法》，之后分别在1995年、2001年、2013年、2015年进行了修订，尤其是2015年修订后，纳税人可以直接依照法律、行政法规的规定办理减税、免税。同时，进一步强化了依法减免税的要求。

在依法治国战略部署下，国家税务总局加快推进依法治税。2015年2月制定《关于全面推进依法治税的指导意见》，明确了全面推进依法治税的指导思想、总体要求及实施路径，在更高层次、更高水平上推进法治税务建设，促进税收治理体系和治理能力现代化。同年5月制定了《关于坚持依法治税更好服务经济发展的意见》，强调坚持依法征税的组织收入原则，依法依规加强税收征管，严禁违反税收法律法规的规定和超越权限多征、提前征收或者减征、免征、缓征应征税款，坚决防止和严肃查处收“过头税”、“空转”、转引税款、突击征税等违规行为。2016年12月制定《“十三五”时期税务系统全面推进依法治税工作规划》，提出坚持税收法定、征纳双方法律面前平等、依法行政、简政放权、从税收工作实际出发五项基本原则，确定了“十三五”时期税务系统全面推进依法治税的时间表、路线图、任务书，对36项重点任务进行分工部署，提出到2020年基本建成法治、创新、廉洁和服务型税务机关。2018年以来，国家税务总局进一步加强税务系统全面依法行政领导体制机制建设，统筹推进税务系统全面依法行政工作，使之成为依法治税的重要保障。这一阶段，税收法治建设取得了新进展，依法治税取得了明显成效，法治体系不断健全，执法行为逐步规范，管理方式日趋科学，法治保障持续加强，法治正从一种治税手段发展成为税收治理的基石。

二、优化税收执法方式

党的十八届四中全会通过的《中共中央关于全面推进依法治国若干重大问题的决定》明确提出“全面落实行政执法责任制，严格确定不同部门及机构、岗位执法人员执法责任和责任追究机制”。据此，2016年国家税务总局制发《税务行政处罚裁量权行使规则》，为税务机关行使行政处罚权力制定了标准、程序和规矩，防止自由裁量权“任性”。2019年3月，按照国务院部署，国家税务总局印发《优化税务执法方式全面推行“三项制度”实施方案》，从15个方面对全面推行“三项制度”作出具体规定，全面规范税收执法事前、事中、事后各环节的程序要求，完善执法主体、执法资格、执法监督等各方面的管理制度，打造新型的税务执法质量控制体系，促进执法方式根本转变、执法水平整体提高。在此期间，税务稽查作为税收执法的重要组成部分，稽查质效逐渐提升。特别是党的十八大以来，全国税务部门按照“分类处理、引导遵从、鼓励自纠、审慎善意、罚当其责、重拳出击”的理念，进一步提升税务稽查现代化建设水平。在2018年的国税地税征管体制改革中设立市级局跨区域稽查局，促使稽查机构设置更加合理，稽查力量进一步节约。2021年3月31日，国家税务总局发布《税务行政处罚“首违不罚”事项清单》，明确自2021年4月1日起，对于首次发生清单所列10种事项且危害后果轻微，在税务机关发现前主动改正或者在税务机关责令改正的期限内改正的，不予行政处罚。同时，不断加大涉税违法打击力度，严厉打击涉税违法行为。2018年8月以来，在公安部、海关总署、人民银行等部门大力支持下，开展打虚打骗专项行动，查处涉嫌虚开骗税企业37.83万户，近5000名犯罪嫌疑人主动投案自首，强震慑效果明显。

三、实施增值税改革

（一）全面推开营改增试点

党的十八大以来，按照党中央、国务院统一部署，国家税务总局扎实推进营改增试点工作。增值税由生产型转为收入型后，部分行业仍然课征营业税，无法进行进项抵扣，难以全面体现增值税制度优势。为彻底解决此问题，国务院决定自2012年1月1日起在上海市实施营业税改征增值税（营改增）的改革试点，选择了交通运输业和部分现代服务作为试点行业，逐步积累试点经验，为全面改革提供借鉴。同年8—12月，营改增试点又分批扩大至北京等10个省市。为了尽快推进营改增，克服局部试点带来的负面影响，自2013年8月1日起，交通运输业和部分现代服务业营改增试点推向了全国，并将广播影视服务纳入试点。自2014年1月1日，铁路运输和邮政业纳入试点；2014年6月1日，电信业纳入试点。2016年5月1日起，全面实施营改增，将试点范围扩大到建筑业、房地产业、金融业、生活服务业，并将所有新增不动产所含增值税纳入抵扣范围。至此，营业税已全部改征增值税，实现了增值税对货物和服务领域的全覆盖。

2016年5月1日凌晨，纳税人陈生展示他收到的营改增试点全面推开后全国首张增值税专用发票（新华社记者　殷刚　摄）

全面推开营改增试点是一项既利在当前又功在长远的制度安排，也是一项谋一域而促全局的重大改革。通过打通增值税抵扣链条，消除了重复征税，优化了税制结构，直接减轻了纳税人负担，从而为经济发展创造了更好的税制环境，对产业转型、经济增长、企业发展等具有深层次影响，带来了一系列改革红利。一是四大行业总体税负明显下降。2016年5月至2018年4月底，营改增四大行业累计减税超过6000亿元，前期实施营改增试点的“3+7”行业减税超过5200亿元，原增值税行业减税超过5800亿元，且四大行业涉及的26个细分小行业全部实现减税。二是纳税户数显著增加，产业结构进一步优化。全面推开营改增试点以来，减税红利持续释放，发挥了创业创新、拉长产业链、催生新业态等多重效应，对税基的夯实扩大效应凸显。三是抵扣更加充分，企业发展后劲越来越足。随着试点行业的抵扣链条日趋完整，抵扣进项税额呈现逐步增加趋势，企业抵扣税额不断增加，又进一步降低了企业负担，有力助推了企业高质量发展。四是企业发展内生动力增强。营改增助力企业生产经营规模进一步扩大，四大行业营业收入较快增长，发展速度进一步加快，实现了良性运转。[①]

① 《新中国税收70年》编写组．新中国税收70年［M］．北京：中国税务出版社，2020：71.

营改增让营业税这一曾发挥重要作用的税种退出历史舞台，标志着我国增值税制向现代增值税制度迈出了重要一步，在中国经济改革历程中具有里程碑意义。经济合作与发展组织（OECD）对我国全面推开营改增试点给予高度评价，认为不仅将原有间接税制度转变为覆盖全行业、运行良好、符合国际规范的增值税制度，还妥善解决了扩围行业新旧税制衔接等一系列重点难点问题，极大完善了增值税制度。

（二）深化增值税改革

党中央、国务院高度重视深化税制改革。党的十九大报告作出了深化税收制度改革的总体部署。2018年《政府工作报告》提出了“改革完善增值税制度，按照三档并两档方向调整税率水平，重点降低制造业、交通运输等行业税率，提高小规模纳税人年销售额标准”的要求。

国家税务总局积极落实党中央、国务院部署。2017年7月，17%、13%、11%和6%四档税率简并为17%、11%和6%三档税率，取消13%档税率，将农产品、天然气等税率从13%降至11%。2018年5月，进一步推进增值税改革，原适用17%和11%税率的项目，分别调整为按16%和10%征税，并对装备制造等先进制造业和研发等现代服务业及电网企业的进项留抵税额予以退还。同时，还将增值税小规模纳税人标准统一为年应征增值税销售额500万元。

伴随更大规模减税降费政策的实施，我国自2019年4月1日起进一步深化增值税改革：一是降低增值税税率水平。将适用16%税率的项目改按13%税率征税，主要涉及制造业等行业；将适用10%税率的项目改按9%税率征税，主要涉及交通运输业、邮政业、建筑业、房地产业、基础电信服务和农产品等货物；保持6%一档税率不变，主要涉及现代服务业、金融业、生活服务业和增值电信服务。二是扩大进项税抵扣范围。将购进国内旅客运输服务纳入抵扣范围。将取得不动产支付的进项税额由分两年抵扣改为一次性全额抵扣。这两项措施可增加纳税人的可抵扣进项税额，让减税惠及所有纳税人。三是试行期末留抵退税制度。对符合条件的纳税人的增量留抵税额予以退还，有效增加企业现金流。

四是对生产、生活性服务业纳税人按当期可抵扣进项税额加计 10%，抵减应纳税额。2019 年 8 月，明确自 2019 年 6 月 1 日起，对符合条件的部分先进制造业纳税人，可以自 2019 年 7 月及以后纳税申报期向主管税务机关申请退还增量留抵税额。2019 年 9 月，明确自 2019 年 10 月 1 日至 2021 年 12 月 31 日，允许生活性服务业纳税人按照当期可抵扣进项税额加计 15% 抵减应纳税额。通过实施以上措施，确保主要行业税负明显降低，确保部分行业税负有所降低，确保所有行业税负只减不增。2020 年，为进一步做好新冠肺炎疫情防控工作，支持相关企业发展，财政部、税务总局发布《关于支持新型冠状病毒感染的肺炎疫情防控有关税收政策的公告》，规定疫情防控重点保障物资生产企业可以按月向主管税务机关申请全额退还增值税增量留抵税额。

深化增值税改革是 2019 年实施更大规模减税降费的“重头戏”，在减轻企业负担、支持实体经济发展、激发市场主体活力等方面发挥了重要作用。深化增值税改革，是在营改增基础上对增值税制度的进一步完善，为建立现代增值税制度、继续推进改革打下了基础。在国家“十四五”规划中，对增值税制度作出了“聚焦支持稳定制造业，巩固产业链供应商，进一步优化增值税改革”部署①，为今后一个时期增值税的改革指明了前进方向。

四、深化个人所得税改革

党的十八大报告提出，要千方百计增加居民收入，实现发展成果由人民共享，就必须深化收入分配制度改革，努力实现居民收入增长和经济发展同步、劳动报酬增长和劳动生产率提高同步，提高居民收入在国民收入分配中的比重，提高劳动报酬在初次分配中的比重。个人所得税具有调节收入分配、促进社会公平的重要功能。早在 1980 年，第五届全国人大第三次会议就审议通过了《中华人民共和国个人所得税法》，但是我国的个人所得税制度一直实行分类税制，虽然历经 6 次改革和完善，对减轻中低收入人群税负，扩大中等收入群体规模，

① 中华人民共和国国民经济和社会发展第十四个五年规划和 2035 年远景目标纲要［EB/OL］.（2021-03-13）［2021-07-01］. http://www.gov.cn/xinwen/2021-03/13/content_5592681.htm.

加大对高收入者的调节，发挥了重要作用，但在调节收入差距方面的作用仍有待提高。

为了推动社会稳定发展，缩小贫富差距，2018 年 8 月，我国开始实施综合与分类相结合的个人所得税制改革，对《中华人民共和国个人所得税法》进行第七次修改，这是新中国税收史上覆盖面最广、力度最大、以减税为主题的个人所得税改革。此次改革分三步实施，第一步是从 2018 年 10 月起，大幅提高工资薪金所得基本减除费用标准至每月 5000 元，并适用新的税率表，进一步优化了部分税率级距；第二步是从 2019 年 1 月起，正式施行综合与分类相结合的个人所得税制，对工资薪金、劳务报酬、稿酬、特许权使用费四项综合所得按年合并计税，增加住房、教育、医疗、赡养老人等六项专项附加扣除项目，相应地，对于综合所得实行了“代扣代缴、自行申报，汇算清缴、多退少补，优化服务、事后抽查”的征管模式；第三步是 2020 年 3 月 1 日至 2020 年 6 月 30 日，首次个人所得税综合所得年度汇算清缴稳妥有序实施，正式建立了综合

2018 年 12 月 26 日，国家税务总局党委书记、局长王军（前排左二）在国家税务总局北京 12366 纳税服务中心调研个人所得税改革准备情况

所得按年计税、汇算清缴制度，实现了税制和征管模式的根本变革。

2018年12月13日，国务院印发《个人所得税专项附加扣除暂行办法》，明确了六项专项附加扣除的原则和扣除范围、扣除标准、扣除方式，以及保障措施等内容。在子女教育方面，纳税人子女从年满3岁开始一直到整个全日制学历教育阶段的支出，按照每孩每月1000元标准扣除；在继续教育方面，纳税人接受学历学位继续教育的，按每月400元的标准扣除，接受技能人员和专业技术人员职业资格继续教育的，在取得证书的当年按3600元的标准扣除；在大病医疗方面，纳税人或其配偶、未成年子女医保目录范围内自付的医药费用超过1.5万元部分，在每年8万元限额内据实扣除；在住房贷款利息方面，纳税人或其配偶发生的首套住房贷款利息支出按每月1000元的标准扣除；在住房租金方面，按所在城市不同，纳税人及其配偶没有自身住房而发生的住房租金支出，分别按每月800元、1100元、1500元的标准扣除；在赡养老人方面，独生子女按每月2000元的标准扣除，非独生子女与其兄弟姐妹按照每月2000元的标准分摊扣除，但每个人的分摊额度不能超过1000元。同时为帮助纳税人更好地完成个人所得税汇算清缴，2020年3月，国家税务总局发布《2019年度个人所得税综合所得年度汇算办税指引》，对纳税人办理年度汇算的各类情况作出了解释说明。

为进一步支持稳就业、保就业，减轻当年新入职人员个人所得税预扣预缴阶段的税收负担，2020年7月28日，国家税务总局就完善调整年度中间首次取得工资薪金所得等人员有关个人所得税预扣预缴方法事项，发布《关于完善调整部分纳税人个人所得税预扣预缴方法的公告》，对一个纳税年度内首次取得工资薪金所得的居民个人和正在接受全日制学历教育因实习取得劳务报酬的学生，扣缴义务人在预扣预缴个人所得税时，可按照5000元/月乘以纳税人当年截至本月月份数计算累计减除费用。同年12月4日，为进一步减轻纳税人税收负担，国家税务总局发布《关于进一步简便优化部分纳税人个人所得税预扣预缴方法的公告》，对上一完整纳税年度各月均在同一单位扣缴申报了工资薪金所得个人所得税且全年工资不超过6万元的居民个人和按照累计预扣法预扣预缴劳务报酬个人所得税的居民个人优化预扣预缴方法。

个人所得税税制改革增加了居民可支配收入，促进了社会分配公平，刺激了消费需求增长，改革效应非常明显。一是直接增加了居民收入。2019年1—9月，个人所得税改革新增减税4426亿元，人均新增减税1764元。二是各层级收入群体均享受减税红利。在累进税率作用下，不同层级的收入群体均获得了减税红利，较好地稳定了各层级收入群体的消费预期，既保障了较低收入群体的生活型消费，又巩固了中等收入群体的发展型消费，还助力了高收入群体的升级型消费。国家统计局数据显示，2019年1—9月，居民人均食品、衣着、生活用品等生活型消费支出增长310元；限额以上单位化妆品、通信器材和家用电器类商品零售额分别增长12.8%、6.4%和5.9%，居民人均教育和文娱、医疗、保健消费支出占总消费支出比例分别上升至11.4%、9.1%，分别增长0.5个和0.2个百分点。三是专项附加扣除政策促进民生消费品质提升。如缓解居民房贷房租支出压力，帮助居民改善居住环境，2019年前三季度居民人均居住消费支出3607元，同比增加了338元。

2018年《中华人民共和国个人所得税法》修订后，初步建立了综合与分类相结合的税制模式，引入了差别化的专项附加扣除制度，由此确立了政府与自然人纳税人之间直接的税收联系，奠定了现代个人所得税的基本制度框架，在中国税制改革史上同样具有里程碑式的重大意义。在国家“十四五”规划中明确提出，健全直接税体系，适当提高直接税比重，完善个人所得税制度，推进扩大综合征收范围，优化税率结构。[①] 个人所得税作为直接税的一部分，必将迎来更加深刻的改革。

五、推动绿色税制建设

党的十八大以来，以习近平同志为核心的党中央大力推进生态文明建设，决心之大、力度之大、成效之大前所未有。党的十八届三中、四中全会明确提

① 中华人民共和国国民经济和社会发展第十四个五年规划和2035年远景目标纲要[EB/OL].（2021-03-13）[2021-07-01]. http://www.gov.cn/xinwen/2021-03/13/content_5592681.htm.

出，推动环境保护费改税，用严格的法律制度来保护生态环境。党的十九大提出，必须树立和践行绿水青山就是金山银山的发展理念，坚持节约资源和保护环境的基本国策，像对待生命一样来对待生态环境。税务部门坚决落实党中央、国务院决策部署，充分发挥税收职能作用，推动完善“绿色税制”体系，支持绿色发展，建设美丽中国，助力打赢污染防治攻坚战。

（一）深化环境保护税改革

李克强总理2014年和2015年连续两年在《政府工作报告》中要求做好环境保护税相关立法工作。《中央全面深化改革领导小组2015年工作要点》提出“制定出台环境保护税”。国务院2015年立法工作计划将制定环境保护税法列为“全面深化改革和全面依法治国急需的项目”。开征环境保护税的主要目的是让企业既算经济账又算环境账，使高污染、高排放企业加速绿色转型，让清洁生产的企业获得发展先机。

2016年12月25日通过并于2018年1月1日起施行的《中华人民共和国环境保护税法》是党的十八届三中全会提出“落实税收法定原则”要求后，全国人大常委会审议通过的第一部单行税法，也是中国第一部专门体现“绿色税制”、推进生态文明建设的单行税法，既承载着助力保护和改善环境的功能，又承载着人民群众对“天更蓝、山更绿、水更清”的美好期待。

2018年4月1日，全国首张环境保护税税票在上海开出

环境保护税对直接向环境排放污染物的行为征税，覆盖了大气污染物、水污染

物、固体废物和噪声 4 类主要污染物、100 多种主要污染因子。由于环境保护税以污染物为征税对象，无法直接查账征税，与税务机关征收的其他税种有明显差异。为此，环境保护税法律规定，县级以上地方人民政府应当建立税务机关、生态环境主管部门和其他相关单位分工协作工作机制，通过建立涉税信息共享平台、深化协作配合，加强环境保护税的征收管理，保障税款及时足额入库。法律明确，生态环境主管部门应当将排污单位的排污许可、污染物排放数据、环境违法和受行政处罚情况等环境保护相关信息，定期交送税务机关。税务机关应当将纳税人的纳税申报、税款入库、减免税额、欠缴税款以及风险疑点等环境保护税涉税信息，定期交送生态环境主管部门。通过科学设定各方责任，最大程度凝聚税收共治合力，形成了“税务征管、企业申报、环保监测、信息共享、协作共治”的全新征管机制。

实施环境保护税法是落实党的十九大“必须树立和践行绿水青山就是金山银山的理念，坚持节约资源和保护环境的基本国策”的重要举措，总体上是按照“税负平移”的原则，将排污费改为环境保护税。环境保护税的收入规模并不大，排污费改税的主要目的不在于筹集财政收入，而在于通过税收杠杆，引导排污单位减少污染物排放，为人民创造良好的生产生活环境。作为推进生态文明建设在财税领域落实的重大举措，环境保护税的开征进一步完善了我国的“绿色税收”体系。数据显示，2019 年上半年全国 31.8 万户纳税人户均排放的大气、水、土地污染物较上年同期明显减少。

（二）深化资源税改革

党的十八届三中全会中提出：“加快自然资源及其产品价格改革，全面反映市场供求、资源稀缺程度、生态环境损害成本和修复效益。坚持使用资源付费和谁污染环境、谁破坏生态谁付费原则，将资源税逐步扩展到占用各种自然生态空间。”会议进一步提出了资源税改革的要求，明确了资源税改革的方向。

资源税改革是践行绿色发展理念的重要举措。2014 年 12 月 1 日，我国在全国实施煤炭资源税清费立税、从价计征改革。为保护我国稀土等战略资源，

2015 年 5 月 1 日实施稀土、钨、钼资源税清费立税、从价计征改革。2016 年 7 月 1 日起，对矿产资源和盐全面实施清费立税、从价计征改革，并在河北省试点开征水资源税。自 2017 年 12 月 1 日起，在北京等 9 个省（自治区、直辖市）实施扩大水从价计征改革。

水资源税税制设计基本上承接了水资源费的征收对象、计征方法和征收标准等税制要素，用“三不变”（改革后居民正常生活用水负担不变，工农业正常生产用水负担不变，城镇公共供水企业负担基本不变）确保改革的平稳推进。同时，通过设置差别税率抑制地下水超采和不合理用水需求。征收水资源税生态意义、绿色意义重大。水资源税试点实施以来，一定程度上减少了地下水的开采，促进水资源管理逐步规范，增强了企业节水意识。2019 年上半年，我国水资源税试点地区纳税人取用地下水量同比下降 18.3%。2019 年 8 月 26 日，十三届全国人民代表大会常务委员会第十二次会议表决通过了《中华人民共和国资源税法》（以下简称《资源税法》），自 2020 年 9 月 1 日起施行。

与原有的资源税制度相比，《资源税法》的重大变化可以概括为“一拓展、两规范、三明确”。一是拓展了征税范围。《资源税法》将征税范围的表述由原来的“开采矿产品和生产盐”改为“开发应税资源”，并授权国务院根据国民经济和社会发展需要，对取用地表水或者地下水的单位和个人试点征收水资源税。二是规范细化了税目。此次资源税立法，将全部

2016 年 8 月 1 日上午 8 时，青海省格尔木市通过金税三期系统资源税征管模块开出了资源税全面改革后全国第一张税票

164个应税资源品目在《资源税法》所附《税目税率表》中逐一列明，覆盖了目前已发现的所有矿种。三是规范了减免税管理。对长期实行且实践证明行之有效的减免税政策，《资源税法》作出了明确规定。如对煤炭开采企业因安全生产需要抽采煤成（层）气免征资源税、低丰度油气田等减征资源税等。四是明确了分级分类确定税率的权限划分方式。对原油、天然气、中重稀土、钨、钼等战略资源实行固定税率，由税法直接确定。其他应税资源实行幅度税率，由税法确定幅度，并授权省级人民政府提出本地区的具体适用税率，报同级人大常委会决定。五是明确了以从价计征为主的征税方式。资源税立法巩固了资源税从价计征改革的成果，从法律上确立了从价计征为主、从量计征为辅的资源税征税方式。税法所列164个税目中，有158个税目实行从价计征，其余6个税目可视征管便利度选择实行从价计征或者从量计征，主要针对地热、矿泉水、石灰岩、砂石、其他粘土、天然卤水。六是明确了按原矿、选矿分别设定税率，既确保了税负公平，又便利了纳税申报，是资源税制的一次优化。全面构建从价计征机制是本次改革的核心，从价计征具有“自动稳定器”的组织收入和调节经济功能，构建了税收自动调节机制，既有利于促进资源合理开发，又能自动反映资源市场价格的变化，代表了资源税费制度改革的方向。

在全面推进资源税改革中，实行对资源赋存条件好、价格高的资源多征税，对条件差、价格低的资源少征税，并对开采难度大及综合利用的资源给予税收优惠，可以有效发挥税收杠杆调节作用，提高资源开发利用效率，对促进我国资源合理利用，推动资源和社会的协调发展，以及保护纳税人合法权益等方面都具有重要意义。

六、社会保险费征收职责平稳划转、体系逐步完善

党的十八大以来，党中央把社会保障体系建设摆上更加突出的位置，加强顶层设计，推动我国社会保障体系建设进入快车道。

2018年，党的十九届三中全会提出，加强和优化政府在社会保障、教育文化、法律服务、卫生健康、医疗保障等方面的职能，更好保障和改善民生。《深化

党和国家机构改革方案》明确，为降低征纳成本，理顺职责关系，提高征管效率，为纳税人提供更加优质高效便利服务，将省级和省级以下国税地税机构合并，具体承担所辖区域内各项税收、非税收入征管等职责。为提高社会保险资金征管效率，将基本养老保险费、基本医疗保险费、失业保险费等各项社会保险费交由税务部门统一征收。

2019年，党的十九届四中全会提出，完善覆盖全民的社会保障体系，强化提高人民健康水平的制度保障。适当加强中央在知识产权保护、养老保险、跨区域生态环境保护等方面事权，减少并规范中央和地方共同事权。《中共中央关于坚持和完善中国特色社会主义制度 推进国家治理体系和治理能力现代化若干重大问题的决定》明确，完善覆盖全民的社会保障体系。坚持应保尽保原则，健全统筹城乡、可持续的基本养老保险制度、基本医疗保险制度，稳步提高保障水平。加快建立基本养老保险全国统筹制度。加快落实社保转移接续、异地就医结算制度，规范社保基金管理，发展商业保险。

2018年8月20日，国家税务总局、财政部、人力资源和社会保障部、国家卫生健康委员会、国家医疗保障局在北京联合召开社会保险费和非税收入征管职责划转工作动员部署视频会

2020年，党的十九届五中全会提出，健全多层次社会保障体系。健全覆盖全民、统筹城乡、公平统一、可持续的多层次社会保障体系。推进社保转移接续，健全基本养老、基本医疗保险筹资和待遇调整机制。实现基本养老保险全国统筹，实施渐进式延迟法定退休年龄。发展多层次、多支柱养老保险体系。推动基本医疗保险、失业保险、工伤保险省级统筹，健全重大疾病医疗保险和救助制度，落实异地就医结算，稳步建立长期护理保险制度，积极发展商业医疗保险。健全灵活就业人员社保制度。健全退役军人工作体系和保障制度。完善全国统一的社会保险公共服务平台。

2021年2月26日，中共中央政治局举行第二十八次集体学习，习近平总书记主持学习并发表重要讲话。习近平总书记强调，社会保障是保障和改善民生、维护社会公平、增进人民福祉的基本制度保障，是促进经济社会发展、实现广大人民群众共享改革发展成果的重要制度安排，是治国安邦的大问题。要加大再分配力度，强化互助共济功能，把更多人纳入社会保障体系，为广大人民群众提供更可靠、更充分的保障，不断满足人民群众多层次多样化需求，健全覆盖全民、统筹城乡、公平统一、可持续的多层次社会保障体系，进一步织密社会保障安全网，促进我国社会保障事业高质量发展、可持续发展。

习近平总书记指出，社会保障关乎人民最关心最直接最现实的利益问题。党的十九届五中全会明确了“十四五”时期我国社会保障事业发展的蓝图。要坚持系统观念，把握好新发展阶段、新发展理念、新发展格局提出的新要求，在统筹推进“五位一体”总体布局、协调推进“四个全面”战略布局中思考和谋划社会保障事业发展。要树立战略眼光，顺应人民对高品质生活的期待，适应人的全面发展和全体人民共同富裕的进程，不断推动幼有所育、学有所教、劳有所得、病有所医、老有所养、住有所居、弱有所扶取得新进展。要增强风险意识，研判未来我国人口老龄化、人均预期寿命提升、受教育年限增加、劳动力结构变化等发展趋势，提高工作预见性和主动性。目前，我国已建成世界上规模最大的社会保障体系，基本医疗保险覆盖13.6亿人，基本养老保险覆盖近 10 亿人。社会保障事业的巨大成就为人民创造美好生活奠定了坚实基础，为打赢脱贫攻坚战提供了坚强支撑，为如期全面建成小康社会、实现第一个百年奋斗目标提供了有利条件。

七、持续实施减税降费政策

党的十八大以来，党中央、国务院立足经济社会发展全局，出台一系列减税降费政策，规模不断扩大，红利持续释放，为减轻市场主体负担、有效应对经济下行压力提供了有力支持。税务部门努力克服政策类型多、实施时间紧、统筹难度大等困难，确保减税降费政策落地生根。2012 年之前我国实施了一系列结构性减税政策，主要目的是刺激消费、扩大内需。2013 年我国结束了以扩大内需为主的“强刺激”宏观政策，开始实施供给侧结构性减税政策，主要目的是降低企业成本、推进高质量发展。2015 年 11 月，以习近平同志为核心的党中央提出推进供给侧结构性改革。2015 年 12 月中央经济工作会议对税制改革和税收政策进行了及时调整，明确提出要“实行减税政策，阶段性提高财政赤字率”，强调要“降低企业税费负担，进一步正税清费，清理各种不合理收费，营造公平的税负环境，研究降低制造业增值税税率。”[①] 2016 年 3 月李克强总理在《政府工作报告》中将“继续实施积极的财政政策和稳健的货币政策”列为全年重点工作之首，要求“积极的财政政策要加大力度”，指出“适度扩大财政赤字，主要用于减税降费，进一步减轻企业负担”，强调要“比改革前减轻企业和个人负担 5000 多亿元”，标志着我国减税降费进入实质性操作阶段。2017 年 2 月 28 日，习近平总书记在中央财经领导小组第十五次会议上提出“尽一切努力把企业负担降下来。”李克强总理在当年的《政府工作报告》中要求“财政政策要更加积极有效”“一定要让市场主体有切身感受”，安排“全年再减少企业税负 3500 亿元左右、涉企收费约 2000 亿元。”自此，我国减税降费政策的目标不再仅限于传统意义上的扩大需求，而转向“降成本”，以减轻企业

① 龚辉文．完善现代化税收制度需处理好五大关系［N］．中国税务报，2021-04-01（2）．

税负，增加劳动者和企业的收入，提高劳动者的创新积极性，间接刺激创造更多的供给，引导企业转型升级和高质量发展。2018年，随着“三去一降一补”力度加大，减税降费规模随之加大，李克强总理在当年的《政府工作报告》提出“大力简政减税减费”，“进一步减轻企业税负”“大幅降低企业非税负担”，计划总规模为1.1万亿元。

2018年11月8日，国家税务总局召开民营企业税收座谈会

2019年实施的更大规模减税降费，是以习近平同志为核心的党中央在错综复杂的国内外形势下作出的重大部署，是应对经济下行压力的重大财税政策抉择，是推动高质量发展的重大经济战略决策，更是事关国家治理全局的重大政治决断，充分体现了党中央、国务院高瞻远瞩的大手笔、大智慧、大韬略。习近平总书记高度重视减税降费工作，特别是2018年11月民营企业座谈会召开以来，先后在新年贺词、中央深改委第七次会议、中共中央政治局会议、中央经济工作会议等重要讲话中，多次强调减税降费政策措施要落地生根，让企业轻装上阵，增强人民群众的获得感、幸福感、安全感。2019年《政府

工作报告》提出“积极的财政政策要加力提效，实施更大规模的减税降费”，作出了再减轻企业税收和社保缴费负担近2万亿元的具体部署。年中，李克强总理、韩正副总理多次主持召开相关会议，先后到财政部、国家税务总局和一些地区现场调研减税降费落实情况，听取意见建议。2019年的减税降费政策共涉及12个税种，19个费种，与国内历次减税相比，2019年的减税降费呈现出规模力度之大前所未有、惠及范围之广前所未有、优惠方式之多前所未有、实施操作之难前所未有的特点。减税降费红利加速释放，全年新增减税降费达到2.36万亿元，占国内生产总值（GDP）的比重超过2%，拉动全年GDP增长约0.8个百分点，有效促进了企业减负、居民增收和就业增加，有效激发了市场活力，对对冲经济下行压力、做好“六稳”、保持经济运行在合理区间发挥了重要支撑作用。

2020年，新冠肺炎疫情突如其来，经济社会受到严重冲击影响。面对严峻复杂的形势，在财政收支比较困难的情况下，党中央、国务院因时因势出台了7批28项减税降费政策，新增减税降费规模超过2.6万亿元，其中减免社会保险费1.7万亿元，对保住上亿市场主体、帮助企业渡过难关发挥了重要作用，对扎实做好“六稳”工作、全面落实“六保”任务贡献了重要力量。全年经济增长2.3%，GDP突破100万亿大关，成为2020年全球唯一实现正增长的主要经济体。2020年中国中小企业协会的一次调查结果显示：在各项抗疫情促发展的政策中，成效最大、反响最好、落实最到位的是减税降费。

八、服务高质量发展的税收政策

（一）支持“大众创业、万众创新”的税收政策

推进大众创业、万众创新，是发展的动力之源，也是富民之道、公平之计、强国之策。2014年9月，李克强总理在夏季达沃斯论坛上首次提出，要在960万平方公里土地上掀起“大众创业”“草根创业”的新浪潮，形成“万众创新”“人人创新”的新势态。之后，他还在首届世界互联网大会、国务院常务会议和《政

府工作报告》中多次提及。2018年9月，国务院下发《关于推动创新创业高质量发展打造“双创”升级版的意见》。2021年3月，正在福建福州考察调研的习近平总书记再次强调，抓创新不问“出身”，只要能为国家作出贡献，国家都会全力支持。为在更大范围、更高层次、更深程度上推进“大众创业、万众创新”，方便纳税人及时了解掌握税收优惠政策，更好发挥税收助力创业就业的作用，国家税务总局于2017年4月发布了《“大众创业 万众创新”税收优惠政策指引》并持续更新。截至2021年3月，我国针对创业就业主要环节和关键领域陆续推出了101项税收优惠措施，特别是2013年以来，新出台了90项税收优惠，具体包括促进创新主体孵化、促进创业资金聚合、促进创新人才聚集、促进创新能力提升等方面，覆盖了企业从初创到发展的整个生命周期。广大纳税人可以对照指引，选择适合自身发展的税收优惠，充分享受政策红利。

（二）支持脱贫攻坚的税收政策

打好脱贫攻坚战，是党中央面向决胜全面建成小康社会作出的一项重大战略决策。2013年11月3日，习近平总书记在湖南湘西州花垣县十八洞村考察时，首次提出精准扶贫的重要思想。2017年10月，党的十九大报告将精准扶贫列为对全面建成小康社会具有决定性意义的三大战役之一。为深入贯彻习近平总书记关于打赢脱贫攻坚战系列重要讲话精神，认真落实国务院关于加大精准扶贫工作力度的部署要求，国家税务总局于2018年发布《关于进一步做好税务系统脱贫攻坚工作的通知》，从发挥税收职能作用、加强扶贫资金使用管理和加强税务系统扶贫管理等方面，全面部署税务系统做好扶贫工作。同年发布了《支持脱贫攻坚税收优惠政策指引》，涵盖了从支持贫困地区基础设施建设、推动涉农产业发展、激发贫困地区创业就业活力、推动普惠金融发展、促进“老少边穷”地区加快发展、鼓励社会力量加大扶贫捐赠6个方面的一系列支持脱贫攻坚的税收优惠政策，分门别类列出享受主体、政策内容、享受条件，便于纳税人按图索骥，充分享受税收优惠。

2020年9月14日至15日，国家税务总局党委书记、局长王军（前排左一）在青海调研定点扶贫工作

（三）助力区域协调发展的税收政策

党的十八大以来，习近平总书记围绕协调发展作出一系列重要论断和系统部署，在东部率先发展、西部大开发、东北振兴、中部崛起的基础上，党中央提出了京津冀协同发展、长江经济带发展、共建“一带一路”、粤港澳大湾区建设、长三角一体化发展等新的区域发展战略。在全面建成小康社会的征程中，既巩固和厚植既有优势，也下大力气破解难题、补齐短板，“协调”一词被赋予新的时代内涵。促进区域协调发展，着眼于实现一体联动和重点突破相统一，是全面建成小康社会、加快推进社会主义现代化建设的重大战略任务。涵养为国聚财情怀，厚植为民收税初心，税务部门充分发挥职能作用，认真贯彻落实党中央、国务院关于新时代推进西部大开发形成新格局有关精神，延续西部大开发企业所得税优惠政策；推出区域内税收信用共享共认共用等16项征管和服务举措，有力促进长三角一体化高质量发展；出台粤港澳大湾区个人所得税优惠政策，广聚英才参与大湾区建设；出台支持海南自由贸易港建设的税收新政策，调整海南离岛旅客免税购物政策。这些支持国家重大区域发展战略税收政

策的相继实施，凸显地方发展特色，推动区域优势互补，协同提升地区发展竞争力，有助于进一步构建全面开放、竞合有序、统筹协调、公平共享的区域协调战略体系，探索差异化的高质量协调发展道路，形成区域协调高质量发展新格局，切实增强人民群众的安全感、获得感、幸福感。

第四节　税费服务体系建设

坚持以人民为中心，是习近平新时代中国特色社会主义思想的重要内容，贯穿于习近平新时代中国特色社会主义思想的各个方面，具有丰富而深刻的思想内涵。优化纳税服务，是税务部门践行“以人民为中心的发展思想”和“以人为本”的具体要求和生动体现。党的十八大以来，伴随着社会主义市场经济的发展、民主法治进程的加快和行政管理体制改革的深化，纳税服务工作不断实现与时俱进和创新突破。

党的十八大提出建设职能科学化、结构优化、廉洁高效、人民满意的服务型政府，进一步将服务型政府建设的内容具体化。党的十八届三中全会提出让市场在资源配置中起决定作用和更好发挥政府作用，明确把服务型政府建设作为国家治理体系和治理能力现代化的重要组成部分。2015年，国务院提出简政放权、放管结合、优化服务的工作要求，之后连续五年召开全国电视电话会议部署“放管服”改革工作，并部署做好接受世界银行营商环境评价工作。党的十九大工作报告中提出了“转变政府职能，深化简政放权，创新监管方式，增强政府公信力和执行力，建设人民满意的服务型政府”的方针，税务部门作为国家行政机关，理应作出职能转变，在服务型政府的大环境下建立“服务型税务机关”，按照税务机关和纳税人在法律面前人人平等的现代税收理念重构征纳双方的基本关系，努力构建“始于纳税人需求、基于纳税人满意、终于纳税人遵从”的纳税服务现代化体系。

一、纳税服务理念不断更新

进入 20 世纪 90 年代后，随着社会主义市场经济的发展、民主法治进程的加快和行政管理体制改革的深化，1997 年国务院办公厅批转《国家税务总局深化税收征管改革方案》，明确提出将优化服务作为税收征管的基础性工作。进入 21 世纪，党中央、国务院多次强调，要加快行政体制改革，着力转变职能、理顺关系、优化服务、提高效能，特别是完善公共服务体系，强化社会管理和公共服务职能。这对税务部门改进和优化纳税服务工作提出了新要求。2008 年，国家税务总局成立纳税服务司，主管全国纳税服务工作。2009 年夏季，国家税务总局第一次召开以纳税服务为主题的全国税务局长会议，提出牢固树立征纳双方法律地位平等，坚决公正执法，满足纳税人正当需求的工作理念。党的十八大以来，税务部门全面加强纳税服务，提出“以纳税人为中心”“纳税人所盼，税务人所向”“最大限度便利纳税人、最大限度规范税务人”“以税务人辛苦指数来换取纳税人的满意指数”“放要彻底且有序、管要规范且有效、服要优质且有感、放管服三措并举且有联”等新的服务理念，促进纳税服务工作有了新的提升。[①]

二、纳税服务制度和机制不断健全

国家税务总局先后推出纳税信用管理、办税服务厅管理、纳税服务投诉管理、涉税专业服务监管、办税公开等方面的制度和办法。借鉴国际纳税服务的有效做法，参考服务行业标准体系，以我国现行法律法规为依据，制定覆盖省、市、县三级税务机关的《纳税服务规范》并持续优化升级至 3.0 版，逐步做到办税一个标准、工作一个流程、服务一把尺子。在组织体系上，为了让进一步改善纳税服务、优化税收营商环境更有保障，2018 年国税地税征管体制改革时，在机构大幅精简的情况下，特别注重加强纳税服务机构设置和力量配备。省级

① 王军. 以习近平新时代中国特色社会主义思想为指导奋力开创高质量推进新时代税收现代化新局面［J］. 时事报告（党委中心组学习），2019（1）：88–92.

纳税人在24小时自助办税服务厅办理代开发票业务

税务局均设立了纳税服务处和纳税服务中心，市级税务局均设立了纳税服务科，有些也设立了纳税服务中心，并充实优化了县级税务局直接面对纳税人的办税服务厅设置，使纳税服务体系上下左右有效衔接、协调运转，从而为更加优质高效地服务广大纳税人和缴费人，提供了强有力的组织和人力保障。

三、纳税服务内容和方式不断丰富

服务内容不断丰富，从纳税咨询、宣传辅导到办税服务，再到减轻纳税人负担、保护纳税人权益、建设纳税信用体系。服务方式持续优化，积极拓展多元办税渠道，从办税服务厅到税务网站、12366纳税服务热线、手机短信，再到12366纳税服务平台、电子税务局、微信办税等，促进了服务水平的提升。特别是在2020年，“非接触式”办税缴费服务全面检验了现代化征管手段。各级税务部门深入落实国家税务总局“非接触式”办税要添力的要求，发布了185项“非接触式”网上办税缴费清单，2021年初增加到214项，覆盖纳税人端征管业务事项的90%以上，其中203项可全程网上办。① 此外，大力开展税收宣传辅导，将每年4月定为全国税收宣传月，截至目前，税收宣传月活动已经连续开展了30年，是我国影响最大的税收宣传品牌，得到社会各界的广泛关注和认可。自2014年以来，连续8年开展“便民办税春风行动”，坚持以响应纳税人缴费人服务需求为重点，聚焦纳税人缴费人关注的堵点、痛点、难点，推出一系列惠民、

① 郭瑞轩．税务总局启动“我为纳税人缴费人办实事暨便民办税春风行动”［N］．中国税务报，2021-02-26（1）．

2020 年 2 月 10 日，国家税务总局局长王军（右）在北京市海淀区税务局第一税务所办税服务厅接听纳税人咨询电话

便民、利民举措。

从 2008 年开始，国家税务总局委托第三方在全国范围内组织开展了 10 次纳税人满意度调查，结果显示，全国税务系统纳税人满意度得分稳步提高，由 2008 年的 76.93 分提高至 2020 年的 86.1 分。世界银行发布的《全球营商环境报告》显示，2006—2018 年，我国纳税指标排名累计提升 63 位；《2020 年全球营商环境报告》显示，我国纳税次数为 7 次，纳税时间为 138 小时，

2021 年“我为纳税人缴费人办实事暨便民办税春风行动”宣传海报

分别进入全球前20和前50。报税后流程指数中“企业所得税更正申报”连续两年获得满分。

四、税收营商环境持续优化

营商环境就是生产力，优化营商环境就是解放生产力。习近平总书记指出，营商环境没有最好，只有更好。他曾多次强调“要加快完善公平竞争的市场建设”“改善营商环境和创新环境，降低市场运行成本，提高运行效率，提升国际竞争力”。各级税务部门一直以来高度重视提高纳税人缴费人办税缴费便利度，特别是近年来，以落实党中央、国务院关于深化“放管服”改革、优化营商环境的各项部署为抓手，持续推动简并办税事项、减少资料报送、优化业务流程，进一步减轻了纳税人缴费人负担。

“最多跑一次”服务推出，助力营商环境优化

构建优化税收营商环境长效机制。按照党中央、国务院关于深化“放管服”改革、优化营商环境的部署要求，2017年8月，国家税务总局研究制定《关于进一步深化税务系统“放管服”改革优化税收环境的若干意见》，先后分三批出台66项具体措施，推动税务系统“放管服”改革不断深化。2018年9月，制发《全国税务系统进一步优化税收营商环境行动方案（2018年—2022年）》，围绕18类工作事项、58项具体措施勾画出税收营商环境建设的五年规划。同年12月，制发《全国税务系统深化“放管服”改革五年工作方案（2018年—2022年）》，聚焦业务体系瘦身、

征管方式转变、信息系统优化等重点内容，集成推出181项改革措施，描绘了到2022年建成具有中国特色的纳税服务体系、税收征管体系和信息化体系的规划。2020年9月，税务总局等十三部门联合印发《关于推进纳税缴费便利化改革优化税收营商环境若干措施的通知》，明确2020年底前，纳税缴费时间压减至120小时以内；2022年底前，纳税缴费时间压减至100小时以内，纳税次数进一步压减，促进税收营商环境持续改善。

五、完善纳税信用管理机制

党的十八大以来，国家税务总局认真贯彻落实党中央、国务院关于社会信用体系建设的决策部署，建立健全纳税信用管理制度，搭建了“全环节”纳税信用制度框架体系，落实信用联合激励惩戒，加强部门合作和信用信息共享，努力推动税收诚信与国家治理现代化全面接轨。

健全完善信用制度体系。国家税务总局按照国务院《社会信用体系建设规划纲要（2014—2020年）》的部署要求，相继印发《纳税信用管理办法（试行）》《纳税信用评价指标和评价方式（试行）》《关于纳税信用修复有关事项的公告》等一系列纳税信用规范性文件，形成涵盖信息采集、级别评价、结果应用、异议处理、信用修复等“全环节”的纳税信用制度框架体系，逐步推进纳税信用静态评价向动态管理过渡。税务部门纳税信用评价级别分类标准见表9-1。

表9-1　税务部门纳税信用评价级别分类标准

级别	分类标准
A级	年度评价指标得分90分及以上的
B级	年度评价指标得分70分及以上的、不满90分的
M级	新设立企业、评价年度内无生产经营业务收入且年度评价指标得分70分以上的
C级	年度评价指标得分40分及以上、不满70分
D级	年度评价指标得分不满40分的，或者直接判级确定

信用修复引导诚信纳税。为鼓励和引导纳税人增强依法诚信纳税意识，主动纠正纳税失信行为，税务部门从2020年开始实施纳税信用修复机制。纳税人发生未按法定期限办理纳税申报、税款缴纳、资料备案等事项且已补办的，可在规定期限内向主管税务机关申请纳税信用修复。作为失信主体的自我纠错机制，纳税信用修复有效引导市场主体及时纠正自身轻微涉税违规行为，提高自身信用水平，强化信用意识。在2020年纳税信用评价中，有700多万家企业实现了纳税信用修复，其中近70万家企业修复后实现了纳税信用级别提升，近6万家企业得益于信用修复机制，纳税信用级别提升至A级。

深化纳税信用级别应用。税务部门内部基于纳税信用评价结果的分级分类管理和服务措施已涵盖宣传辅导、发票领用、出口退税、纳税评估、日常监管等方面。依托金税三期系统，税务部门实现纳税信用评价结果与业务办理的自动关联。部分税收政策，如增值税新增留抵税额退税、资源综合利用增值税即征即退税等适用条件中明确了纳税信用级别要求。同时，持续深化部门协作、拓展便民惠民范围，联合银保监会推进“银税互动”，促进A级、B级、M级纳税信用转化为贷款信用，以信用缓解守信人的融资压力。

参与社会信用体系建设。税务部门积极参与社会信用体系建设，按要求定期向全国信用信息平台共享A级纳税人名单和重大税收违法失信案件信息；率先与29个社会信用体系建设部际联席会议成员单位签署《关于对纳税信用A级纳税人实施联合激励措施的合作备忘录》，推出涵盖税收服务、投资、金融、贸易、环保等18个领域的41项守信联合激励措施；与34个部门联合签署《关于对重大税收违法案件当事人实施联合惩戒措施的合作备忘录（2016版）》，实施28项联合惩戒措施。

税务部门积极推进信用体系建设，持续完善信用管理机制，2021年全国纳税信用评价结果显示，我国企业整体纳税信用状况持续保持稳中向好态势，其中，A级企业275万户，占评价总户数的8.28%，较2020年提高了2.4个百分点，A级企业数量和占比从2018年开始已连续保持增长。

六、健全涉税专业服务监管制度体系

按照国务院“放管服”改革要求，结合行业发展特点与实际，国家税务总局于2017年后陆续出台《涉税专业服务监管办法（试行）》等系列制度规定，涉税专业服务机构全面开放，专项业务向税务师事务所、会计师事务所、律师事务所开放，税务师事务所行政登记向税务师、注册会计师、律师开放，构建了以实名制和信用为基础的监管制度体系，开放包容、规范有序的涉税专业服务市场格局逐步形成。截至2020年底，纳入监管的涉税专业服务机构为76974家（包括税务师事务所8123家、会计师事务所5941家、律师事务所5060家、代理记账机构26398家、税务代理公司4277家、财税类咨询公司19045家等）。在各类涉税专业服务机构从事涉税服务人员的总数超过27万人。涉税专业服务行业在构建税收共治格局过程中发挥了积极作用。

第五节　税费征管体系建设

加强和改进税收征管，是税收工作的永恒主题。回顾我国征管改革的进程可以发现，征管改革始终坚持与税收制度改革协同推进，走出了一条具有税务特色的改革创新之路，而完善税收征管模式、推进征管体制改革、强化风险管理、加强信息化建设则是穿插其中的主线。

一、完善税收征管模式

我国的税收征管模式经历了一系列的变革过程，并随着社会经济的发展和进步不断完善。党的十八大之后，我国进入全面深化改革的新时代，随着财税改革的不断深入，我国税收环境发生了深刻变化，对税收征管也提出了新的挑战和更高要求。

伴随着20世纪80年代的财税分家，我国税收征管模式从“一员进厂、各税统管、征管查合一”的税务专管员专责管理的征管模式，逐步向“征管查三

分离”或“征管与检查两分离”的征管模式转变；1994年，与实行分税制财政管理体制改革相适应，实行了国家税务局和地方税务局两套税务机构分设的征管体制；1997年，以国家税务总局发布《关于深化税收征管改革的方案》为标志，我国的税收征管改革拉开了序幕。确立了“以申报纳税和优化服务为基础，以计算机网络为依托，集中征收，重点稽查”的“30字”征管模式，实现了从税收专管员上门收税向纳税人自行申报的重大转变。围绕着新的税收征管模式的确立和实施，从1997年至2003年，我国进入以税收征管信息化、现代化带动税收征管规范化的阶段。随着征管改革实践的不断深入和经济形势的发展变化，征管模式转变过程中暴露出一些问题，国家税务总局从2003年开始，对税收征管改革进行了调整，并实施了进一步完善的措施。一是实施科技加管理。利用现代信息技术手段促进税收征管。二是实施科学化、精细化管理。针对税收征管实际中存在的“淡化责任、疏于管理”问题，在原“30字”模式的基础上增加了“强化管理”形成了“34字”征管模式，即我国现行征管模式。三是推进税源专业化管理。通过建立税收管理员制度和实施纳税评估，加强税源管理。党的十八大以来，以习近平同志为核心的党中央作出了推进国家治理体系和治理能力现代化的战略部署。2013年，国家税务总局局长王军提出构建包括“科学严密的征管体系”在内的税收现代化六大体系，2020年，进一步调整完善为“严密规范的税费征管体系”。围绕构建这一体系，国家税务总局加快推动征管改革，逐步实现事前审核向事中事后监管、固定管户向分类分级管户、无差别管理向风险管理、经验管理向大数据管理的“四个转变”。

二、深化税收征管体制改革

1994年分税制改革奠定了国家长治久安的体制基础，但现阶段我国正处于从中等收入国家向高收入国家迈进的关键期，经济社会发展运行环境发生重大变化，国家治理的复杂性加深，现行征管体制运行中一些与现代国家治理不相适应的问题也逐渐暴露。这些问题影响着国家治理现代化，不利于国家长治久安。

党的十八大以来，以习近平同志为核心的党中央统筹推进“五位一体”总体布局、协调推进“四个全面”战略布局，中国特色社会主义进入新时代。党的十八届三中全会审议通过了《中共中央关于全面深化改革若干重大问题的决定》，提出“全面深化改革的总目标是完善和发展中国特色社会主义制度，推进国家治理体系和治理能力现代化”。税收征管能力作为国家治理能力的重要体现，深化税收征管体制改革，构建与国家治理现代化相匹配、与财税体制改革相适应的税收征管体制，有助于更好地发挥税收在国家治理体系中的重要作用，更加有效地促进国家经济平稳健康发展。

2015 年 10 月 13 日，习近平总书记主持召开中央全面深化改革领导小组第十七次会议，审议通过《深化国税、地税征管体制改革方案》（以下简称《方案》），明确指出深化国税、地税征管体制改革，要坚持依法治税、便民办税、科学效能、协同共治、有序推进的原则，发挥国税、地税各自优势，推动服务深度融合、执法适度整合、信息高度聚合，着力解决征管体制中存在的突出问

2016 年 10 月 21 日，国家税务总局召开贯彻落实《深化国税、地税征管体制改革方案》专题推进会议

题。《方案》提出6大类31项具体举措，指出改革的目标是到2020年建成与国家治理体系和治理能力现代化相匹配的现代税收征管体制。[①]这是党中央首次明确提出“税收征管现代化”，显示了党中央对税收现代化改革的密切关注、明确要求，拉开了税收征管领域既有重大现实意义又有深远历史意义的改革大幕，为推进税收征管体制和征管能力现代化，进一步增强税收在国家治理中的基础性、支柱性、保障性作用指明了努力方向。

经过全国税务系统的共同努力，基本实现纳税人“进一家门、办两家事”，同时认真落实其他方面改革任务，圆满实现《方案》确定的“2017年改革任务基本到位”的目标，特别是在深化国税、地税合作，转变税收征管方式、提高税收征管效能、加强税收征管信息化建设、提高征管科技含量等方面取得了良好成效。

2018年3月，以习近平同志为核心的党中央作出了深化党和国家机构改革的重大决策部署。同年7月，中共中央办公厅、国务院办公厅印发《国税地税征管体制改革方案》，强调改革国税地税征管体制，合并省级和省级以下国税地税机构，划转社会保险费和非税收入征管职责，构建优化高效统一的税收征管体系，为高质量推进新时代税收现代化提供有力制度保证，更好发挥税收在国家治理中的基础性、支柱性、保障性作用。[②]由此，税收征管现代化的发展增添新内涵，开启新征程。

在党中央、国务院的坚强领导下，国家税务总局党委团结带领全国税务系统扎实推进国税地税征管体制改革，《国税地税征管体制改革方案》确定的“强化一个根本、完善双重体制、打赢三场主攻战、夯实四大支撑点”的改革任务已按照相关部署和要求圆满完成，各项改革目标得到较好实现，社会各方反映良好。

如何评价改革成效？习近平总书记给出标准：“是否促进经济社会发展、是

① 国家税务总局．中办国办印发《深化国税、地税征管体制改革方案》［N］．中国税务报，2015-12-25（2）．

② 中共中央办公厅、国务院办公厅印发《国税地税征管体制改革方案》［EB/OL］．中国政府网，（2018-7-23）［2021-02-01］．http:/www.gov.cn/zhengce/2018-07/20/content.5308075.htm.

2018年6月15日，国家税务总局党组书记、局长王军（前排左二）与北京市委副书记、市长陈吉宁（右三）共同为国家税务总局北京市税务局揭牌

2018年7月5日，国家税务总局党组书记、局长王军（左三）与山东省副省长、省政府党组成员于国安（右三）共同为国家税务总局德州市税务局揭牌

否给人民群众带来实实在在的获得感”，改革必须以促进社会主义公平正义、增进人民福祉为出发点和落脚点。增强纳税人获得感、促进税收环境公平正义是检验征管体制改革成效的首要标准。国税地税机构合并，从体制上解决了以前纳税人办税“两头跑”、税收执法“两头查”等问题，提高了征管效率，降低了纳税人办税成本，统一了执法尺度，消除政策执行上的差异，确保公平执法，维护税收刚性，给市场主体提供更为便捷、透明、公开、公正的税收法治环境，为纳税人缴费人提供了更加优质高效便利的服务。第三方机构开展的纳税人满意度调查结果显示，2018 年纳税人满意度综合得分为 84.82 分，较 2016 年提高 1.21 分。

党中央、国务院领导同志对国税地税征管体制改革进展顺利给予充分肯定。国务院对口专项协调小组办公室 10 余次刊发简报介绍税务部门的做法。地方党委和政府领导纷纷对各地税务机关在改革中的好经验、好做法作出批示，不少省还将国税地税征管体制改革树为样板，要求在地方机构改革时进行借鉴。2018 年 11 月在杭州召开的亚洲税收管理与研究组织（SGATAR）年会和在巴黎召开的 OECD 税收征管论坛指导委员会会议上，一些国家税务局和国际组织代表认为我国国税地税征管体制改革推进顺利，成效明显。国家税务总局开展的“万份问卷问成效”无记名调查问卷结果显示，纳税人和税务干部对改革整体满意度均达到 95%，较前两年第三方测评结果提高 10 个百分点以上。[①]

三、构建税收风险管理体系

党的十八大以来，随着市场经济的不断深化，在推动征管改革、提升税收现代化的同时，税务部门高度重视税收风险管理水平的提升，改进和完善税收风险管理工作，以更好实施税收管理。

（一）健全税收风险管理运行机制

2013 年以来，国家税务总局不断总结实践经验，对税收风险管理工作进行

① 国家税务总局．新时代新税务新担当新作为：国税地税征管体制改革纪实［M］．北京：中国税务出版社，2019：194.

改进和完善，逐步形成较为科学的税收风险管理运行机制：基本形成了包括目标规划、信息收集、风险识别、等级排序、风险应对、过程监控和评价反馈在内的良性互动、持续改进的风险管理闭环；基本建立了覆盖所有税种、行业的税收风险管理指标模型；基本形成了纵向各层级税务机关之间、横向各部门之间职责分工明确、资源配置合理、协调配合顺畅的机制，有效提高了税收风险管理效能。

（二）完善风险管理信息系统

在全国税务机关部署应用金税三期决策支持风险管理系统，运用税收大数据开展风险分析，及时识别税收风险点，并根据不同级别和类型的风险采取相应的应对措施，有效提升了税收风险管理的精准性。

（三）建立增值税发票风险快速反应工作机制

近年来，国家税务总局重点聚焦虚假注册、买壳卖壳、走逃失联等涉嫌虚开增值税发票的风险源头企业，聚焦无实际交易、变票配票等涉嫌故意接受虚开增值税发票的下游企业，依托增值税发票管理新系统，加强数据分析应用，逐步建立健全“国家税务总局、省税务局两级即时监控预警，主管税务机关加快核查反馈”的增值税发票风险快速反应机制，核查有问题企业精准率达到90%左右。既有效提高了查处发票违法行为的精准性，又减少了对正常生产经营企业的打扰，维护了国家税收安全和税收秩序。

（四）完善组织保障

2018年国税地税机构合并后，国家税务总局在省级及省级以下税务机关成立专门的大数据和风险管理部门，统筹开展税收大数据和风险管理相关工作。2019年，国家税务总局又成立大数据和风险管理部门，进一步拓展数据广度、提升数据精度、促进数据应用，统筹开展税收风险管理工作，进一步理顺了税收风险管理机制。

四、推进税收信息化建设

党的十八大以来，习近平总书记高度重视网络安全和信息化工作，强调网络安全和信息化事关国家长治久安。2014年，中央网络安全和信息化领导小组成立，习近平亲自担任组长，就网络安全和信息化建设发表了一系列重要讲话，提出了一系列新思想、新观点、新论断，为包括税收信息化在内的国民经济和社会信息化发展提供了根本遵循、指明了前进方向。

国家税务总局深入学习贯彻习近平总书记关于网络安全和信息工作的重要论述，认真贯彻党中央、国务院部署，紧紧围绕税收现代化中关于建设稳固强大的信息体系要求，顺应信息技术革命的浪潮，坚定不移地走科技兴税之路，把税收信息化建设作为推动税收改革发展的先导性、战略性和基础性工程，积极探索构建符合国际发展潮流、具有中国特色的税收信息化体系。全面完成金税三期工程，深入实施“互联网+税务”行动计划，全面推行增值税发票管理新系统，建成全国规范统一的电子税务局和自然人税收管理系统，稳妥推进发票电子化改革，充分发挥税收大数据优势，深挖数据“金山银库”，抓好数据增值应用。

（一）金税工程建设取得重大成效

金税工程肇始于1994年分税制改革初期对增值税专用发票的控管，经过一期、二期的不断演进，2001年5月，国家税务总局向国务院提出金税三期工程的建设设想。2002年8月，中共中央办公厅、国务院办公厅联合下发《国家信息化领导小组关于我国电子政务建设指导意见》，其中提出要大力推进金税三期工程建设。自此，金税三期工程正式拉开序幕，到2016年10月，其核心应用系统全面上线平稳运行。

2018年国税地税机构合并，原国税地税信息平台融合提升成为当务之急。2018年12月，全国首批试点单位浙江省税务局、宁波市税务局顺利实现并库上线；2019年3月，全国省级税务机关全部实现金税三期并库上线；2019年4月

2016 年 9 月 26 日，金税三期工程上线前，税务人员挥别中国税收征管信息系统（CTAIS）

征期，金税三期系统顺利通过多税种集中申报、减税降费政策密集实施等多重叠加考验，标志着金税三期系统并库工作取得成功。至此，国税地税征管体制改革的税务信息系统优化整合任务全面完成。金税三期系统覆盖所有税费种类、支撑近百万名税务人员在线业务操作，为几千万户纳税人提供涉税事项办理业务，年处理事务量超过 500 亿笔，有效统一税收执法标准，实现全国数据集中，降低征纳双方成本，促进社会综合治税。

（二）开展“互联网＋税务”行动

伴随着互联网技术的进步和我国经济结构的深度调整，2015 年 7 月，国务院发布《国务院关于积极推进“互联网＋”行动的指导意见》，正式提出了加快“互联网＋”行动的战略部署。税务部门作为与社会公众联系最为广泛的政府部门之一，也应积极落实该国家战略。2015 年 9 月 28 日，国家税务总局印发《“互联网＋税务”行动计划》，提出拓展信息化应用领域、推动效率提升和管理变革等三大目标，包括社会协作、办税服务、发票管理、信息服务、智能应用 5 大板块20项具体行动，充分运用大数据、云计算、移动互联网等新一代信息技术提升税收征管效率，降低征管成本和遵从成本，优化税收环境，促进互联网与税收工作的深度融合。

（三）建成增值税发票管理新系统

为进一步加强增值税发票管理，从2014年开始，国家税务总局对原有增值税发票管理系统进行全面改造升级，开发运行增值税发票管理新系统，利用现代信息技术尤其是网络技术将所有增值税发票及其相关信息“一网打尽”。增值税发票管理系统于2015年底实现了一般纳税人和起征点以上小规模纳税人的全覆盖，实现了增值税发票管理的根本性变革，在防控税收风险、优化办税服务、规范税收执法、服务宏观决策等方面发挥了重要作用。

（四）建成统一规范的电子税务局

2018年，基于纳税人需求和税收改革要求，国家税务总局编制了全国统一的电子税务局建设规划、方案和规范，于当年12月建成全国统一规范的电子税务局，实现了界面标准统一、业务标准统一、数据标准统一、关键创新事项统一，大幅提升了办税网络化、便利化、规范化水平。国家税务总局最新数据显示，截至2021年1月底，全国电子税务局企业用户增加到6526万户，占全部户数的92.62%。其中，全国网上申报率稳定保持在99%以上。①

（五）建成自然人税收管理系统

随着我国《中华人民共和国个人所得税法》的重新修订并实施，在国家税务总局统一部署下，各省市税务机关分批开放线上自然人税收管理系统（ITS）。该系统包含税务大厅端、扣缴客户端、手机端及网页端4个渠道，业务范围涉及登记（采集）、申报、优惠、征收、证明、会统核算、查询统计7个环节。

① 郭瑞轩．税务总局启动“我为纳税人缴费人办实事暨便民办税春风行动”［N］．中国税务报，2021-02-26（1）．

办税服务厅工作人员向纳税人介绍"个人所得税 App"

其中，税务大厅端是面向税务人员的业务办理渠道，支持依申报的办税业务、依职权的日常管理业务等；扣缴客户端是面向扣缴单位办税人员的远程业务办理渠道，主要支持办税人员实名、个税预扣预缴申报和缴税业务办理；网页端是直接面向自然人纳税人的远程业务办理渠道，支持个人实名注册、专项附加扣除信息采集，个税预扣预缴申报、汇算清缴申报和缴税等业务办理；手机端 App 业务范围与网页端基本相同。

（六）增值税专用发票电子化

为适应经济社会发展和税收现代化建设需要，国家税务总局于 2015 年起分步推行了增值税电子普通发票，2020 年 9 月，又在宁波、石家庄和杭州新办纳税人中先后开展专票电子化试点。当年 12 月 20 日，国家税务总局发布《关于在新办纳税人中实行增值税专用发票电子化有关事项的公告》，决定在全国新设立登记的纳税人中实行增值税专用发票电子化。实行专票电子化的新办纳税人具体范围由各省、自治区、直辖市和计划单列市税务局确定。为进一步减轻纳税人负担，税务部门向新办纳税人免费发放税务 Ukey，并依托增值税电子发票公共服务平台等系统，提供免费的电子专票开具、发票状态查询和信息批量下载服务。新推出的增值税电子专用发票具有样式简洁、领用快捷、交付便利、管理高效、储存经济等多种优势，有利于更好地服务市场主体，降低其制度性交易成本，优化税收营商环境。

（七）加强数据治理和运用

党的十九届四中全会首次将“数据”列为生产要素，将数据提升到驱动经济发展、助力国家治理现代化的重要高度去强调。习近平总书记在主持中共中央政治局“实施国家大数据战略”第二次集体学习时强调：“要运用大数据提升国家治理现代化水平。”在这一思想的指引下，税务部门扎实推进税收大数据建设和应用工作，以2019年12月国家税务总局税收大数据和风险管理局成立为主要标志和起点，开启了以税收数字化引领税收信息化、现代化的发展之路。大力提升税收数字化、智能化水平，建设“智慧税务”“数字税务”，助力各税种全数据链监控、税费服务、动态信用、动态风险等业务，推动实现“以数治税”“以数治队”，进而实现更高层次的“以税资政”。2020年以来，税务部门运用增值税发票等大数据，积极开展企业复工复产复销和经济运行分析，既有力服务党委政府决策，又助力产业链供应链稳定。此外，税收大数据还发挥了“生产要素”作用，推动税收发展质量、效率、动力“三大变革”，重塑税收治理模式，助力税收改革发展，为税收治理体系和治理能力现代化、服务党和国家工作大局提供重要支撑。

五、新发展阶段的税收征管改革

“十四五”时期是我国全面建成小康社会、实现第一个百年奋斗目标之后，乘势而上开启全面建设社会主义现代化国家新征程、向第二个百年奋斗目标进军的第一个五年，我国将进入新发展阶段。“深化税收征管制度改革，建设智慧税务，推动税收征管现代化。”[①]《中华人民共和国国民经济和社会发展第十四个五年规划和2035年远景目标纲要》（以下简称“‘十四五’规划纲要”）

① 中华人民共和国国民经济和社会发展第十四个五年规划和2035年远景目标纲要[EB/OL].（2021-03-13）[2021-02-01]. http:/www.gov.cn/xinwen/2021-03/13/content.5592681.htm.

中关于税收征管的描述，简短又意蕴深远。

2021 年 3 月 24 日，中共中央办公厅、国务院办公厅公布《关于进一步深化税收征管改革的意见》（以下简称《意见》）。这一顶层设计的出炉，与“‘十四五’规划纲要”一脉相承，标志着继 2015 年国税地税“合作”、2018 年国税地税“合并”之后，我国税收征管迎来以“合成”为主要特征的第三次大变革。《意见》从服务国家治理体系和治理能力现代化的高度，描绘了“十四五”时期税收征管改革和税收现代化建设蓝图。立足于解决当前税收征管和税收工作中存在的深层次问题，对深入推进精确执法、精细服务、精准监管、精诚共治，深化税收征管改革作出全面部署，集成推出一系列针对性强、含金量高的措施，有力推动了执法、服务、监管的系统优化业务流程、制度规范、信息技术、数据要素、岗责体系的一体化融合升级。并明确改革时间表：到 2022 年，在税务执法规范性、税费服务便捷性、税务监管精准性上取得重要进展。到 2023 年，基本建成“无风险不打扰、有违法要追究、全过程强智控”的税务执法新体系，实现从经验式执法向科学精确执法转变；基本建成“线下服务无死角、线上服务不打烊、定制服务广覆盖”的税费服务新体系，实现从

2021 年 3 月 29 日，国务院新闻办公室就中共中央办公厅、国务院办公厅印发的《关于进一步深化税收征管改革的意见》有关情况举行发布会

无差别服务向精细化、智能化、个性化服务转变；基本建成以“双随机、一公开”监管和“互联网＋监管”为基本手段、以重点监管为补充、以“信用＋风险”监管为基础的税务监管新体系，实现从“以票管税”向“以数治税”分类精准监管转变。到2025年，深化税收征管制度改革取得显著成效，基本建成功能强大的智慧税务，形成国内一流的智能化行政应用系统，全方位提高税务执法、服务、监管能力。

这是党中央、国务院关于“十四五”时期税收征管改革的重要制度安排，也是税务部门开启“十四五”时期税收现代化新征程的动员令，充分体现了党中央、国务院对税收工作的高度重视，也充分彰显了新时代税收工作的重要性。

第六节　国际税收体系建设

改革开放以来，我国国际税收治理紧跟改革开放的步伐，取得了长足的进步和显著的成效。进入新时代，适应国际国内形势新的发展变化，国际税收工作以贯彻落实习近平总书记治国理政新理念新思想新战略、加强国际税收合作三点主张、党的十八届三中全会《关于全面深化改革若干重大问题的决定》和国家“十四五”规划为主线，统筹国内国际两个大局，深度参与全球税收治理，在推动国际经济合作、服务中国经济社会发展大局和对外开放战略中发挥积极的作用。

2014年11月，习近平主席在澳大利亚布里斯班G20领导人峰会上提出，加强全球税收合作，打击国际逃避税，帮助发展中国家和低收入国家提高税收征管能力。这是我国最高领导人首次在国际重大政治场合就税收问题发表的重要观点，不仅为我国做好国际税收工作指明了方向，而且为提升全球税收治理水平提供了重要推动力。之后，习近平主席又在多届G20领导人峰会上对国际税收工作发表重要意见。国家税务总局深入学习贯彻习近平总书记系列重要指示精神，不断加强国际税收交流合作，切实提升国际税收管理水平，税收合作的“朋友圈”越来越大，在国际上发挥越来越重要的作用，为全球税收治理作出了积极贡献。

一、加强国际税收交流与合作

2012 年，国家税务总局下发《关于加强国际税收管理体系建设的意见》，确立了“一条主线、两个导向、四项机制、三个保障”的总体工作思路，即：围绕强化跨境税源管理、维护国家税收权益的主线，规范职责体系、健全机构设置，完善反避税工作、非居民税收管理、“走出去”税收服务与管理、国际税收征管协作机制，强化国际税收法律制度保障、信息保障和人才保障。

在加强国际税收管理过程中，我国税务部门做到三个“始终坚持”：始终坚持与改革开放同步，与国家实施更大范围、更宽领域、更深层次的全面开放同步，不断加强国际税收交流与合作，大力支持“一带一路”建设，积极支持企业“走出去”和“引进来”，有效发挥税收在助力推进更高水平对外开放中的作用。始终坚持拓展国际视野，既立足自身、以我为主，又放眼全球、为我所用，始终保持定力，扎扎实实做好自己的事；同时积极用国际经验完善举措、以国际标准检验成果、按国际规则改进制度、借国际舞台扩大影响，既进一步提高了自身水平，又有力提升了国际话语权。始终坚持参与国际税收规则制定和研究，为全球税收治理体系建设提供更多的中国经验、中国方案、中国主张，大踏步走近国际税收舞台中央，彰显大国税务的良好形象。这期间，我国税务部门搭建多个国际税收合作与交流平台，组织参与各方积极分享最佳税收实践。我国与国际组织的合作广度和深度进一步加大。①

深度参与国际税收治理。2015 年 12 月，国家税务总局和经济合作与发展组织（OECD）签署了 2016—2018 年合作谅解备忘录，在税收政策、税收征管、国际税收等 19 个领域开展多种形式合作。2016 年 3 月，国家税务总局与国际货币基金组织（IMF）签署 2016—2019 年税收合作协议，以进一步支持我国税收

① “中国智慧”打造国际税收“合作路”　税务部门“十三五”服务共建“一带一路”综述［EB/OL］.（2020-10-23）［2020-12-20］. http://zhejiang.chinatax.gov.cn/art/2020/10/23/art_13230_480551.html.

制度和征管体制改革。2016年5月，中国首次承办全球性税务大会——第十届税收征管论坛（FTA）大会，来自世界各地的税务局长呼吁："全球化时代，深化税收合作是增强世界经济抗风险能力的重要手段"；2017年7月，中国主办第五届金砖国家税务局长会议，倡议金砖国家深化多边税收合作，加强税收征管能力建设并向发展中国家提供能力建设援助；2018年5月，中国作为主办方之一在哈萨克斯坦举办"一带一路"税收合作会议，参会各方就税收法治、纳税服务、争端解决和能力建设等议题深入讨论并达成广泛共识，联合发布《阿斯塔纳"一带一路"税收合作倡议》；2018年11月，主办第48届亚洲税收管理与研究组织（SGATAR）年会；2019年4月，主办第一届"一带一路"税收征管合作论坛，我国税务部门在深化国际税收合作、落实减税降费、税务机构改革与队伍管理等领域取得的成效令与会代表赞叹不已；2020年6月，举办"一带一路"税收征管合作机制会议。"十三五"期间，我国税务部门积极参加和举办的各类重要国际税收活动产生丰硕成果，"中国税务观点"也越来越受到国际认可。

积极贡献"中国智慧"。"欢迎各国人民搭乘中国发展的'快车''便车'"，习近平总书记热忱的邀请，道出了中国追求世界大同的诚心实意。近年来，我国税务部门积极分享税收实践经验，展示了加强国际税收合作的真诚态度和担当，也为"一带一路"沿线越来越多的国家（地区）提升税收治理能力提供参考。IMF高级经济学家约翰·布朗德罗评价，中国的税务机构改革进程非常快，国税地税机构合并后，纳税人不再"两头跑"，还减轻了政府的财政支出，改革"非常了不起"。美洲税收管理组织执行秘书长马西欧·费雷拉威尔第表示，中国的减税降费政策是税制改革的成功案例，值得各国学习借鉴。2017年9月，我国税务代表团赴挪威奥斯陆参加第十一届FTA大会，并在会上介绍了我国近年来推进税收征管体制改革的做法和成效，讲述了具有中国特色的"税收征管故事"。2018年2月，由IMF、OECD、联合国、世界银行联合举办的第一届税收合作平台全球大会在纽约联合国总部开幕，主题为"税收与可持续发展目标"，国家税务总局局长王军应邀出席大会并作主旨发言，分享我国税收在支持可持续发展方面的主要做法和经验。2020 年 6 月，王军在“一带一路”税收征管合作机制会议上，向各国分享了中国税务部门的抗疫经验。OECD 发布的《税收政策改革（2020）》首次专门收录了中国实施税制改革的举措和应对新冠肺炎疫情的财税政策措施，为世界各国提供参考。2021 年 4 月 15 日，OECD 税收征管论坛能力建设高级别会议通过视频形式召开，王军应邀出席并作主旨发言，介绍了中国推进税收大数据建设应用的实践经验，并对各国共同推进税收征管数字化进程提出倡议。

着力推动多元化发展。中国税务部门通过培训、研修等方式，深化国际税收领域沟通交流。据统计，中国扬州 OECD 多边税务培训中心设立以来，截至 2019 年底，共为“一带一路”沿线超过 50 个国家和地区的 423 名税务官员举办 29 期培训班，有力促进了发展中国家提高税收征管能力。“一带一路”税收征管能力促进联盟成立后，中国税务部门依托现有税务培训机构，设立了北京和扬州两个“一带一路”税务学院，并推动哈萨克斯坦、中国澳门筹建“一带一路”税务学院。2019 年，联盟共举办 13 期线下培训，共有来自 62 个国家（地区）的 340 名财税官员参加了培训。因受新冠肺炎疫情影响，2020 年和 2021

2021 年 4 月 15 日，国家税务总局局长王军（左三）出席税收征管论坛（FTA）高级别线上会议并作主旨发言

▶▶ 2020 年 1 月 6 日，国家税务总局局长王军（右）在京会见 OECD 税收政策与管理中心主任帕斯卡·圣塔曼（左）一行，双方就国际税收改革等议题进行深入交流

年的培训调整为线上，其中 2020 年共举办 7 期培训，共有 34 个国家（地区）的 449 名财税官员参加，2021 年至今共举办 4 期培训，共有 32 个国家（地区）的 326 名财税官员参加培训。

“合作路”铺就“复苏路”。2020 年 6 月 2 日，国家税务总局局长王军在“一带一路”税收征管合作机制会议上，向各国分享了中国税务部门的抗疫经验，他指出：疫情发生以来，中国以精准有力的税费优惠政策，助力企业纾困解难；以“非接触式”办税缴费服务，增进企业便捷便利；以深入及时的税收大数据分析，服务企业复工复产。OECD 税收政策与管理中心主任帕斯卡·圣塔曼说，“在前所未有的全球不确定性中，税务力量相当重要。中国及时利用税费优惠政策重振经济的举措，是非常好的例证”。

二、助力“一带一路”建设

2013 年，习近平主席提出“一带一路”倡议，得到国际组织与有关国家（地区）的积极响应和大力支持，为各国经济发展和各国人民带来了实实在在的福祉。2019 年 4 月，第二届“一带一路”国际合作高峰论坛上，习近平主席提出，中国将同更多国家加强税收等领域合作，建立共建“一带一路”税收征管合作机制。按照党中央、国务院部署，我国税务部门在“一带一路”框架下积极拓展国际税收合作，积极发出“中国声音”，提供“中国方案”，帮助“一带一路”国家（地区）提升税收治理能力，高质量服务共建“一带一路”。

2015年4月，国家税务总局从“谈签协定维权益、改善服务促发展、加强合作谋共赢”三个方面，推出十条服务“一带一路”建设的税收措施。2017年4月，进一步完善税收服务“一带一路”工作体系，提出八项举措，不断提升工作质效。2018年4月，制定加强“一带一路”税收合作工作的指导意见，围绕深化多边合作、加强双边合作、提升能力建设三个方面，分领域、分层次进一步推进“一带一路”税收合作。国家税务总局在国际税务司成立境外税务处，专职负责税收服务“一带一路”建设和对外投资税收服务与管理工作。加强与外交部、商务部合作，向我主要投资和经贸往来国家使（领）馆派驻税务人员，有力推动了与派驻国家的税收征管合作。

为消除跨境投资障碍、优化生产要素配置、推动国际经济合作，国家税务总局持续优化跨境税收服务，助推“一带一路”建设。2015年，建立起全面覆盖“一带一路”国家（地区）及我国主要投资目的地的国别（地区）税收信息研究机制，并分批发布国别（地区）投资税收指南（以下简称“税收指南”）。2016年，在此基础上进一步健全相关工作机制，从信息渠道、跨省协作、定期更新等方面入手，提升研究质效，实现成果转化。2017年起，加快税收指南发布进程，截至2020年12月，共公开发布104份税收指南，其中79份涉及“一带一路”国家（地区），为税收政策咨询服务工作提供了知识平台，帮助“走出去”企业便捷了解投资目的地的营商环境和税收政策等情况，减轻税法遵从成本，有效防范税收风险，为“一带一路”发展保驾护航。二是发布并修订《“走出去”税收指引》。2017年，对“走出去”涉及的国内税收制度文件和已签署的税收协定进行了系统性集成和分类处理，形成涵盖83个具体事项的《“走出去”税收指引》并公开发布，2019年，新增14条事项，形成并发布《“走出去”税收指引》（2019年修订版），为“走出去”纳税人提供权威的税收制度索引与帮助，有利于跨境投资和经营主体规避境外投资税收风险，增强参与国际竞争能力。

三是做好对外投资政策宣传辅导。结合“便民办税春风行动”，集中开展系列对外投资税收宣传活动。举办“一带一路”在线访谈，开设“一带一路”专栏或专题，结合区域战略定位，开展形式多样、主题鲜明的宣传活动。全国税务系统年均举办宣传辅导活动超千场次，介绍相关税收政策和税收服务“一带一路”举措，有效帮助纳税人了解税收政策，防范税收风险，合理降低跨境经营税收成本。[①]

2017年5月，在我国举办的首届“一带一路”国际合作高峰论坛期间，国家税务总局局长王军参加“推进贸易畅通”平行主题会议，作了题为《深化税收合作，促进经贸畅通》的发言，提出三点建议：一是完善国内税制，着力消除税收壁垒；二是加强双边合作，有效降低税收负担；三是深化多边合作，共同提升税收治理能力。同时，通过组织参会国税务局长会晤，就探索构建“一带一路”税收合作长效机制达成初步共识。

2018年5月，国家税务总局与哈萨克斯坦财政部国家收入委员会、经济合作与发展组织税收政策管理中心（OECD-CTPA）、经济合作与发展组织税收征管论坛（OECD-FTA）四方联合，在哈萨克斯坦首都阿斯塔纳（2019年改名为“努尔苏丹”）成功举办“一带一路”税收合作会议。国家税务总局局长王军在开幕式上作了《健全税收合作长效机制，实现共赢共享发展》的主题发言。来自全球50多个国家和地区的税务部门、国际组织和学术机构的200多名代表出席了会议，达成并发布了《阿斯塔纳“一带一路”税收合作倡议》，为构建“一带一路”税收合作长效机制奠定了坚实的基础。

2019年4月，国家税务总局在浙江乌镇举办了以“共建一带一路：加强税收合作，改善营商环境”为主题的第一届“一带一路”税收征管合作论坛。这是我国税务部门迄今为止筹办的参与方最多、规模最大、国际关注度最高、成果最为丰富务实的高级别多边活动，85个国家（地区）税务主管当局，以及16个国际组织、多家学术机构和跨国企业的近350名代表出席论坛。论坛期间，

① 国家税务总局国际税务司. 回首“十三五”展望“十四五” 国际税收工作奋进正当时［J］. 国际税收，2021（6）.

34 个国家（地区）的税务部门作为理事会成员、22 个国家（地区）的税务部门和国际组织作为理事会观察员，共同签署了《“一带一路”税收征管合作机制谅解备忘录》，正式建立税收征管合作机制，各方联合发布了《乌镇声明》及《乌镇行动计划（2019—2021）》。“一带一路”税收征管合作机制的建立，为第二届“一带一路”国际合作高峰论坛作出了税收方面的贡献，标志着“一带一路”税收合作从愿景转为现实，不仅是中国税收史上的里程碑事件，在国际税收史上也写下了浓墨重彩的一笔。

“一带一路”税收征管合作机制扬帆启航以来，在各方的深度参与下，合作深度广度不断提升，成果日益丰硕，在进一步深化税收合作、构建增长友好型税收环境，消除跨境贸易投资壁垒以及推动贸易畅通方面发挥着越来越重要的作用。截至“十三五”末，合作机制理事会成员已增加至 36 个，观察员增加至 30 个。合作机制还上线了官方网站，创办了《“一带一路”税收（英文）》期刊，成功打造合作机制常态化交流窗口和税收专业领域研究成果交流平台，有效促进了“一带一路”国家（地区）间的沟通交流和经验借鉴。2020 年，面对突发的新冠肺炎疫情，及时调整工作方式，当年 6 月和 12 月分别以“同心抗疫，

2019 年 4 月 18 日至 20 日，第一届“一带一路”税收征管合作论坛在浙江乌镇召开，多国携手共建“一带一路”税收征管合作机制

▶▶ 2020 年 12 月 15 日，国家税务总局局长王军出席"一带一路"税收征管合作机制高级别视频会议并致辞

共克时艰"和"新挑战 新机遇 新发展——全球疫情背景下的税收信息化发展规划"为主题，召开了两次高级别线上会议，分享"战疫情促发展"的税收实践经验，并为"一带一路"国家（地区）税收信息化发展提供指引。"一带一路"税收合作充分经受住了疫情考验，合作事项越发深入、合作成员越发团结、合作前景越发广阔。

三、从国际税收规则的参与者到引领者

长期以来，国际税收规则的话语权一直由发达国家主导。习近平总书记指出，我们积极推动建设开放型世界经济、构建人类命运共同体，促进全球治理体系变革，旗帜鲜明反对霸权主义和强权政治，为世界和平与发展不断贡献中国智慧、中国方案、中国力量。我国日益走近世界舞台中央，成为国际社会公认的世界和平的建设者、全球发展的贡献者、国际秩序的维护者。

2013 年 9 月，在圣彼得堡举行的 G20 领导人峰会上，防止税基侵蚀和利润

转移（BEPS）行动计划正式启动，旨在通过修订国际税收规则和加强国际合作应对税基侵蚀和利润转移问题。国家税务总局利用 G20 委托 OECD 对国际税收规则进行重塑这一时机，积极参与 BEPS 行动计划并担任行动指导委员会委员，参与提出“利润应在经济活动发生地和价值创造地征税”等理念。该理念已经成为 BEPS 的指导原则，成功将我国及其他发展中国家的观点和理念融入 BEPS 行动计划成果之中，有力维护了我国及其他发展中国家的税收权益。

2017 年 6 月，我国以工作组第一副主席国的身份参与了《实施税收协定相关措施以防止税基侵蚀和利润转移的多边公约》（以下简称《公约》）制定，首次联合签字仪式在 OECD 总部举行，67 个国家和地区的政府代表共同签署了《公约》。该《公约》是第一个在全球范围内就税收协定政策进行多边协调的法律文件，我国是首批签署方。同时，我国税务部门代表充分发挥担任联合国国际税收合作专家委员会第一副主席的作用，积极参与《联合国发展中国家转让定价实用手册》修订工作，针对我国劳动力成本低、市场大、需求旺等特点，

2017 年 6 月 7 日，各国代表在《实施税收协定相关措施以防止税基侵蚀和利润转移的多边公约》首次联合签字仪式上合影

提出“成本节约、市场溢价”等观点和主张，便于我国在跨国公司利润分配中争取更大份额，较好地维护了我国及其他发展中国家的利益。参与制定金融账户涉税信息自动交换标准和实施手册，为推动全球税收透明度建设和构建国际税收征管新秩序作出贡献。成立数字经济工作小组，积极参加G20/OECD包容性框架下关于数字经济共识性征税方案的多边谈判，在综合研判和科学测算的基础上，提出中国应对方案和技术建议，在尽力维护我国税收利益和企业发展空间的同时，增强我国在国际税收规则制定方面的话语权。

持续完善税收协定网络。截至“十三五”末，我国签订的税收协定（含安排、协议）共110个，数量排名全球第四，覆盖包括54个“一带一路”沿线国家（地区）在内的111个国家（地区），基本涵盖了我国对外投资主要目的地以及来华投资主要国家（地区）。签订的税收协定或议定书将帮助跨境纳税人避免双重征税，有效减轻税收负担，促进我国与协定对方国家之间的投资与经贸合作。例如，中国与巴基斯坦2016年签署的税收协定议定书规定，中国工商银行、丝路基金为《中华人民共和国政府和巴基斯坦伊斯兰共和国政府关于中巴经济走廊能源项目合作的协议》确定的能源项目在巴基斯坦提供贷款取得的利息，在巴基斯坦免征所得税。该议定书在整个贷款期内，预计为两家机构减免巴基斯坦税负22亿元人民币，为中巴经济走廊能源项目创造有利的融资环境，为推进项目顺利实施作出了积极贡献。“十三五”时期，在协定框架下，中国国家税务总局与有关辖区税务主管当局签署143个相互协商协议，其中，双边预约定价安排41例，相互协商协议102例。积极推动解决企业涉税诉求，为企业提供了税收确定性，减少了国际重复征税。通过上述相互协商协议，切实降低企业税收负担，有力促进了企业的经营发展。

加强与金砖国家税务合作。积极推进金砖国家税务局长会晤机制的建立和完善，并在这一机制下提出推动BEPS项目落地实施，加大在转让定价、自动情报交换等领域的合作，共同提升税收征管能力，维护各国税收权益和世界税收秩序等倡议，得到金砖国家的一致认可。2017年，国家税务总局在杭州主办了第五届金砖国家税务局长会议，积极倡议金砖国家深化多边税收合作，加强税收征管能力建设并向发展中国家提供能力建设援助。在此倡议下，金砖国家承诺推动落实 G20 税制改革成果，共同推动构建公平和现代化的国际税收体系，并联合签署金砖税务合作的第一份机制性文件《金砖国家税务合作备忘录》，首次以官方文件形式将金砖国家税收领域合作上升至制度层面，标志着金砖国家税务合作机制建设进入了一个新的时期。同时，国家税务总局积极推动金砖国家达成共识，在 2018 年正式通过金砖国家税收能力建设合作机制文件，作为 2017 年签署的备忘录的补充内容。在我国的积极参与和推动下，金砖国家税务局长会议为金砖国家税务部门分享最佳实践、规划发展蓝图、提升广大新兴市场国家和发展中国家的代表性和话语权，提供了独特而重要的平台，金砖国家税务合作也成为完善金砖国家经济治理乃至全球经济治理的重要力量。

“十四五”规划提出“积极参与全球经济治理体系改革。坚持平等协商、互利共赢，推动二十国集团等发挥国际经济合作功能。维护多边贸易体制，积极参与世界贸易组织改革，推动完善更加公正合理的全球经济治理体系。积极参与多双边区域投资贸易合作机制，推动新兴领域经济治理规则制定，提高参与国际金融治理能力。”按照这一要求，国家税务总局将更加积极主动地贯彻落实习近平总书记构建人类命运共同体的理念，深度参与国际税收规则的制定。

纵观我国国际税收治理发展历程，其历史性成就主要表现在：服务全面开放战略成效显著，有力地推动了中国全面开放新格局的形成和发展。“大国税收”全面展开，深度参与国际税收规则制定维护权益，全方位深化国际税收合作显担当，有力地促进了中国特色大国外交战略的贯彻落实。国际税收体系建设不断加强，法律体系、管理体系和组织体系不断完善，有力地推进了税收现代化的进程。

四、反避税格局全面升级

2013 年 9 月，由 G20 国家领导人在圣彼得堡峰会共同背书发起的“应对税基侵蚀和利润转移（BEPS）”项目正式启动，并于 2015 年 10 月发布了 15 项行动计划成果报告。中国代表广大发展中国家利益深度参与BEPS行动，与其他G20成员一道提出“利润应在经济活动发生地和价值创造地征税”的国际税收管理新宗旨，得到BEPS各参与国的认同。2014年11月，习近平主席在G20布里斯班峰会上指出，“加强全球税收合作，打击国际逃避税，帮助发展中国家和低收入国家提高税收征管能力”，并在2016年G20杭州峰会上再次强调国际合作共同打击逃避税。这是国家最高领导人在国际重大政治场合就国际税收问题发表的重要意见。

2014年12月，国家税务总局发布《一般反避税管理办法（试行）》（国家税务总局令第32号，以下简称“32号令”），打响落实BEPS规则的第一枪。2016年6月，国家税务总局制发《国家税务总局关于完善关联申报和同期资料管理有关事项的公告》，将国别报告引入关联申报，同时扩充同期资料内容，为税务机关了解跨国企业集团经营的全貌、分析企业集团的价值链、税收贡献是否与经济活动和价值创造相匹配等问题奠定信息基础。2016年还发布了《国家税务总局关于完善预约定价安排管理有关事项的公告》，规范和进一步完善预约定价安排的相关工作。2017年3月，借鉴BEPS转让定价相关的行动计划最新成果，制发《国家税务总局关于发布〈特别纳税调查调整及相互协商程序管理办法〉的公告》，规范我国特别纳税调整的调查程序，并根据“利润应在经济活动发生地和价值创造地征税”这一BEPS总原则，系统构建了我国无形资产、地域特殊因素、集团内劳务等重大事项转让定价分析管理的框架。上述文件共同构成新的反避税工作综合指引。同时，国家税务总局积极参与税收征管法和个人所得税法的修订完善工作，探讨反避税条款，推动反避税的立法体系进一步完善。

2013年，国家税务总局提出建立“管理、服务、调查”三位一体、统一规范的反避税防控体系，强调着重提高反避税调查的规范程度，鼓励通过反避税管理和服务等非调查手段方式引导企业自行调整，自觉提高纳税遵从度。此后，国家税务总局着手构建跨国企业利润水平监控系统，分行业、分地区、分年度监控跨国企业利润水平，对跨国企业避税风险实施多维度、多指标监控。

强化反避税税源风险管理机制，通过事前和事中管理手段引导企业自我防范和纠正。同时，在相互协商工作中，为提升双边协商工作效率，满足纳税人避免或消除双重征税，获得税收确定性的诉求，国家税务总局一方面与涉及案件较多的国家建立了不同级别定期协商机制；另一方面借鉴美、英等国普遍适用的工作模式，针对案件较多的主要国家，在总局层面和地方单位建立协商工作团队，开展相互协商案件的前期准备和对外谈判，大幅提高了相互协商案件的推进效率，保证了在库存案件多、人员和资源有限的情况下仍然快速推进案件协商，积极落实最低标准，也实现了专业分工及分权制衡。2016年，国家税务总局启动新的反避税联查工作模式，新成立的反避税三处与北京市国家税务局第二直属税务分局合署办公，充分运用北京国税反避税调查的先进经验和反避税三处的工作平台，采用“项目式管理，团队化作业”的方式开展反避税全国联查。通过对重点企业和重点领域开展全国联查，取得“以点带面、以企业带动行业”的调查管理效果，案件调查规范性和统一性也得到大幅度提升。大批具有行业代表性和社会影响力的反避税大案、要案得以成功查结，反避税调查威慑力得到充分发挥。

在对外开放经济格局下，中国的反避税工作发展离不开国际合作。经济全球化将深刻影响未来世界税制的发展趋向，在国与国之间以促进经济发展为主要目的的税收政策竞争愈演愈烈的同时，反避税合作和相互协商仍然是国际税收协调与合作的重要内容，是调节国际税源分配、促进投资和生产要素合理配置的重要方式。国际规则的不均衡性也要求我们主动发出“中国声音”，以维护发展中国家的合理税收权益。中国作为G20成员、世界重要经济体和最大的发展中国家，自2013年起，全程深入参与BEPS项目各议题会议、研究、谈判和意见反馈等工作。并根据多年实践经验，在转让定价无形资产价值贡献分析、地域特殊优势的引入和集团内劳务费用支付等方面，不断发出了中国声音，贡献了中国智慧，得到了国际社会的重视和好评。这不仅有利于维护发展中国家税收权益，也为书写新的国际税收规则体系作出了积极的贡献。

第七节 队伍组织体系建设

党的十八大以来，国家税务总局认真贯彻落实党中央、国务院决策部署，围绕“带好队伍、干好税务”的总目标，积极探索，不断创新，构建了“纵合横通强党建、绩效管理抓班子、数字人事管干部、人才工程育俊杰、严管善待活基层”的工作机制体系，夯实了税收事业发展的组织和人才保障，有力保证了各项税收工作任务圆满完成。

一、优化组织机构建设

在 2018 年国税地税征管体制改革中，规范设置省市县各级税务机构，实现大幅“瘦身”，其中厅级税务局数量较合并前减少 45 个，省级、市级、县级税务局内设机构、事业单位和派出机构分别减少 709 个、5349 个和 2.49 万个，撤销县局稽查局 3900 多个，各级税务机构设置更加规范统一。

▸▸ 2021 年 2 月 25 日，国家税务总局局长王军（前排中）会见参加全国脱贫攻坚总结表彰大会的税务干部代表

与此同时，按照改革“健身”要求，科学设置系统党建、税收经济分析、大数据和风险管理、社会保险费和非税收入等部门；提升税务稽查管理层级，推行市级跨区域稽查模式，设置 733 个跨区域稽查局，新设上海、沈阳、西安 3 个特派办，与北京、广州、重庆特派办相协同，实现了跨区域稽查全覆盖，基本构建起健全完善的税务稽查工作体系。

通过改革，纵向各层级、横向各部门间的职责关系进一步理顺，70 多万税务干部逐级安排到位，办税两头跑、办事多头找等问题得到彻底解决，执法一把尺子、服务一套标准，税费征管服务效能大幅提升，税务组织体系、机构职能职责、人力资源配置更加适应新发展阶段税收现代化建设需要，逐步构建起优化高效统一的税收征管体系。税收在国家治理中的基础性、支柱性、保障性作用得到进一步彰显。

二、加强干部队伍建设

“伟大的斗争，宏伟的事业，需要高素质干部。”“把党和人民需要的好干部精心培养起来、及时发现出来、合理使用起来”。党的十八大以来，党中央高度重视领导干部队伍建设，习近平总书记就如何打造合格干部队伍，尤其是领导干部，发表了多次讲话，从理想信念、工作作风、人才品德等多方面对好干部提出了具体要求。税务部门认真贯彻落实中央关于干部人事工作的方针政策，坚持严管和厚爱结合、激励和约束并重，积极推动组织机构和干部队伍建设并取得了明显的成效。

（一）抓班子，绩效管理激发内在活力

税务系统从国家税务总局到基层税务分局（所）有五级机构，层级多、分布广、战线长、管理难度大，共 70 多万在职干部，管理和服务几千万企业纳税人、数亿自然人纳税人和十多亿缴费人。既有政策制定“最先一公里”的问题，又有政策落实“最后一公里”的问题，肩负着“为国聚财、为民收税”的神圣使命。如何带好队伍、干好税务，充分调动各级领导班子和广大税务干部的积

极性和主动性，需要有一套科学有效的机制和办法。

党的十八大以来，国家税务总局党委坚持以习近平新时代中国特色社会主义思想为指导，深入学习贯彻习近平总书记关于“沉下心来抓落实”“发挥领导干部‘头雁效应’”“完善领导干部考核评价机制”等重要指示精神，根据党中央、国务院关于“创新行政管理方式”“严格绩效管理”等部署要求，持续探索完善适应税务部门特点的抓班子、带队伍、促落实制度机制。针对上级班子抓下级班子“不易抓”、班长抓本级班子成员“不好抓”、奖惩措施与手段有限“抓不硬”、恒劲不够与韧性不足“抓不长”等难点问题，国家税务总局党委书记、局长王军带领党委一班人，积极创新实践并不断改进改善“绩效管理抓班子”的工作机制。经过近8年来一以贯之“坚定不移地推、坚定不移地改、坚定不移地用”，税务绩效管理走出了一条对标中央新精神不断优化的持续改进之路、确保贯彻落实中央决策部署的保驾护航之路、同步推动党建与税收业务工作高质量发展的融合共进之路。

经过持续探索实践，不断完善升级包括税务系统绩效管理办法、绩效考评结果运用办法、绩效考评规则在内的绩效管理制度，逐步形成了“4+4+4+N”的税务绩效管理框架体系：考评范围覆盖国家税务总局各司局、各省级税务局、驻各地特派办、副省级城市税务局“四类对象”；考评事项包括依据中央经济工作会议精神的年初工作部署、全国两会《政府工作报告》涉税内容、年中调整工作任务、其他重点工作“四处来源”；考评指标归为党的全面领导、税收改革发展、工作运转保障、各方多维评价“四大板块”；对需要啃硬骨头的重大改革事项制定“N个专项”考评办法。在具体操作中，紧紧围绕加强党的建设、依法组织税费收入、落实支持国家战略税收政策、深化税务领域“放管服”改革、优化税收营商环境等设置关键性、引领性指标，明确各年度主攻方向和工作着力点，并对营改增改革、国税地税征管体制改革、实施大规模减税降费、个人所得税改革、统筹推进疫情防控和服务经济社会发展等重大任务制定专项考评办法、完善配套考评措施。从压实责任、推动落实、提质增效着眼，明确路线图、时间表、任务书，既考“干没干”，对工作进度和完成数量进行考评；

更考干得“好不好”，强化年度间重点工作纵向比较，统筹不同地域、不同部门差异因素，对工作质量和实际成效加强考评。既形成持之以恒推进税收现代化建设的“战略地图”，又建立上级抓下级班子、推动税收工作高质量发展的“作战沙盘”，引导“人人讲绩效，事事求绩效”，凝聚起全国税务系统不折不扣贯彻落实党中央、国务院决策部署的强大合力。

2018 年，世界银行首次发布全球公共部门绩效报告，将我国税务绩效管理作为“公务员管理”优秀典型案例向全球推介。2019 年，国家税务总局在全国公务员工作暨学习贯彻公务员法座谈会上交流绩效管理实践经验；中宣部社科办把“推动高质量发展的税务绩效管理：实践发展与理论研究”列为国家社科基金重大委托项目，并由国家税务总局承担。2020 年，兰州大学中国政府绩效管理研究中心、兰州大学政府管理学院举办公共绩效治理高端论坛，将税务绩效管理列为专题进行研讨，得到专家学者充分肯定。

（二）带队伍，数字人事提升干部能力

党的十八大以来，习近平总书记作出“改革完善干部考核评价制度，建立系统完备、科学规范、有效管用、简便易行的干部综合考核评价体系”等一系列重要论述。税务系统顺应大数据时代潮流，发挥管理垂直化、业务信息化的部门优势，将数字化理念应用到干部日常管理之中，针对干部管理中能力展示缺平台、平时考核缺办法、选人用人缺依据等共性问题，探索推行数字人事制度改革。

数字人事从 2014 年开始制度设计，到 2019 年 7 月在全国税务系统全面推行。国家税务总局党委坚持目标导向和问题导向相结合，按照“先模拟、再试点，逐步扩大、持续改进”的思路积极稳妥推进，将中央精神与税务实际紧密结合，将顶层设计与基层实践融合贯通，持续改进完善，逐步形成了综合反映干部一贯表现和工作实绩的数字人事“1+9”制度体系，并按照中央组织部开展公务员绩效管理试点工作安排，自 2021 年在税务系统全面推行个人绩效管理，进一步做实平时考核。数字人事考核评价指标涵盖“一个基础、

四个支柱”。其中，“一个基础”就是干部的职业基础，包括从业基础信息和职位基础信息。“四个支柱”分别指平时考核、公认评价、业务能力评价、领导胜任力评价，综合反映干部的“德、能、勤、绩、廉”情况。由此形成既看发展、又看基础，既看显绩、又看潜绩的干部考核评价体系，努力为每位干部精准“画像”。数字人事推行以来，通过坚定不移地推、坚定不移地用、坚定不移地改，成效逐步显现。在2018年税收征管论坛（FTA）人力资源会议、亚洲税收管理与研究组织（SGATAR）年会及2019年金砖国家税务部门组织管理研讨会、“一带一路”税收征管合作论坛、美洲税收管理中心年会等国际会议上，中国国家税务总局应邀介绍了探索推行数字人事的经验做法，受到多个国家税务部门和国际组织代表的关注和赞赏。希腊税务局还专门派出代表团来中国国家税务总局了解、交流数字人事。2019年4月29日，中共中央组织部在京召开全国公务员工作暨学习贯彻公务员法座谈会，国家税务总局有关负责人在会上作交流发言，介绍了税务系统建立完善公务员考核机制的做法。

2019年3月15日，国家税务总局深圳市税务局召开全面推行数字人事动员暨智税人才发布会议。2019年7月1日，数字人事在全国税务系统全面上线

（三）育俊杰，谱写新时代人才兴税新篇章

党的十八大以来，习近平总书记从党和国家事业高度，着眼于为实现“两个一百年”奋斗目标和中华民族伟大复兴的中国梦提供人才支撑，作出“加快建设人才强国”“抓好高端人才的培养”等系列重要论述，为做好新时代人才工作指明了正确方向。国家税务总局党委深入学习贯彻习近平总书记关于人才队伍建设重要论述，大力实施“人才兴税”战略，专门成立了由党委书记、局长王军担任组长的税务人才工作领导小组，统筹研究谋划税务系统人才建设发展，研究制定全国税务系统人才发展规划和“人才工程育俊杰”体制机制，建立了党委统一领导、人事部门牵头抓总、职能部门各司其职、各级税务局党委密切配合的人才工作新格局。

强化学习教育。从2016年开始，税务系统连续5年持续开展“岗位大练兵、业务大比武”活动，紧贴岗位，紧贴实际，以练为重，以比促学。5年来，通过5类37个岗位的练兵比武，共选拔出10243名省级专业骨干，50426名市级岗位能手。为深入贯彻落实习近平总书记关于加强学习、建设学习大国重要指示精神，2020年，国家税务总局在全系统推广应用“学习兴税”平台，打造权威精炼的学习资源体系、集约高效的培训体系、科学规范的培训制度体系，实现“工作学习化、学习日常化、测试平时化、成果累积化、应用挂钩化”，营造比学赶超氛围，形成争先进位态势，不断强化人才队伍建设。

构筑人才体系。针对不同层次干部成长需求和工作需要，国家税务总局采取一系列措施分梯次推进人才队伍建设。建立国家税务总局、省级税务局、市级税务局三级立体人才库，涵盖综合管理、税收法治、税政业务、国际税收、税收征管、纳税服务、税务稽查、督察内审、税收信息化、党建工作、纪检监察、巡视巡察等税务工作各方面，规范提升专业人才库人员管理。实施素质提升“1115”工程，即：培养一百名税收战略人才、一千名税务领军人才、一万名业务骨干、五万名岗位能手，搭建起“金字塔”式的人才梯队，着力构建门类齐全、结构合理、梯次分明、素质优良的税务人才队伍。

2013年11月22日，首批全国税务领军人才培养研修班开班仪式在国家税务总局税务干部进修学院举行

打造领军人才。全国税务领军人才培养工程是党和国家“人才强国战略”的重要组成部分，是税务系统“人才兴税战略”的主要内容之一。税务领军人才培养打破传统的组织遴选和培养使用模式，以高远的战略定位、宏大的推进气势、精细的实施步骤，择天下英才而育之，开辟了一条税务人才建设的崭新道路。2013年，国家税务总局印发《全国税务领军人才培养规划（2013—2022年）》，启动税务领军人才培养工作。截至2021年6月，已从税务系统内外分6个批次选拔765名税务领军人才学员，其中系统内715人，系统外50人，初步建立了一支适应经济社会发展和税收工作新形势、新任务、新要求的领军人才队伍，打造了新时代税收人才建设发展新样板，在深化税收改革和完成重要任务中发挥了显著作用。

培养国际化人才。近年来，税务总局党委主动融入国家对外开放大局，坚定实施“人才兴税”战略，大力推进外派税务干部工作，开展税务人才国际化培养，取得了显著成效。2016年1月至2021年6月，国家税务总局累计向我国驻外使领馆、国际组织和国外大学派出87名税务干部（含23名领军人才），其中派往驻外使领馆 66 名（含 9 名领军人才）、国际组织和国外大学 21 名（含 14 名领军人才）。外派干部主要分布在美国、欧盟、德国、荷兰、澳大利亚、日本、韩国、印度、南非等 50 多个国家和地区，覆盖全球六大洲，初步实现了我国税收对外开放全球战略布局。

（四）活基层，凝聚新时代税务精神

国家税务总局认真贯彻落实习近平总书记关于必须牢固树立大抓基层的鲜明导向、把抓基层打基础作为长远之举和固本之策等系列重要论述精神，探索形成了“严管善待活基层”的有效机制，厚植干事创业的浓厚氛围。2017 年，全国税务系统广泛开展了中国税务精神提炼活动，通过微信推送、主题辩论、问卷调查等活动，全国 25 万余名税务干部直接参与，最终提炼形成了“忠诚担当、崇法守纪、兴税强国”的中国税务精神。

税务部门多年来大力加强精神文明建设，积极践行社会主义核心价值观，深入开展学习全国道德模范、网上“我推荐我评议身边好人”等活动，取得积极成效。在“不忘初心、牢记使命”主题教育中，税务系统充分挖掘优秀税务干部的先进事迹，注重发挥他们的榜样引领作用。2013 年以来，税务系统有 1700 多个集体和 800 多人荣获省市级以上表彰，有 165 名干部职工入选“中国

▸▸ 2019 年 7 月 30 日，国家税务总局与中央文明办联合举办第二届“全国道德模范与身边好人——中国好税官”现场交流活动

好人榜”，2017年至2019年，中央文明办、国家税务总局连续两届联合举办全国道德模范与身边好人（中国好税官）暨全国税务系统先进典型现场交流活动，24位“中国好税官”代表的感人事迹引发了观众的强烈共鸣。自2019年以来，国家税务总局选树了刘双燕、韩宇南、张学东、马丽等40多位在全税务乃至全国有影响的先进典型，组织开展了六轮近50场先进典型巡回宣讲活动，线上线下收看达2000多万人次，引起税务系统内外强烈反响。特别是2021年6月18日国家税务总局与中国航天科技集团公司联合开展的“中国税务进央企学党史学模范办实事”活动，得到社会各界的广泛好评。

全国税务系统将精神文明建设作为凝聚干部队伍力量、提高税收工作质效的重要抓手，积极培育和践行社会主义核心价值观，深入推进精神文明创建和税务文化建设，为高质量推进新时代税收现代化提供了坚强的思想保证和强大的精神力量。税务系统获得全国文明单位的数量，2012年为551个，2017年底

2020年11月20日，国家税务总局党委书记、局长王军（左三）参加全国精神文明建设表彰大会并与税务系统代表合影

增加到 1064 个，提升了近 1 倍。2020 年第六届全国文明单位评选表彰，税务系统共有 227 家单位被评为全国文明单位，约占本届全国文明单位总数的 8%。

第八节　新时代税收的特点和作用

党的十八大以来，新时代赋予税收新使命，税收职能作用从筹集财政收入全面拓展到经济、政治、文化、社会、生态等领域，成为治国理政的基础和重要支柱。税收改革呈现出现代化、法治化、绿色化、智慧化、国际化等鲜明特征，在国家治理中发挥着越来越重要的基础性、支柱性、保障性作用。

一、新时代税收的特点

党的十八大以来的税收，改革是开创性、深层次的，成绩是全方位、多领域的，探究其发展历程的轨迹，呈现出明显的现代化、法治化、绿色化、智慧化、国际化的鲜明特征。

（一）现代化：逐步向现代税收制度转型

现代国家是税收国家，现代税收体系是国家治理体系的重要组成部分。中国特色社会主义进入新时代，经济从高速增长进入高质量发展阶段。经过深化增值税制度改革、综合与分类相结合的个人所得税改革、国税地税征管体制改革等一系列改革举措，税种科学、结构优化、法律健全、规范公平、征管高效的现代税收制度初步成型并不断完善。

（二）法治化：坚定落实税收法定原则

依法治税是依法治国方略在税收领域的具体体现，是税收改革走向法治化现代化的必然要求。2013 年党的十八届三中全会首次明确提出“落实税收法定原则”；2015 年《中华人民共和国立法法》明确规定：“税种的设立、税率的确定和税收征收管理等税收基本制度”只能制定法律。2015 年中央审议通过《贯彻落实税收法定原则的实施意见》，明确了加快税收法定原则落实的步伐。近年来，中国税收立法步伐明显加快，税法体系逐渐健全。截至2021年6月，18个税种，已经有12个通过立法，增值税、消费税等税种立法工作也在加快进行。

（三）绿色化：绿色税收体系初步建立

按照党的十八届五中全会提出的创新、协调、绿色、开放、共享的发展理念，加快绿色税收体系建设。资源税实施从量改为从价计征改革，促进资源节约利用；环境保护税发挥“多排多缴、少排少缴、不排不缴”反向约束和正向激励机制作用，促进节能减排和技术改造。目前，我国已构建起涵盖资源开采、生产、流通、消费、排放5大环节多个税种的绿色税收体系。

（四）智慧化：着力打造智慧税务生态系统

“互联网+”、大数据、云计算等先进信息技术，已成为中国社会运行的基础支撑，正以前所未有的深度和广度深刻改变着经济社会发展格局和税收征管格局，是实现税收现代化的必由之路。我国全面建成金税工程三期，建设全国统一规范的电子税务局，推进发票电子化，着力打造智慧税务生态系统。

（五）国际化：走近国际税收舞台中央

国力决定一个国家在国际事务中的地位，大国税务应有大国责任担当。中国税务部门坚持服务国家改革开放和经济社会发展大局，不断加强国际税收交流与合作，提升我国在国际税收领域的话语权，在国际税收合作中讲好中国故事、贡献中国智慧、提供中国方案、彰显中国担当，为开创国际税收治理新局面、提升全球税收治理能力作出了积极贡献。

二、新时代税收的作用

进入新时代，税收职能作用从筹集财政收入全面拓展到经济、政治、社会等诸多领域，税收在国家治理中的基础性、支柱性、保障性地位愈发凸显，为中国经济社会发展和民生改善提供了坚实财力保障，为全面建设社会主义现代化国家贡献更多税务力量。

（一）高质量推进税收现代化，服务国家治理

税务部门紧紧围绕国家改革发展大局，聚焦以“带好队伍、干好税务”为主要内容的税收现代化建设总目标，推进税收现代化“六大体系”和“六大能力”建设不断迈上新台阶，服务国家治理。

落实中央全面深化改革的总要求，在推进国家治理现代化的框架内推进税制改革，持续深化增值税、消费税、资源税、环境保护税、个人所得税等各项税制改革，一个适应经济社会发展要求的中国现代税制体系雏形初现。基本建立顺应发展趋势、具有中国特色的现代增值税制度，引领绿色发展、护航美丽中国的绿色税收制度，有效发挥调节收入分配、促进社会公平正义的综合与分类相结合的个人所得税制，税制改革正为推进国家治理现代化进程发挥更大作用。深化征管体制改革，由“合作”走向“合并”再到“合成”，初步构建起具有中国特色的优化高效统一的税费治理模式，为世界税收征管改革提供了中国智慧、中国方案和中国力量。全面推进依法治税，推进科学立法、民主立法、开门立法，税法体系日臻完善，不断将税收法治优势转化为税收治理效能。坚定不移走科技兴税之路，推动税收管理服务转型升级，信息化为税收治理插上“智慧翅膀”。种类齐全、质量可靠、供应及时的税收大数据库，成为税收治理的“金山银库”，为领导决策、经济研判和国家治理提供精准的税收数据支持。

（二）发挥税收职能作用，服务高质量发展

党的十九大作出了中国特色社会主义进入新时代的重大政治判断，明确宣告我国经济已由高速增长阶段转向高质量发展阶段。国家税务总局局长王军在2018年全国税务工作会议上强调，要高质量推进新时代税收现代化，努力做到“六个更加注重”，即更加注重求新、更加注重全面、更加注重平衡、更加

注重充分、更加注重法治、更加注重开放，实现税收工作水平的不断提升，服务高质量发展能力不断增强。2019年，面对国内外风险挑战明显增多的复杂局面，党中央、国务院强化宏观政策逆周期调节作用，实施更大规模的减税降费。2020年，面对突如其来的新冠肺炎疫情大考，税务总局党委创新提出并高效落实“优惠政策落实要给力、‘非接触式’办税要添力、数据服务大局要加力、疫情防控工作要尽力”的“四力”系列措施，为企业复工复产和经济复苏向好提供了有力支持，为我国经济行稳致远注入了发展动能。

税收数据显示，“十三五”时期，全国享受研发费用加计扣除政策的企业户数由2015年的5.3万户提升至2019年的33.9万户，五年间扩大了5.4倍；减免税额由726亿元提升至3552亿元，年均增长48.7%。研发费用加计扣除力度持续加大，有效激发了企业研发投入力度和创新活力，全国研究与试验发展（R&D）投入经费从2015年的1.42万亿元增长至2020年的2.44万亿元，年均实现两位数增长，成为世界第二大研发经费投入国。

（三）优化税收营商环境，服务“六稳”“六保”

营商环境就是生产力，优化营商环境就是解放生产力。税务总局认真贯彻落实党中央、国务院决策部署，持续推进税收领域“放管服”改革，优化税收营商环境，服务“六稳”“六保”。以减税降费直达快享，助力夯实经济发展基本盘。据统计，2016年至2020年新增的减税降费累计超过7.6万亿元，在应对经济下行压力、扩大消费、提升发展质量等方面发挥了积极作用。2013年全国新办涉税市场主体620多万户，当年纳税1600亿元，在减税降费等宏观政策和“放管服”改革综合作用下，税收营商环境不断优化，激发了市场主体活力，大量新办市场主体不断涌现。国家税务总局统计数据显示，党的十八大以来至2020年底，全国新办涉税市场主体7989万户，年均增加近千万户，2020年上述新办涉税市场主体实现税收3.82万亿元，为促进中国经济平稳健康发展并提高在世界经济增量中的占比作出了积极贡献。

（四）完善税收政策，服务国家重大战略

税收工作更加融入经济社会发展大局，积极支持打赢三大攻坚战，主动服务国家重大发展战略。在服务实体经济方面，通过精准实施税收优惠政策，鼓励“大众创新　万众创业”，支持小微企业发展，支持企业复工复产复销，助力产业链供应链稳定。在助力精准脱贫方面，出台包括110项支持脱贫攻坚税收优惠政策在内的指引并认真落实，仅2018年、2019年减税就超过1700亿元。在助力污染防治方面，建立落实税收优惠与实施税收限制“双向用力”，资源开采、消耗、污染排放和进出口政策“四环相扣”，资源税、环境保护税、企业所得税等“多税共治”的绿色税收体系。在服务“一带一路”建设方面，先后3次联合有关国家税务部门和国际组织举办“一带一路”税收合作会议，建立健全“一带一路”税收征管合作机制。在服务国家区域发展战略方面，延续完善西部大开发企业所得税优惠政策，推出促进京津冀协同发展、长江经济带发展、长三角一体化发展、粤港澳大湾区建设、海南自由贸易港建设的税收政策。

（五）促进全球税收治理，服务高水平对外开放

全球税收管理是全球经济治理的重要组成部分。2013年以来，中国税务部门积极加强国际税收合作，不断扩大和完善税收协定网络，截至2020年底，中国税收协定网络已覆盖全球111个国家和地区，为跨境投资创造了确定、有利、合作共赢的税收环境。

“一带一路”税收征管合作机制扬帆启航以来，2020年6月和12月分别以“同心抗疫，共克时艰”和“新挑战新机遇新发展——全球疫情背景下的税收信息化发展规划”为主题召开了两次高级别线上会议，分享“战疫情促发展”的税收实践经验，并为“一带一路”国家（地区）税收信息化发展提供指引。深度参与国际税收治理，深入参与国际税收规则制定，在尽力维护我国税收利益和企业发展空间的同时，增强我国在国际税收规则制定方面的话语权。

目前，我国国际税收领域形成了以“一带一路”税收征管合作机制为引领，

多边合作和双边合作相互促进，国际组织与区域性组织互为补充的多层面、全方位国际合作架构，服务高质量"引进来"和高水平"走出去"。例如，为鼓励境外投资者持续扩大在华投资，我国自2018年1月起，对境外投资者以分配利润直接投资，暂不征收企业所得税；税务部门持续加强政策宣传辅导，推动政策落实，成效显著；自政策实施以来，全国享受该项税收优惠的企业共2913户次，利润再投资2414.51亿元，减免税款233.01亿元。再如，"十三五"时期，在协定框架下，中国国家税务总局与有关辖区税务主管当局签署143个相互协商协议，其中，双边预约定价安排41例，相互协商协议102例；积极推动解决企业涉税诉求，为企业提供了税收确定性，减少了国际重复征税；通过上述相互协商协议，切实降低企业税收负担，有力促进了高水平对外开放。

参考文献

[1] 习近平. 习近平谈治国理政[M]. 北京：外文出版社，2014.

[2] 习近平. 习近平谈治国理政（第二卷）[M]. 北京：外文出版社，2017.

[3] 习近平. 习近平谈治国理政（第三卷）[M]. 北京：外文出版社，2020.

[4] 中共中央文献研究室. 习近平总书记重要讲话文章选编[M]. 北京：中央文献出版社，党建读物出版社，2016.

[5] 中共中央文献研究室. 十八大以来重要文献选编（上）[M]. 北京：中央文献出版社，2014.

[6] 中共中央文献研究室. 十八大以来重要文献选编（下）[M]. 北京：中央文献出版社，2018.

[7] 中共中央文献研究室. 习近平关于社会主义社会建设论述摘编[M]. 北京：中央文献出版社，2017.

[8] 中共中央文献研究室. 习近平关于社会主义经济建设论述摘编[M]. 北京：中央文献出版社，2017.

[9] 中共中央文献研究室. 习近平关于社会主义生态文明建设论述摘编[M]. 北京：中央文献出版社，2017.

[10] 中共中央文献研究室. 习近平关于科技创新论述摘编[M]. 北京：中央文

献出版社，2016.

［11］人民网．中央经济工作会议在北京举行 习近平李克强作重要讲话［R］．北京：人民日报，2016-12-17.

［12］李克强．政府工作报告：2017年3月5日在第十二届全国人民代表大会第五次会议上［EB/OL］．（2017-03-17）［2021-02-01］．http://www.gov.cn/premier/2017-03/16/content_5177940.htm.

［13］李克强．政府工作报告：2018年3月5日在第十三届全国人民代表大会第一次会议上［EB/OL］．（2018-03-22）［2021-02-01］．http://www.gov.cn/premier/2018-03/22/content_5276608.htm.

［14］李克强．政府工作报告：2019年3月5日在第十三届全国人民代表大会第二次会议上［EB/OL］．（2019-03-16）［2021-02-01］．http://www.gov.cn/premier/2019-03/16/content_5374314.htm.

［15］李克强．政府工作报告：2020年5月22日在第十三届全国人民代表大会第三次会议上［EB/OL］．（2020-05-29）［2021-02-01］．http://www.gov.cn/premier/2020-05/29/content_5516072.htm.

［16］李克强．政府工作报告：2021年3月5日在第十三届全国人民代表大会第四次会议上［EB/OL］．（2020-05-29）［2021-02-01］．http://www.gov.cn/guowuyuan/zfgzbg.htm.

［17］《中国税务年鉴》编委会．2016年中国税务年鉴［M］．北京：中国税务出版社：北京，2016.

［18］《中国税务年鉴》编委会．2017年中国税务年鉴［M］．北京：中国税务出版社，2017.

［19］《中国税务年鉴》编委会．2018年中国税务年鉴［M］．北京：中国税务出版社，2018.

［20］《中国税务年鉴》编委会．2019年中国税务年鉴［M］．北京：中国税务出版社，2019.

［21］李克强，等．财政政策理论与中国财政政策实践［M］．北京：中国经济出版社，2019.

［22］王向明．深刻认识“八个明确”和“十四个坚持”的科学内涵［EB/OL］．

（2019-07-13）［2020-12-20］. http://www.rmlt.com.cn/2019/0718/552175.shtml.

［23］谷平．税收70年：从经济调控到国家治理［N］．中国税务报，2019-09-04（5）．

［24］邓力平．中国特色税收治理现代化的奋进之路［N］．中国税务报，2020-11-04（5）．

［25］国家税务总局．新时代新税务新担当新作为：国税地税征管体制改革纪实［M］．北京：中国税务出版社，2019．

［26］《新中国税收70年》编写组．新中国税收70年［M］．北京：中国税务出版社，2020．

［27］楼继伟．40年重大财税改革的回顾［M］．北京：中国财政经济出版社，2019．

［28］楼继伟．深化财税体制改革［M］．北京：人民出版社，2015．

［29］郭瑞轩．刀刃向内攻坚克难征管体制改革持续加力：深化国税局、地税局征管体制改革两周年综述［J］．中国税务，2018（2）．

［30］刘峰．新时代高质量税收现代化的历史丰碑：国地税征管体制改革评述与思考［J］．税收经济研究，2019（2）．

［31］郭瑞轩．改革航船奋楫行开启税收新征程：“十三五”深化税收征管体制改革综述［N］．中国税务报，2020-10-28（1）．

［32］张德勇．国地税合并开启深化财税体制改革新棋局［N］．经济参考报，2018-05-02（5）．

［33］孙韶华．国地税合并惠及当下立足长远［N］．经济参考报，2018-06-19（1）．

［34］李万甫．2019减税降费实录［M］．北京：中国财政经济出版社，2020．

［35］马泽方．减税降费政策与实务指南［M］．北京：中国税务出版社，2020.

［36］任广慧，杜春法．企业减税降费政策与应用指引［M］．上海：立信会计出版社，2019．

［37］楼继伟，刘尚希．新中国财税发展70年［M］．北京：人民出版社，2019.

［38］王乔，黄瑶妮．减税降费：助力中国经济高质量发展［J］．税务研究，2019（10）．

[39] 人力资源社会保障部 财政部 税务总局关于阶段性减免企业社会保险费的通知 [J]. 中国税收季度报告，2020（1）.

[40] 黄诗睿. 李克强主持召开国务院常务会议部署各项工作 [J]. 中国税务，2020（11）.

[41] 本刊编辑部. 一起来看这些年小微企业税收优惠政策变化 [J]. 中国税务，2019（4）.

[42] 黄诗睿. 国务院常务会议明确增值税减税配套措施 [J]. 中国税务，2019（4）.

[43] 黄诗睿. 国务院常务会议部署应对疫情影响 促进经济社会平稳运行 [J]. 中国税务，2020（4）.

[44] 刘佐. 党的十八大以来中国税制改革的简要回顾 [J]. 中国税务，2017（10）.

[45] 冯俏彬. 建设海南自由贸易港的相关税收制度解析 [J]. 税务研究，2020（9）.

[46] 张萌. 我国减税政策：梳理、评估和走向 [J]. 税务研究，2020（8）.

[47] 邓力平. 资源配置方式变革中的人民税收 [J]. 税务研究，2019（10）.

[48] 杨默如. 中国税制改革70年·回顾与展望 [J]. 税务研究，2019（10）.

[49] 李平. 中国税制改革70年的历程、特征与展望 [J]. 税收经济研究，2019（5）.

[50] 黄诗睿. 国务院常务会议部署积极应对疫情影响 促进经济社会平稳运行 [J]. 中国税务，2020（5）.

[51] 戴诗友. 支持疫情防控和经济社会发展的税费优惠政策 [J]. 中国税务，2020（4）.

[52] 王海勇，任敬. 2019年度企业所得税汇算清缴新政 [J]. 中国税务，2020（2）.

[53] 刘威威，刘珂. 从世行《营商环境报告》看中国税收营商环境，访普华永道中国税务主管合伙人吴家裕 [J]. 中国税务，2019（11）.

[54] 崔也光，王京. 基于我国三大经济区的所得税研发费用加计扣除政策实施效果研究 [J]. 税务研究，2020（2）.

[55] 陈懿赟. 税收营商环境的国际比较与启示：基于2020年《世界纳税报告》的解读 [J]. 税收参考，2020（3）.

［56］谢伏瞻．2020年中国经济形势分析与预测［M］．北京：社会科学文献出版社，2020.

［57］胡怡建，宫映华，汪豫．加大减税降费力度积极应对四大挑战［J］．税务研究，2020（8）．

［58］龚辉文．完善现代化税收制度需处理好五大关系［N］．中国税务报，2021-04-01（2）．

［59］国家税务总局国际税务司．回首“十三五”展望“十四五”国际税收工作奋进正当时［J］．国际税收，2021（6）．

［60］甘小武，曹国庆．研发费用加计扣除政策对高新技术企业研发投入的影响分析［J］．税务研究，2020（10）．

［61］刘昆．建立健全有利于高质量发展的现代财税体制［EB/OL］．(2021-05-06)［2021-07-01］．http://www.mof.gov.cn/zhengwuxinxi/caizhengxinwen/202105/t20210506_3696582.htm.

［62］车柯蒙．税务总局：六方面税收优惠政策助力打赢脱贫攻坚战［EB/OL］．(2020-12-03)［2021-02-01］．http://www.chinatax.gov.cn/chinatax/n810219/n810780/c5159352/content.html.

［63］国务院新闻办公室．国新办举行财税支持脱贫攻坚新闻发布会［EB/OL］．(2020-12-02)［2021-02-01］．http://www.chinatax.gov.cn/chinatax/n810219/n810780/c5159352/content.html.

第十章

总结与展望

中国共产党成立100年来，伴随着中国共产党的发展和壮大，税收始终是中国共产党奋斗历程的重要组成部分。百年来，税收工作不断取得伟大成就，税收职能作用得到充分发挥，为中国革命、建设事业作出了巨大贡献。

第一节　中国共产党领导下百年税收工作的主要成就

百年来，在中国共产党的全面领导下，中国税务坚持马克思主义和中国实践相结合，走出了一条有中国特色的税收改革发展之路。税收在国家治理中的基础性、支柱性、保障性作用得到充分彰显，为中国现代化建设奠定了坚实的物质基础，更加坚定了中国特色社会主义道路自信、理论自信、制度自信和文化自信。

一、税收收入职能充分彰显，为中国现代化奠定了坚实的物质基础

百年来，中国共产党领导的税收始终在筹集收入方面发挥着重要作用。新民主主义革命时期，税收为革命根据地建设和革命战争胜利提供了重要财力保障。例如，陕甘宁边区税收收入占财政收入比重持续提升，1941年为30.8%，1943年为45.8%，1944年升至60%，1945年高达83%，成为边区政府财政收入的主要来源。[1] 1950—1977年，我国税收收入规模从49亿元扩大到468亿

① 《中国革命根据地的税收》编写组. 中国革命根据地的税收［M］. 北京：中国税务出版社，2011.

元（见图10–1），有力支持了社会主义革命和建设事业。①

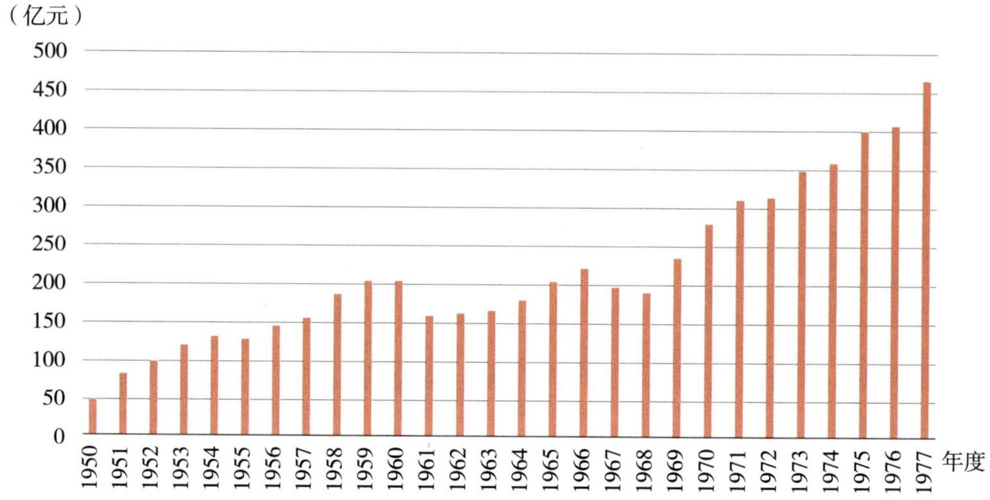

图10–1　1950—1977年全国税收收入规模

改革开放以来，税务部门坚持“依法征税，应收尽收，坚决不收过头税，坚决防止和制止越权减免税”的组织收入原则，税收筹集财政收入的能力越来越强，1978—2012年，我国税收收入规模从519亿元扩大到100614亿元（见图10–2），为经济社会快速发展作出了重要贡献。②特别是1994年分税制改革，形成了以流转税和所得税为双主体税的模式，税收收入快速增长，2000年破万亿元大关，2012年破十万亿元大关。

①② 中华人民共和国国家统计局. 中国统计年鉴（2020）[M]. 北京：中国统计出版社，2000.

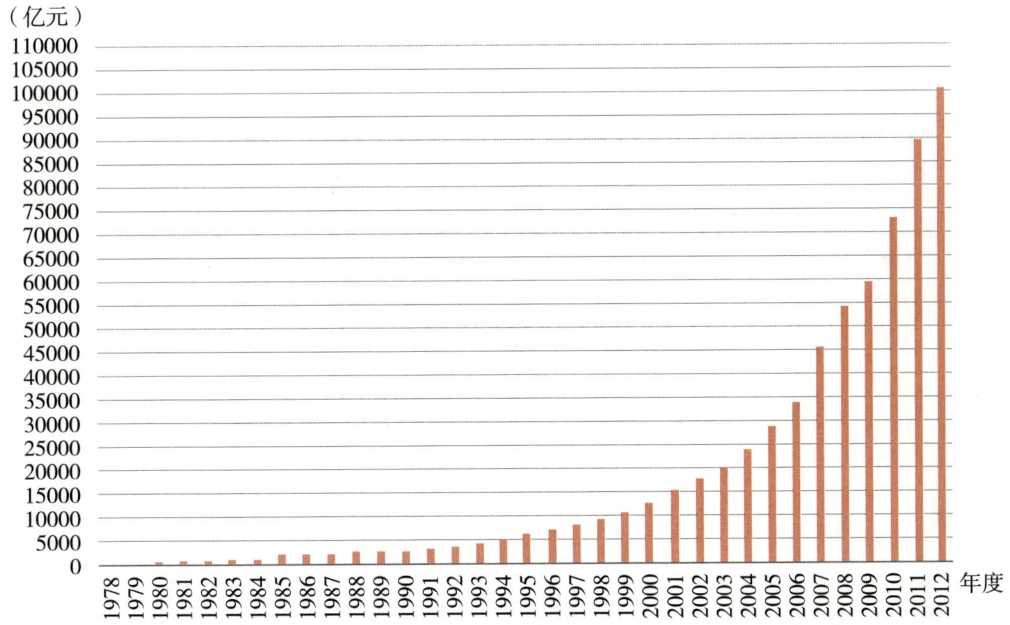

图 10-2 1978—2012 年全国税收收入规模

党的十八大以来，我国经济发展质量不断提高，税收收入持续稳定增长，从 2013 年的 110531 亿元扩大到 2018 年 156403 亿元，为社会主义现代化建设奠定了坚实的物质基础。

党的十九大以来，我国经济转向高质量发展，社会主要矛盾转化为人民日益增长的美好生活需要和不平衡不充分的发展之间的矛盾。2019 年，我国实施更大规模减税降费，税务部门坚持做到“三个务必、三个坚决”：务必把该减的税减到位、务必把该降的费降到位、务必把该征的税费依法依规征收好，坚决打击虚开骗税、坚决不收“过头税费”、坚决做好留抵退税工作，2019 年税收收入规模为 158000 亿元，2020 年下降至 154310 亿元，减税降费效应不断释放，为促进“六稳”“六保”和为全面建成小康社会发挥了重要作用（见图 10-3）。

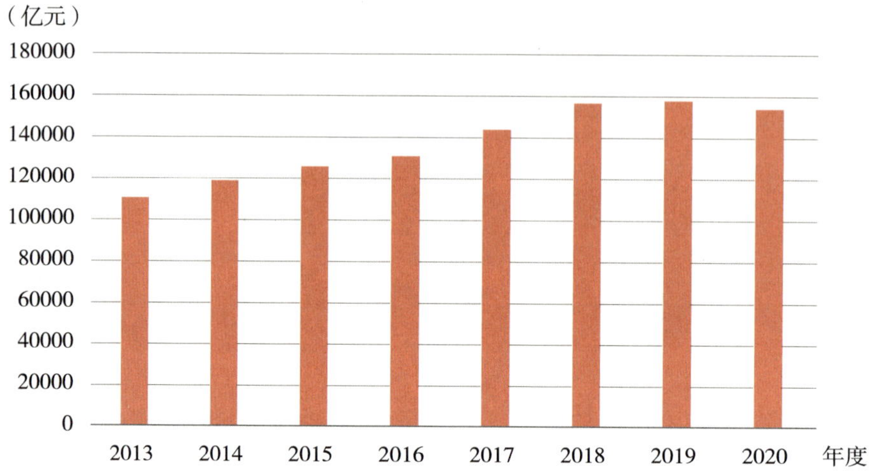

图 10-3　2013—2020 年全国税收收入规模

二、现代税收制度初步建立，为高质量发展提供了有力保障

百年来，中国共产党领导的税收制度始终是经济制度的重要组成部分，经历了从建立到不断改革、逐步完善的过程。新民主主义革命时期，革命根据地不断进行税收制度探索，《中华苏维埃共和国暂行税则》等一系列税制建设，为新中国税制提供了宝贵经验。新中国成立后，通过颁布《关于统一全国税政的决定》《全国税政实施要则》等一系列法规制度，统一了全国税政，建立了社会主义税收制度。改革开放以后，特别是 1994 年按照统一税法、公平税负、简化税制、合理分权的要求，实施了新中国成立以后规模最大、范围最广、内容最深刻的一次税制改革，初步形成了以流转税和所得税为主体的税制体系。1994 年分税制改革规范了国家、企业、个人以及中央与地方的分配关系，调动了中央和地方两个积极性，建立了财政收入稳定增长的机制，初步奠定了与社会主义市场经济体制相适应的税制体系，在新中国税制改革历史上具有里程碑式的重大意义。

党的十八大以来，税收法定原则加快落实，法治体系不断健全，截至 2021 年 6 月，18 个税种已有 12 个上升为法律，法治正从一种治税手段发展成为税收治理的基本方式。税制改革进入快车道并逐渐取得重大突破，2018 年《中华人民共和国个人所得税法》及其实施条例修订发布，万众瞩目的综合与分类相结合的个人所得税制基本建立，有效发挥了调节收入分配、促进社会公平正义的重要作用。2016 年 7 月 1 日资源税改革全面推开，2018 年 1 月 1 日环境保护税顺利开征，中国绿色税制体系初具雏形，有力推动了生态文明建设。2012 年以来，营业税改征增值税改革试点从区域到行业再到全国全面推开，逐步建立了顺应发展趋势、具有中国特色的现代增值税制度；营改增优化了政府间财政关系，推动了国税地税征管体制的改革，推动了新的税收管理体制的形成，对产业转型、经济增长、企业发展等具有深层次影响，为世界税制改革提供了“中国样本”。欧盟增值税制度专家让·克劳德·卜夏尔评价说，中国以娴熟的技术设计将老旧的增值税制度转化成非常现代的增值税制度，堪称国际税制改革的成功典范。

经过上述一系列改革发展，我国走出了一条具有时代特征、中国特色的税制改革之路，已经初步构建起税种科学、结构优化、法律健全、规范公平、征管高效的现代税收制度，为中国特色社会主义现代化建设打下了牢固的制度基础。

税收工作主动融入经济社会发展大局，不断完善支持高质量发展的税收政策，服务党和国家重大发展战略。减税降费政策持续实施，红利持续释放，2016 年至 2020 年新增的减税降费累计达 7.6 万亿元，为减轻市场主体负担、有效应对经济下行压力提供了有力支持。不断出台完善税收政策，支持打赢三大攻坚战，支持“大众创业、万众创新”，助力区域协调发展，助力新冠肺炎疫情防控和恢复复工复产，为支持高质量发展提供了有力保障。

三、税收征管体制日趋完善，为税收治理现代化注入了强大动力

加强和改进税收征管，是税收工作的永恒主题，是税收发挥职能作用的重要保证。新民主主义革命时期，革命根据地政权十分重视税收征管制度和体制建设，积极开辟税源，大力组织收入，保证革命战争的正常供给。新中国成立

之后，随着全国税政的统一，税收征管平稳起步，开启了税收征管专管员模式。改革开放以来，逐步推行征收、管理、稽查三分离的征管模式，1997年底基本确立了“以纳税申报和优化服务为基础，以计算机网络为依托，集中征收，重点稽查”的征管模式，初步建立了一个有现代化手段支持的、相互协调制约的税收征管新格局。进入21世纪之后，随着全球信息化浪潮，我国积极利用现代信息技术手段促进税收征管，在税收征管模式中加上了“强化管理”的内容。

党的十八大以来，税收征管改革加快，实现了从“合作”到“合并”再到“合成”的三次大变革。第一次是“合作”，2015年中共中央办公厅、国务院办公厅印发《深化国税、地税征管体制改革方案》，聚焦服务深度融合、执法适度整合、信息高度聚合的改革要求，全面深化国税、地税合作，圆满实现改革方案确定的“2017年改革任务基本到位”的目标。第二次是“合并”，2018年中共中央办公厅、国务院办公厅印发《国税地税征管体制改革方案》，圆满完成了全国省以下国税地税机构合并，建立起以税务总局为主、与省区市党委和政府双重领导管理体制，优化了机构设置和职能职责，社保费和非税收入征收职责按要求平稳划转，初步构建起优化高效统一的税费征管体系。第三次是“合成”，2021年3月，中共中央办公厅、国务院办公厅印发《关于进一步深化税收征管改革的意见》，推进执法、服务、监管系统优化，推进业务流程、制度规范、信息技术、数据要素、岗责体系的融合升级，着力建设以服务纳税人缴费人为中心、以发票电子化改革为突破口、以税收大数据为驱动力的具有高集成功能、高安全性能、高应用效能的智慧税务，深入推进精确执法、精细服务、精准监管、精诚共治，大幅提高税法遵从度和社会满意度，明显降低征纳成本，充分发挥税收在国家治理中的基础性、支柱性、保障性作用，为推动高质量发展提供有力支撑。

四、治税思想逐渐成熟，为税收现代化建设指明了前进方向

纵观百年税收发展，随着各个历史时期的转变，治税思想由税收工具观转变为税收经济观，再转变到税收治理观。在新民主主义革命时期，税收是筹集

收入支援革命战争取得胜利的重要工具和手段。进入社会主义革命和建设时期后，税收成为巩固新生政权、完成社会主义改造的重要手段，成为社会主义建设特别是为工业化积累建设资金的重要工具和手段，在促进生产发展，实现从落后的农业国向工业国转变方面作出了重要贡献。改革开放以来，我国税收始终围绕经济建设中心，不断改革与完善税制，规范政府与企业、个人之间的分配关系，服务于经济体制的市场化改革，服务国家对外开放，税收成为调节经济、调节收入分配的重要工具和手段。

党的十八大以来，党中央提出财政是国家治理的基础和重要支柱，并强调税收在国家治理中的基础性、支柱性、保障性的作用。新时代把税收的定位上升到国家治理的层面，把税收作为新时代国家治理的一个重要组成部分，并且起着基础性、支柱性、保障性作用，这是税收理论的重大突破。以往作为经济范畴的税收，已上升至国家治理层面，应在国家治理的总棋局中加以定位，即从税收经济观上升为税收治理观。党的十八大以来，在习近平新时代中国特色社会主义思想的指引下，税收治理现代化理论应运而生，并经历了从初创、逐渐丰富到趋于完善的过程。2013 年 12 月，国家税务总局局长王军在全国税务工作会议上提出全面推进税收现代化的目标，提出完备规范的税法体系、成熟定型的税制体系、优质便捷的服务体系、科学严密的征管体系、稳固强大的信息体系、高效清廉的组织体系等“六大体系”为主要内容的税收现代化蓝图。2020 年，王军进一步系统阐述税收现代化，将其丰富发展为新“六大体系”，即坚强有力的党的领导制度体系、成熟完备的税收法治体系、优质便捷的税费服务体系、严密规范的税费征管体系、合作共赢的国际税收体系、高效清廉的队伍组织体系，并提出要着力锤炼税收治理“六大能力”，即政治引领能力、谋划创新能力、科技驱动能力、制度执行能力、协同共治能力、风险防范能力，使税收现代化的内涵更加丰富、逻辑更加严密、框架更加完整、体系更加成熟定型，形成新时代税收现代化理论。新时代税收现代化理论的形成与完善，为高质量推进新时代税收现代化，更好地发挥税收在国家治理中的基础性、支柱性、保障性作用，提供了根本指引；对于税收更好服务决胜全面建成小康社会、开启全面建设社会主义现代化国家新征程、实现中华民族伟大复兴的中国梦，具有重大现实意义和深远历史意义。

五、国际税收治理实现跨越发展，中国税务越来越走近世界舞台中央

国际税收管理是全球经济治理的重要组成部分。我国国际税收以改革开放为起点，1978—1992年逐渐建立涉外税收体系，服务改革开放战略。1980年，一套新的涉外税收制度初步形成，适应了中国对外开放初期引进外资和对外经济、技术合作的需要。1993—2012年，涉外税收向国际税收转型并走向快车道，完善国际税收法律法规，加强国际税收征管协作，服务“引进来”“走出去”。涉外税收向国际税收转型并走向快车道，特别是2001年我国正式加入世界贸易组织（WTO）之后，按照市场经济和WTO规则的要求，清理和规范涉外税收优惠政策，健全完善国际税收法律法规，强化国际税收征管协作，在继续注重鼓励“引进来”的同时，着眼于服务“走出去”，为进一步扩大对外开放作出了积极贡献。

2013年以来，国际税收实现跨越发展。2014年布里斯班G20峰会，习近平主席首次就税收问题提出“强化全球税收合作，打击国际逃避税，帮助发展中国家和低收入国家提高税收征管能力”三点主张，不仅为我国国际税收工作指明了方向，而且为提升全球税收治理水平提供了重要推动力，税收合作已经成为促进世界经济包容发展的新引擎。中国税务部门积极加强国际税收合作，不断扩大和完善税收协定网络，税收朋友圈越来越大，截至2020年底，中国税收协定网络已覆盖全球111个国家和地区，为跨境投资创造了确定、有利、合作共赢的税收环境。

深度参与国际税收治理，税收影响力越来越强。2016年5月，中国首次承办全球性税务大会——第十届税收征管论坛（FTA）大会；2017年7月，主办金砖国家税务局长会议；2018年5月，作为主办方之一在哈萨克斯坦举办“一带一路”税收合作会议，联合发布《阿斯塔纳“一带一路”税收合作倡议》；2018年11月，主办第48届亚洲税收管理与研究组织（SGATAR）年会；2020

年 5 月、6 月，相继举办 2020 年金砖国家税务局长会议和“一带一路”税收征管合作机制会议，“中国税务观点”也越来越受到国际税收界的认可。

深入参与国际税收规则制定，税收话语权越来越重。2017 年 6 月，包括中国在内的 67 个国家和地区的政府代表共同签署《实施税收协定相关措施以防止税基侵蚀和利润转移（BEPS）的多边公约》，这是国际税收历史上浓墨重彩的一笔，也是中国方案纳入国际税收治理体系的重要成果。以 OECD 合作伙伴身份全程参与 BEPS 项目，参加相关会议和谈判百余次，向 OECD 提交立场声明和意见千余条，主导提出的“利润应在经济活动发生地和价值创造地征税”成为 BEPS 的指导原则，为维护发展中国家利益和促进各项成果的顺利完成作出重要贡献。

积极构建“一带一路”税收征管合作机制。2019 年 4 月，首届“一带一路”税收征管合作论坛在浙江乌镇举行，34 个国家（地区）税务部门共同签署了《“一带一路”税收征管合作谅解备忘录》，“一带一路”税收征管合作机制扬帆起航，成果日益丰硕。2020 年，《“一带一路”税收》（英文版）创刊号出版，“一带一路”税收征管合作机制官方网站（www.britacom.org）正式上线，共商共建共享的常态化工作交流机制和平台不断升级。我国税收大踏步走近世界税收舞台中心，为全球税收治理作出了积极贡献。

六、税务组织队伍建设不断加强，为税收现代化提供了组织保障

百年来，税务组织队伍建设始终是党领导税收工作的重要内容。1931 年 11 月，中华苏维埃共和国财政人民委员部成立了税务局，即中央税务局。1934 年 10 月，中央税务局随主力红军一同踏上长征之路，为后来的人民民主政权税务机构建设保存了骨干力量。陕甘宁边区政府颁发《陕甘宁边区各级税务局、所组织规程》，将税务机构分为边区税务总局、边区税务分局、县税务局、税务所等四级，扩充税务机构，历练了一支高素质的税收队伍，为保障边区税收、争取抗战胜利作出了重要贡献。

新中国成立后，1949 年 11 月，以华北税务总局为基础，成立中央人民政

府财政部税务总局。1950 年 1 月，政务院颁布《全国各级税务机关暂行组织规程》，自中央至地方迅速建立起了一套新的、统一的税务机构，形成了一支新的、过硬的税务队伍。改革开放以后，随着税制改革的推进，各级税务机构迅速恢复和加强，税务干部队伍得到充实。到 1982 年底，各地各级税务机构普遍建立，省级税务机构的地位得以提高，省以下税务机关实行地方政府和上级税务机关双重领导的体制得以恢复。全国税务系统的工作人员从 1979 年的 17.9 万人增加到 1993 年的 28.6 万人。1993 年 4 月，国务院将国家税务局调整为国务院直属机构，更名为国家税务总局，不久升格为正部级。同年 11 月，为适应分税制财政管理体制和税制改革的需要，规定国家税务局系统实行国家税务总局垂直管理的管理体制，地方税务局实行地方人民政府和国家税务总局双重领导、以地方政府管理为主的管理体制。国税、地税机构分设之后，税务部门持续加强干部队伍建设，国税、地税两支队伍不断发展壮大，为税收有效发挥职能作用提供了坚强的组织保障。

党的十八大以来，税务部门确立以“带好队伍、干好税务”为主要内容的新时代税收现代化建设总目标，不断充实完善“六大体系”的具体目标内容，逐步提升“六大能力”。2018 年，国税、地税机构由合作到合并，积极推进“事合、人合、力合、心合”，建立起以税务总局为主、与省区市党委和政府双重领导管理体制，优化了机构设置和职能职责，夯实了国家治理的重要基础。税务部门全面加强党的建设，深化干部人事制度改革，逐步完善税务组织体系，构建了“纵合横通强党建、绩效管理抓班子、数字人事管干部、人才工程育俊杰、严管善待活基层”的机制制度体系，打造了一支“忠诚担当、崇法守纪、兴税强国”的税务铁军，走出了一条具有中国特色的税收治理体系和治理能力现代化之路。税务绩效管理实践日益得到国内外公共管理实务和理论界的关注认可。2016 年，原国家行政学院政府绩效评估中心独立开展第三方评估，认为“税务绩效管理工作在全国处于领先地位，是中央国家机关推行绩效管理的成功典范”。2018 年，世界银行首次发布全球公共部门绩效报告，将我国税务绩效管理作为“公务员管理”优秀典型案例向全球推介。2018 年 11 月，第 48 届亚洲税收管理与研究组织年会召开，与会代表认为中国税务部门以绩效管理和数字人事为抓手，积极创新内部治理模式，为亚太及世界提供了生动样本。

延伸阅读

国家税务总局历任主要负责人

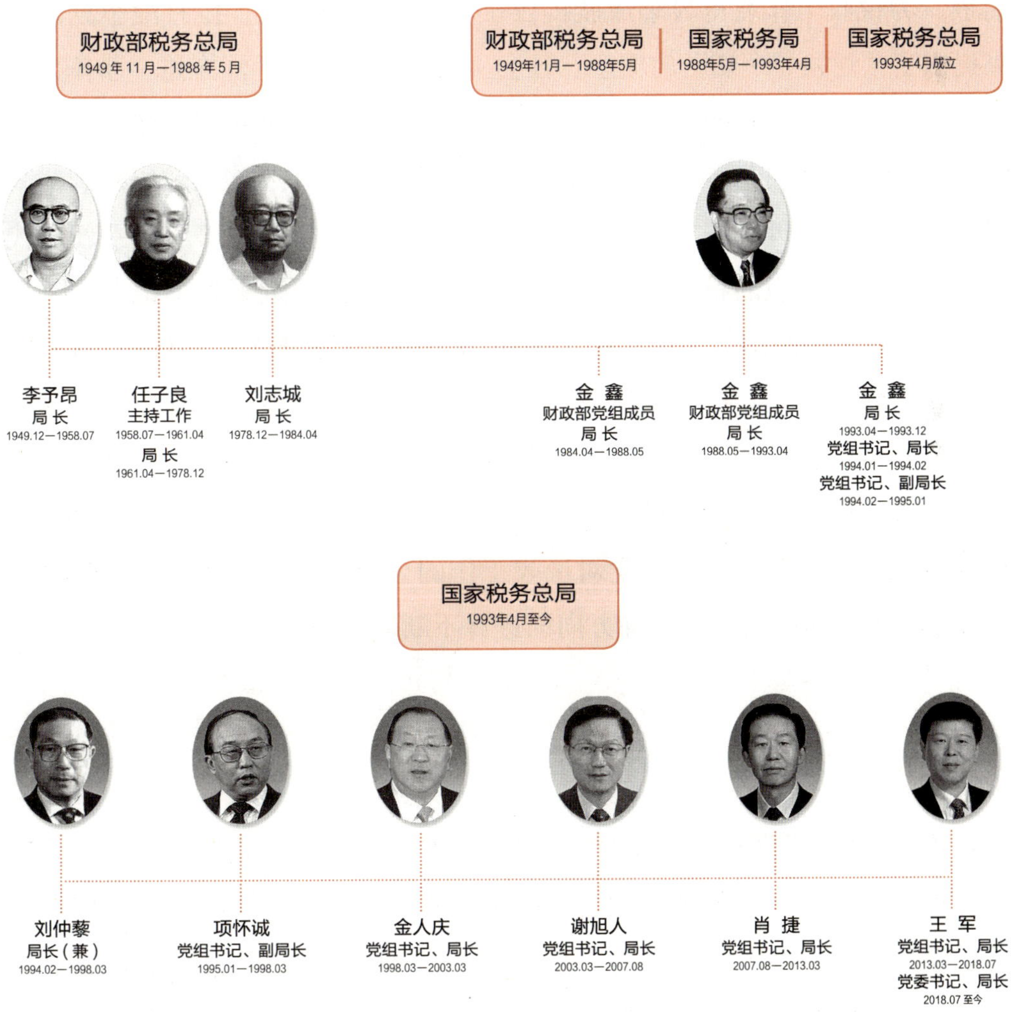

第二节　中国共产党领导下百年税收工作的基本经验

中国共产党领导税收工作的百年发展历程，积累了丰富的宝贵经验，对推进新时代税收改革发展具有重要的启示。

一、必须加强党对税收工作的全面领导，确保税收工作正确的前进方向

百年来，坚持党对税收工作的全面领导确保了税收工作始终沿着正确的方向前进，为税收工作取得显著成就提供了坚强的政治保证。抗日战争期间，党中央提出了“党领导一切”的概念；社会主义建设时期，毛泽东进一步阐发“党领导一切”的思想。党的十八大以来，习近平总书记多次强调坚持党对一切工作的领导。特别是党的十八大以来税收工作不断实现重大突破、取得辉煌成就，最根本的在于以习近平同志为核心的党中央的坚强领导，在于习近平新时代中国特色社会主义思想的科学指引。税务部门认真贯彻习近平总书记关于“把抓好党建作为最大的政绩”的重要指示精神，积极探索构建以“条主责、块双重，纵合力、横联通，齐心抓、党建兴”为主要内容的纵合横通强党建机制体系，确保了党的全面领导始终贯穿税收改革发展的各方面和全过程，为做好各项税收工作提供了坚强的组织保证。

实践证明，只有不断加强党对税收工作的全面领导，才能保证税收改革发展和各项税收工作始终沿着正确方向前进并不断取得新成绩，迈上新台阶。

二、必须坚持以人民为中心的发展思想，不断满足人民日益增长的美好生活的需要

百年来，税收工作始终践行党的全心全意为人民服务的宗旨，做到取之于民，用之于民，造福于民。在新民主主义革命时期，中国共产党在革命根据地领导人民废除具有剥削性质的旧税制，开创“取之于民、用之于民”的根据地新税制；陕甘宁边区税务机构还积极推行民主评税、民主征收方法。新中国成立之

后，税务部门始终坚持为国聚财、为民收税，税收收入规模不断扩大，国家财力显著增强，为经济社会发展和改善民生提供了强大的财力保障。税务部门积极贯彻落实以人民为中心的发展思想，2002 年 8 月国家税务总局成立纳税服务处，2008 年 7 月升格设立纳税服务司，充分彰显了税务部门一以贯之的为民情怀。特别是党的十八大以来，不断改进纳税服务措施，升级纳税服务工作规范，推进纳税服务“非接触”、智能化、无感化，逐步构建起了符合税收现代化管理要求的税费服务体系，显著优化了税收营商环境。

实践证明，税收工作只有坚持以人民为中心，不断满足人民日益增长的美好生活的需要，才能构建和谐的征纳关系，使纳税人缴费人和社会各界的满意度和获得感不断增强，才能使税收工作赢得大力支持和广泛认可。

三、必须坚持马克思主义理论和中国实践相结合，探索符合中国国情的税收改革发展道路

百年来，马克思主义始终指引着中国的发展，而中国共产党在实践中将马克思主义基本原理与具体实际相结合，不断推进马克思主义中国化时代化，制定正确的路线方针政策，是中国取得成功的关键。

马克思创立了无产阶级税收思想，并首先在世界上首个社会主义国家——苏联付诸实践。马克思主义税收思想中国化的历程，在不同时期从不同需要出发，不断革故鼎新，逐步建立起适合中国国情、具有中国特色的社会主义税收理论，并指导着日新月异的中国税收实践。

在新民主主义革命时期，毛泽东将“为人民服务”作为中国共产党的根本宗旨，将“取之于民、用之于民”作为党的税收工作的最高原则。新中国成立之后，在毛泽东思想、邓小平理论、“三个代表”重要思想、科学发展观和习近平新时代中国特色社会主义思想的指引下，马克思主义财税理论中国化不断取得重要成果，具有鲜明的中国风格和强烈的时代特点，为建设中国特色社会主义国家财税制度提供了丰富的思想和理论源泉。

特别是党的十八大以来，习近平总书记就税收工作作出了一系列重要论述，

是马克思主义税收思想与中国改革开放实践有机结合的最新产物，是指导新时代税收现代化建设的理论依据和强大思想武器，是兴国安邦、治国理政的行动指南。

实践证明，只有坚持马克思主义理论和中国税收改革实践相结合，只有坚持新时代习近平总书记关于税收治理的思想，税收现代化建设才能沿着正确的方向和轨道实现高质量快速发展。

四、必须服从服务于党和国家工作大局，充分发挥税收的基础性、支柱性、保障性作用

百年来，税收始终围绕党和国家工作大局发挥作用，促进党的伟大事业发展。革命战争时期，税收为保障革命战争胜利发挥了重要作用。1950 年全国统一税政，促进了社会主义革命和建设。1983—1984 年“利改税”，有力支持了国营企业改革和城市经济体制改革。1994 年分税制改革，推动了社会主义市场经济体制建设。党的十八大以来，税收改革发展有力支持了供给侧结构性改革、全面建成小康社会、脱贫攻坚、“一带一路”建设等等，税收的基础性、支柱性、保障性作用日益增强。“十三五”时期，全面贯彻落实减税降费政策，新增减税降费总规模达 7.6 万亿元，为做好“六稳”工作、落实“六保”任务提供了强有力的支持。2020 年新冠肺炎疫情发生以后，国家先后出台实施 7 批支持疫情防控和企业复工复产税费优惠政策，税务部门持续聚焦优惠政策落实要给力、“非接触式”办税要添力、数据服务大局要尽力、疫情防控要加力的“四力”要求，坚决贯彻落实税费优惠政策，激发市场主体活力，助力企业复工复产。

实践证明，税收工作只有不断提升政治站位，自觉服从服务于党和国家工作大局，才能跟上改革开放的步伐，才能在党和国家发展大局中找准定位，更好地发挥职能作用。

五、必须坚持以改革创新为根本动力，不断增强税收改革发展的内生动力

习近平总书记指出：创新是一个民族进步的灵魂，是一个国家兴旺发达的不竭动力，也是一个政党永葆生机的源泉。改革创新是高质量发展的动力源泉，不仅是从国家层面推进经济社会发展的基本遵循，而且对于加快税收现代化建设同样具有重要指导意义。推进改革创新、增强发展动力，必须坚持解放思想、实事求是，一切从国情出发、从实际出发，既总结国内成功做法又借鉴国外有益经验，既大胆探索又脚踏实地，求新求变，向上向前。

特别是新中国成立 70 年来，在不同的历史时期，围绕当时历史阶段的中心任务，根据明确的改革目标推进税制改革，发挥税收制度在各项制度建设和改革中的“排头兵”和“突破口”的作用；在税制改革中采取“试点先行”的策略，通过“试点”及时总结改革的经验和不足，在完善的基础上逐步推开；注重税制改革与税收征管协调推进，充分利用信息化手段持续提升税收征管能力；这些都是中国推进税制改革的重要经验。

党的十八大以来，税务部门始终坚持新发展理念，创新税收工作思路，税制改革步入新阶段、迈入快车道，一些改革举措在国际税收领域具有开创性，取得重大突破和显著成效，为经济社会领域治理积累了宝贵经验。把税制改革与征管改革、服务优化、技术升级等聚合起来，并运用绩效管理、税收共治等手段，蹚出了一条转型发展新路。2020 年，为服务党中央、国务院关于统筹推进常态化疫情防控和经济社会发展的重大决策部署，税务总局创新提出了“四力”要求，完善党建引领和监督机制、政策研究与落实机制等，尤其运用税收大数据从宏观、中观和微观层面深入开展企业复工复产情况分析，精准帮扶企业复工复产复销，推动经济社会秩序恢复。

实践证明，创新驱动和改革开放是推动高质量发展的两个轮子，只有坚持改革创新，税收事业才能有不断前行的动力，才能持续推进税收现代化。

六、必须高度重视干部队伍建设，为税收事业提供坚强有力的组织保障

干部队伍建设是中国共产党成立伊始就高度重视的党的建设的重要内容之一。1938 年，毛泽东在党的六届六中全会上作出著名的“政治路线确定之后，干部就是决定的因素”重要论断。在新民主主义时期，革命根据地在税收实践中培养了一大批精通人民税收理论、具备丰富税收经验的税务干部。新中国成立后，1950 年 3 月，政务院公布《关于统一国家财政经济工作的决定》，规定“为了完成税收征缴工作，全国各大城市和各县的人民政府必须委任最好的干部担任税务局长。”70 年来，税务部门造就了一支忠诚干净担当的税务干部队伍，为税收事业科学发展提供了有力保证。特别是党的十八大以来，税务系统上下全面加强党的建设，以严的纪律、硬的作风凝聚干事创业精气神，打造高素质税务干部队伍；坚持严管善待、突出正确导向；持续优化税务组织体系，持续改进绩效管理，加快推进数字人事，有序开展人才培养，队伍组织体系建设成果丰硕，打造了一支让党和人民放心的税务铁军，确保了打赢营改增、国税地税机构合并、落实减税降费、综合与分类个人所得税改革等一场场攻坚战。

实践证明，队伍建设是税收工作的基础，是实现税收现代化建设的根本保障，只有造就一支忠诚干净担当的税务铁军，才能确保税收现代化建设不断取得新的进步。

第三节 高质量推进中国税收现代化的展望

回顾过去，税收走过了不平凡历程，取得了辉煌成就；展望未来，税收事业面临前所未有的机遇与挑战。2021 年 3 月，《中华人民共和国国民经济和社会发展第十四个五年规划和 2035 年远景目标纲要》明确提出完善现代税收制度的任务要求：“优化税制结构，健全直接税体系，适当提高直接税比重。完善个人所得税制度，推进扩大综合征收范围，优化税率结构。聚焦支持稳定制造业、

巩固产业链供应链，进一步优化增值税制度。调整优化消费税征收范围和税率，推进征收环节后移并稳步下划地方。规范完善税收优惠。推进房地产税立法，健全地方税体系，逐步扩大地方税政管理权。深化税收征管制度改革，建设智慧税务，推动税收征管现代化。”

“十四五”已经开启，站在全面建设社会主义现代化国家新征程的新起点，税务部门将继续坚持以习近平新时代中国特色社会主义思想为指导，认真落实党中央、国务院决策部署，把握新发展阶段、贯彻新发展理念、服务新发展格局，高质量推进新发展阶段税收现代化，更好发挥税收在国家治理中的基础性、支柱性、保障性作用，为全面建设社会主义现代化国家贡献更多税务力量。

一、始终坚持以习近平新时代中国特色社会主义思想为指导，确保税收工作始终沿着正确的政治方向前进

习近平新时代中国特色社会主义思想，是马克思主义中国化最新成果，是党和人民实践经验和集体智慧的结晶，是全党全国人民为实现中华民族伟大复兴而奋斗的行动指南。要始终把学习贯彻习近平新时代中国特色社会主义思想作为一项长期重要的政治任务，真学真懂真信真用，增强“四个意识”，坚定“四个自信”，做到“两个维护”。强化政治机关意识教育，引导广大党员、干部进一步增强带头践行“两个维护”的思想自觉、政治自觉、行动自觉，始终同以习近平同志为核心的党中央保持高度一致。不断加强党对税收工作的全面领导，把坚持和加强党的全面领导贯穿税收改革发展的各方面和全过程，建立“不忘初心、牢记使命”长效机制，为加快构建以国内大循环为主体、国内国际双循环相互促进的新发展格局贡献税务力量。以深化税务系统纪检监察体制改革为动力，构建横向到边、纵向到底、协调联动的监督体系，更好发挥属人和属地相结合的优势，不断提升监督工作质效，推动税务系统全面从严治党向纵深发展。贯彻全面从严治党，加强税收执法权和行政管理权监督，形成全程防控、及时预警、严肃查处的全流程闭环管理责任链条，更好地管控税务系统内部廉政风险和外部不法分子侵蚀税款问题，确保国家税源安全。

二、加快完善现代税收制度，助力经济社会高质量发展

健全以所得税和财产税为主体的直接税体系，逐步提高其占税收收入比重，有效发挥直接税筹集财政收入、调节收入分配和稳定宏观经济的作用，进一步做大中等收入群体、缩小中低收入群体，加快形成纺锤形收入分配格局，夯实社会治理基础。进一步完善综合与分类相结合的个人所得税制度，合理扩大纳入综合征税的所得范围，完善专项附加扣除项目，依据物价、收入水平变动建立基本减除费用的动态调整机制。聚焦支持稳定制造业、巩固产业链供应链，进一步优化增值税制度，进一步简并增值税税率，加大对“卡脖子”关键领域企业、“新基建”企业的留抵退税政策力度。完善地方税税制，培育地方主体税种，加快社会保险费和非税收入项目划转税务部门征收的改革力度，逐步建立起科学规范的税费体系。合理配置地方税权，理顺税费关系。在征管可控的前提下，将部分在生产环节征收的消费税品目逐步后移至批发或零售环节征收，拓展地方收入来源，引导地方改善消费环境。全面落实税收法定原则，完成全部税种的立法工作，并在此基础上不断完善税法，提升立法质量，最终建成成熟完备的税收法治体系。坚持税制改革和法治建设相结合，提高税制的科学性、权威性、稳定性，形成有利于高质量发展的现代税收制度，让税收通过改革真正走上法治化的道路。

三、深化税收征管改革，大力推动税收治理现代化

深化贯彻落实中共中央办公厅、国务院办公厅印发的《关于进一步深化税收征管改革的意见》，推动税收征管的第三次变革，着力建设以服务纳税人缴费人为中心、以发票电子化改革为突破口、以税收大数据为驱动力的具有高集成功能、高安全性能、高应用效能的智慧税务，深入推进精确执法、精细服务、精准监管、精诚共治。要全面推进税收征管数字化升级和智能化改造，加快推进智慧税务建设，实现税务执法、服务、监管与大数据智能化应用深度融合、高效联动、全面升级，不断强化税收大数据在经济运行研判和社会管理等领域

的深层次应用。要不断完善税务执法制度和机制，建立健全以“信用 + 风险”为基础的新型监管机制，建成“无风险不打扰、有违法要追究、全过程强智控”的税务执法新体系，实现从经验式执法向科学精确执法转变，严格规范税务执法行为，不断提升税务执法精确度。要精准实施税务监管，建成以“双随机、一公开”监管和“互联网 + 监管”为基本手段、以重点监管为补充、以“信用 + 风险”监管为基础的税务监管新体系，实现从“以票管税”向“以数治税”分类精准监管转变，加强重点领域风险防控和监管，依法严厉打击涉税违法犯罪行为。要大力推行优质高效智能税费服务，全面改进办税缴费方式，积极推行智能型个性化服务，建成“线下服务无死角、线上服务不打烊、定制服务广覆盖”的税费服务新体系，实现从无差别服务向精细化、智能化、个性化服务转变，切实减轻办税缴费负担，维护纳税人缴费人合法权益。努力实现到 2025 年，深化税收征管制度改革取得显著成效，基本建成功能强大的智慧税务，形成国内一流的智能化行政应用系统，全方位提高税务执法、服务、监管能力。

四、推动全球税收治理，支持高水平对外开放

新冠肺炎疫情全球大流行推动全球治理体制机制变革，全球税收治理变革同步加快。坚持运用战略化国际化视野谋划全球税收治理，不断加大全球税收新规则制定的参与力度，提升国际税收话语权，谋求在 2035 年左右建立起合作共赢的新型国际税收关系和国际税收治理格局，助力构建人类命运共同体。要继续加强国际税收合作，推动完善国际税收合作与协调机制，加强税收情报交换，促进不断提高“走出去”的竞争力和“引进来”的吸引力，支持高水平对外开放。要积极参与数据安全、数字货币、数字税等国际规则和数字技术标准制定，不断增强话语权和影响力，特别是针对数字经济要强化征管举措，维护我国税收主权，为国内平台经济的健康发展营造良好的税收环境。严厉打击国际逃避税，全面深入参与 BEPS 行动计划，构建反避税国际协作体系。主动服务对外开放战略，推动实施“一带一路”建设，进一步完善“一带一路”税收征管合作机制，在全球税收治理的舞台上提供“中国方案”、贡献“中国智慧”、

分享“中国经验”。

雄关漫道真如铁，而今迈步从头越。“十四五”大幕已经开启，中国税务将坚持以习近平新时代中国特色社会主义思想为指导，增强“四个意识”、坚定“四个自信”、做到“两个维护”，认真贯彻落实党中央、国务院决策部署，在高质量推进新发展阶段税收现代化之路上奋力前行。到2035年，将基本建成匹配国家治理体系和治理能力现代化、成熟定型的现代税收制度和现代税收征管制度，税收在国家治理中的基础性支柱性保障性作用充分发挥，现代税收制度质量和治理效能充分彰显，“中国经验”“中国方案”为全球税收变革提供更多公共产品，“中国理念”“中国智慧”在全球税收治理舞台上充分展现，从而为夺取新时代中国特色社会主义伟大胜利，实现中华民族伟大复兴的中国梦作出新的更大贡献。

参考文献

[1] 中华人民共和国国家统计局．中国统计年鉴（2000）[M]．北京：中国统计出版社，2000.

[2] 中华人民共和国国家统计局．中国统计年鉴（2020）[M]．北京：中国统计出版社，2020.

[3]《中国革命根据地的税收》编写组．中国革命根据地的税收[M]．北京：中国税务出版社，2011.

[4] 中华人民共和国国民经济和社会发展第十四个五年规划和2035年远景目标纲要[M]．北京：人民出版社，2021.

[5] 新华社．中共中央办公厅、国务院办公厅印发《关于进一步深化税收征管改革的意见》[EB/OL]．（2021-03-24）[2021-04-01]．http://www.gov.cn/zhengce/ 2021-03/ 24/content_5595384.htm.

附　录

中国共产党领导和发展社会保障事业百年历程

我们党历来高度重视民生改善和社会保障。早在 1922 年，党的二大宣言就提出设立工厂保险、保护失业工人等改良工人待遇的主张。这是中国共产党有关社会保障主张的第一次宣示。此后，党的历次重要会议基本都有关于社会保障的部署。党的十八大以来，党中央把社会保障体系建设摆上更加突出的位置，对我国社会保障体系建设作出顶层设计，推动我国社会保障体系建设进入快车道。目前，我国已建成世界上规模最大的社会保障体系，基本医疗保险覆盖 13.6 亿人，基本养老保险覆盖近 10 亿人。社会保障事业的巨大成就为人民创造美好生活奠定了坚实基础，为打赢脱贫攻坚战提供了坚强支撑，为如期全面建成小康社会、实现第一个百年奋斗目标提供了有利条件。

按照党史学习教育安排，结合建党百年史，我们分四个阶段（新民主主义革命时期、社会主义革命和建设时期、改革开放和社会主义现代化建设时期、中国特色社会主义进入新时代），梳理了党领导和发展社会保障事业的百年历程，供大家学习参考。

一、第一阶段：新民主主义革命时期

早在 1922 年，党的二大宣言就提出设立工厂保险、保护失业工人等改良工人待遇的主张。这是中国共产党有关社会保障主张的第一次宣示。同年 8 月，党领导的劳动组合书记部颁布《劳动法案大纲》，提出“一切保险事业规章之

订立，均应使劳动者参加之，俾可保障政府、公共及私人企业或机关中劳动者所受之损失；其保险费完全由雇主或国家分担之，不得使被保险者担负”，阐述了劳动保险制度的建立程序及筹资原则。还提出“对于需要体力之女子劳动者，产前产后均予以八星期之休假，其他女工，应予五星期之休假；休假中工资照给”。这是党最早的有关生育保险的主张。

1923 年，党的三大通过的党纲，要求“制定强迫的劳工保险法（灾病死伤的抚恤等），工人有参与办理保险事项之权”，从呼吁立法角度进一步发展了党的社会保障主张。1925 年，党领导召开的第二次全国劳动大会通过《经济斗争的决议案》，提出“应实行社会保险制度，使工人于工作伤亡时，能得到赔偿；于疾病失业年老时，能得到救济”，首次使用“社会保险”概念，并涵盖工伤、疾病、失业、养老各方面。1926 年，第三次全国劳动大会通过《劳动法案大纲决议案》，要求“国家应设立劳动保险。保险费由雇主或国库支出”。1927 年 5 月，面对“四一二”反革命政变后的严峻形势，党的五大所作《政治形势与党的任务决议案》提出，为实现工人在革命中的领导权起见，应当为工人力争包括救济失业并为失业者觅得工作、劳动保险及恤老金等要求之实行。1929 年第五次全国劳动大会通过的《中华全国工人斗争纲领》提出，“工人或个人家属发生疾病伤害，应由资本家给以医药费，听其自由医愈为度；病假期间不得扣工资”。

中华苏维埃时期颁布的《中华苏维埃共和国宪法大纲》，明确创立社会保险制度与国家的失业津贴。1931 年 12 月颁布的《中华苏维埃共和国劳动法》，其中第十章计 3 条 15 款专门规定了社会保险：涵盖免费的医药帮助、暂时失去工作能力者的津贴、失业津贴、残废老弱抚恤金、丧葬津贴、工人家属贫困补助等项目，采取雇主按应付工资一定比例（10% ~ 15%）提缴、建立社会保险基金的方式，由职工会选举的社保委员会管理，并受劳动部监督。这勾勒出革命政权控制区域社会保障的框架雏形。1933 年修订公布的《中华苏维埃共和国劳动法》，鉴于原规定雇主提缴比例过高，改为更有弹性的 5% ~ 20%。

抗日战争时期，在救亡图存的总目标下，党主动调整了社会保障工作的重点，在边区突出了拥军优属和灾荒救济，形成了早期的优抚制度和救灾政策。同时，鉴于边区地处农村，本来就没有成规模的工商业，因而不再施行当年苏区制定的社会保险法规，转而强调“改良工人生活”与“使资本家有利可图”相结合的方针。

解放战争时期，党有关社会保障工作的重点，继续以拥军优属和救灾救济为重点。1946 年，《和平建国纲领》提出举办失业工人及残疾保险；合理提高各级学校教师之待遇及其养老年金。1948 年 8 月，第六次全国劳动大会通过了《关于中国职工运动当前任务的决议》，提出要系统地解决工时、工资、劳动保护和福利事业等问题。

二、第二阶段：社会主义革命和建设时期

1949 年，中国人民政治协商会议第一届全体会议通过了具有临时宪法性质的《中国人民政治协商会议共同纲领》，第 32 条规定“逐步实行劳动保险制度”。按照《共同纲领》的要求，政务院于 1951 年颁布《中华人民共和国劳动保险条例》，确定条例从当年 3 月 1 日起生效，企业行政方面或资方自此缴纳劳动保险金，而工人职员从 5 月 1 日起领取条例规定的劳动保险待遇。实行劳动保险各企业的行政方面或资方应协同工会组织向当地劳动行政机关申请实行劳动保险登记。经过近两年的实践，1953 年，政务院通过并公布了条例的若干修正决定，主要是扩大了实施范围和适当提高了待遇水平。

1956 年党的八大提出扩大劳动保险的实施范围，改进劳动保险制度。六十年代初，党中央重申，已经实行劳动保险条例的工业企业，不论新老职工，都统一享受劳动保险条例所规定的待遇。

“文革”期间，管理社会保障事业的各类机构或被撤销，或名存实亡。依法受权管理劳动保险实施工作的工会组织全面停止了工作。这一时期，唯有农村合作医疗逆势而兴，到 1977 年底，全国 90% 的生产大队实行了合作医疗，农村人口覆盖率达 80% 以上。

三、第三阶段：改革开放和社会主义现代化建设时期

1978年，经党中央和全国人大常委会原则批准，国务院颁布了《国务院关于安置老弱病残干部的暂行办法》和《国务院关于工人退休、退职的暂行办法》两个法规性文件，成为新中国社会保障发展史上具有标志性意义的界碑，对于保障广大干部职工离退休、退职后的基本生活，解除其后顾之忧，维护大变革时期的社会安定，起到了积极作用。

1985年，《中共中央关于制定国民经济和社会发展第七个五年计划的建议》明确，社会保障工作要坚持社会化管理与单位管理相结合，以社会化管理为主的改革方向。1986年，全国人大审议通过《国民经济和社会发展第七个五年计划》，提出“七五”期间，要有步骤地建立起具有中国特色的社会主义的社会保障制度雏形。建立健全社会保险制度，进一步发展社会福利事业，继续做好优抚、救济工作。

1990年，《中共中央关于制定国民经济和社会发展十年规划和“八五”计划的建议》明确，建立健全养老保险和待业保险制度，逐步完善社会保障体系。按照国家、集体和个人共同合理负担的原则，在城镇各类职工中逐步建立社会养老保险制度，扩大待业保险的范围，实行多层次的社会保险。在农村采取积极引导的方针，逐步建立不同形式的老年保障制度。同时，要改革医疗保障和工伤保险制度。

1992年，党的十四大报告提出，深化分配制度和社会保障制度的改革。统筹兼顾国家、集体、个人三者利益，理顺国家与企业、中央与地方的分配关系，逐步实行利税分流和分税制。积极建立待业、养老、医疗等社会保障制度。

1993年至2002年的十年间，社会保障制度改革和体系建设的重大举措频出，力度明显加大，出台了以劳动法为代表的多部重要法律法规，在全国层面组织了医保“两江”试点、养老保险统账结合模式探索、“两个确保”（确保企业离退休人员基本养老金按时足额发放、确保国有企业下岗职工基本生活费按时足额发放）等一系列重大社会实践活动，在全国范围内统一建立了企业职

工基本养老保险、职工基本医疗保险、失业保险等制度，社会保障体系建设在经济社会发展全局中的分量愈益加重。

1993 年，党的十四届三中全会提出，社会保障体系包括社会保险、社会救济、社会福利、优抚安置和社会互助、个人储蓄积累保障。社会保障政策要统一，管理要法制化。社会保障水平要与我国社会生产力发展水平以及各方面的承受能力相适应。城乡居民的社会保障办法应有区别。提倡社会互助。发展商业性保险业，作为社会保险的补充。按照社会保障的不同类型确定其资金来源和保障方式。重点完善企业养老和失业保险制度，强化社会服务功能以减轻企业负担，促进企业组织结构调整，提高企业经济效益和竞争能力。城镇职工养老和医疗保险金由单位和个人共同负担，实行社会统筹和个人账户相结合。进一步健全失业保险制度，保险费由企业按职工工资总额一定比例统一筹交。普遍建立企业工伤保险制度。农民养老以家庭保障为主，与社区扶持相结合。有条件的地方，根据农民自愿，也可以实行个人储蓄积累养老保险。发展和完善农村合作医疗制度。

1995 年，党的十四届五中全会提出，合理调节社会分配关系，建立健全社会保障体系。这是在市场经济条件下维护社会稳定的重要措施。“九五”期间，要加快养老、失业和医疗保险制度改革，初步形成社会保险、社会救济、社会福利、优抚安置和社会互助、个人储蓄积累保障相结合的多层次的社会保障制度。

1997 年，党的十五大报告提出，建立社会保障体系，实行社会统筹和个人账户相结合的养老、医疗保险制度，完善失业保险和社会救济制度，提供最基本的社会保障。

1999 年，党的十五届四中全会提出，要依法扩大养老、失业、医疗等社会保险的覆盖范围，城镇国有、集体、外商投资、私营等各类企业及其职工都要参加社会保险，缴纳社会保险费。强化社会保险费的征缴，提高收缴率，清理追缴企业拖欠的社会保险费，确保养老金的按时足额支付。进一步完善基本养老保险省级统筹制度，增强基金调剂能力。

2000 年，党的十五届五中全会提出，要加快形成独立于企业事业单位之外、资金来源多元化、保障制度规范化、管理服务社会化的社会保障体系。坚持社会统筹与个人账户相结合的职工基本养老保险制度。推进城镇职工基本医疗保险制度和医药卫生体制改革。进一步完善失业保险制度，在试点的基础上逐步把国有企业下岗职工基本生活保障纳入失业保险。

2002 年，党的十六大报告提出，建立健全同经济发展水平相适应的社会保障体系，是社会稳定和国家长治久安的重要保证。坚持社会统筹和个人账户相结合，完善城镇职工基本养老保险制度和基本医疗保险制度。健全失业保险制度和城市居民最低生活保障制度。多渠道筹集和积累社会保障基金。各地要根据实际情况合理确定社会保障的标准和水平。有条件的地方，探索建立农村养老、医疗保险和最低生活保障制度。

2003 年，党的十六届三中全会提出，加快建设与经济发展水平相适应的社会保障体系。完善企业职工基本养老保险制度，坚持社会统筹与个人账户相结合，逐步做实个人账户。将城镇从业人员纳入基本养老保险。建立健全省级养老保险调剂基金，在完善市级统筹基础上，逐步实行省级统筹，条件具备时实行基本养老金的基础部分全国统筹。健全失业保险制度，实现国有企业下岗职工基本生活保障向失业保险并轨。继续完善城镇职工基本医疗保险制度、医疗卫生和药品生产流通体制的同步改革，扩大基本医疗保险覆盖面，健全社会医疗救助和多层次的医疗保障体系。继续推行职工工伤和生育保险。积极探索机关和事业单位社会保障制度改革。鼓励有条件的企业建立补充保险，积极发展商业养老、医疗保险。

2005 年，党的十六届五中全会提出，加快完善社会保障体系。建立健全与经济发展水平相适应的社会保障体系，合理确定保障标准和方式。完善城镇职工基本养老和基本医疗、失业、工伤、生育保险制度。增加财政的社会保障投入，多渠道筹措社会保障基金，逐步做实个人账户。逐步提高基本养老保险社会统筹层次，增强统筹调剂的能力。发展企业补充保险和商业保险。推进机关事业单位养老保险制度改革。

2006 年，党的十六届六中全会提出，完善社会保障制度，保障群众基本生活。适应人口老龄化、城镇化、就业方式多样化，逐步建立社会保险、社会救助、社会福利、慈善事业相衔接的覆盖城乡居民的社会保障体系。多渠道筹集社会保障基金，加强基金监管，保证社会保险基金保值增值。完善企业职工基本养老保险制度，强化保险基金统筹部分征缴，逐步做实个人账户，积极推进省级统筹，条件具备时实行基本养老金基础部分全国统筹。加快机关事业单位养老保险制度改革。加快推进新型农村合作医疗。加快建立适应农民工特点的社会保障制度。

2007 年，党的十七大报告提出，加快建立覆盖城乡居民的社会保障体系，保障人民基本生活。社会保障是社会安定的重要保证。要以社会保险、社会救助、社会福利为基础，以基本养老、基本医疗、最低生活保障制度为重点，以慈善事业、商业保险为补充，加快完善社会保障体系。促进企业、机关、事业单位基本养老保险制度改革，探索建立农村养老保险制度。全面推进城镇职工基本医疗保险、城镇居民基本医疗保险、新型农村合作医疗制度建设。完善失业、工伤、生育保险制度。提高统筹层次，制定全国统一的社会保险关系转续办法。

2008 年，党的十七届三中全会提出，健全农村社会保障体系。贯彻广覆盖、保基本、多层次、可持续原则，加快健全农村社会保障体系。按照个人缴费、集体补助、政府补贴相结合的要求，建立新型农村社会养老保险制度。创造条件探索城乡养老保险制度有效衔接办法。做好被征地农民社会保障，做到先保后征，使被征地农民基本生活长期有保障。

2010 年，党的十七届五中全会提出，坚持广覆盖、保基本、多层次、可持续方针，加快推进覆盖全民的社会保障体系建设。实现新型农村社会养老保险制度全覆盖，完善实施城镇职工和居民养老保险制度，实现基础养老金全国统筹。推动机关事业单位养老保险制度改革，进一步做实养老保险个人账户，实现跨省可接续。发展企业年金和职业年金。发挥商业保险补充性作用。

四、第四阶段：中国特色社会主义进入新时代

2012 年，党的十八大报告提出，统筹推进城乡社会保障体系建设。社会保障是保障人民生活、调节社会分配的一项基本制度。要坚持全覆盖、保基本、多层次、可持续方针，以增强公平性、适应流动性、保证可持续性为重点，全面建成覆盖城乡居民的社会保障体系。改革和完善企业和机关事业单位社会保险制度，整合城乡居民基本养老保险和基本医疗保险制度，逐步做实养老保险个人账户，实现基础养老金全国统筹，建立兼顾各类人员的社会保障待遇确定机制和正常调整机制。扩大社会保障基金筹资渠道，建立社会保险基金投资运营制度，确保基金安全和保值增值。

2013 年，党的十八届三中全会提出，建立更加公平可持续的社会保障制度。坚持社会统筹和个人账户相结合的基本养老保险制度，完善个人账户制度，健全多缴多得激励机制，确保参保人权益，实现基础养老金全国统筹，坚持精算平衡原则。推进机关事业单位养老保险制度改革。整合城乡居民基本养老保险制度、基本医疗保险制度。推进城乡最低生活保障制度统筹发展。建立健全合理兼顾各类人员的社会保障待遇确定和正常调整机制。完善社会保险关系转移接续政策，扩大参保缴费覆盖面，适时适当降低社会保险费率。研究制定渐进式延迟退休年龄政策。加快健全社会保障管理体制和经办服务体系。

2016 年，《国民经济和社会发展第十三个五年规划纲要》提出，坚持全民覆盖、保障适度、权责清晰、运行高效，稳步提高社会保障统筹层次和水平，建立健全更加公平、更可持续的社会保障制度。

实施全民参保计划，基本实现法定人员全覆盖。坚持精算平衡，完善筹资机制，分清政府、企业、个人等的责任。适当降低社会保险费率。完善统账结合的城镇职工基本养老保险制度，构建包括职业年金、企业年金和商业保险的多层次养老保险体系，持续扩大覆盖面。实现职工基础养老金全国统筹。完善职工养老保险个人账户制度，健全参保缴费激励约束机制，建立基本养老金合理调整机制。推出税收递延型养老保险。更好发挥失业、工伤保险作用，增强

费率确定的灵活性，优化调整适用范围。建立更加便捷的社会保险转移接续机制。划转部分国有资本充实社保基金，拓宽社会保险基金投资渠道，加强风险管理，提高投资回报率。大幅提升灵活就业人员、农民工等群体参加社会保险比例。加强公共服务设施和信息化平台建设，实施社会保障卡工程，持卡人口覆盖率达到90%。

2017年，党的十九大报告提出，坚持在发展中保障和改善民生。增进民生福祉是发展的根本目的。必须多谋民生之利、多解民生之忧，在发展中补齐民生短板、促进社会公平正义，在幼有所育、学有所教、劳有所得、病有所医、老有所养、住有所居、弱有所扶上不断取得新进展，深入开展脱贫攻坚，保证全体人民在共建共享发展中有更多获得感，不断促进人的全面发展、全体人民共同富裕。

加强社会保障体系建设。按照兜底线、织密网、建机制的要求，全面建成覆盖全民、城乡统筹、权责清晰、保障适度、可持续的多层次社会保障体系。全面实施全民参保计划。完善城镇职工基本养老保险和城乡居民基本养老保险制度，尽快实现养老保险全国统筹。完善统一的城乡居民基本医疗保险制度和大病保险制度。完善失业、工伤保险制度。建立全国统一的社会保险公共服务平台。

2018年，党的十九届三中全会提出，加强和优化政府在社会保障、教育文化、法律服务、卫生健康、医疗保障等方面的职能，更好保障和改善民生。《深化党和国家机构改革方案》明确，为降低征纳成本，理顺职责关系，提高征管效率，为纳税人提供更加优质高效便利服务，将省级和省级以下国税地税机构合并，具体承担所辖区域内各项税收、非税收入征管等职责。为提高社会保险资金征管效率，将基本养老保险费、基本医疗保险费、失业保险费等各项社保费交由税务部门统一征收。

2019年，党的十九届四中全会提出，完善覆盖全民的社会保障体系，强化提高人民健康水平的制度保障。适当加强中央在知识产权保护、养老保险、跨区域生态环境保护等方面事权，减少并规范中央和地方共同事权。《中共中央关于坚持和完善中国特色社会主义制度 推进国家治理体系和治理能力现代化若干重大问题的决定》明确，完善覆盖全民的社会保障体系。坚持应保尽保原则，健全统筹城乡、可持续的基本养老保险制度、基本医疗保险制度，稳步提高保障水平。加快建立基本养老保险全国统筹制度。加快落实社保转移接续、异地就医结算制度，规范社保基金管理，发展商业保险。

2020 年，党的十九届五中全会提出，健全多层次社会保障体系。健全覆盖全民、统筹城乡、公平统一、可持续的多层次社会保障体系。推进社保转移接续，健全基本养老、基本医疗保险筹资和待遇调整机制。实现基本养老保险全国统筹，实施渐进式延迟法定退休年龄。发展多层次、多支柱养老保险体系。推动基本医疗保险、失业保险、工伤保险省级统筹，健全重大疾病医疗保险和救助制度，落实异地就医结算，稳步建立长期护理保险制度，积极发展商业医疗保险。健全灵活就业人员社保制度。健全退役军人工作体系和保障制度。完善全国统一的社会保险公共服务平台。

2021 年 2 月 26 日，中共中央政治局就完善覆盖全民的社会保障体系进行第二十八次集体学习，中共中央总书记习近平主持学习并发表重要讲话。习近平强调，社会保障是保障和改善民生、维护社会公平、增进人民福祉的基本制度保障，是促进经济社会发展、实现广大人民群众共享改革发展成果的重要制度安排，是治国安邦的大问题。要加大再分配力度，强化互助共济功能，把更多人纳入社会保障体系，为广大人民群众提供更可靠、更充分的保障，不断满足人民群众多层次多样化需求，健全覆盖全民、统筹城乡、公平统一、可持续的多层次社会保障体系，进一步织密社会保障安全网，促进我国社会保障事业高质量发展、可持续发展。

习近平指出，我们党历来高度重视民生改善和社会保障。党的十八大以来，党中央把社会保障体系建设摆上更加突出的位置，对我国社会保障体系建设作出顶层设计，推动我国社会保障体系建设进入快车道。统一城乡居民基本养老保险制度，实现机关事业单位和企业养老保险制度并轨，建立企业职工基本养老保险基金中央调剂制度。整合城乡居民基本医疗保险制度，全面实施城乡居民大病保险，组建国家医疗保障局。推进全民参保计划，降低社会保险费率，划转部分国有资本充实社保基金。积极发展养老、托幼、助残等福利事业，人民群众不分城乡、地域、性别、职业，在面对年老、疾病、失业、工伤、残疾、贫困等风险时都有了相应制度保障。目前，我国以社会保险为主体，包括社会救助、社会福利、社会优抚等制度在内，功能完备的社会保障体系基本建成，基本医疗保险覆盖13.6亿人，基本养老保险覆盖近10亿人，是世界上规模最大的社会保障体系。这为人民创造美好生活奠定了坚实基础，为打赢脱贫攻坚战提供了坚强支撑，为如期全面建成小康社会、实现第一个百年奋斗目标提供了有利条件。同时，随着我国社会主要矛盾发生变化和城镇化、人口老龄化、就业方式多样化加快发展，我国社会保障体系仍存在不足，必须高度重视并切实加以解决。

习近平强调，我们立足国情、积极探索、大胆创新，注重学习借鉴国外社会保障有益经验，成功建设了具有鲜明中国特色的社会保障体系。我们坚持发挥中国共产党领导和我国社会主义制度的政治优势，集中力量办大事，推动社会保障事业行稳致远；坚持人民至上，坚持共同富裕，把增进民生福祉、促进社会公平作为发展社会保障事业的根本出发点和落脚点，使改革发展成果更多更公平惠及全体人民；坚持制度引领，围绕全覆盖、保基本、多层次、可持续等目标加强社会保障体系建设；坚持与时俱进，用改革的办法和创新的思维解决发展中的问题，坚决破除体制机制障碍，推动社会保障事业不断前进；坚持实事求是，既尽力而为、又量力而行，把提高社会保障水平建立在经济和财力可持续增长的基础之上，不脱离实际、超越阶段。要坚持和发展这些成功经验，不断总结，不断前进。

习近平指出，社会保障关乎人民最关心最直接最现实的利益问题。党的十九届五中全会明确了“十四五”时期我国社会保障事业发展的蓝图。要坚持系统观念，把握好新发展阶段、新发展理念、新发展格局提出的新要求，在统筹推进“五位一体”总体布局、协调推进“四个全面”战略布局中思考和谋划社会保障事业发展。要树立战略眼光，顺应人民对高品质生活的期待，适应人的全面发展和全体人民共同富裕的进程，不断推动幼有所育、学有所教、劳有所得、病有所医、老有所养、住有所居、弱有所扶取得新进展。要增强风险意识，研判未来我国人口老龄化、人均预期寿命提升、受教育年限增加、劳动力结构变化等发展趋势，提高工作预见性和主动性。

习近平强调，我国社会保障制度改革已进入系统集成、协同高效的阶段。要准确把握社会保障各个方面之间、社会保障领域和其他相关领域之间改革的联系，提高统筹谋划和协调推进能力，确保各项改革形成整体合力。要强化问题导向，紧盯老百姓在社会保障方面反映强烈的烦心事、操心事、揪心事，不断推进改革。要加快发展多层次、多支柱养老保险体系，更好满足人民群众多样化需求。要推动基本医疗保险、失业保险、工伤保险省级统筹，进一步明确中央和地方事权和支出责任。要把农村社会救助纳入乡村振兴战略统筹谋划，健全农村社会救助制度，完善日常性帮扶措施。要健全农民工、灵活就业人员、新业态就业人员参加社会保险制度，健全退役军人保障制度，健全老年人关爱服务体系，完善帮扶残疾人、孤儿等社会福利制度。要坚持不懈、协同推进“三医联动”，推进国家组织药品和耗材集中带量采购改革，深化医保支付方式改革，提高医保基金使用效能。

习近平指出，要从立法、执法、司法、守法各环节加强社会保障工作，在法治轨道上推动社会保障事业健康发展。要加强社会保障立法工作，依法落实各级政府和用人单位、个人、社会的社会保障权利、义务、责任。要依法健全社会保障基金监管体系。要以零容忍态度严厉打击欺诈骗保、套保或挪用贪占各类社会保障资金的违法行为，守护好人民群众的每一分“养老钱”“保命钱”和每一笔“救助款”“慈善款”。

习近平强调，要完善社会保障管理体系和服务网络，在提高管理精细化程度和服务水平上下更大功夫，提升社会保障治理效能。要完善社会保险关系登记和转移接续的措施，健全社会救助、社会福利对象精准认定机制，实现应保尽保、应助尽助、应享尽享。要完善全国统一的社会保险公共服务平台，深入推进社保经办数字化转型。要坚持传统服务方式和智能化服务创新并行，针对老年人、残疾人等群体的特点，提供更加贴心暖心的社会保障服务。要总结这次疫情防控的成功做法，完善我国社会保障针对突发重大风险的应急响应机制。

习近平指出，要坚持制度的统一性和规范性，坚持国家顶层设计，增强制度的刚性约束，加强对制度运行的管理监督。各地区务必树立大局意识，严肃落实制度改革要求。各级党委和政府要深化对社会保障工作重要性的认识，把握规律，统筹协调，抓好党中央决策部署和各项改革方案的贯彻落实，在健全覆盖全民的社会保障体系上不断取得新成效。

国家税务总局社会保险费司（非税收入司）供稿

后　记

本书是在国家税务总局2020年重点课题《建党百年与税收》的基础上，为庆祝中国共产党成立100周年编撰而成的。2021年开展党史学习教育活动中，根据国家税务总局党史学习教育活动安排，税务总局科研所在原课题研究报告的基础上，开始编写《中国共产党领导下的税收理论与实践》。力图全景式、概要式展现一百年来中国共产党领导下税收理论探索和实践创新的历史进程，总结税收改革发展的历史经验和规律，以期为高质量推进新发展阶段税收现代化提供有益借鉴。

本书编写过程中，国家税务总局领导高度重视、给予具体指导，国家税务总局党史学习教育领导小组办公室、各司局、各省税务局为本书编写提供了大量素材、给予了大力支持和帮助，中国税务出版社为本书出版付出了大量心血，在此一并表示感谢。

本书引用了国内多位学者专家的研究成果，在此表示诚挚的谢意！如有引用不当之处，敬请指出，我们将及时加以更正。

本书图片除国家税务总局相关司局和相关省局提供外，均来自国家税务总局网站和相关出版物，涉及相关数据截止时间为2021年6月。由于时间仓促、水平有限，难免有不妥或疏漏之处，敬请批评指正！

编　者

2021年7月1日

中国税务出版社微信平台

上架建议 税收·历史
ISBN 978-7-5678-1112-6
定价：68.00元